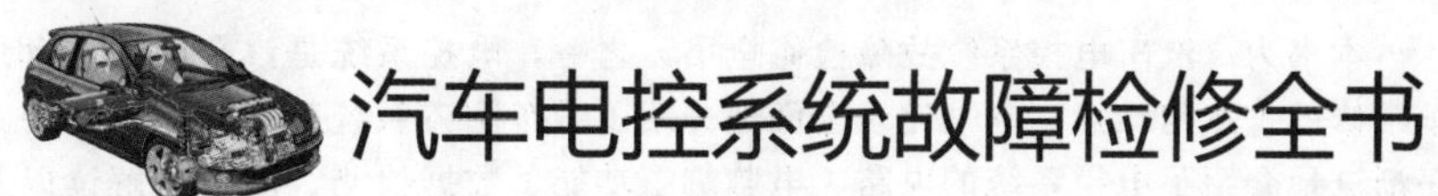

汽车防盗和中控门锁电控系统故障检修

孔 军 主编

化学工业出版社

·北 京·

本书为《汽车电控系统故障检修全书》之一，电控系统是汽车中技术含量比较集中的系统之一，是汽车维修的重点与难点。本书比较全面地介绍了汽车防盗系统和中控门锁电控系统的故障检修，在内容上循序渐进地介绍了电控系统的电路、电脑端子功能、数据检测、故障码解读以及电控系统的故障症状与检修等。本书内容实用、资料丰富、技术新颖、结构合理、图文并茂，所涉及汽车品牌众多、车型全面、代表性强、针对性强。

本书可供汽车维修人员参考使用，也可供职业院校相关专业的师生参考学习。

图书在版编目（CIP）数据

图解汽车防盗和中控门锁电控系统故障检修/孔军主编. —北京：化学工业出版社，2013. 6
（汽车电控系统故障检修全书）
ISBN 978-7-122-17167-2

Ⅰ. ①图…　Ⅱ. ①孔…　Ⅲ. ①汽车-报警系统-故障诊断-图解②汽车-报警系统-车辆修理-图解③汽车-门锁-故障诊断-图解④汽车-门锁-车辆修理-图解
Ⅳ. ①U472. 41-64

中国版本图书馆 CIP 数据核字（2013）第 085773 号

责任编辑：李军亮　　文字编辑：余纪军
责任校对：边　涛　　装帧设计：尹琳琳

出版发行：化学工业出版社（北京市东城区青年湖南街 13 号　邮政编码 100011）
印　　刷：北京永鑫印刷有限责任公司
装　　订：三河市宇新装订厂
787mm×1092mm　1/16　印张 23¼　字数 631 千字　2014 年 1 月北京第 1 版第 1 次印刷

购书咨询：010-64518888（传真：010-64519686）　售后服务：010-64518899
网　　址：http://www.cip.com.cn
凡购买本书，如有缺损质量问题，本社销售中心负责调换。

定　　价：98.00 元　

前言

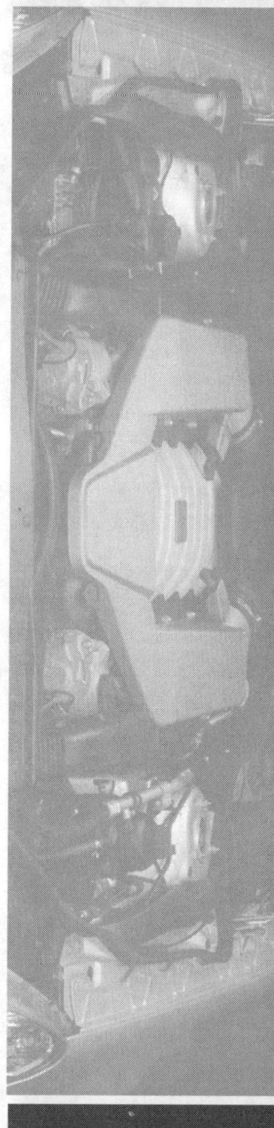

随着汽车工业的发展，汽车的保有量不断地增加，而汽车被盗的现象也日益突出，这给车主和保险公司带来一定的经济损失。为减少汽车被盗现象的发生，汽车生产厂商给汽车设计了防盗技术，从最初的机械防盗技术发展到现在的电子防盗技术、指纹识别技术以及中控防盗技术等，先进的电控技术不断被用于汽车防盗系统，这使汽车的技术含量进一步提高。技术越来越复杂，越来越先进，这给汽车维修人员带来了一定的挑战，为此我们组织汽车维修行业的专家编写了本书，希望能够为维修人员提供一定的技术帮助。

本书特点如下：

(1) 内容实用、结构合理

本书内容实用、讲解通俗易懂，结构安排上图文结合、循序渐进，先介绍电控系统电路和电控系统电脑端子功能和检测等基础知识，再介绍电控系统故障码，最后详细介绍电控系统症状故障和故障码检修，一步步指导读者快速学会汽车电控系统维修。因此，实用性和指导性是本书一大特点。

(2) 品牌较多、代表性强

本书涉及多个汽车品牌不同车系的电控系统维修，不仅有市场上保有量大的车型，而且还有技术先进的豪车，代表性非常强，参考价值高。

(3) 维修图解、对号入座

本书清楚地标明了汽车的款型，并将维修资料与实际维修车型对号入座，采用图解的方式讲解，更有针对性地为维修人员提供技术支持。

(4) 经验汇总、资料新颖

本书汇总汽车维修行业的专家们 10 多年的维修和教学经验以及众多维修人员的实战经验，并参考了大量原厂的维修资料编写而成，内容准确而实用。为保证本书内容的新颖性，本书精选了 08～12 款的新车型，同时包含有少量其他年代在汽车市场上保有量较大的车型。既保证维修资料的新颖性，又满足了不同时期车型的维修需要。

本书涵盖车型多、针对性强、注重实践、内容新颖、图文并茂、通俗易懂，是汽车维修人员的一部宝典。

本书由孔军主编，参加编写的人员还有程玉华、张丽、宋睿、朱琳、刘冰、袁大权、曹清云、李小方、李青丽、高春其、梁志鹏、盖光辉、张彩霞、李东亮、安思慧、王彬、李勤、邵方星、周文彩、薛大迪、张军瑞、张猛、高文华、孙运生、周国强、张明星、刘海龙、尹建华、刘红军、霍胜杰、张云丹、庞云峰、吕会琴、李俊华、张倩、郭荣立、潘利杰、白春东、林博、任旭阳、王志玲、李自雄、刘力侨、陈海龙、李飞、李丽丽、黄杰、陈义强、王云、翟红波等。

由于水平有限，书中不足之处在所难免，欢迎读者提出宝贵意见。

编者

Contents 目录

第一章 汽车中控门锁与防盗系统结构及工作原理 /1

第二章　北京现代车系防盗电控系统故障检修 /21

第三章　比亚迪车系防盗系统和中控门锁电控系统故障检修 /39

第六章　广州本田车系防盗系统和中控门锁电控系统故障检修　/129

第七章　东风日产车系防盗系统和中控门锁电控系统故障检修　/203

第九章 福特车系防盗系统和中控门锁系统故障检修 /287

汽车中控门锁与防盗系统结构及工作原理

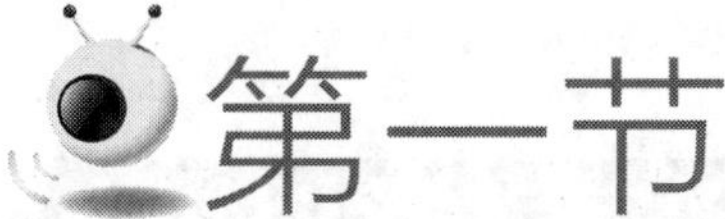

第一节 防盗系统的概述

汽车防盗装置由初期的机械控制，发展成为电子密码、遥控呼救、信息报警。早期的防盗装置主要用于控制门锁、门窗、启动器、制动器、切断供油等联锁机构，以及为防止盗贼拆卸零件而设计的专用套筒扳手。随着科技的发展，汽车防盗装置日趋严密和完善，主要是进行高速车的防护，并不断推出新产品。

各国汽车制造厂商都在生产及研究各种各样的防盗装置。如意大利跳码式防盗器发射的数码，能有效对付电子扫描仪，防止密码外泄。澳大利亚生产的一种防盗遥控装置，能储存九百万个密码。日本研制的汽车报警遥控装置，当汽车被盗时，车内的报警器会立即通知驾驶员随身携带的报警器，同时还闪动呼救信号。

我国汽车防盗措施也在迅速改进，许多机构正积极努力开发新型汽车防盗装置。比如：已研制成功的一种无线遥控汽车防盗系统，采用国际先进的电子密码技术，具有两千万个不重复的编码程序，通过遥控起到防盗、防劫作用，同时还具有遥控熄火及 BP 机报警等功能。随着交通公路网络的发展，又有一种防盗措施 CAS 系统，它由报警发射、网络接收、监控中心三部分组成。监控中心对入网的车辆实行不停止的监测服务，当发生盗窃时，CAS 系统能在 15s 内将移动目标的报警信息传给监控中心，中心在电子地图上准确地显示出案件发生地点、时间、移动方向以及有关车辆的牌照、颜色等信息并传到“110”指挥中心。

在现代汽车上广泛使用的是电子式防盗器，按系统中是否使用微机处理系统，电子防盗系统可分为普通电子防盗系统和微机控制防盗系统。目前，在中低档汽车上所采用的防盗系统多为振动触发的普通电子防盗系统，而在中高档汽车上采用的防盗系统多为微机控制的电子钥匙式发动机防盗系统。

当防盗系统启动后，如有非法移动车辆、划破玻璃、破坏点火开关锁芯、拆卸轮胎和音响、打开车门、打开燃油箱加注盖、打开行李箱门等动作，都会引起防盗器立刻报警。

目前防盗器按其结构可分三大类：机械式、电子式、网络式。

一、机械式防盗器

这个系统是采用机械的方式来达到防盗的目的。

1. 转身盘锁

使用时，主要是转向盘与制动踏板连接一起，使转向盘不能做大角度转向及制动汽车，而另一款式转向盘锁，在转向盘上加一板长铁棒，也是使转向盘不能正常使用。

2. 安装变速手柄锁

在换挡杆附近安装转速锁，可使变速器不能换挡。通常在停车后，把换挡杆推回 3 挡或 1 挡位置，加上变速器锁，可使汽车不能换挡。

转向盘锁和变速挡锁、钩锁等这些机械式防盗器，它主要是靠锁定离合、制动、油门或转向盘、变速杆来达到防盗的目的，但只防盗不报警。机械式防盗锁的功能是靠坚固的金属结构锁住汽车的操纵部位。但使用起来不隐蔽，占用驾驶室空间，每次开、停车都要用钥匙开启；由于优质的机械防盗锁用材非常坚硬不易被锯断，而汽车的转向盘及挂挡杆则是普通钢材，因此盗贼多数在转向盘上锯开一个缺口，把转向盘扭曲后，便将锁在转向盘上的锁完好取下来。

二、电子式防盗器

电子式防盗器也称微电脑汽车防盗器，是目前使用最广泛的类型，有插片式、按键式和遥控式等，它主要是靠锁定点火或启动来达到防盗的目的，同时具有防盗和声音报警功能。共有四种功能：①服务功能，包括遥控车门、遥控启动、寻车和阻吓等；②警惕提示功能，触发报警记录（提示车辆曾被人打开过车门）；③报警提示功能，即当有人动车时发出警报；④防盗功能，即当防盗器处于警戒状态时，切断汽车上的启动电路。该类防盗器安装隐蔽、功能齐全、无线遥控、操作简便，但需要靠良好的安装技术和完善的今后服务来保证。由于这类电子防盗器的使用频率普遍被限定在300～350MHz的业余频段上，而这个频段的电子波干扰源又多，电波、雷电、工业电焊等都会干扰它而产生误报警。

电子式防盗器按功能分为三类。

1. 防止非法进入车辆的防盗系统

防盗系统启用后，通过监视是否有移动物体进入车内达到防盗。

2. 防止破坏或非常搬运车辆的防盗系统

系统启用后，通过超声波传感器、振动传感器或倾斜传感器监测是否有人破坏或搬运车辆。

3. 防止车辆被非法开走的防盗系统

此类防盗系统多采用带密码锁的遥控系统，通过校验密码，确定是否容许接通启动机、点火电路等，防止车辆被非法开走。

现代防盗系统采用电子应答的方法来判断使用的钥匙是否合法，并以此确定是否容许发动机 ECU 工作。水平较高的防盗器还具备遥控器报警、遥控启动等功能。

三、网络式防盗系统

该类汽车防盗系统分为卫星定位跟踪系统（GPS）和利用车载台（对讲机）通过中央控制中心定位监控系统。GPS 卫星定位汽车防盗系统属于网络式防盗器，它主要靠锁定点火或启动来达到防盗的目的，而同时还可通过 GPS 卫星定位系统（或其他网络系统），将报警信息和报警车辆所在位置尽快地传送到报警中心。

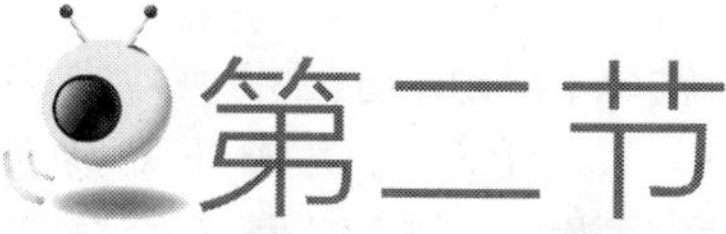

第二节 电子防盗系统的组成和工作原理

电子防盗系统的组成有三个部分，即开关和传感器、防盗 ECU 和执行机构。

图 1-1 为防盗系统的组成图。该系统中主要有防盗器电脑和天线、振动传感器、报警喇叭、点火系统切断电路、转向灯控制电路、防盗指示灯、遥控器、制动控制电路、中控门锁控制电路。当用钥匙锁好车门时，系统进行自检，防盗灯亮，30s 后防盗灯开始闪烁，表明系统启动进入警戒状态。当第三方试图开启门锁或打开车门时，系统则发出警报。

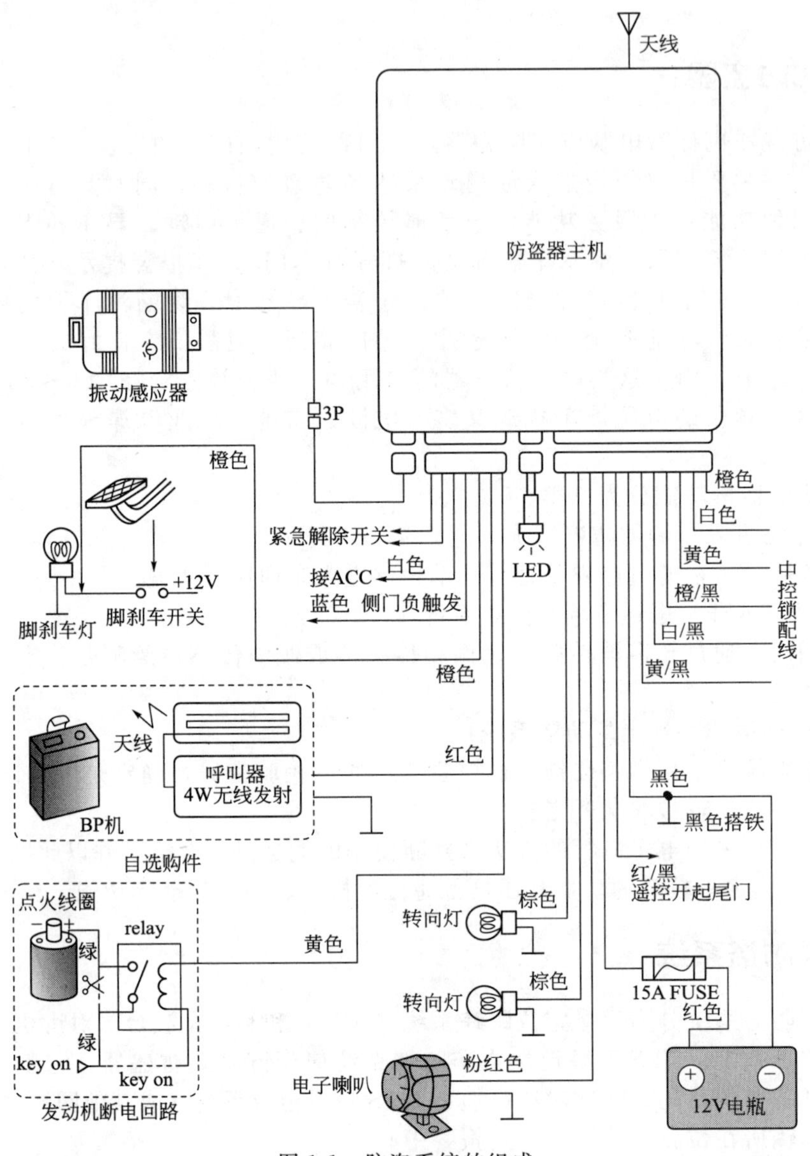

图 1-1 防盗系统的组成

图 1-2 为克莱斯勒牌轿车防盗系统。防盗控制电脑的主要输入信号由遥控模块、左右车门锁芯开关和 4 个车门微开开关提供。如果有人非法开启车门，使车门微开开关接通并将此信号送给防盗控制电脑，而遥控模块和车门锁芯开关并没将开门信号送给防盗控制电脑，所以防盗控制电脑即判断为非法进入，于是接通防盗扬声器和报警灯的电路。

这种防盗系统的功能简单，只能报警和恐吓窃车贼，不能阻止车辆被开走或搬走，所以人们又从两个方面入手来加强防盗系统的功能。一是使中央门锁功能增强；二是当前一功能失效时增强其他必要手段的锁止功能。

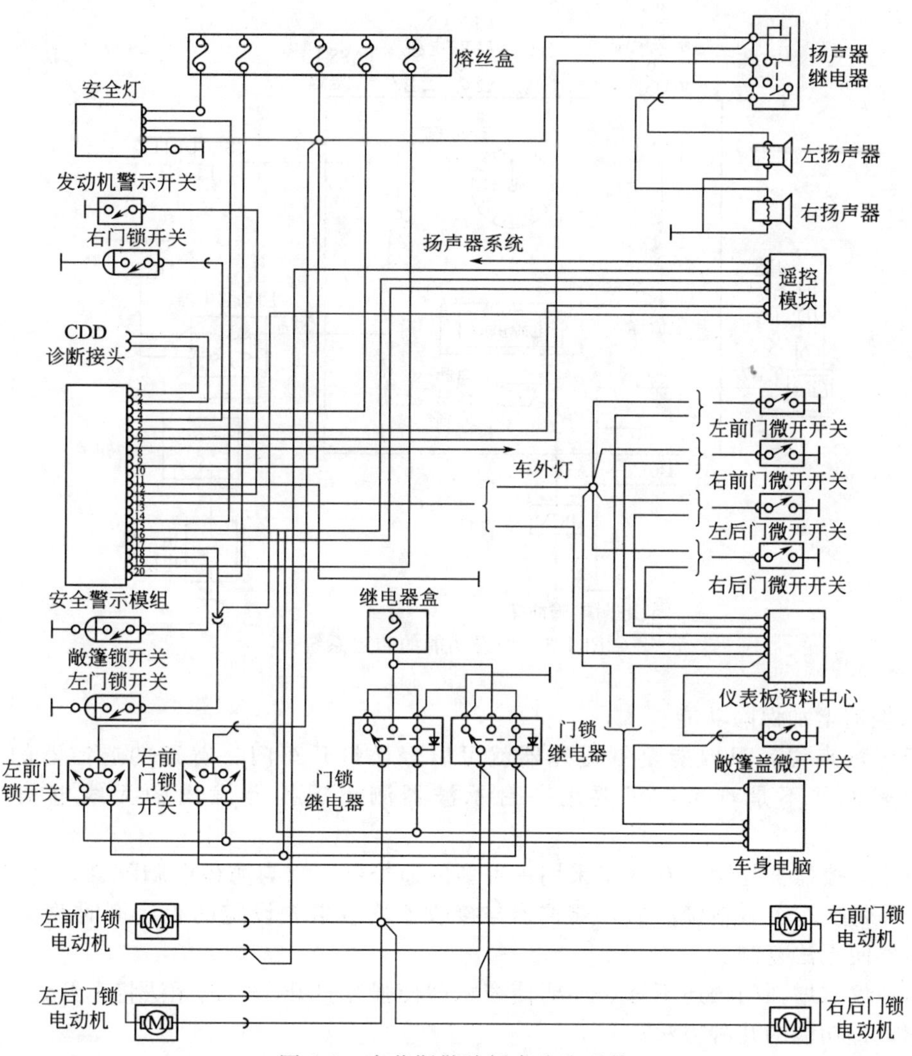

图 1-2 克莱斯勒牌轿车防盗系统

一、增强中央门锁功能

1. 测量门锁钥匙电阻

如图 1-3 所示，车辆的每把钥匙均设有一定电阻，每部车的中央控制电脑将记住该电阻值。当出现 PASSKEY 故障代码后，所有车门被锁住，此时若用齿形相同但阻值不同的钥匙开启车门或启动发动机，则防盗系统认为是非法。这时防盗喇叭会响，同时会切断启动断电器控制线圈的搭铁回路，使启动机不能工作，同时控制发动机电脑使喷油器不喷油。

2. 加装密码锁

车用密码锁的功能与钥匙、遥控器处于同一地位，即用其中任何一种方法都可以打开车门，这样，加装密码锁后，车主就无需为保管好钥匙或遥控器以免丢失而头疼。密码锁有十位键，而密码一般取五位数。也就是说，密码共有十万种组合，已设定的密码也可以由车主任意改变，所以车主不必担心密码被窃取。

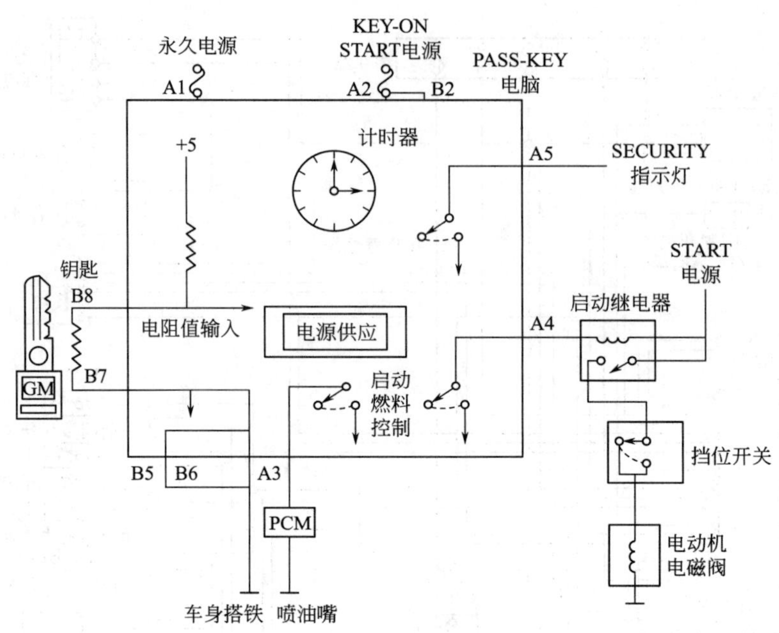

图 1-3　增强功能的防盗系统

3. 遥控器增加保险功能

对于窃贼来说，只要能复制遥控器就可以轻松打开车门。普通的遥控器的复制对于专业人士来说并不是难事，只要用一台示波器测出遥控器发出的无线电信号的频率即可。

为防止遥控器被复制，有些车采用一种新的遥控器，它与防盗电脑配合，由固定程序设定频率，即每次车主重新锁门后，遥控器与接收器均按事先设定的程序同时改变另一频率，这样遥控器便无法复制。

当然，仅靠增强门锁还不够，还要使窃贼即使强行打开车门也无法将车开走，下面介绍增强汽车锁止功能的几种方法。

二、增强汽车锁止功能

1. 使启动机无法工作

通过防盗电脑来控制启动机控制电路是否搭铁，从而控制断电器是否闭合，这样就达到控制启动机能否工作的目的。

若正常解除防盗警戒，则启动机与喇叭、灯光都处于正常工作状态；若非法进入而启动车辆，即使短接钥匙孔后面的启动线，也无法将发动机启动，以达到防盗的目的。

2. 使发动机无法工作

该车防盗电脑不仅控制启动电路，同时也可以切断汽油泵断电器控制线路，使发动机处于无油供给状态；另外又控制自动变速器断电器控制电路，使自动变速器液压控制阀体的电磁阀无法打开，使变速器无法工作。

3. 使发动机电脑处于非工作状态

防盗电脑通过连线把某一特定频率的信号送到发动机电脑，防盗警戒解除后，防盗电脑发出这一信号给发动机 ECU，这样才能使发动机 ECU 正常工作。若未解除防盗警戒或直接切断防盗电脑电源，则该信号不存在，发动机 ECU 停止工作，发动机不能运转。

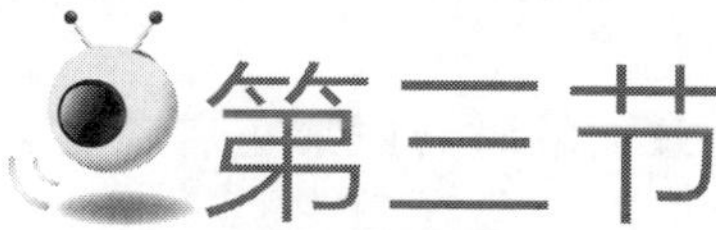

第三节 防盗报警技术的应用

一、超声波监测器

有些汽车防盗系统采用超声波监测器，对汽车门窗和车身的破损以及车内的状态改变进行监测。图 1-4 所示为超声波检测原理。超声波监测由超声波发生器和超声波接收器组成，超声波发生器一般采用压电式声波发生器，为使压电晶片产生共振，加在电极上的交变电压频率必须与压电晶片的固有频率相等。压电晶片的厚度与电极产生的电场强度有关，其厚度可以从几毫米到 0.5mm。当门窗玻璃和车门封闭后，超声波发生器将产生固定频率和幅值的超声波，由超声波接收器接收从车内反射的超声波。在正常情况下，反射回来的超声波与发出时具有固定的相位差。当门窗玻璃或车身受损时，固定的相位关系将被破坏，通过检测超声波发出时和接收的相位差，就可以对门窗玻璃和车身状况以及是否有人进入车内进行判断。当确定有人非正常进入车内时，防盗报警系统启动，使汽车的前照灯和尾灯闪烁，报警喇叭鸣响，同时切断点火电路、启动电路和供油电路，使汽车不能启动，直到解除戒备状态为止。

二、身份识别系统

车主身份识别系统就是利用电子钥匙解码器解读点火开关钥匙上的密码电阻，因此具有防盗功能。一些汽车制造公司将防盗系统称为身份识别系统，或者称之为电子禁启动系统。图 1-5 所示为美国通用汽车公司采用的电子钥匙防盗系统，其原理是点火钥匙上装有一个晶片，每把钥匙所用的晶片有一特定的阻值，其范围在 380Ω～12.3kΩ 之间。点火钥匙除了像普通钥匙那样必须与锁体匹配之外，其晶片电阻值还要与启动机电路相匹配。

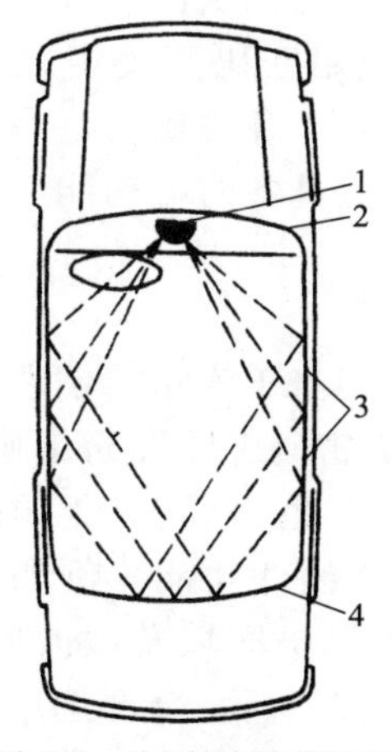

图 1-4 超声波检测原理

1—超声波发生器及接收器；2—前风窗玻璃；3—车门玻璃；4—后风窗玻璃

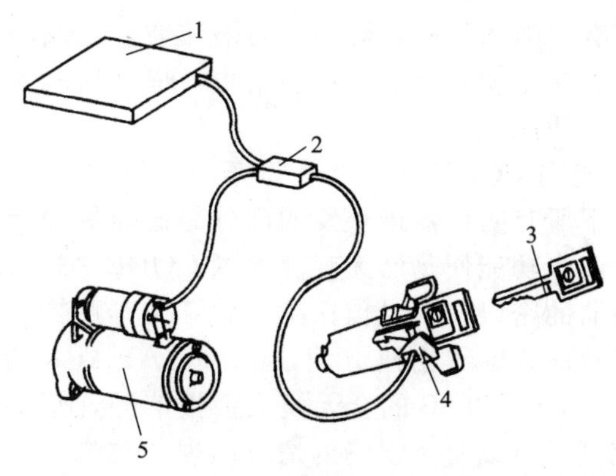

图 1-5 美国通用汽车公司采用的电子钥匙防盗系统原理图

1—发动机 ECU；2—电子钥匙解码器；3—晶片；4—电子检测触头；5—启动机

当点火钥匙插入锁体时，晶片与电阻检测触头接触，当锁体转到 ST 挡时，钥匙晶片的电阻值输送到电子钥匙解码器。若钥匙晶片的电阻值与电子钥匙解码器中存储的电阻值一致，则启动机工作，同时，启动信号送给发动机 ECU，发动机 ECU 启动燃油喷射系统，完成发动机的启动。

若钥匙晶片的电阻值与电子钥匙解码器存储的电阻值不一致，解码器便禁止启动发动机，尽管锁体已经转到了启动位置，发动机仍然不能启动。

三、电流敏感传感器

有的防盗系统利用电流敏感传感器技术，当汽车处于戒备状态时，一旦有人非法进入车内，只要汽车的电气系统有变化，比如门灯亮了、启动发动机等，传感器便启动报警系统。

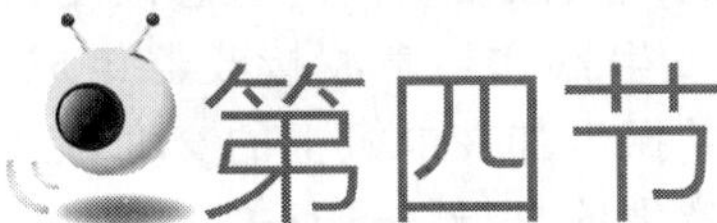

第四节 汽车防盗系统技术运用

一、典型的汽车防盗系统技术

1. 点火控制型防盗器技术

这种防盗器主要采用控制点火装置的模块，对点火系统进行控制，在车主离开汽车并打开防盗系统后，如有人非法进入车内，并试图用非法配制的点火钥匙启动车辆。这时，点火电路受控制模块防盗装置的作用，拒绝提供发动机运转所需的点火功能，同时也可防止点火开关的线路短接，并通过音响报警装置向车主或车场保管人员通报。

现在很多汽车厂商在防盗系统的开发研制中，主要还是采用在发动机控制电脑中设置防盗功能，并且点火钥匙中置入一块带有启动密码的缩微电子芯片，在启动时，发动机控制电脑将会对点火钥匙的密码进行认证，认可后方能启动。这种装置可有效地防止私配点火钥匙盗车。该装置一般是在汽车出厂时就配备，其性能良好，且对电路和控制装置无电波信号干扰。

还有一种防盗器是用特殊的材料制成盒状，将汽车的点火器安装在内，并设置一个错误点火线路模块和开关电路，在开关钥匙上置入密码芯片，一旦密码交流认证不符，就会进入错误模式，使发动机无法启动。这种盒状防盗器在锁止后，除使用密码开关钥匙外无法打开，且有很强的防撬、防钻、防砸功能，在发动机启动后，就可取下开关钥匙，一旦车辆被抢，劫犯在抢劫车辆后，不能熄火，熄火后就无法再次启动。不但具备防盗功能，同时还具备防抢劫功能。

2. 美国 CODE ALARM 汽车防盗技术

时下所有防盗器最重要的部分是遥控的功能，因为遥控器就相当于汽车的钥匙，一旦被复制，防盗功能便荡然无存。美国 CODE ALARM 采用一个超级密码保障及防解码的功能，使防盗器的密码获得最佳保障，就算偷车贼拥有最高速的解码器，也需要 15 年的时间才能将密码解破。除了密码方面，CODE ALARM 解码器更发展多个额外功能，例如，自动进入戒备状态。125dB 的全天候式警报信号，智能震荡器自动关闭保护区域及微波监察器等，该系统同时可以防止误鸣的情形出现。防盗系统的主机制作水准相当高，全部选用名厂的电子零件，这一点是十分重要的，因为汽车的温度变化十分大，而且震动甚为厉害，如果制作水准欠佳的话，问题便会频频出现，让偷车贼有机可乘。另外 CODE ALARM 加设多种配件，包括遥控发动机启动系统、遥控门窗升降系统、电子发动机盖锁及后备电力系统等。而且整个防盗系统更获得厂方使用，使车主更具信心保证。不过，一套高素质的防盗系统，还需要出色的安装技术来配合，不然的话，再好的功能也难以彻底发挥。

3. 德国的变密码防盗技术

德国梅塞德斯·奔驰公司于1994年12月1日开始生产首批绝对防盗豪华轿车。这种汽车装配有“电子开门钥匙”红外线遥控器，发射出肉眼看不见的多次变换密码的光信号及接受这种信号的特种传感器来防盗。它由微型计算机与发动机的电子控制单元（ECU）相连。当车门锁闭时，能切断全部功能。这种防盗装置之所以能绝对防盗，就在于密码的随时变换，只有与之相应的遥控器才能使用和识别密码。

4. 法国的代码防盗技术

法国雪铁龙和标致汽车公司研制成功一种用代码防汽车启动的装置。该装置很有效又有约束性。因为每次启动汽车前，必须输入代码才行，这一技术已被新型雷诺轿车采用。

5. 澳大利亚的电子追踪防盗技术

澳大利亚一家公司发明的电子追踪防盗技术是示踪标识和追踪雷达系统的结合，能在14m之内对行驶的汽车进行监视和识别。每个标识都有一个硅集成电路和发射装置。标识可跟踪车主要求的密码电波，出厂时装在车内。追踪雷达系统则装在道路口的交通标志灯上，接收和识别每一辆驶过的车辆的密码电波，警察据此扣留被盗车辆。

6. 中国的全方位遥控防盗技术

吉林省通化市一青年发明家研制成功一种DF-816型汽车防盗器，适用于各种大小汽车，具有全车体、全方位防盗、自动防盗报警和锁定功能。除车主之外，任何人想开动或撬、拆、击打汽车、盗窃轮胎或车上货物，都会发出不小于1200dB的强力报警声。其遥控器可像BP机那样随身携带。

7. 油路防盗系统技术

油路防盗系统基本原理与点火控制防盗系统相似，在汽车的油路中安装一套装置，控制供油系统。只要该系统进入工作状态，有人想要偷车，发动机供油系统将会拒绝提供所需燃油，起到防盗功能。

8. 其他防盗系统技术

瑞典沃尔汽车公司为S80型轿车开发出一套新型防盗系统，其中，既有机械方式，也有电子方式，还有防砸功能。它的车门钥匙锁芯可以无阻力旋转，当盗贼用螺丝刀或其他坚硬物体撬锁时，该锁芯可随撬动的物体旋转方向转动，而无法撬开。电子静止状态控制，一旦车主打开该系统离开汽车，如有人想移动该车，车辆就会拒绝进入行驶状态。它的前、后挡风玻璃和车窗玻璃都是采用特种玻璃，即使用铁锤或铁棒击打，玻璃也不会出现缝隙和漏洞，令盗贼的手无法伸进车内，将车门打开。

近来，一种利用电波控制的防盗系统在市场推出。它是在汽车上安装一个类似寻呼机的装置来对发动机点火系统进行控制，只要车主发现车辆被盗或车辆被抢劫后，通知总控制发射台，发出控制电波信号，使该车发动机无法运转。

西门子公司利用从核电站防护中心获取的经验资料，已为停机装置开发了一种滚动密码。该技术在1998年用于北美的汽车产品上。TRW公司正在研究用指纹来控制点火系统是否工作的可能性。这种方法是将驾驶员的指纹存储在汽车内，以便与已存储的参考指纹或声音进行识别。该技术有其实用的局限性。当他人借车时，车主必须授权方可让他人驾驶。

新型奔驰双门跑车采用了新一代汽车钥匙，这种钥匙被称为智能钥匙或电子钥匙。该车主无点火锁，当将一把电子钥匙的楔形舌片插入点火开关时，此电子钥匙就发出一个红外密码数据信号。启动控制单元内的微型计算机接收到信号，并将其与存储器内的密码相对比。如果两密码相同，微型计算机就打开转向盘锁。此外，发动机计算机还要求此点火开关能在

0.5s内解决一个复杂的适配问题。如果经过计算，两个装置得到相同的答案，发动机才能启动。每启动一次，密码就会发生变化。

总之，防盗器的出现给汽车的丢失带来了福音，减少了被盗的可能性。尤其是一些电子防盗器带有遥控装置，车主可不用车门钥匙打开车门，而且无须一个车门一个车门的打开，提供了很大方便。

综合以上种种防盗器特点，无非是采用各种不同的手段和方法来避免车辆被盗，但也不能过分地依赖它。须知，有盾就有矛，总有一些人在研究对策，以达到盗车的目的。

二、汽车防盗系统的运用

1. 汽车防盗系统的设定与设定后的作用

① 将点火钥匙转至转向盘锁定“LOCK”位置后抽出。

② 驾乘人员全部下车。

③ 关闭并锁定所有的车门、行李箱盖及发动机罩。

完成以上三个步骤后，车中的安全指示灯SECURITY发亮（不闪烁）。两道前门被锁定后，防盗系统将在设定之前有30s的检查时间，因为在此过程中，后门、行李箱盖和发动机盖可能还有某一道开启着。在30s内，若想起车内未完成的事又用锁匙或遥控器开启某一道前门，系统的防盗功能将被解除。

④ 当安全指示灯开始闪烁时，说明防盗系统已经自动调节，人可以走开。如果某一车门、行李箱或发动机罩在系统设定前未关紧，系统的设定将会中断，除非重新将它们关紧和锁定。设定系统时，不能有人留在车中，因为系统设定时若有人从车内开门，将会使系统激活，发出误警报信号。系统一经设定，行李箱盖开启器回路被断开，因此，行李箱必须用主匙开启。在以下情况下，防盗系统将受激发出声响警报，并断开启动回路：任何一道车门、行李箱或发动机罩未用主匙开启，电池电桩头拆卸后又重新装上。声响警报信号发出1min后将自动停止，但发动机启动电路仍中断。

2. 汽车防盗系统警报信号的重新激活与截止的方法

警报信号停止后，驾驶员总是将所有车门、行李箱盖和发动机罩重新关闭。防盗系统一旦再设定，也可自动地让警报装置复位。警报信号在以下情况再次激活：任何一道车门、行李箱或发动机罩被打开，电池电桩头被拆卸后又重新装回。

将点火钥匙从锁定“LOCK”位置转至附属设备“ACC”位置，则警报信号截止，但启动回路仍处于断路状态。此时即使开启任何一道车门、行李箱盖或发动机罩，警报信号将不再激活。

3. 汽车防盗系统安全指示灯的使用

安全指示灯在防盗系统的使用中给出三种指示：

① 指示灯闪烁，说明防盗系统已经设定，此时若开启车门、行李箱盖或发动机罩，必须用主匙；

② 指示灯常亮，说明防盗系统进入预定的自动设定时期，此期间内车门和发动机罩用副匙也能开启。该指示灯在警报信号触发声响时也发亮；

③ 指示灯灭（如汽车在正常行驶中），说明防盗系统不起作用，可按常规操作开启任何一道车门等。

4. 汽车防盗系统的中断与解除方法

防盗系统设定过程中，若用主匙开启行李箱，则防盗系统暂时中断，既不能激活，也不能解除。行李箱盖开启的同时，若再将车门和发动机罩打开，这样，防盗系统唯有拆下电池电桩头才能使其激活。

为了重新恢复防盗系统的设定过程，应关闭和锁定所有的车门、行李箱盖和发动机罩。

而且要注意，必须拔出主匙后行李箱盖才能闭锁，即关闭行李箱盖时，钥匙不能插在锁孔中。

用点火钥匙开启其中一道前门，此为防盗系统全部解除方式，与此同时，启动回路立即受激导通。

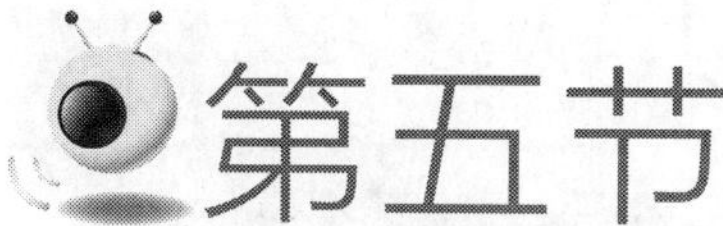

第五节 典型防盗系统分析

一、奥迪 A8/A6L 第四代防盗系统

1. 使用和启动授权控制单元 J518

① 功能 使用和启动授权控制单元是下述装置或功能的中央控制单元：钥匙识别、分析点火开关（使用和启动授权开关 J518）、遥控、防盗器、元件保护、高级钥匙功能、接线柱 15。

② 位置 使用和启动授权控制单元装在驾驶员座椅下方的脚坑内。

③ 诊断 即使不接通点火开关，也可以对启动和授权控制单元进行诊断。

2. 使用和启动授权控制开关 E415

使用和启动授权控制开关 E415 如图 1-6 所示，该开关内的点火锁芯无机械编码，使用任何钥匙都可以转动该开关。在该开关内集成有读出线圈。钥匙的识别是通过读出线圈 D1 借助于收发器查询来完成的。

收发器信息被编成密码经一条“三线式”总线发送到使用和启动授权控制单元，使用和启动授权控制单元会分析这些信息。

如图 1-7 所示，使用和启动授权开关上有 3 个按键，与点火开关一样，可以用钥匙将该开关顺时针转到 EIN（接通）位置及“START”（启动）位置。逆时针转动就关闭了开关。如果没有转动钥匙，那么点火开关就转回到“NULL”（零）位置。开关的 4 个位置（关闭、零位、接通、启动）由 6 个信号来查询，这 6 个信号由使用和启动授权控制单元来进行分析。这样就可以保证在一个开关损坏时，整个系统仍可正常工作。出现故障时，中间显示屏会有信息提示，同时还会有故障记录。

图 1-6 使用和启动授权开关

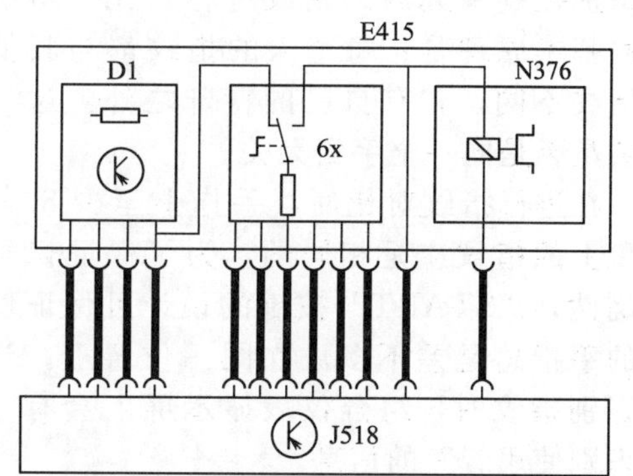

图 1-7 使用和启动授权开关 E415 内部线路图

D1—防盗器读入单元；N376—点火钥匙防拔电磁铁；J518—使用和启动授权控制单元

更换使用和启动授权控制单元后，不需要与防盗器适配。

3. 转向柱锁止执行元件

使用和启动授权控制单元通过一根双向总线来控制转向柱锁止执行元件，以便锁上及松开转向柱。只有在15号接线柱关闭时，使用和启动授权控制单元才会给转向柱执行元件供电。集成的电子装置会启动电动机开始工作，这时锁止销就被蜗杆和旋转斜盘沿直线方向推动。于是锁止销就与带有锥形内花键的矩形滑块抓靠在一起，内花键通过这个直线移动锁止转向柱，如图1-8所示。

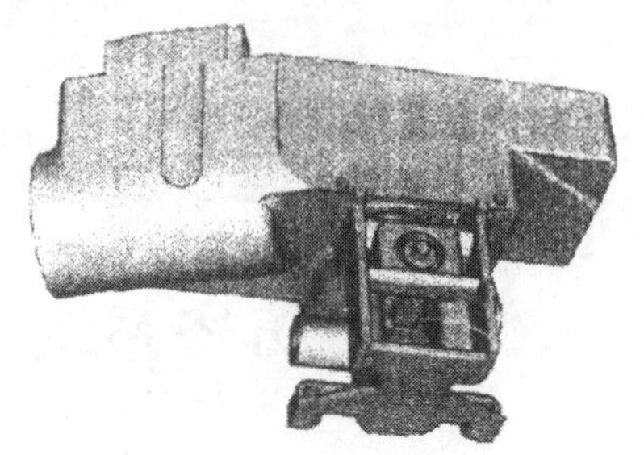

图1-8 转向柱锁止机构执行元件

4. 使用和启动授权按键E408（选配）

START（启动）按键有两个挡位，第一个挡位是接通点火开关，第二个挡位是启动发动机。当自动变速器的变速杆处于P位或N位时，按下“STOP”按键就会关闭点火开关。如果按下该按键时间超过两秒钟，那么S触点就被切断。所有信号均可通过使用和启动授权控制单元的测量数据块来进行诊断。

5. 高级钥匙（advanced key）功能

如果车钥匙处于中央门锁的识别范围内，那么就可以将手放在门把手上来打开车门，或按下车门外把手上的中央门锁按键来锁上车门。如果在锁车门过程中，车内还有其他钥匙，那么用这些钥匙就无法启动汽车。

6. 驾驶员识别控制单元J589

驾驶员识别控制单元用于实现一种舒适系统功能，即驾驶员可借助于这个舒适系统功能来给车上不同的系统设定不同的参数。该控制单元可以存储同一辆车的4个不同使用者的相应的设定内容。

驾驶员控制单元位于中央副仪表板上，自动变速器的变速杆旁。使用和启动授权按键E408与驾驶员识别控制单元构成一个整体。在这个按键内有传感器薄膜，该薄膜是通电的，它可以感知手指的接触。

按下使用和启动授权按键时，传感器薄膜就会读取指纹信号。当识别出相应的使用者信号后，如果此时接线柱S是接通的，那么驾驶员识别控制单元会将使用者的ID发送到舒适CAN总线上，如图1-9所示。

7. 指纹识别功能

指纹识别功能就是将指纹与存储在驾驶员识别控制单元内的指纹进行对比。指纹识别的基本原理是：每个人的指纹都与其他人的指纹不同，它有自己的特殊之外，这与该指纹是否是同一个手指无关。

在进行指纹对比时，手指上至少80%的面积上的指纹应是相同的。为了保证识别的准确性，“START”按键的设计可保证使用者的手指总是差不多放在同一位置上。当无法识别指纹时，组合仪表显示屏上会有“无法识别使用者”的信息。

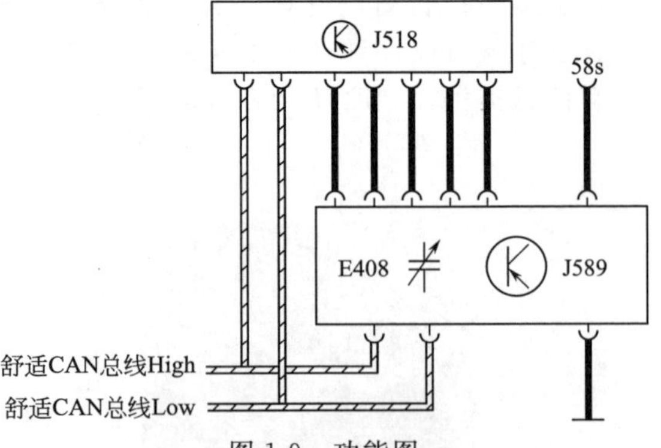

图1-9 功能图

J518—使用和启动授权控制单元；
J589—驾驶员识别控制单元；
E408—使用和启动授权按键

指纹识别的过程如下：首先通过“START”按键内的电容传感器记录下驾驶者的指纹，然后生成灰阶图。该图像信号（图像数据）送到驾驶员识别单元内进行处理，经过指纹特点过滤，识别出特点区（细节）。这些细节之处通过复杂的网格线连到一起，这样细节之间的指纹与倾斜角度、间距、指纹数量以及细节的类型就被存储起来。驾驶员识别单元将这些特点与档案里的内容（已经适配的手指）进行对比，在准确识别出指纹图像后，驾驶员识别控制单元就将使用者的ID发送到舒适CAN总线上。在成功识别出指纹后，MMI多功能显示屏上会显示出使用者的名字。

8. 使用者指纹的适配

通过MMI上的CAR菜单可以进行新使用者指纹的适配，最多可适配4个使用者，每个使用者可适配5个手指。适配方法如下：用中等力量（小于12N）将手指连续3次放到传感器上，这样手指的适配就完成了。第1次手指要放到“START”按键的正中间，第2次手指向左偏2mm，第3次再向右偏2mm。根据图像的情况，有可能还需要其他指纹，这时在MMI显示屏上会有提示内容。要想识别出某个使用者，必须读出并存储3个图像。为了避免出现识别不出来的情况，最好用两个或两个以上的手指进行适配。

9. 发动机控制单元

发动机控制单元是防盗系统的组件之一，所以更换后必须进行在线适配。

10. 车钥匙

车钥匙上有一把带防盗编码器的机构钥匙，它只用于插入锁内（车门和行李箱盖）。脉冲转发功能已经集成在电子装置内，因此即使钥匙内的电池没电也不影响其功能。最多可匹配8把钥匙。

对于第四代防盗器的车钥匙，其机构和电子部分在出厂时已经与其所属的汽车进行了预编码，因此可订购钥匙，并且钥匙只能与该车匹配。

11. 第四代防盗系统的适配

在工作状态下，所有防盗系统的功能菜单都采用菜单引导的方式通过“引导性故障查询”菜单来完成。各种功能因车辆不同而异。因此，“其他车辆”选项不可使用。如果对转向盘锁执行元件、进入和启动许可控制器单元中的一个或多个进行适配，则发动机在5min内无法启动，且第1把钥匙为新钥匙的钥匙组合。

2005款AUDI A6L轿车使用了第四代防盗器。因此，与2003款及2004款的AUDI A8一样，所有元件须在线适配。AUDI A6L装备的高级钥匙是在2003款奥迪A8的基础上改进的。最重要的改进之处是使用和启动授权控制单元与转向柱锁止机构执行元件合并在一起。详细内容请参考奥迪A8第四代防盗系统。

二、三菱帕杰罗发动机防盗系统

1. 防盗控制系统包括点火钥匙、钥匙环状天线、防盗控制系统ECU和PCM。点火钥匙有一内置收发器。钥匙环状天线装在点火锁芯上。只有注册的点火钥匙可以启动发动机，因此发动机不能通过伪造钥匙或直接连接点火线路启动。这个系统更安全，更防盗。另外，驾驶员只要将点火开关转到“ON”位置就可以启动防盗控制系统。如果不能满足发动机启动的必需条件，发动机将被置于“ON”位置，或点火钥匙的ID码不正确，则组合上的“SECURITY”（安全）指示灯闪烁。

2. 如果点火钥匙、防盗控制系统ECU、ECM（M/T）或PCM（A/T）被更换或增加点火钥匙，那么所有的点火钥匙的密码必须重新注册（最多可以注册8把点火钥匙）。此外，防盗控制系统ECU被更换后，需要使用故障诊断仪MB991502对防盗控制系统进行重新注册，同时将用户设定的车辆密码输入防盗控制系统ECU中并进行注册。

3. 如果试图用未注册的点火钥匙启动发动机，发动机能够转动，但燃油进给将被切断，使发动机无法启动。10s后，防盗报警指示灯将会闪烁30s。

4. 动力系统控制模块中存有防盗控制系统ECU的密码，密码注册在防盗控制系统

ECU 和点火钥匙中。

5. 如果连续输入密码错误 5 次，防盗控制系统 ECU 的密码就必须重新注册，密码注册在防盗控制系统 ECU 和点火钥匙中。

6. 使用钥匙 ID 注册功能，将会使以前的防盗控制系统 ECU 中注册的钥匙 ID 被删除。所有的钥匙都必须重新注册。如果注册的钥匙超过一把，不要在注册过程中断开故障诊断仪 MB991502。注册完钥匙 ID 后，检查是否所有注册过的钥匙都能启动发动机。

三、防盗系统的编程

1. 使用诊断仪器编程

① 将故障诊断仪 MB991502 连接到数据连接插接器上（16 针端子）。

② 将点火开关转到“ON”位置。

③ 在诊断仪菜单“System Select（系统选择）”中按“YES”。

④ 选择“Immobilizer（防盗控制系统）”，按“YES”。

⑤ 选择“Special Functions（专用功能）”按“YES”。

⑥ 选择“Key ID register（钥匙 ID 注册）”按“YES”。

⑦ 输入密码。使用“UP”（上）和“DOWN”（下）键在 0～9 之间改变密码的数字。使用“LEFT”（左）和“RIGHT”（右）键输入错误的密码，屏幕显示防盗控制系统 ECU 将切换到未授权操作，进入防止启动模式。

⑧ 按“YES”开始注册钥匙 ID。

⑨ 在钥匙 ID 注册时出现错误，屏幕将显示“Can't execute（不能执行）”。如果钥匙注册完成，则屏幕将显示“Key ID has been register（钥匙密码已注册）”。

⑩当前注册的钥匙数量被显示。要注册另一把钥匙，需在 5s 内更换另一把钥匙，然后按“YES”键。显示钥匙 ID 注册菜单，可进行另一把钥匙的注册。最多可以注册 8 把钥匙。如钥匙 ID 注册完毕，请按“NO”键。

⑪ 注册操作完毕。将点火开关转到“LOCK（关闭）”位置并保持大约 10s。

⑫ 检查是否所有的钥匙都能启动发动机。

⑬ 检查是否没有设置防盗控制系统 ECU 故障码和 MFI 系统故障码。

⑭ 将点火开关转到“LOCK”位置。

⑮ 断开故障诊断仪 MB991502。

2. 不使用诊断仪器注册另外的钥匙

① 说明 启动防盗控制系统 ECU 注册模式，然后通过它注册另外的钥匙。另外的钥匙可以不使用 MUT-II 进行注册，而使用两把已经注册过的点火钥匙对其进行注册（最多可以注册 8 把点火钥匙）。

② 编程方法

a. 使用第 1 把注册过的点火钥匙（KEY A）将点火开关转到“ON”位置。

b. 如第 1 把钥匙（KEY A）正确，防盗控制系统 ECU 提示插入第 2 把已注册过的钥匙（KEY B）。将点火开关保持在“ON”位置 5s 以上，以便进入等待第 2 把钥匙（KEY B）状态。

c. 将点火开关转到“LOCK（关闭）”位置后，用第 2 把注册过的钥匙（KEY B）将点火开关转到“ON”位置。第 2 把钥匙必须把第 1 把钥匙拔出后 7s 内将点火开关转到“ON”位置。

d. 如果第 2 把钥匙（KEY B）工作正常，防盗控制系统 ECU 将进入输入模式。防盗报警灯将每秒闪烁两次。

e. 在防盗报警灯开始闪烁后，将点火开关转到“LOCK”位置。用新的钥匙将点火开关转到“ON”位置。

f. 新的钥匙必须在指示灯开始闪烁后 30s 内注册完成。

g. 防盗控制系统 ECU 随后将按表 1-1 所示新钥匙进行控制。

表 1-1 防盗控制系统新钥匙

新钥匙状况	附加进入	附加模式	防盗报警指示灯	
			操作	时间
无注册钥匙	OK	附加部分	点亮 3s	附加进入模式完成后
注册钥匙	NO	附加部分	点亮 3s	注册钥匙判断后
读取错误	NO	附加部分	闪烁 3s	读取错误判断后

h. 要继续注册另一把的钥匙，就将点火开关转到“LOCK”位置，然后在 7s 内用新钥匙将点火开关转到“ON”位置（最多可注册 8 把钥匙，如试图注册第 9 把钥匙，注册将被拒绝）。

i. 当满足下列情况时，附加注册模式将被中断：

ⓐ 点火开关在“ON”位置保持 30s 以上（附加进入模式超时）；

ⓑ 点火开关转到“LOCK”位置时，发动机控制继电器断电；

ⓒ 开始与故障诊断仪进行通信。

j. 当点火开关关闭，发动机控制继电器断电后，注册的附加钥匙能启动发动机。

第六节 中央门锁控制系统

中央门锁控制系统具有钥匙联动锁门和开门功能，当驾驶员用钥匙操纵左前右前门锁时，全车车门（包括行李箱门）可以同时锁止或打开。

一、中央门锁控制系统的组成

1. 中央门锁控制开关

中央门锁控制开关安装在左前门和右前门的内侧扶手上，如图 1-10 所示，是用来在车内控制全车车门的开启与锁止的。门锁控制开关多与电动门窗开关组合在一起。

2. 钥匙控制开关

钥匙控制开关装在左前门和右前门的外侧锁上，如图 1-11 所示。当从车外面用车门钥匙开车门或锁车门时，便使车门同时锁止或打开。车门钥匙的功能是实现在车门外面锁车或找开车的门锁，同时，车门钥匙也是点火开关、燃料箱、行李箱等全车设置锁的地方共同的钥匙。

3. 门锁总成

中央门锁控制系统所采用的门锁总成都是电动门锁。常用的电动门锁有电动机式、电磁式、真空式和电子式等几种类型。图 1-12 所示为电动机式门锁总成。

门锁总成主要是由门锁传动机构、门锁开关和门锁壳体等组成。门锁开关是用来检测车门的开闭情况。当车门关闭后，门锁开关断开；车门开启时，门锁开关接通。

门锁传动机构是由电动机、齿轮和位置开关等组成，如图 1-12 所示。当门锁电动机转动时，蜗杆带动齿轮转动，齿轮推动锁杆，车门被锁上或打开，然后齿轮在回位弹簧的作用下返回原位置，防止操纵门锁钮时电动机工作。位置开关在锁杆推向锁门位置时断开，推向开门位置时接通。

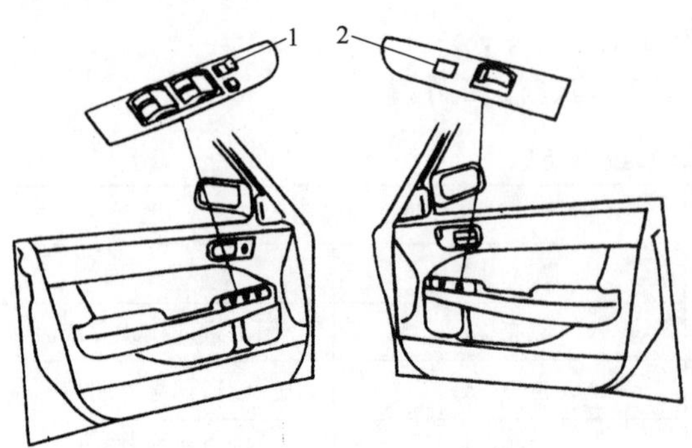

图 1-10　中央门锁控制开关的安装位置

1—左门锁控制开关；2—右门锁控制开关

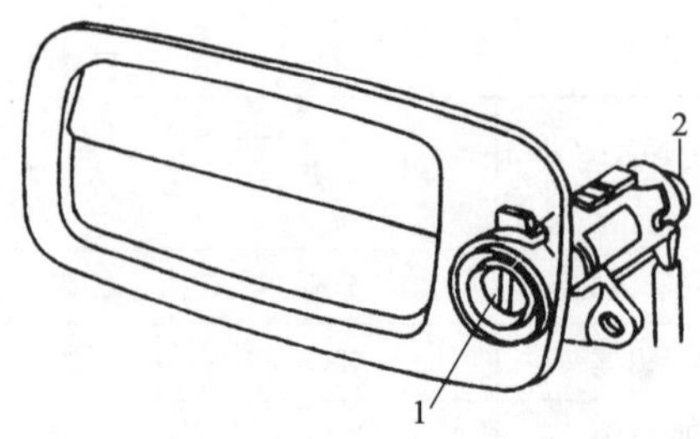

图 1-11　钥匙控制开关的安装位置

1—车门钥匙孔；2—钥匙控制开关

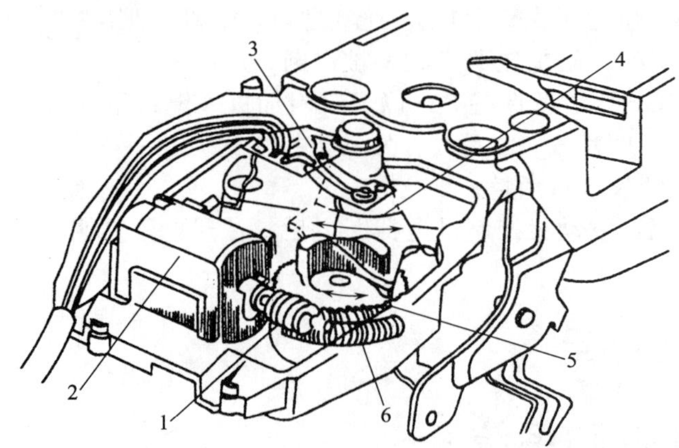

图 1-12　电动机式门锁总成

1—蜗杆；2—电动机；3—位置开关；4—锁杆；5—齿轮；6—回位弹簧

4．行李箱门开启器开关

行李箱门开启器开关位于仪表板下面，拉动此开关便能打开行李箱门，图中 1-13 所示的行李箱门开启器开关有所不同，图中所示的行李箱门开启器开关操作时，先用钥匙顺时针旋转打开行李箱门开启器主开关，然后再使用行李箱门开启器开关打开行李箱。

5．行李箱门开启器

行李箱门开启器装在行李箱门上，由轭铁、插棒式铁芯、电磁线圈和支架组成，如图 1-14 所示。轴连接行李箱门锁，当电磁线圈通电时，插棒式铁芯将轴拉入并打开行李箱门。线路断路器用以防止电磁线圈的电流过大而过热。

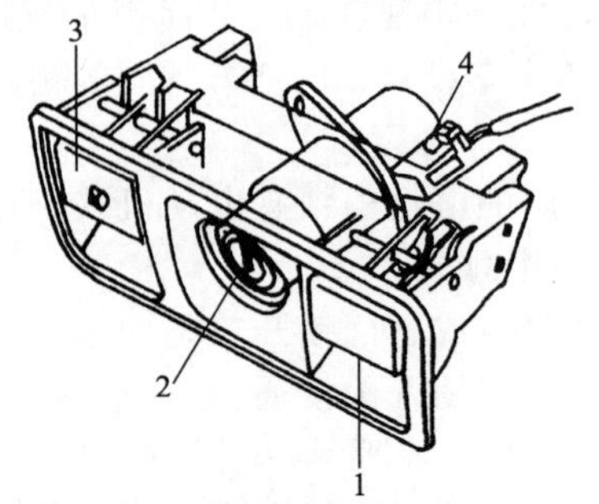

图 1-13　行李箱门开启器开关

1—行李箱门开启器开关；2—钥匙门；3—燃油箱盖开启器开关；4—行李箱门开启器主开关

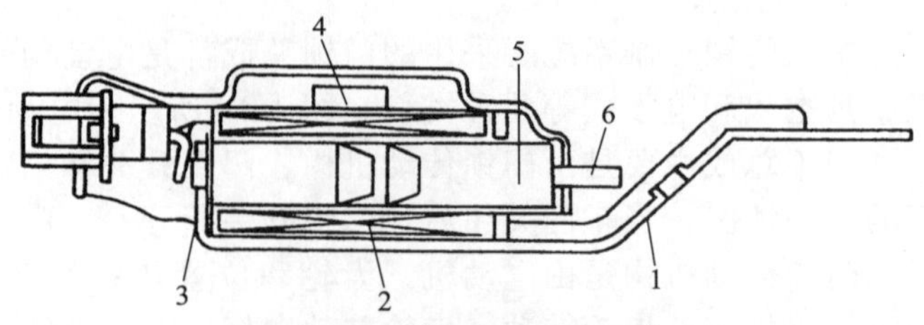

图 1-14　行李箱门开启器

1—支架；2—电磁线圈；3—轭铁；4—线路断路器；5—插棒式铁芯；6—轴

6. 门控开关

门控开关是用来检测车门的开闭情况。车门打开时，门控开关接通；车门关闭时，门控开关断开。

二、中央门锁控制系统的功能

1. 内外开启与内外锁止功能

在车内开启和锁止车门时，由门锁控制开关开启和锁止门锁；在车外开启和锁止车门时，由钥匙转动控制开关开启门锁。

2. 后车门儿童安全锁止功能

如图 1-15 所示，中央门锁控制系统设有后车门儿童安全锁止装置，该装置具有防止车内儿童擅自打开车门的功能。只有当中央门锁控制系统在“开锁”状态时，儿童安全锁闩才能退出（有的车锁是当儿童安全锁闩拨到锁止位置时，在车内用内扣手不能开门，而在车外用外扣手可以开门）。

3. 中央控制锁止功能

当驾驶员锁止驾驶员侧车门时，其他几个车门（包括行李箱门）能同时锁止。

4. 驾驶员侧车门防误锁功能

当驾驶员侧的内部锁止开关在锁止位置时，关上车门后，该车门也不能锁止，以防止钥匙忘在车内而车门被锁止。

有些车型为了防止钥匙锁在车内，设置了钥匙开关锁报警开关，如图 1-16 所示，钥匙开锁报警开关探测点火钥匙是否插进钥匙门内，当钥匙在钥匙门内，钥匙开锁报警开关电路接通报警，当钥匙离开钥匙门时取消报警。

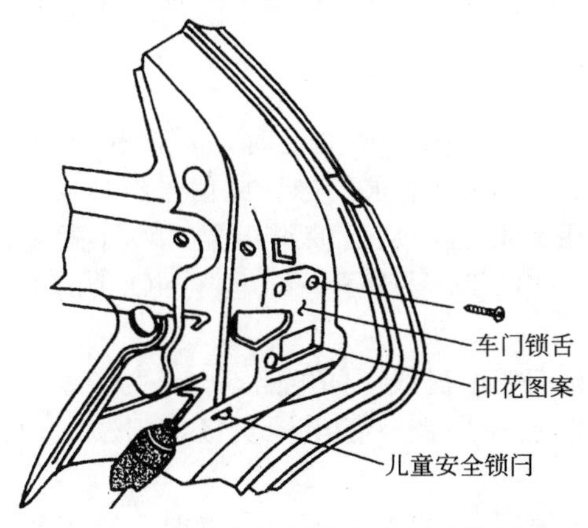

图 1-15 后车门儿童安全锁止装置

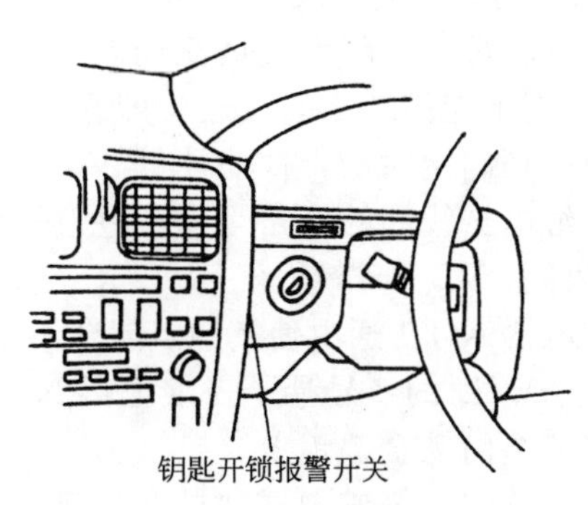

图 1-16 钥匙开锁报警开关

三、门锁控制器及中控门锁的工作原理

门锁控制器的形式比较多，常见的有继电器式、集成电路（IC）-继电器式、电脑（ECU）控制式等。现代汽车中普遍使用电脑（ECU）控制式。

图 1-17 是防盗和中控门锁 ECU 的控制电路。

1. 行李箱门锁的控制

当主开关和行李箱门锁开关接通时，防盗和门锁 ECU 的 18 号端子与搭铁之间接通，即向 ECU 输入一个行李箱开锁请求信号。此信号经过反相器 F 和行李箱开锁定时器，使晶体管 VT_3（起开关作用）导通，从而使继电器 NO. 3 电磁阀通电。电流通过继电器线圈的电

路为：蓄电池→易熔线→ECU 的 24 号端子→继电器 NO. 3 的电磁线圈→晶体管 VT_3→搭铁。

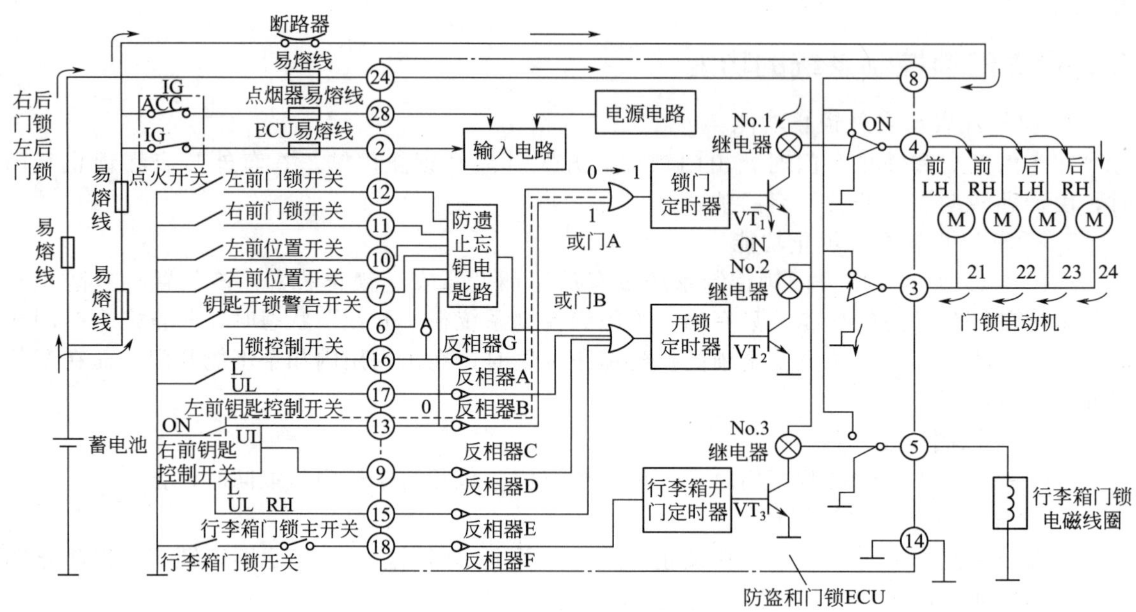

图 1-17　汽车中控门锁系统电路

继电器 NO. 3 通电使其触点闭合，接通了行李箱门锁电磁线圈的电路。电路为：蓄电池→易熔线→ECU 的 8 号端子→继电器 NO. 3 接通的触点→ECU 的 5 号端子→行李箱门锁电磁线圈→搭铁→蓄电池负极，从而使行李箱门锁打开。

2. 用门锁控制开关锁门和开锁

把驾驶员侧或副驾驶员侧门锁控制开关推向锁门（LOCK）位置时，防盗和门锁 ECU 的 16 号端子与搭铁之间接通，即开关向 ECU 输入一个锁门请求信号。此信号经过反相器 A 或门 A、锁门定时器，使晶体管 VT_1（起开关作用）导通，从而使继电器 NO. 1 通电。电流通过继电器线圈的电路为：蓄电池→易熔线→ECU 的 24 号端子→继电器 NO. 1 的电磁线圈→晶体管 VT_1→搭铁。

继电器 NO. 1 通电使其触点闭合，接通了行李箱门锁电磁线圈的电路。电路为：蓄电池→易熔线→ECU 的 8 号端子→继电器 NO. 2 接通的触点→搭铁→蓄电池负极，门锁电动机转动，将四个门锁全部锁上。

当把驾驶员侧或副驾驶员侧门锁控制开关推向锁门（UNLOCK）位置时，防盗和门锁 ECU 的 17 号端子与搭铁之间接通，即开关向 ECU 输入一个锁门请求信号。此信号经过反相器 B 或门 B、开锁定时器，使晶体管 VT_2（起开关作用）导通，从而使继电器 NO. 2 通电。电流通过继电器线圈的电路为：蓄电池→易熔线→ECU 的 24 号端子→继电器 NO. 2 的电磁线圈→晶体管 VT_2→搭铁。

继电器 NO. 2 通电使其触点闭合，接通了门锁电动机电路。电路为：蓄电池→易熔线→ECU 的 8 号端子→继电器 NO. 2 接通的触点→ECU 的 3 号端子→门锁电动机→ECU 的 4 号端子→继电器 NO. 1 搭铁触点→搭铁→蓄电池负极，门锁电动机反向转动，将四个门锁全部锁上。

3. 用钥匙锁门和开锁

当把钥匙插入驾驶员侧或副驾驶员侧门锁的锁芯内并向锁门方向转动时，钥匙控制开关将锁门侧（L）接通，这样ECU端子13和搭铁端接通，相当于开关向ECU输入锁门信号。此信号经过反相器C、或门A、锁门定时器，使晶体管VT_1（起开关作用）导通，从而使继电器NO.1通电。电流通过继电器线圈的电路为：蓄电池→易熔线→ECU的24号端子→继电器NO.1的电磁线圈→晶体管VT_1→搭铁。

继电器NO.1通电使其触点闭合，接通了门锁电动机电路。电路为：蓄电池→易熔线→ECU的8号端子→继电器NO.1接通的触点→ECU的4号端子→门锁电动机→ECU的3号端子→继电器NO.2搭铁触点→搭铁→蓄电池负极，门锁电动机转动，将四个门锁全部锁上。

当将钥匙插入驾驶员侧或副驾驶员侧门锁锁芯内并向开锁方向转动时，钥匙控制开关向开门（UNLOCK）侧接通，防盗和门锁ECU的9号端子与搭铁之间接通，即开关向ECU输入一个开锁请求信号。此信号经过反相器D、或门B、开锁定时器，使晶体管VT_2搭铁。

继电器NO.2通电使其触点闭合，接通了门锁电动机电路。电路为：蓄电池→易熔线→ECU的8号端子→继电器NO.2接通的触点→ECU的3号端子→门锁电动机→ECU的4号端子→继电器NO.1搭铁触点→搭铁→蓄电池负极，门锁电动机反向转动全部开锁。

4. 防止点火钥匙锁入车内

若驾驶员未从点火开关中拔出点火钥匙便打开前车门准备离开时，由于前车门打开而点火钥匙未排出，门锁控制开关和钥匙开锁警告开关均保持在接通状态，并将信号送给ECU的防止钥匙遗忘电路。此时，当按下门锁按钮（或门锁控制开关）锁门时，门立刻被锁上，但位置开关（或门锁控制开关）经ECU的10号（或16号）端子，将一信号送给防止钥匙遗忘电路，再经或门B、开锁定时器到晶体管VT_2，使VT_2导通，继电器NO.2电磁线圈通电，因而使所有门锁打开。

四、遥控门锁系统

为了方便操作，汽车的中控门锁系统均配备了遥控发射器来实现锁门和开门功能，并将遥控发射器与车钥匙连在一起。

遥控门锁的工作原理是通过遥控发射器发出遥控信号，此信号被汽车中的接收天线接收后，送至中控门锁系统中的ECU进行识别对比，若识别对比后的代码一致，ECU将把信号送至执行器来完成相应的动作。

五、汽车中央控制门锁故障检查的注意事项

无论中央控制门锁系统出现什么故障，应先通过检查，使故障可能存在的部位缩小到一定范围以内，然后再拍拍车门内饰，露出门锁机构。最好先将拨动门锁开关后的情况列出图表，然后和维修手册中的故障诊断图表相对照，以便分析故障原因和部位。

第二章 北京现代车系防盗电控系统故障检修

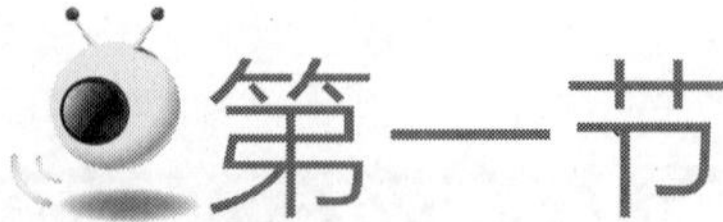

第一节 北京现代御翔车系遥控防盗电控系统故障检修(08 款)

一、电控系统电路

如图 2-1 所示。

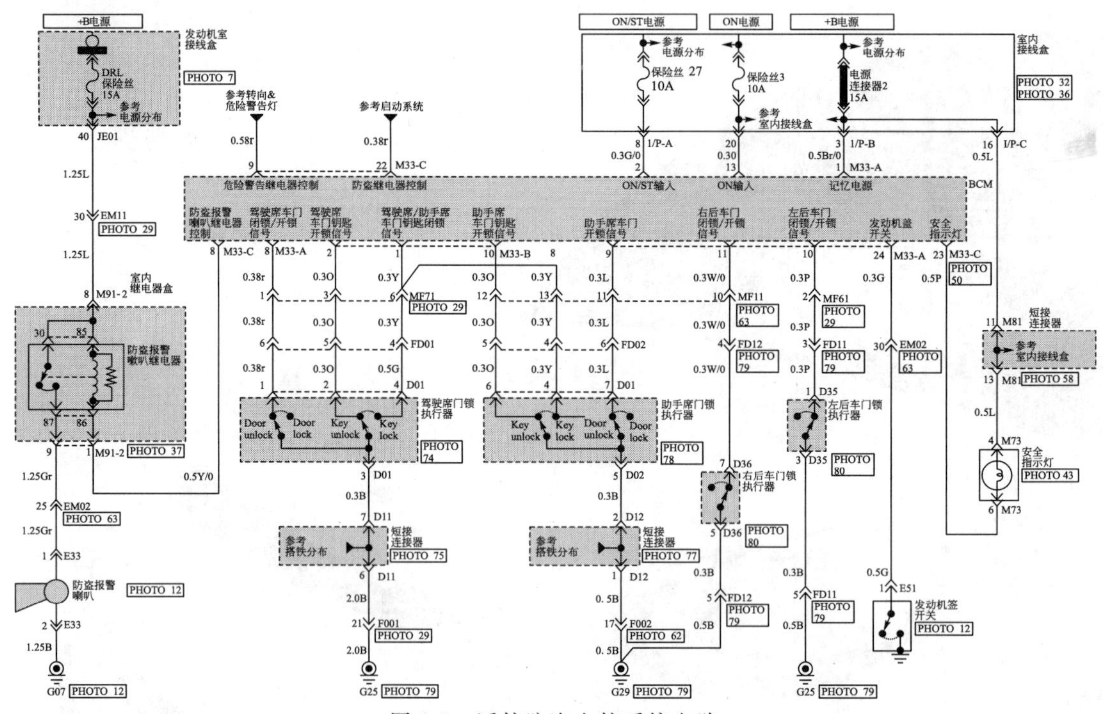

图 2-1　遥控防盗电控系统电路

二、遥控器密码输入

① 在驾驶席侧下防撞装饰板内的自诊断连接器（16P 端子）上连接 H1-DS SCAN。如图 2-2 所示。

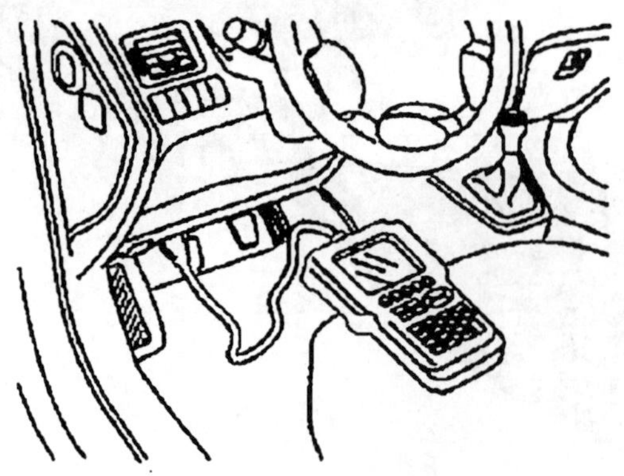

图 2-2　连接 H1-DS SCAN

② 选择车型，选择“代码输入”项。如图 2-3 所示。

③ 选择“代码输入”项后按下“ENTER”键，屏幕上显示如下内容。如图 2-4 所示。

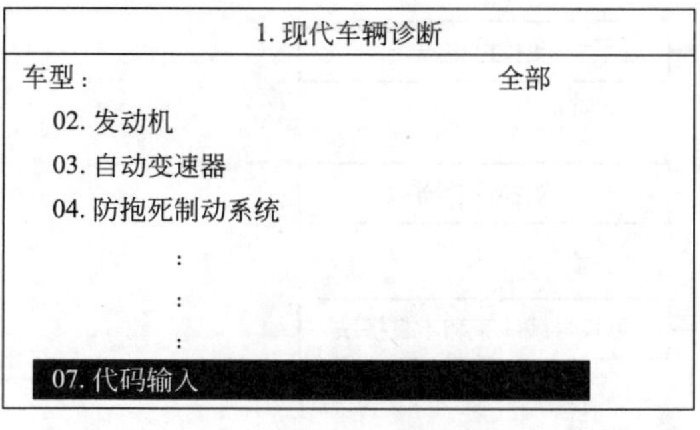

图 2-3 选择“代码输入”项

遥控器密码输入

从点火开关钥匙筒内拔出钥匙。
在16P诊断连接器上连接DLC导线。

如果你准备就绪，按下[ENTER]键。

图 2-4 代码输入

④ 从点火开关钥匙筒内拔出钥匙后按下“ENTER”键，进入密码输入的下一个模式。如图 2-5 所示。遵循如下步骤 1 至 4，完成密码输入操作。

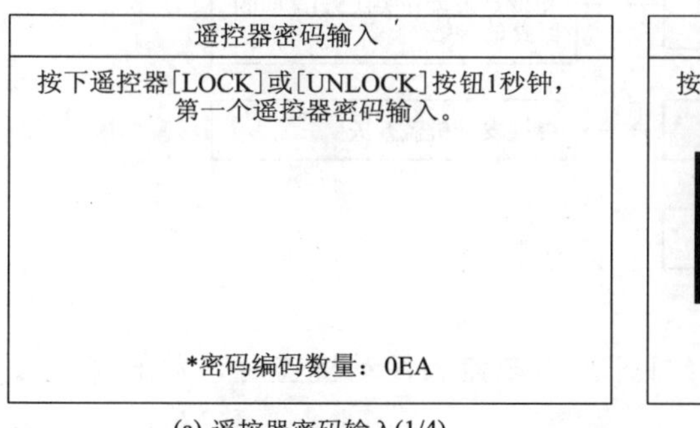

(a) 遥控器密码输入(1/4)

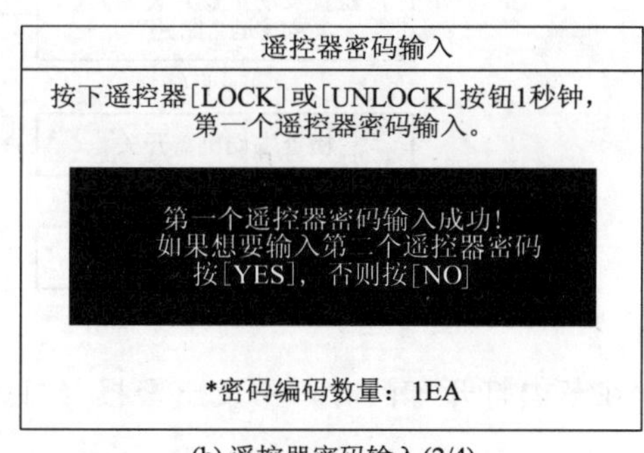

(b) 遥控器密码输入(2/4)

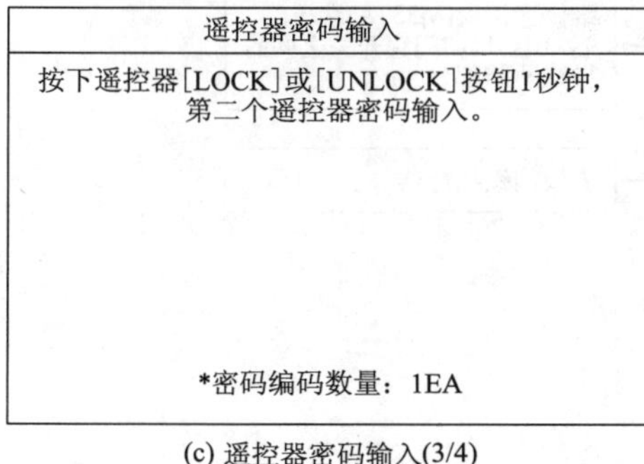

(c) 遥控器密码输入(3/4)

(d) 遥控器密码输入(4/4)

图 2-5 遥控器密码输入

三、故障检修

① 不发出警报声（危险警告灯工作）。

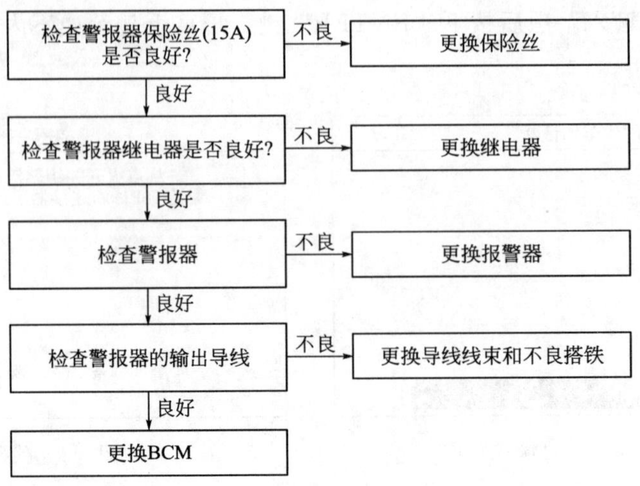

② 在车内打开发动机盖时，不发出警报。

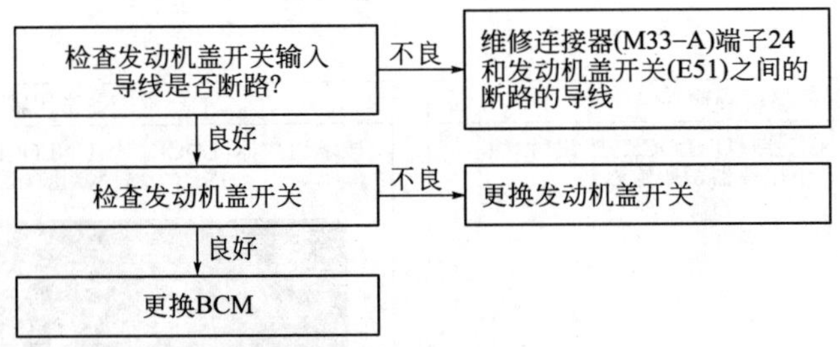

③ 在车内打开车门时，不发出警报（打开行李箱盖和发动机盖时，发出警报）。

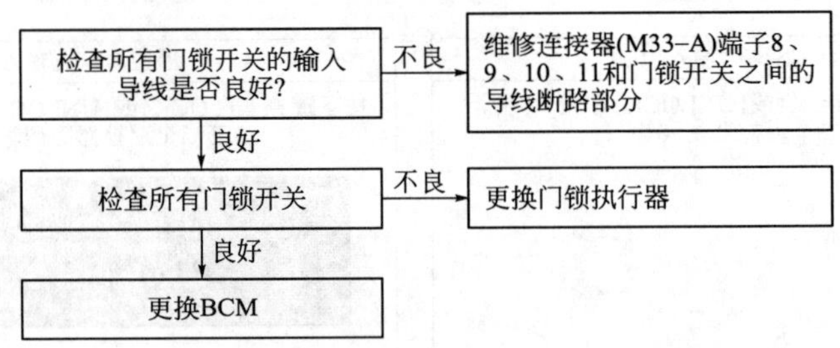

④ 在车内打开行李箱时，不发出警报。

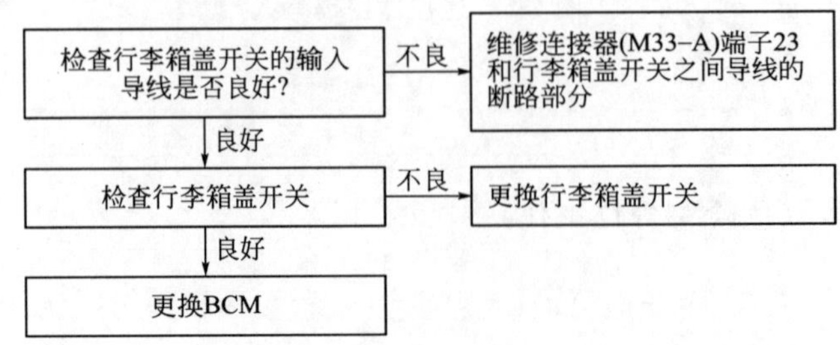

⑤ 当用遥控器闭锁时，中央控制门锁功能工作，但是危险警告灯不闪烁。

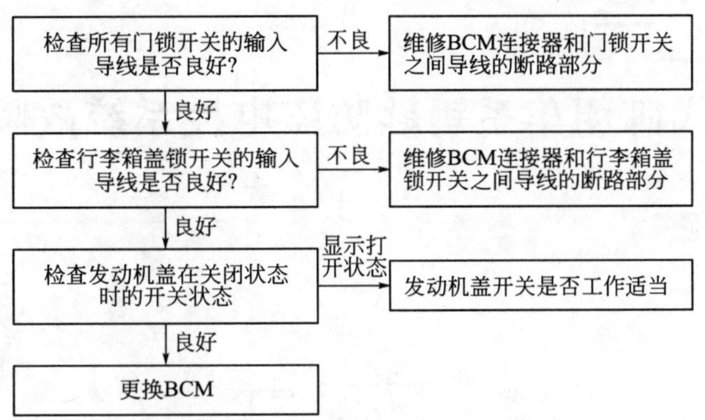

⑥ 在解除警戒状态发动机不能启动。

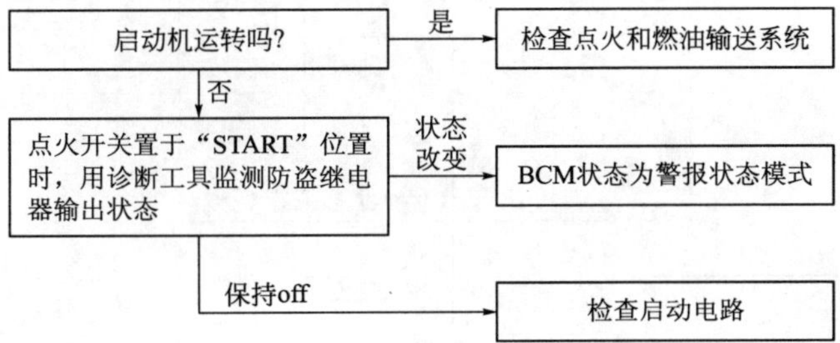

⑦ 中央控制门锁工作，但是遥控系统不工作。

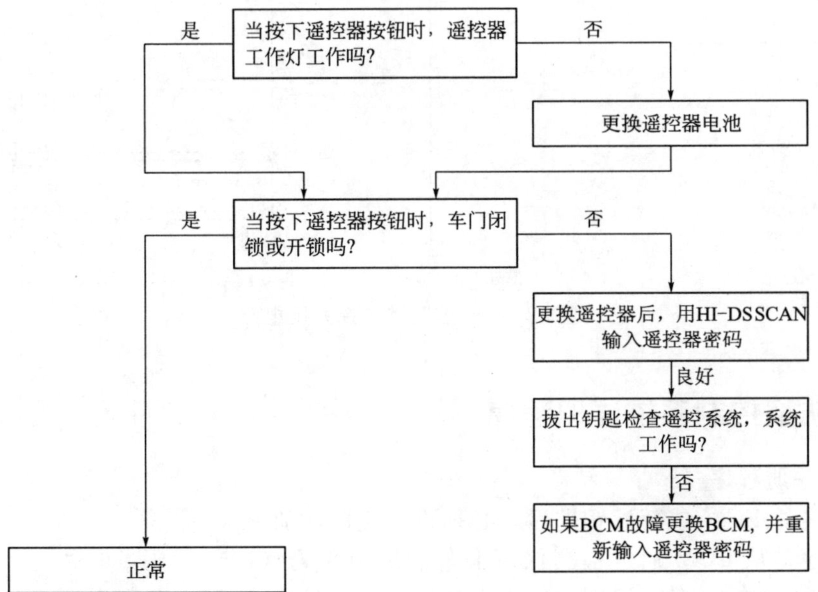

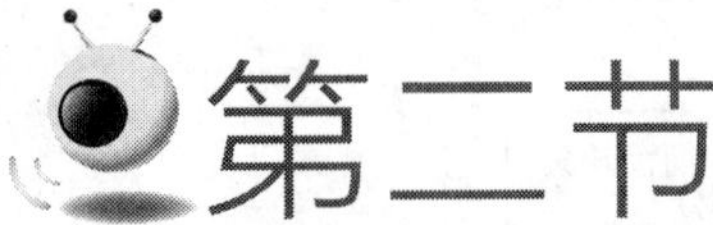

第二节 北京现代御翔车系钥匙防盗电控系统故障检修(08 款)

一、电控系统电路

如图 2-6 所示。

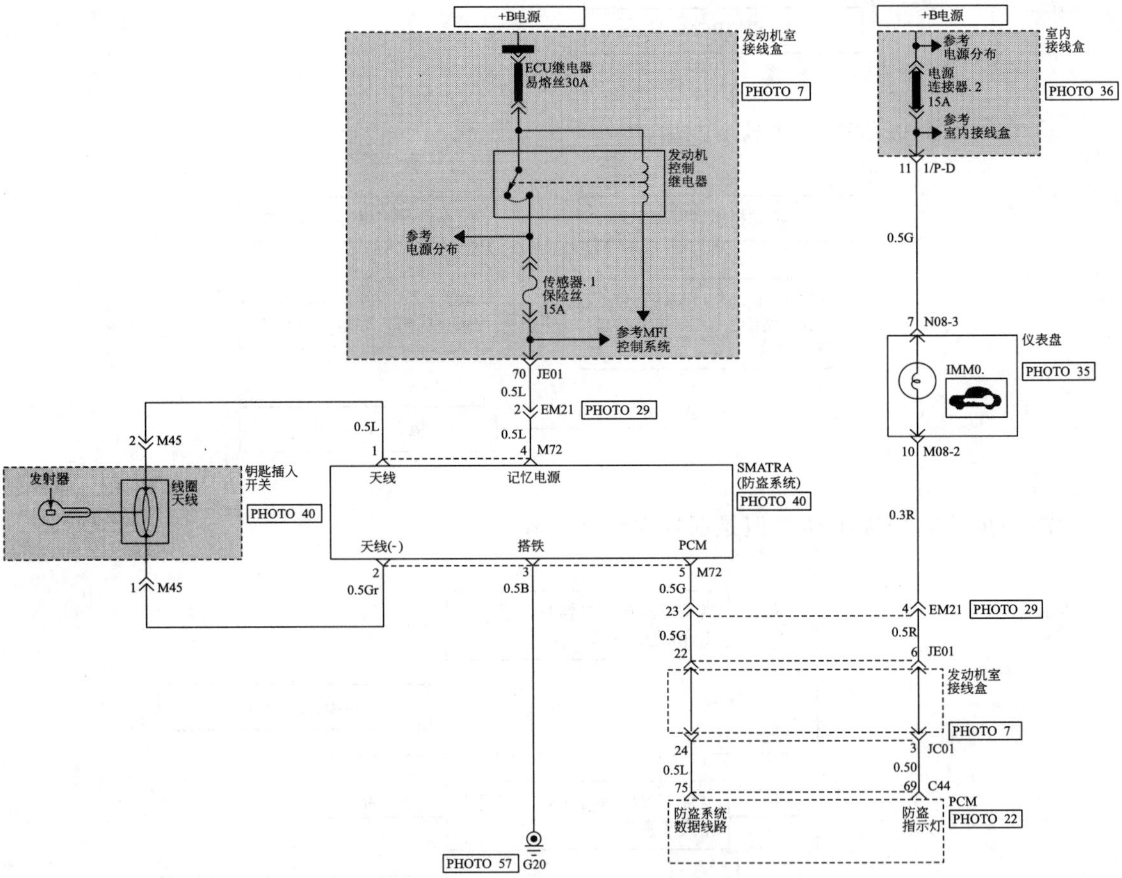

图 2-6　钥匙防盗电控系统电路

二、钥匙防盗控制系统注册程序

1. 钥匙注册程序

更换不良的 ECM 或新配钥匙后，必须进行钥匙注册。

这个程序是从 ECM 通过检测仪请求车辆识别代码（PIN 代码：6 位数）开始的。“初始”状态的 ECM 输入车辆识别代码后启动钥匙注册程序。“记忆状态”的 ECM 比较从检测仪输入的车辆识别代码和所储存的代码，如果正确，启动钥匙注册程序。

如果错误的车辆识别代码输入到 ECM 三次，ECM 将会在 1h 之内拒绝接受钥匙注册的要求。即使关闭电源或进行其他操作，也不能减少这段时间。连接蓄电池后，时钟重新计时 1h。

用钥匙和检测仪输入点火开关 ON 的学习命令，进行钥匙注册。ECM 在 EEPROM 和发射器中存储相关数据。然后 ECM 验证注册过程是否有效。通过把信息发送给检测仪来证实注册程序是否成功。

如果 ECM 识别了钥匙已经成功注册，系统将会鉴别。并且 EEPROM 的数据被更新。发射器内容没有变化（对于使用过的发射器是不可能的）。

已经注册的钥匙如果通过同一种方式进行注册，会被 ECM 识别，拒绝接受钥匙，并把这个信息发送给检测仪。

ECM 拒绝注册无效的钥匙。系统会把此信息发送给检测仪。钥匙无效可能是因为发射器故障或其他原因，如注册程序的失败等。如果 ECM 检测到发射器和 ECM 的验证不同，则认为钥匙无效。

注册钥匙最多 4 个。

如果在钥匙防盗系统工作期间发生故障，ECM 状态保持不变，并记录特定故障代码。

在钥匙注册过程中，如果 ECM 状态和钥匙状态不符，注册程序将会停止，ECM 记录特定故障代码。

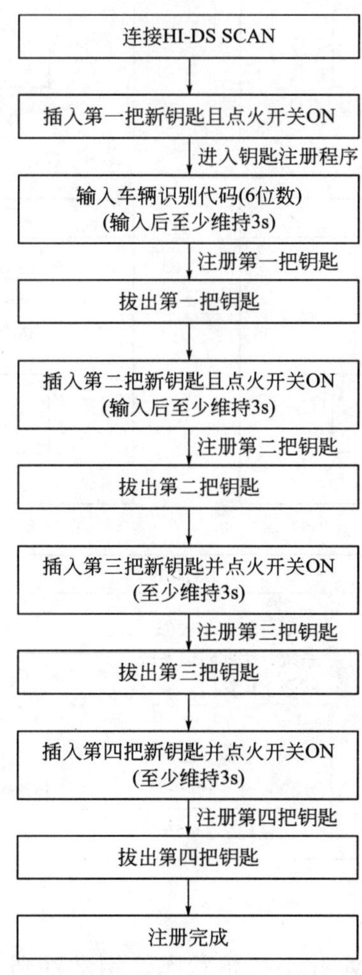

(1) ECM 记忆状态

1. 现代车辆诊断 ▼

车型：SONATA 05
01. 发动机
02. 自动变速器
03. 防抱死制动系统
04. SRS-安全气囊
05. 电控悬架
06. 钥匙防盗系统
07. 电动方向盘
08. 全自动空调

1. 现代车辆诊断

车型：SONATA 05
系统：钥匙防盗系统
01. 当前数据
02. 口令注册/更改
03. 注册
04. 中和模式
05. 失效保护模式

1.3注册

车型：SONATA 05
系统：钥匙防盗系统
状态：记忆

输入6位车辆识别码，
按[ENTER]键

密码：234567

1.3注册

车型：SONATA 05
系统：钥匙防盗系统
状态：记忆

注册第一把钥匙
确定么？[Y/N]

密码：234567

1.3注册

车型：SONATA 05
系统：钥匙防盗系统
状态：记忆

第一把钥匙
注册完成

密码：234567

1.3注册

车型：SONATA 05
系统：钥匙防盗系统
状态：记忆

注册第二把钥匙
确定么？[Y/N]

密码：234567

1.3注册

车型：SONATA 05
系统：钥匙防盗系统
状态：记忆

第二把钥匙
注册完成

密码：234567

(2) ECM 初始状态

更换新的“ECM”后，ECM 处于初始状态。钥匙注册模式中，“初始”状态意味着 ECM 与以前的任何车辆识别码不匹配。

1.3 注册
车型：SONATA 05 系统：钥匙防盗系统 状态：初始 输入6位车辆识别码， 按[ENTER]键 密码：234567

1.3 注册
车型：SONATA 05 系统：钥匙防盗系统 状态：初始 注册第一把钥匙 确定么？[Y/N] 密码：234567

1.3 注册
车型：SONATA 05 系统：钥匙防盗系统 状态：初始 第一把钥匙 注册完成 密码：234567

1.3 注册
车型：SONATA 05 系统：钥匙防盗系统 状态：初始 注册第二把钥匙 确定么？[Y/N] 密码：234567

1.3 注册
车型：SONATA 05 系统：钥匙防盗系统 状态：初始 第二把钥匙 注册完成 密码：234567

2. 用户口令注册程序

为使失效保护系统工作，应在维修服务站注册用户口令。车主可以用四个数字组成一组号码口令。

用户口令的注册仅被“记忆”状态的 ECM 接收，第一次注册用户口令前，ECM 处于“初始化”状态，不能进行失效保护操作。

点火开关 ON，使用有效钥匙，通过检测仪输入用户口令，注册程序开始启动。注册成功后，用户口令状态可由“初始”状态改变为“记忆”状态。

记忆状态中的用户口令可以改变。如果用户口令状态为“记忆”，且检测仪发送存取验证信号，或发送旧的用户口令或车辆识别代码时，可以改变“记忆”状态中的用户口令。经过验证正确后，ECM 要求输入新的用户口令。此状态保持在“记忆”状态中。执行下次失效保护模式功能时，新用户口令有效。

如果错误的车辆识别代码或错误的用户口令发送到 ECM 三次，锁定注册程序 1h。即使拆下蓄电池或执行任何其他操作，也不会改变这段时间。连接蓄电池后，时钟重新开始计时 1h。

（1）用户口令注册

1. 现代车辆诊断
车型：SONATA 05 系统：钥匙防盗系统 01. 当前数据 **02. 口令注册/更改** 03. 注册 04. 中和模式 05. 失效保护模式

1.2 口令注册/更改
车型：SONATA 05 系统：钥匙防盗系统 状态：初始 输入4位新口令 按[ENTER]键 新口令：

1.2 口令注册/更改
车型：SONATA 05 系统：钥匙防盗系统 状态：初始 输入4位新口令 按[ENTER]键 新口令：2345

1.2 口令注册/更改
车型：SONATA 05 系统：钥匙防盗系统 状态：初始 确定么？[Y/N] 新口令：2345

1.2 口令注册/更改
车型：SONATA 05 系统：钥匙防盗系统 状态：初始 完成 按[ESC]退出 新口令：2345

※若输入了错误口令，10s后从第一步重新开始。

（2）用户口令的改变

1. 现代车辆诊断
车型：SONATA 05 系统：钥匙防盗系统 01. 当前数据 **02. 口令注册/更改** 03. 注册 04. 中和模式 05. 失效保护模式

1.2 口令注册/更改
车型：SONATA 05 系统：钥匙防盗系统 状态：记忆 输入4位旧口令 按[ENTER]键 旧口令：

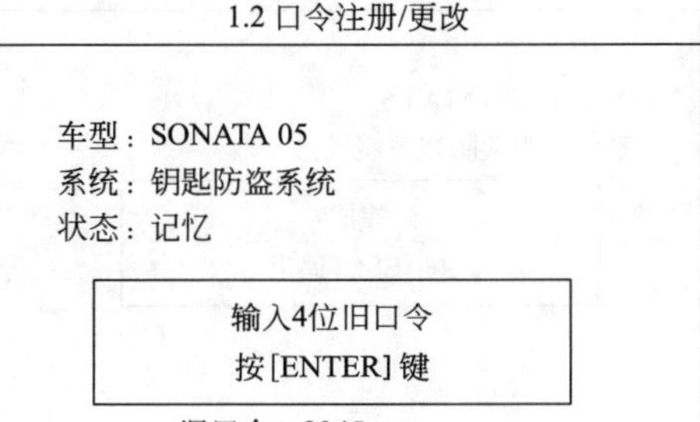

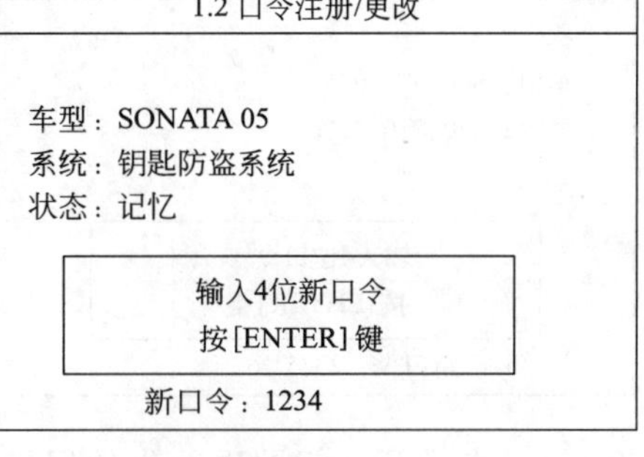

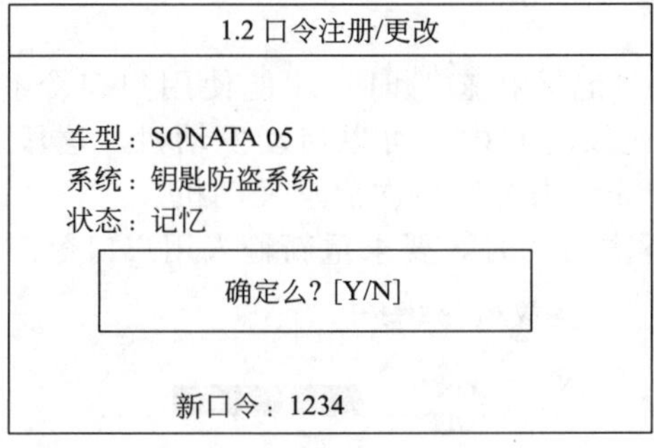

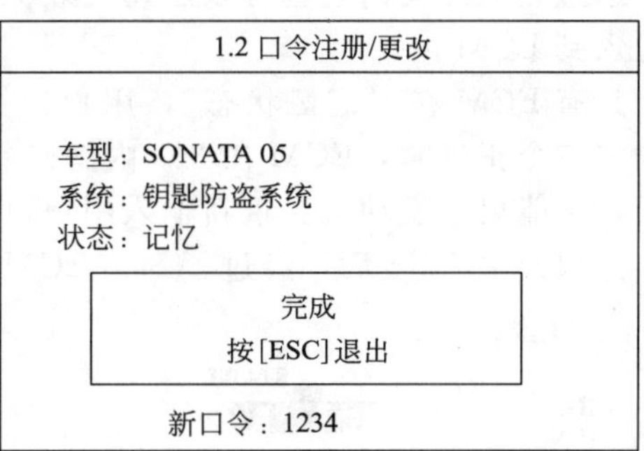

三、失效保护功能

1. 通过检测仪进行失效保护

如果ECM检测出SMARTRA或发射器故障，ECU将允许发挥钥匙防盗系统的失效保护功能。用户口令发送到ECM之前，可以进行失效保护模式。在维修站，车主可以自己选择用户口令。

用户口令经专用检测仪菜单发射到ECM中。

仅当ECM处于“记忆状态”且用户口令处于“记忆状态”时，才能使用户口令有效。当用户口令正确时，ECM在30s内解除锁定。只有在这段时间内才可以启动发动机。这段时间过后，不能启动发动机。

如果发送错误的用户口令，ECM锁定失效保护功能1h。即使分离蓄电池或进行其他操作，也不会改变这段时间。连接蓄电池后，ECM重新开始计时1h。

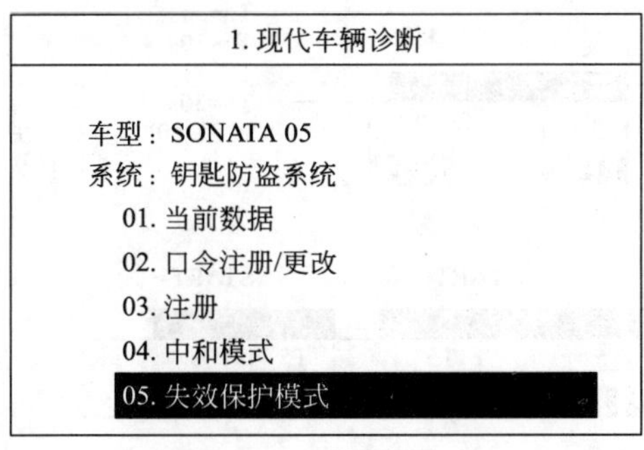

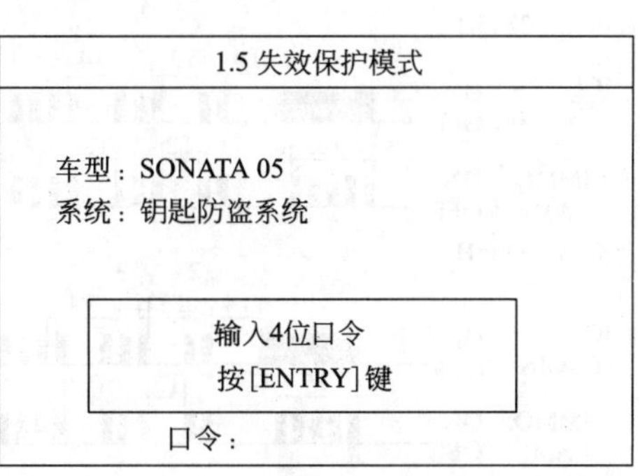

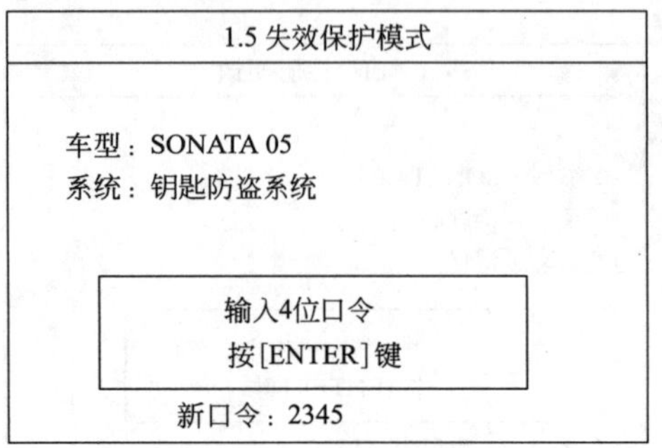

2. 通过点火开关钥匙进行失效保护

通过点火开关钥匙也可以启动失效保护模式。通过点火开关 ON/OFF 操作，将用户口令输入到 ECM 内。

只有 ECM 在“记忆状态”，用户口令也处于“记忆状态”时，才能使用用户口令有效。当用户口令正确时，ECM 在 30s 内解除锁定。在这段时间内，可以启动发动机。这段时间过后，不能启动发动机。重新输入用户口令后，在 30s 内可以再次启动发动机。

点火开关 OFF 后，经过了 8s，ECM 锁定。下次启动时，要求重新输入用户口令。

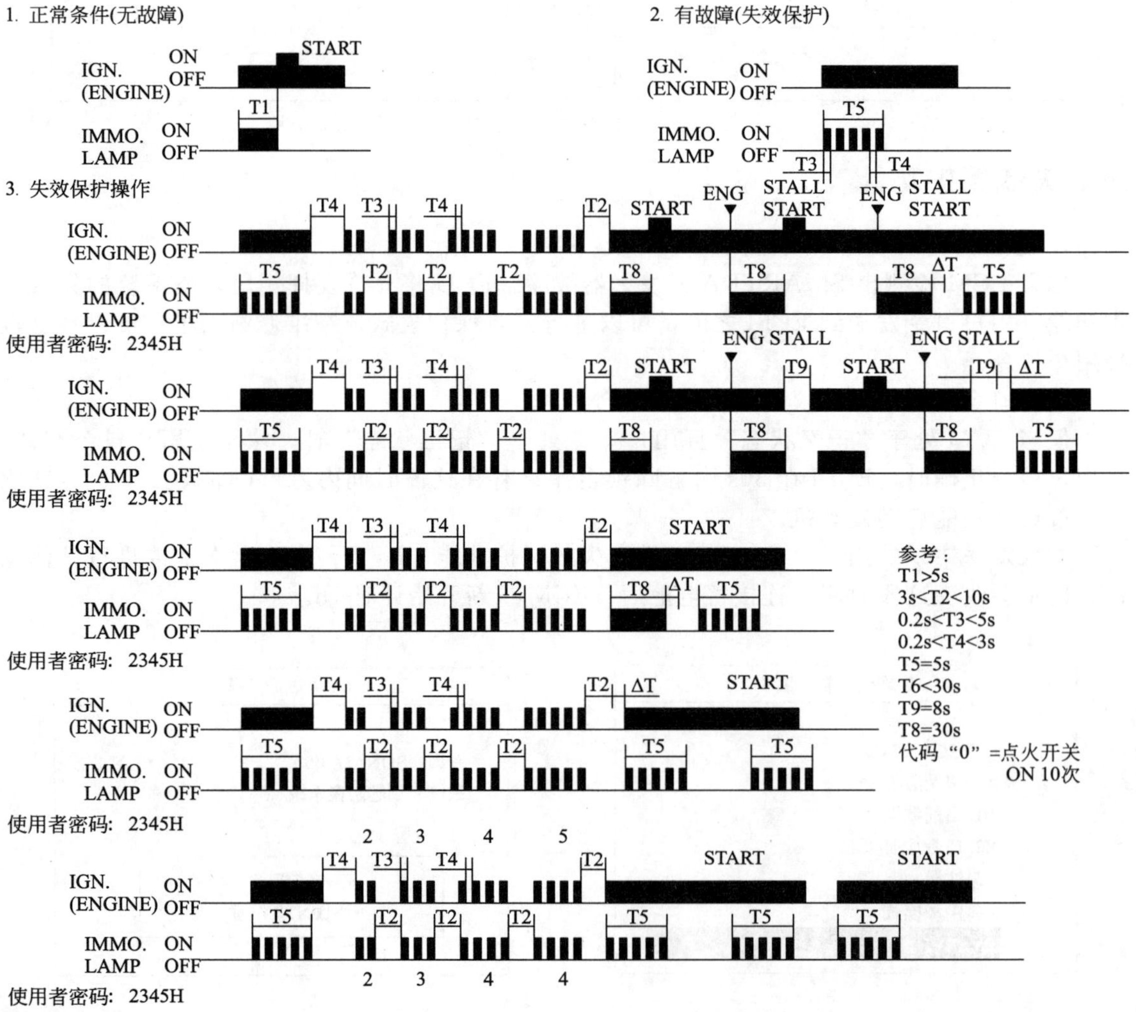

1. 正常条件(无故障)

IGN. (ENGINE) ON OFF START
IMMO. LAMP ON OFF T1

2. 有故障(失效保护)

IGN. (ENGINE) ON OFF
IMMO. LAMP ON OFF T5 T3 T4

3. 失效保护操作

IGN. (ENGINE) ON OFF T4 T3 T4 T2 START ENG STALL START ENG STALL START
IMMO. LAMP ON OFF T5 T2 T2 T2 T8 T8 T8 ΔT T5
使用者密码：2345H

IGN. (ENGINE) ON OFF T4 T3 T4 T2 START ENG STALL T9 START ENG STALL T9 ΔT
IMMO. LAMP ON OFF T5 T2 T2 T2 T8 T8 T8 T5
使用者密码：2345H

IGN. (ENGINE) ON OFF T4 T3 T4 T2 START
IMMO. LAMP ON OFF T5 T2 T2 T2 T8 ΔT T5
使用者密码：2345H

IGN. (ENGINE) ON OFF T4 T3 T4 T2 ΔT START
IMMO. LAMP ON OFF T5 T2 T2 T2 T5 T5
使用者密码：2345H

2 3 4 5
IGN. (ENGINE) ON OFF T4 T3 T4 T2 START START
IMMO. LAMP ON OFF T5 T2 T2 T2 T5 T5 T5
2 3 4 4
使用者密码：2345H

参考：
T1>5s
3s<T2<10s
0.2s<T3<5s
0.2s<T4<3s
T5=5s
T6<30s
T9=8s
T8=30s
代码“0”=点火开关ON 10次

四、钥匙防盗系统故障诊断

— ECM 和 SMARTRA 之间通信。
— SMARTRA 和发射器的功能。
— 代码（储存在 ECM 中）与钥匙防盗系统功能有关。

下列表格显示了钥匙防盗系统故障的各种类型。

钥匙防盗系统的相关故障	故障类型	故障代码
发射器故障	1. 发射器不在口令模式下 2. 发射器传送的代码已经改变	P1674 (发射器状态故障)
发射器故障	1. 发射器发出的代码破坏 2. 磁场(线圈天线)内不止一个代码	P1675 (发射器程序故障)
SMARTRA 故障	从 SMARTRA 至 ECM 的信息无效	P1676 (SMARTRA 信息错误)
SMARTRA 故障	SMARTRA 无响应 (通信线故障-断路或短路等)	P1690 (SMARTRA 无响应)
线圈天线故障	线圈天线电路断路/短路	P1691 (天线故障)
发射器故障	1. 发射器发出的代码破坏 2. 磁场(线圈天线)内不止一个代码	P1693 (发射器不响应/发射器响应无效)
ECM 故障	ECM 的请求无效 (原始记录被破坏-请求无效，检查全部故障等)	P1694 (ECU 信号故障)
ECM 内部永久储存器(EEPROM)故障	1. ECM 内部永久储存器(EEPROM)故障 2. 永久储存器(EEPROM)的无效写入操作	P1695 (EMS 储存器故障)
无效钥匙故障	1. 在 EMS“记忆”状态上为初始发射器 2. 在 EMS“记忆”状态上为记忆(无效)发射器(验证故障)	P1696 (验证故障)
计时器锁定	超过点火开关 ON 两次的最大极限值≥32 次	P1699 (超过点火开关 ON 两次的极限)

故障和需更换的部件

故障	需要的部件	需要诊断仪吗？
丢失所有钥匙	没有注册的钥匙(4)	YES
线圈天线不工作	线圈天线	NO
ECM 不工作	ECM	YES
点火开关不工作	配有线圈的天线的点火开关	YES
不能辨认车辆识别码	钥匙，ECM	YES
SMARTRA 模块不工作	SMARTRA 模块	NO

更换 ECM 和 SMARTRA

如果 ECM 故障，必须用“初始状态”或“中和状态”的 ECM 进行更换。所有钥匙必须重新注册到新的 ECM 中。这些钥匙对新的 ECM 是无效的（参考“钥匙注册程序”）。用于发射器的唯一的车辆识别代码必须不变。

如果 SMARTRA 故障，不需要特别过程，用新的 SMARTRA 简单更换即可。SMAR-

TRA 不储存发射器的相关数据。

1. 更换前注意事项（ECM）

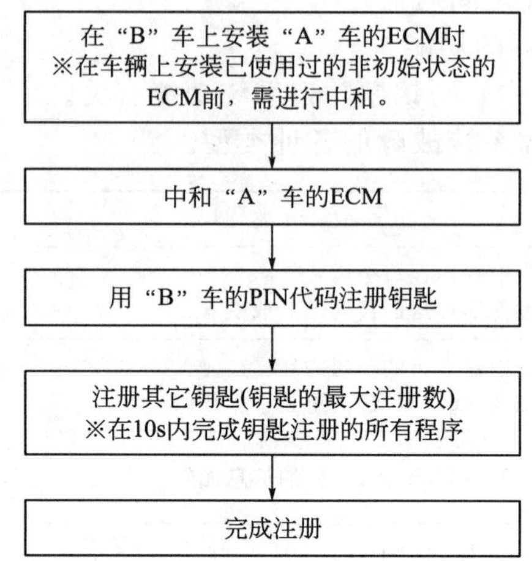

2. 更换前注意事项（钥匙与附加注册）

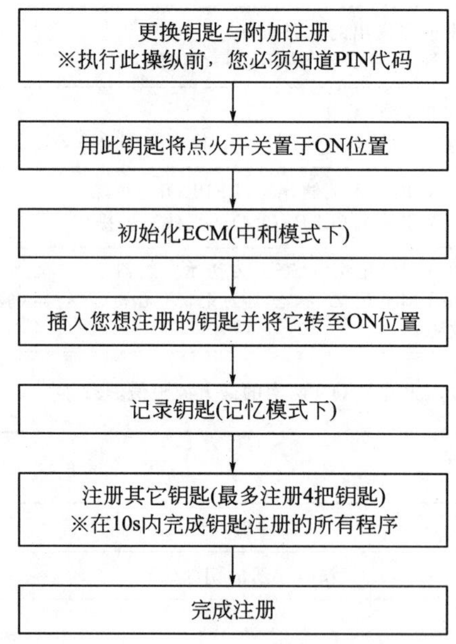

参考：

1. 在您注册了一把钥匙，且您想要注册另一把钥匙时注册，2 号主钥匙没有注册时，将钥匙 1 置于点火开关 ON 或 ST 位置，然后拔出它。用未登记的钥匙 2 能启动发动机。

2. 注意必须在拔出 1 号主钥匙 10 秒内，您需重新注册已注册的钥匙。在 1 号主钥匙 10 秒钟内使用 2 号主钥匙启动。

3. 在 1 号主钥匙已注册，2 号主钥匙没有注册时，用 2 号主钥匙将点火开关置于 ON 或 ST 位置后拔出，即使使用已注册的 1 号主钥匙，也不能启动发动机。

4. 在您检查钥匙防盗系统时，参考上面 1、2、3。必须遵守 10s 规则。

5. 若 3 次错误输入 PIN 代码与口令，系统将锁定一个小时。

6. 小心不要重叠发射器区域。

7. 重叠发射器区域，在钥匙注册或车辆启动时会发生故障。

ECM 中和

用检测仪可将 ECM 设定为“中和”状态。

插入有效点火开关钥匙，钥匙 ON 状态被识别后，ECM 需要从检测仪申请车辆识别代码。通信信息被记录在“中和模式”。成功收到代码后，ECM 中和。

此时 ECM 保留锁定，ECM 既不接受失效保护模式，也不接受“2 次 ON”功能。

钥匙注册要遵循初始的 ECM 程序。用于发射器的唯一的车辆识别代码必须不变。如果代码改变，需要配有一个初始发射器的新钥匙。

此功能是为了中和 ECM 和钥匙。例如在丢失钥匙注册新钥匙时中和 ECM（参考更换钥匙与 PIN 代码时执行的程序）。

用检测仪可将 ECM 设定为“中和”状态，插入有效点火开关钥匙，钥匙 ON 状态被识别后，ECM 需要从检测仪申请车辆识别代码。通信信息被记录在“中和模式”。成功收到代码后，中和 ECM。

此时 ECM 保留锁定，ECM 既不接受失效保护模式，也不接受“2 次 ON”功能。钥匙注册要遵循初始的 ECM 钥匙注册程序。用于发射器的唯一的车辆识别代码必须不变。如果代码改变，需要配有一个初始发射器的新钥匙。

参考：

1. 中和设定条件

— 不管用户口令处于“初始或记忆”，ECM 状态为“记忆”。

— 用检测仪输入正确的 PIN 代码。

2. 删除 PIN 代码（6 位）与用户口令（4 位）

3. ECM 锁定（除许可钥匙注册程序外）

1. 现代车辆诊断
车型：SONATA 05 系统：钥匙防盗系统 01. 当前数据 02. 口令注册/更改 03. 注册 04. 中和模式 05. 失效保护模式

1.4 中和模式
车型: SONATA 05 系统: 钥匙防盗系统 状态: 记忆 输入6位PIN 按[ENTER] 键 口令: 234567

1.4 中和模式
车型: SONATA 05 系统: 钥匙防盗系统 状态: 中和 完成 按[ESC]键退出

1. 现代车辆诊断
车型：SONATA 05 系统：钥匙防盗系统 01. 当前数据 02. 口令注册/更改 03. 注册 04. 中和模式 05. 失效保护模式

1.1 当前数据

01. 记忆钥匙的数量	0
02. ECU状态	中和
03. 钥匙状态:	未检查

FIX SCAN FULL PART CRPH HELP

五、故障码检修

（一）DTC P1674 发射器状态故障

部件检查

1. 检查发射器

(1) 点火开关置于“ON”，发动机“OFF”。

(2) 进行中和、钥匙注册和口令的注册/更改。

(3) 完成中和、钥匙注册和口令注册/更改了吗?

若是，彻底地检查连接器是否有松动、不良连接、弯曲、腐蚀、污染、变质或损坏的情况。如有必要进行维修或更换。

否则，用良好的初始状态发射器进行更换，并观察当前数据。

若显示钥匙状态为“初始”，更换发射器。

按照“钥匙注册程序”进行钥匙注册。

转到“检验车辆维修”程序。

（二）DTC P1675 发射器程序故障

检修方法：参考 DTC P1674

（三）DTC P1676 SMARTRA 信息故障

检修方法：参考 DTC P1690

（四）DTC P1690 SMARTRA 无响应

1. 电源电路的检查

(1) 点火开关置于“OFF”。

(2) 分离 SMARTRA 连接器。

(3) 点火开关置于“ON”，发动机置于“OFF”。

(4) 测量 SMARTRA 线束侧连接器 4 号端子与搭铁之间的电压。如图 2-7 所示。

标准值：约 B+

(5) 电压值在规定值范围内吗?

若是，转到“信号电路的检查”程序。

否则，检查电源电路是否断路或短路。

检查主给电器和 SMARTRA 之间的 15A 传感器保险丝是否断路或熔断。

如有必要进行维修。

2. 信号电路的检查

(1) 检查电路的短路情况。

① 点火开关置于“OFF”。

② 分离 SMARTRA 连接器。

③ 点火开关置于“ON”，发动机“OFF”。

④ 测量 SMARTRA 线束侧连接器 5 号端子与搭铁之间的电压。如图 2-8 所示。

标准值：约 10.2V

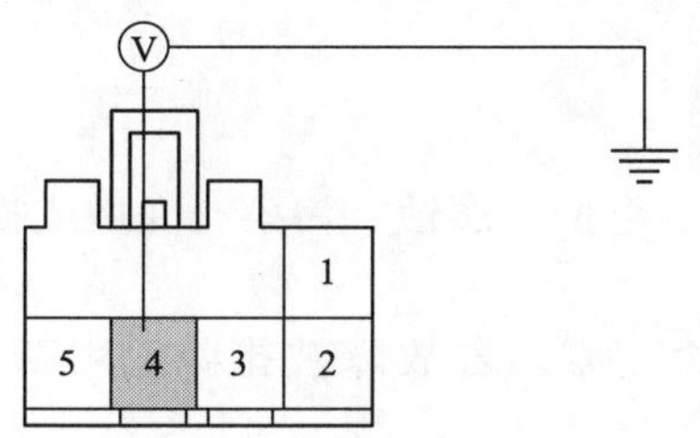

图 2-7　测量 4 号端子与搭铁之间的电压

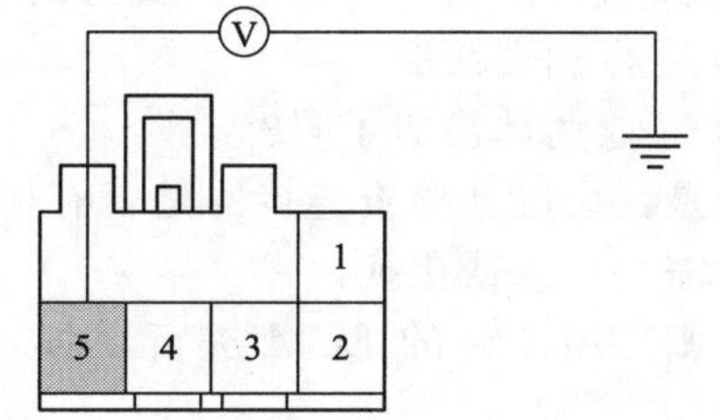

图 2-8　测量 5 号端子与搭铁之间的电压

⑤ 电压值在规定值范围内吗？

若是，转到“检查电路的断路情况”程序。

否则，检查信号电路的短路情况。

如有必要进行维修。

(2) 检查电路的断路情况

① 点火开关置于“OFF”。

② 分离 SMARTRA 连接器。

③ 测量 SMARTRA 线束侧连接器 5 号端子与 ECM 线束侧连接器 11 号端子之间的电阻。

标准值：约低于 1Ω

④ 电阻值在规定值范围内吗？

若是，转到“搭铁电路的检查”程序。

否则，检查信号电路的断路情况。

如有必要进行维修。

3. 部件检查

(1) 检查 SMARTRA

① 点火开关置于“ON”，发动机“OFF”。

② 执行中和，钥匙注册和口令的注册/更改。

参考：执行中和模式前，确定已准备好 PIN 代码。

③ 完成钥匙注册了吗？

若是，故障是由 SMARTRA 和/或 ECM 连接器接触不良或维修以及 ECM 记录未清除导致的间歇故障。彻底地检查连接器是否有松动、不良连接、弯曲、腐蚀、污染、变质或损坏的情况。

否则，用良好的 SMARTRA 进行更换，并检查是否工作正常。若故障被排除，更换新品 SMARTRA。

参考：如果 SMARTRA 发生故障，无需特殊程序，只更换新的 SMARTRA 即可(SMARTRA 内没有储存与发射器相关的数据)。

（五）DTC P1691 线圈天线故障

检修方法：参考 DTC P1690

（六）DTC P1693 发射器无响应/无效响应

检测方法：参考 DTC P1674

（七）DTC P1694 EMS 信号故障

1. 部件检查

(1) 检查 ECM。

① 点火开关置于“ON”，发动机“OFF”。

② 进行钥匙注册。

③ 完成钥匙注册了吗？

若是，彻底地检查连接器是否有松动、不良连接、弯曲、腐蚀、污染、变质或损坏的情况。按需要维修或更换。

否则，用良好的 ECM 进行更换，检查工作是否正常。若故障被排除，用新品 ECM 更换。

参考：

1. 在从车上拆卸 ECM 前，不要忘记准备车辆的 PIN 代码。

2. 用良好的 ECM 更换时应遵守“系统检查”程序中的“1. 更换前注意事项”（ECM 故障情况下，必须用“初始”或“中和”状态的 ECM 更换）。

3. 更换新的 ECM 时，应牢记登记正确的 PIN 代码。

（八）DTC P1695 EMS 储存器故障

检测方法：参考 DTC P1690。

（九）DTC P1696 验证故障

检查方法：参考 DTC P1695。

第三章 比亚迪车系防盗系统和中控门锁电控系统故障检修

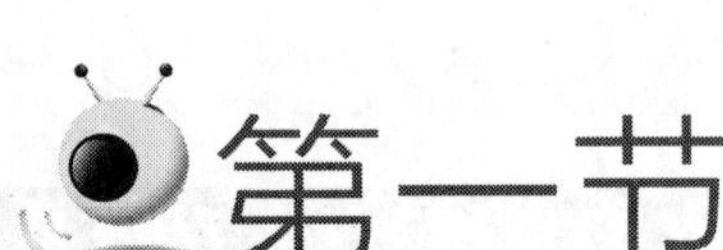

第一节 比亚迪L3车系中控门锁电控系统故障检修(10款)

一、端子功能和检测数据

中控门锁电控系统连接器如图3-1所示，其端子功能和检测数据如表3-1所示。

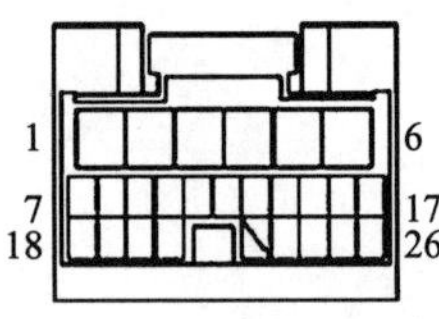

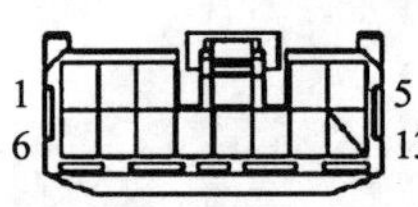

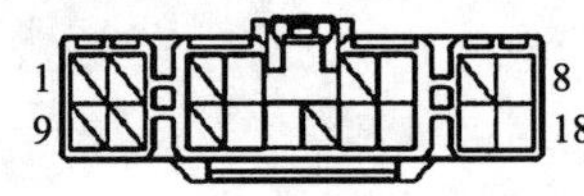

图3-1 中控门锁电控系统连接器

表3-1 中控门锁电控系统连接器端子功能和检测数据

端子号	线色	端子描述	条件	正常值
G2F-11-车身地	W/B	搭铁	始终	小于1Ω
G2B-9-G2B-11	R-L	接左前门锁电机	门锁控制开关打到OPEN	11～14V
G2B-11-G2B-9	L-R	接左前门锁电机	门锁控制开关打到LOCK	11～14V
G2B-3-G2B-4	R-L	接右前门锁电机	门锁控制开关打到OPEN	11～14V
G2B-4-G2B-3	L-R	接右前门锁电机	门锁控制开关打到LOCK	11～14V
K2E-13-K2E-12	R-L	接左后门锁电机	门锁控制开关打到OPEN	11～14V
K2E-12-K2E-13	L-R	接左后门锁电机	门锁控制开关打到LOCK	11～14V
G2B-10-G2B-12	R-L	接右后门锁电机	门锁控制开关打到OPEN	11～14V
G2B-12-G2B-10	L-R	接右后门锁电机	门锁控制开关打到LOCK	11～14V

二、单元回路的故障检修

1. 左前门锁开关回路

左前门锁开关回路如图3-2所示。

检查步骤如下。

(1) 检查左前门锁开关

① 拆下左前门锁开关。

② 检查开关各端子。

端子	条件	正常值
T08-4-T08-2	用机械钥匙闭锁	小于1Ω
T08-3-T08-2	用机械钥匙解锁	小于1Ω
T08-1-T08-2	用机械钥匙解锁	小于1Ω

若异常，更换左前门锁开关。

若正常，按下项检查。

（2）检查线束

① 拔下左前门锁开关 T08 连接器。

② 拔下 BCM G49 连接器。

③ 检查线束端各端子。

端　子	条　件	正 常 值	端　子	条　件	正 常 值
T08-4-G49-15	G/Y	小于 1Ω	T08-1-G49-17	W	小于 1Ω
T08-3-G49-16	L/R	小于 1Ω	T08-2-车身地	W/B	小于 1Ω

若异常，更换线束或连接器。

若正常，按下项检查。

（3）检查下一回路

2. 门锁控制开关回路

门锁控制开关回路如图 3-3 所示。

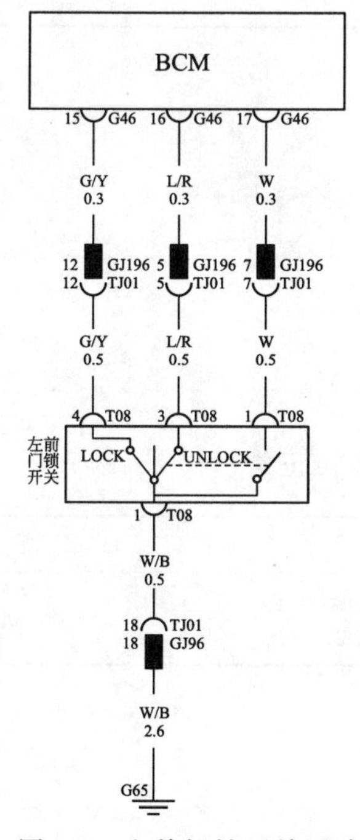

图 3-2　左前门锁开关回路

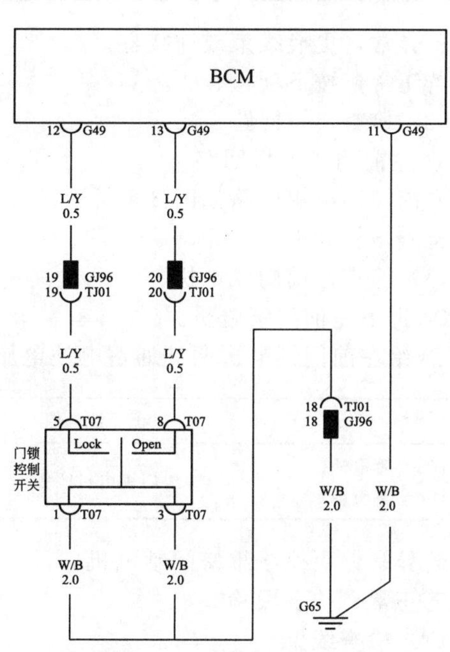

图 3-3　门锁控制开关回路

检查步骤如下。

（1）检查门锁控制开关

① 拔下门锁控制开关 T07 连接器，如图 3-4 所示。

② 检查开关各端子。

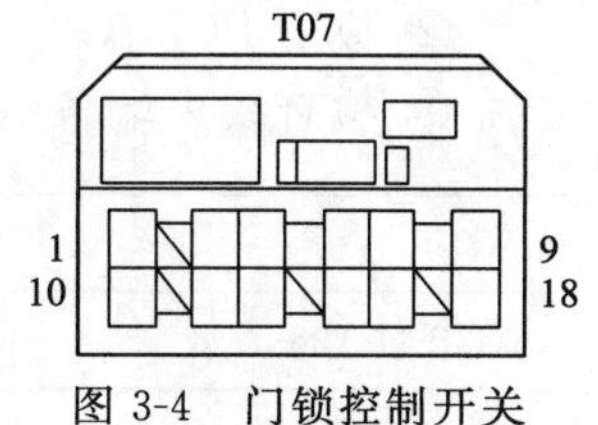

图 3-4　门锁控制开关 T07 连接器

端子	条件	正常值	端子	条件	正常值
T07-1-T07-3	始终	小于1Ω	T07-8-T07-1	开关打到 OPEN	小于1Ω
T07-5-T07-1	开关打到 LOCK	小于1Ω	T07-8-T07-1	开关复位	大于10kΩ
T07-5-T07-1	开关复位	大于10kΩ			

若异常，更换门锁控制开关。

若正常，按下项检查。

（2）检查线束

① 拔下门锁控制开关 T07 连接器。

② 拔下 BCM G49、G2F 连接器。

③ 测量线束端各端子。

端子号	线色	条件	正常值	端子号	线色	条件	正常值
G49-12-T07-5	L/W	始终	小于1Ω	T07-3-车身地	W/B	始终	小于1Ω
G49-13-T07-8	L/Y	始终	小于1Ω	C2F-11-车身地	W/B	始终	小于1Ω
T07-1-车身地	W/B	始终	小于1Ω				

若异常，更换线束或连接器。

若正常，按下项检查。

（3）检查下一回路

3．左前门锁电机回路

左前门锁电机回路如图 3-5 所示。

检查步骤如下。

（1）检查左前门锁电机

① 拆下左前门锁电机。

② 给左前门锁电机两端通蓄电池电压，检查其是否运转正常。

端子	正常值	端子	正常值
T08-5-蓄电池(＋) T08-6-蓄电池(－)	门锁电机闭锁	T08-6-蓄电池(＋) T08-5-蓄电池(－)	门锁电机解锁

若异常，更换或维修门锁电机。

若正常，按下项检查。

（2）检查线束

① 拔下左前门锁电机 T08 连接器。

② 拔下 BCM G2B 连接器。

③ 检查线束端各端子。

端子	条件	正常值	端子	条件	正常值
G2B-11-T08-5	R	小于1Ω	G2B-9-T08-6	L	小于1Ω

若异常，更换线束或连接器。

若正常，按下项检查。

(3) 检查 BCM

① 拔下 BCM G2B 连接器。

② 检查 BCM 各端子。

端　子	条　件	正常值	端　子	条　件	正常值
G2B-11-G2B-9	门锁控制开关打到 LOCK	11～14V	G2B-9-G2B-11	门锁控制开关打到 OPEN	11～14V

若异常，更换 BCM G2B。

若正常，按下项检查。

(4) 检查下一回路

4. 右前门锁电机回路

右前门锁电机回路如图 3-6 所示。

检查步骤如下。

(1) 检查右前门锁电机

① 拆下右前门锁电机，如图 3-7 所示。

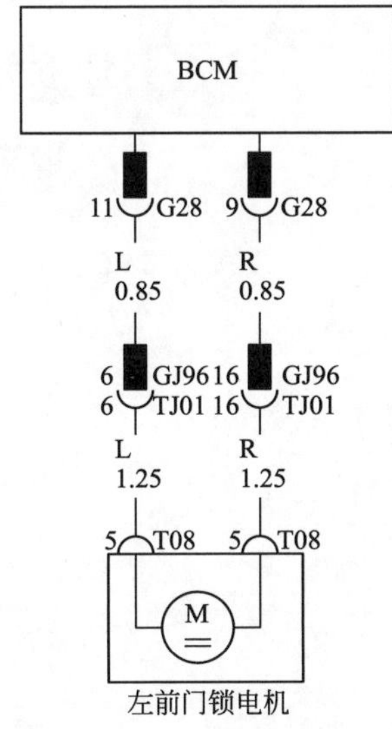

图 3-5　左前门锁电机回路

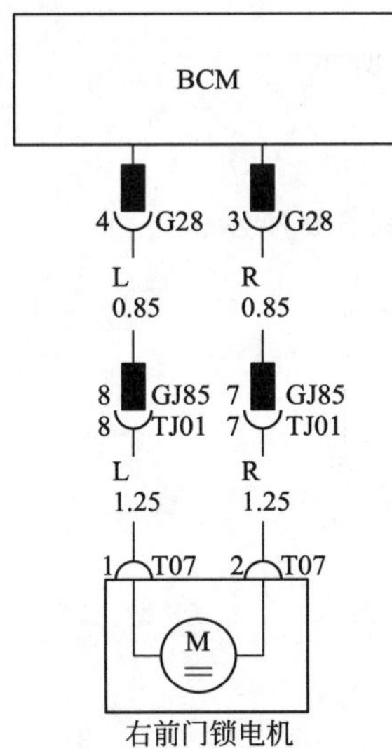

图 3-6　右前门锁电机回路

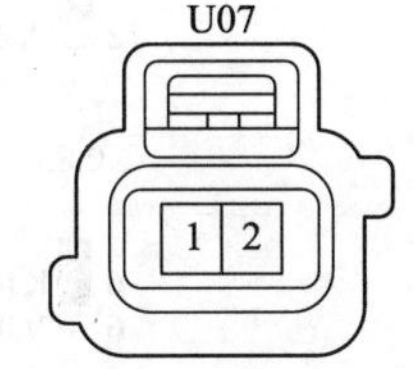

图 3-7　右前门锁电机连接器

② 给左前门锁电机两端通蓄电池电压，检查其是否运转正常。

端　子	正　常　值	端　子	正　常　值
U07-1-蓄电池(+) U07-2-蓄电池(−)	门锁电机闭锁	U07-2-蓄电池(+) U07-1-蓄电池(−)	门锁电机解锁

若异常，更换或维修门锁电机。

若正常，按下项检查。

(2) 检查线束

① 拔下左前门锁电机 U07 连接器。

② 拔下 BCM G2B 连接器。

③ 检查线束端各端子。

端　子	条　件	正 常 值	端　子	条　件	正 常 值
G2B-4-U07-1	L	小于 1Ω	G2B-3-U07-2	R	小于 1Ω

若异常，更换线束或连接器。

若正常，按下项检查。

(3) 检查 BCM

① 拔下 BCM G2B 连接器。

② 检查 BCM 各端子。

端　子	条　件	正 常 值	端　子	条　件	正 常 值
G2B-4-G2B-3	门锁控制开关打到 LOCK	11～14V	G2B-3-G2B-4	门锁控制开关打到 OPEN	11～14V

若异常，更换 BCM G2B。

若正常，按下项检查。

(4) 检查下一回路

5. 左后门锁电机回路

左后门锁电机回路如图 3-8 所示。

检查步骤如下。

(1) 检查左后门锁电机

① 拆下左后门锁电机，如图 3-9 所示。

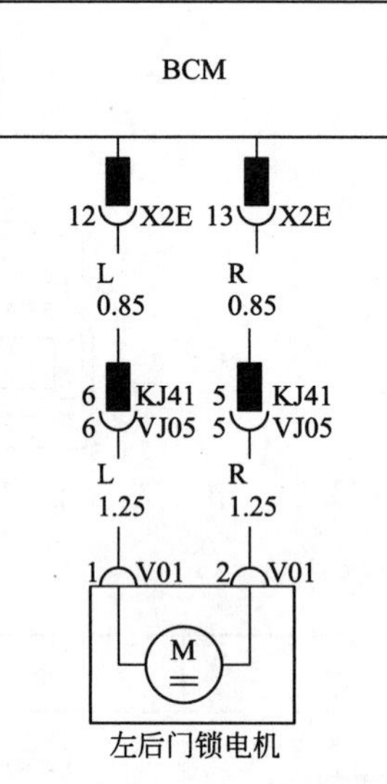

图 3-8　左后门锁电机回路

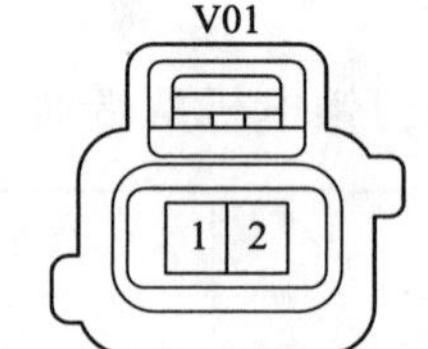

图 3-9　左后门锁电机连接器

② 给左后门锁电机两端通蓄电池电压，检查其是否运转正常。

端　子	正 常 值	端　子	正 常 值
V01-1-蓄电池(＋) V01-2-蓄电池(－)	门锁电机闭锁	V01-2-蓄电池(＋) V01-1-蓄电池(－)	门锁电机解锁

若异常，更换或维修门锁电机。

若正常，按下项检查。

(2) 检查线束

① 拔下左前门锁电机 V01 连接器。

② 拔下 BCM K2E 连接器。

③ 检查线束端各端子。

端　子	条　件	正常值	端　子	条　件	正常值
K2E-12-V01-1	L	小于 1Ω	K2E-13-V01-2	R	小于 1Ω

若异常，更换线束或连接器。

若正常，按下项检查。

(3) 检查 BCM

① 拔下 BCM K2E 连接器。

② 检查 BCM 各端子。

端　子	条　件	正常值	端　子	条　件	正常值
K2E-12-K2E-13	门锁控制开关打到 LOCK	11～14V	K2E-13-K2E-12	门锁控制开关打到 OPEN	11～14V

若异常，更换 BCM K2E。

若正常，按下项检查。

(4) 检查下一回路

6. 右后门锁电机回路

右后门锁电机回路如图 3-10 所示。

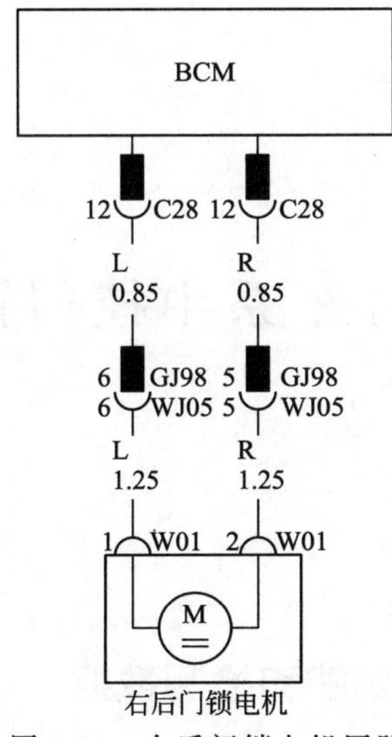

图 3-10　右后门锁电机回路

检查步骤如下。

(1) 检查右后门锁电机

① 拆下右后门锁电机。

② 给右后门锁电机两端通蓄电池电压，检查其是否运转正常。

端　　子	正　常　值	端　　子	正　常　值
W01-1-蓄电池(+) W01-2-蓄电池(-)	门锁电机闭锁	W01-2-蓄电池(+) W01-1-蓄电池(-)	门锁电机解锁

若异常，更换或维修门锁电机。

若正常，按下项检查。

(2) 检查线束

① 拔下右前门锁电机 W01 连接器。

② 拔下 BCM G2B 连接器。

③ 检查线束端各端子。

端　　子	条　　件	正　常　值	端　　子	条　　件	正　常　值
G2B-12-W01-1	L	小于 1Ω	G2B-10-W01-2	R	小于 1Ω

若异常，更换线束或连接器。

若正常，按下项检查。

(3) 检查 BCM

① 拔下 BCM G2B 连接器。

② 检查 BCM 各端子。

端　　子	条　　件	正　常　值	端　　子	条　　件	正　常　值
G2B-12-W01-10	门锁控制开关打到 LOCK	11～14V	G2B-10-W01-12	门锁控制开关打到 OPEN	11～14V

若异常，更换 BCM G2B。

若正常，结束。

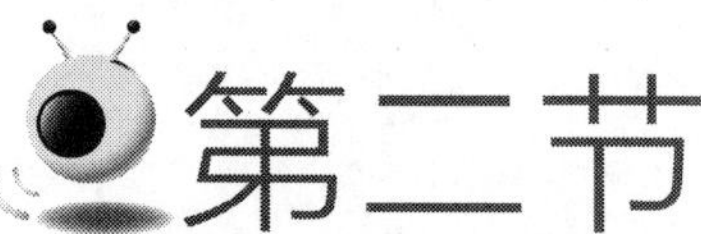

第二节 比亚迪 F3 (F3-R) 车系中控门锁电控系统故障检修 (07～10 款)

一、中控门锁电控系统电路

如图 3-11、图 3-12 所示。

二、中控门锁电控系统端子功能和检测数据

1. 车身控制模块 I12

车身控制模块 I12 连接器如图 3-13 所示，其端子功能和检测数据如表 3-2 所示。

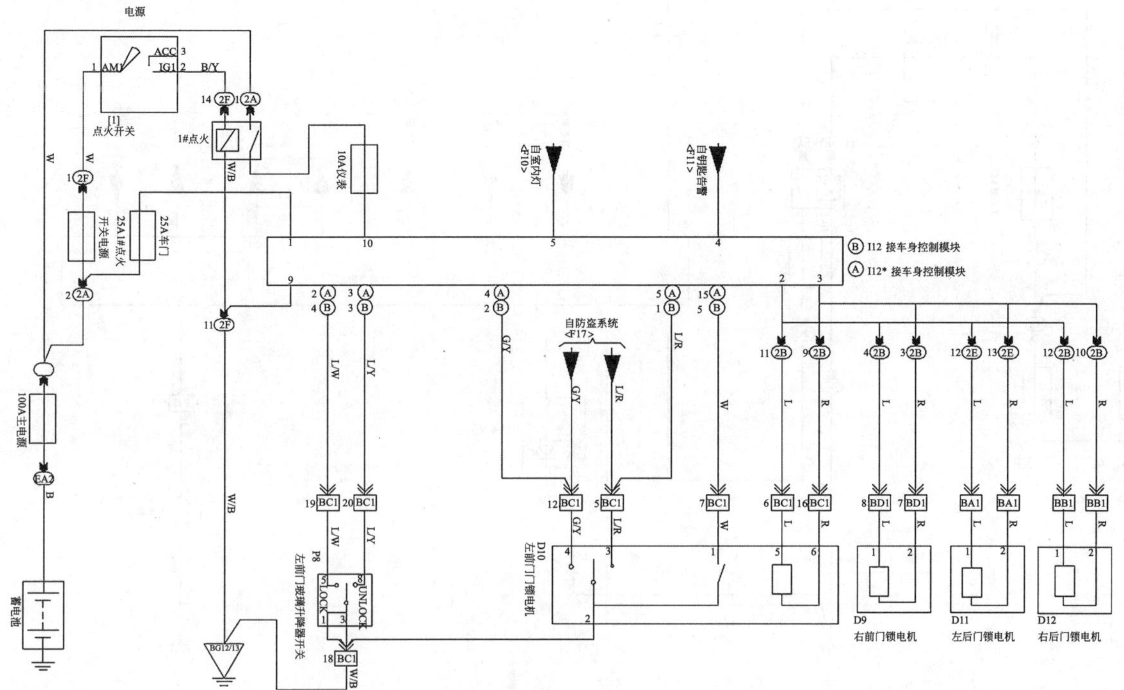

(a) 中控门锁电控系统电路(尊贵型、旗舰型) (1/2)

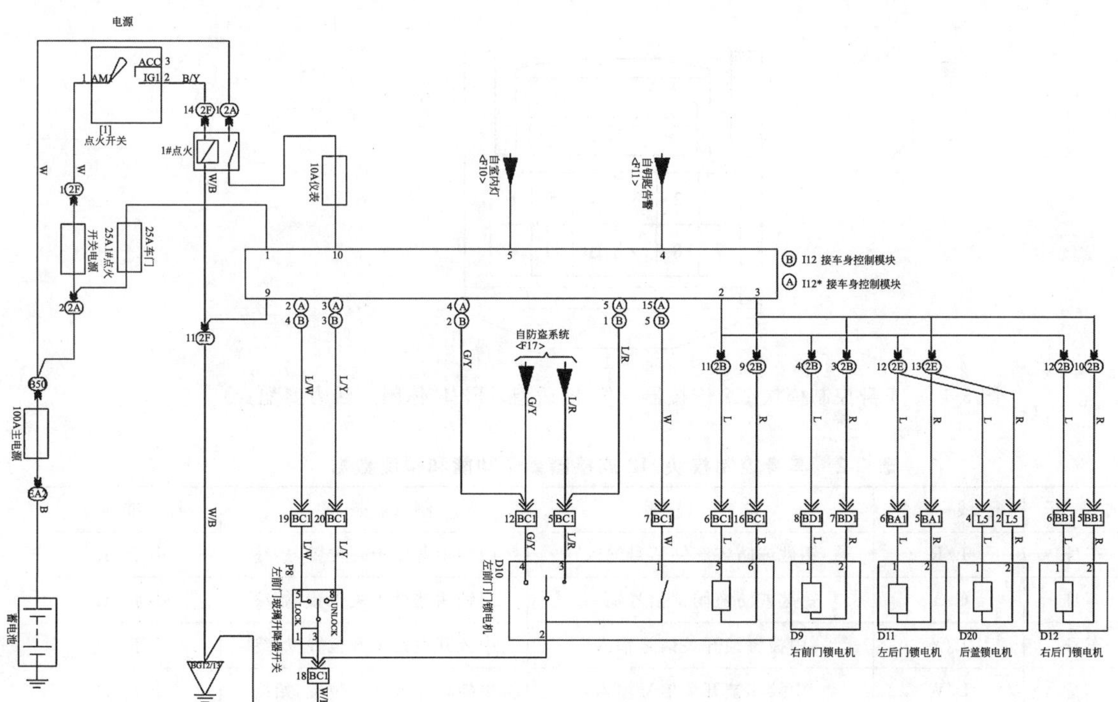

(b) 中控门锁电控系统电路(时尚型) (2/2)

图 3-11 中控门锁电控系统电路

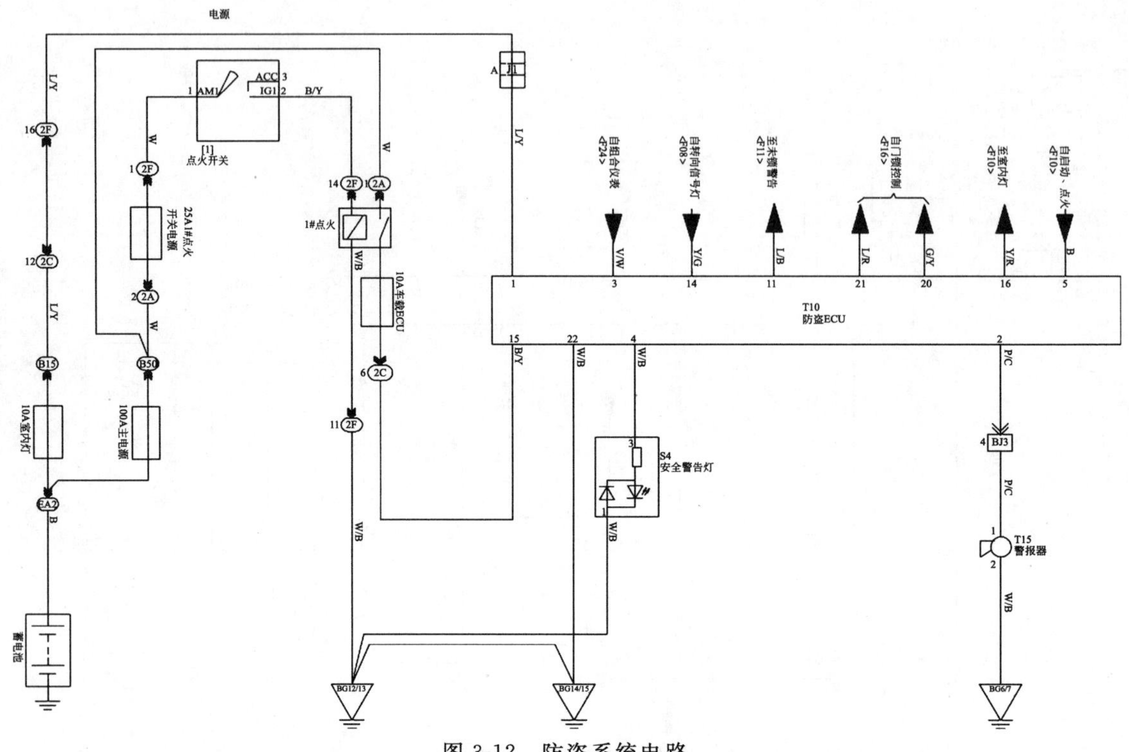

图 3-12　防盗系统电路

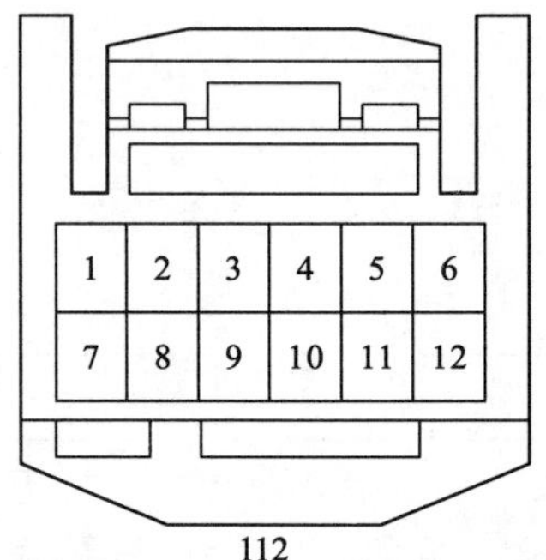

图 3-13　车身控制模块 I12 连接器（F3 舒适型，F3-R 休闲、活力型配置）

表 3-2　车身控制模块 I12 连接器端子功能和检测数据

测试端子	配线颜色	端子说明	测试条件	标准值
1—车身	L/R	钥匙或防盗解锁信号输入	门锁钥匙处于开位置，始终	小于 1Ω
2—车身	G/Y	钥匙或防盗闭锁信号输入	门锁钥匙处于关位置，始终	小于 1Ω
3—车身	L/Y	中控解锁开关信号输入	中控开关处于开位置，始终	小于 1Ω
4—车身	L/W	中控闭锁开关信号输入	中控开关处于关位置，始终	小于 1Ω
5—车身	W	左前门锁电机位置信号	左前门锁电机到顶，始终	小于 1Ω

2. 车身控制模块 I12 *

车身控制模块 I12 * 连接器如图 3-14 所示，其端子功能和检测数据如表 3-3 所示。

表 3-3 车身控制模块 I12＊连接器端子功能和检测数据

测试端子	配线颜色	端子说明	测试条件	标准值
1—车身	L/Y	常电电源输入	始终	10～14V
2—车身	P/G	报警器驱动电源输出	按遥控器 PANIC,间歇性	10～14V
3—车身	V/W	车速信号输入	点火开关 ON,慢慢转动驱动轮	产生脉冲(见组合仪表 A10)
4—车身	W/R	防盗系统状态输出信号	防盗系统状态良好	产生脉冲(B)
			防盗系统状态不良	产生脉冲(C)
5—车身	B	启动机继电器控制信号	防盗系统解除,始终	小于 1V
10—车身(F3-R)	R/W	后盖锁机构开闭信号	后盖锁机构闭合	小于 1V
11—车身	L/B	点火开关钥匙位置信号	断开组合仪表与车身控制模块,钥匙处于→离开点火开关	大于 100kΩ→小于 1Ω
14—车身	Y/G	闪光继电器双闪信号输出	按遥控器 PANIC,间歇性	小于 1V
15—车身	B/Y	2＃点火开关电源输入	点火开关 ON,始终	10～14V
16—车身	Y/R	室内灯延时照明控制输出	按遥控器 UNLOCK,30s 内(见用户手册 30s 设定功能)	小于 1V
20—车身	G/Y	防盗闭锁信号输出	车速初始大于 20km/h 或按遥控器 LOCK,初始	小于 1V
21—车身	L/R	防盗开锁信号输出	按遥控器 UNLOCK,初始	小于 1V
22—车身	W/B	防盗系统接地	始终	小于 1Ω

3. 车身防盗控制模块 T10

车身防盗控制模块 T10 连接器如图 3-15 所示，其端子功能和检测数据如表 3-4 所示。

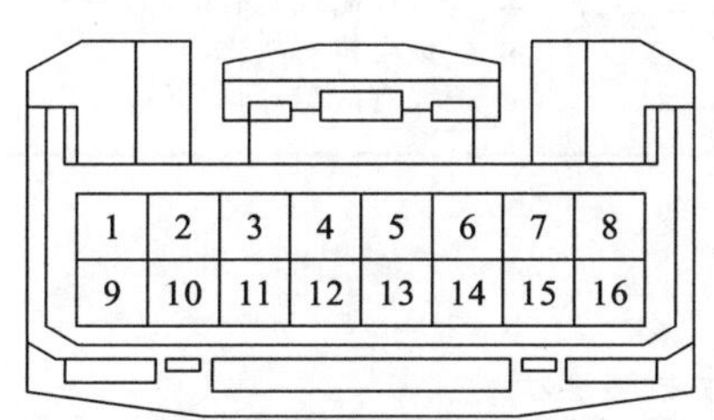

图 3-14 车身控制模块 I12＊连接器（F3 尊贵、旗舰型，F3-R 时尚型配置）

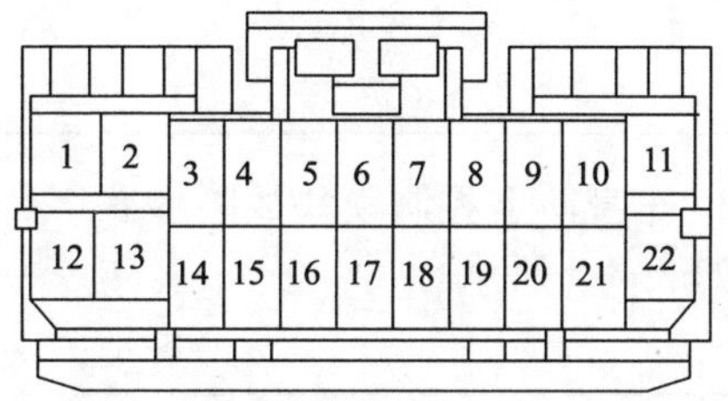

图 3-15 车身防盗控制模块 T10 连接器

表 3-4 车身防盗控制模块 T10 连接器端子功能和检测数据

测试端子	配线颜色	端子说明	测试条件	标准值
1—车身	L/Y	常电电源输入	始终	10～14V
2—车身	P/G	报警器驱动电源输出	按遥控器 PANIC,间歇性	10～14V
3—车身	V/W	车速信号输入	点火开关 ON,慢慢转动驱动轮	产生脉冲
4—车身	W/R	防盗系统状态输出信号	防盗系统状态良好	产生脉冲
			防盗系统状态不良	产生脉冲
5—车身	B	启动机继电器控制信号	防盗系统解除,始终	小于 1V
11—车身	L/B	点火开关钥匙位置信号	断开组合仪表与车身控制模块,钥匙处于→离开点火开关	大于 100kΩ→小于 1Ω

续表

测试端子	配线颜色	端子说明	测试条件	标准值
14—车身	Y/G	闪光继电器双闪信号输出	按遥控器PANIC,间歇性	小于1V
15—车身	B/Y	2#点火开关电源输入	点火开关ON,始终	10～14V
16—车身	Y/R	室内灯延时照明控制输出	按遥控器UNLOCK,30s内(见用户手册30s设定功能)	小于1V
20—车身	G/Y	防盗闭锁信号输出	车速初始大于20km/h或按遥控器LOCK,初始	小于1V
21—车身	L/R	防盗开锁信号输出	按遥控器UNLOCK,初始	小于1V
22—车身	W/B	防盗系统接地	始终	小于1Ω

三、中控门锁故障症状

1. 车身控制模块故障症状

如表3-5所示。

表3-5 车身控制模块故障症状

故障症状	故障原因	故障症状	故障原因
门锁控制系统不工作	1. 车门保险有故障 2. 车身控制模块有故障 3. 配线有故障	车门锁锁止/开启故障(使用中控开关和钥匙)	1. 左前门玻璃升降器开关组件有故障 2. 车身控制模块有故障 3. 配线有故障 4. 车门钥匙锁止和开启开关有故障
仅有1个车门锁不工作	1. 门锁电机有故障 2. 配线有故障	四(F3-R为五门)个车门锁都不工作	1. 车身控制模块有故障 2. 开关控制设备有故障 3. 门锁电机有故障 4. 配线有故障

2. 车身防盗控制模块故障症状

如表3-6所示。

表3-6 车身防盗控制模块故障症状

故障症状	故障原因	故障症状	故障原因
遥控系统失效	1. 门灯开关有故障 2. 车门钥匙锁止和开启开关有故障 3. 钥匙未锁警告开关有故障 4. 车身防盗控制模块有故障(接收功能) 5. 遥控器电池不足或有故障(发射功能) 6. 车身控制模块有故障 7. 配线有故障	钥匙误锁(钥匙在点火开关,停车后仍能自动锁门)	1. 钥匙未锁警告开关有故障 2. 车身防盗控制模块有故障 3. 配线有故障
用遥控器关闭所有车门并UNLOCK解除,30s内打开任一车门,中控系统自动锁止功能仍能起作用	1. 门灯开关有故障 2. 遥控门锁控制接收器有故障 3. 车身防盗控制模块有故障 4. 配线有故障	即使按下遥控器PANIC按钮,报警操作也不运行	1. 遥控器电池不足或有故障 2. 报警器有故障 3. 车身防盗控制模块有故障 4. 配线有故障

四、中控门锁部件位置

1. 中控门锁基本检查

(1) 将中控门锁锁定开关转至锁止侧时，所有门锁应锁止；将中控门锁锁定开关转至开启一侧时，所有的车门锁应开启。

(2) 用钥匙锁止驾驶员侧车门锁时，所有的车门锁应锁止；用钥匙开启驾驶员侧车门锁时，所有的车门应开启。

(3) 检查安全功能。

① 若安全防盗系统尚未启动，按遥控器的 UNLOCK，则转向信号灯闪烁两次。

② 若安全防盗系统已启动，按遥控器的 UNLOCK，则转向信号灯闪烁三次，防盗指示灯将快速闪烁，当点火开关转到 ON 后，指示灯将熄灭。

③ 如无法用遥控取消防盗状态时，可使用钥匙取消防盗状态，在将车门开锁之后的 15s 内开关点火开关十次，防盗状态将被取消。

④ 取消防盗模式后，如果在 30s 内任何一扇门都未打开，所有车门都将自动锁定，并且重新进入防盗状态。

2. 检查左前门中控锁执行器

(1) 检查左前门中控锁执行器钥匙锁止和开启开关的导通性，左前门中控锁执行器锁止和开启开关在锁止位置时，执行器端子 2 与 4 间应导通；在中间位置时，执行器端子 2 与 4、2 与 3 间都应不导通；在开启位置时，执行器端子 2 与 3 间应导通。若导通性不符合要求，则更换左前门中控锁执行器锁止和开启开关。

(2) 检查左前门中控锁执行器电动机锁止和开启的工作情况，将蓄电池正极与左前门中控锁执行器连接器端子 5 相连，负极与端子 6 相连，左前门中控锁执行器控制杆将移至锁止位置。反之，执行器控制杆将移至开启位置。若不符合要求，则更换左前门中控锁执行器电动机。

3. 检查右前门中控锁执行器、左后门中控锁执行器、右后门中控锁执行器

将蓄电池正极与中控锁执行器端子 1 相连，负极与端子 2 相连，中控锁执行器控制杆将移至锁止位置。反之，中控锁执行器控制杆将移至开启位置。若不符合要求，则应更换中控锁执行器。

4. 检查遥控门锁系统不工作

检查步骤如下：

<table>
<tr><td colspan="2">1. 检查控制功能</td></tr>
<tr><td colspan="2">(1)检查基本功能
① 在 1m 范围内，按遥控器上的按键大约 1s，检查所有车门锁是否开启或锁止，此时钥匙未插入点火锁芯且所有车门都锁止
② 按遥控器上的按键 3 次，检查遥控器上的发光二极管是否亮 3 次，若按住遥控器上的按键，则发光二极管应常亮
注意：按遥控器上的按键超过 3 次后，若发光二极管仍不亮，则原因可能是电池没电
(2)检查自动锁止功能
① 当车辆处于防盗状态时，按遥控器上 UNLOCK 按键，在所有车门开启后的 30s 内，如果没打开任一车门，则所有车门锁将会自动锁止
② 在上述条件下，如果在约 30s 内打开任一车门，则所有门锁将不会自动锁止
(3)检查安全保护功能
① 在钥匙插入点火锁芯并按住遥控器 LOCK 或 UNLOCK 按键时(识别代码注册模式除外)，所有车门锁不会锁止或开启
② 使用一个未注册的遥控器进行操作时，车门锁不应锁止和开启；当使用一个已注册的遥控器进行操作时，车门锁应锁止和开启
(4)钥匙未插入点火锁芯，车门打开或半开时，按遥控器按键关门，车门锁会锁止但发出警告
(5)检查转向信号灯的闪亮功能，按住遥控器按键，所有车门锁锁止或开启时，检查转向信号灯是否同时闪亮 1 次(锁止时)或 2 次(从解除防盗模式开锁时)或 3 次(从防盗模式开锁时)</td></tr>
<tr><td>若正常，则系统正常</td><td>若不正常，则进行下一步检查</td></tr>
</table>

续表

2. 检查遥控器电池	
当按遥控器开关3次时，遥控器发光二极管应亮3次	
若正常，则进行下一步检查	若不正常，遥控器电池亏电，更换指定的电池
3. 检查后室内灯	
拨动后室内灯置ON，检查后室内灯是否亮	
若正常，则进行下一步检查	若不正常，修理或更换后室内灯
4. 检测遥控器能控制的区域	
在距驾驶员侧侧门1m的地方，按下新的或正常的同一型号车辆遥控器开关，检查系统是否正常 提示：按遥控器开关时后室内灯反复闪亮	
若正常，则更换遥控器	若不正常，则进行第5步检查
5. 检查点火开关未锁警告开关	
从点火开关上插入→拔开钥匙，检查开关端子2与1的通断，应通→断	
若正常，则进行下一步检查	若不正常，则更换点火开关未锁警告开关
6. 检查车身防盗控制器	
脱开车身防盗控制器配线连接器，检测车身防盗控制器配线侧连接器端子间的电压和导通性，端子22与车身间应导通，端子1与车身间的电压应为10～14V	
若不正常，则进行下一步检查	若正常，则更换车身防盗控制器
7. 检查配线	
按T10端电压表进行检查，应按表执行	
若正常，则进行下一步检查	若不正常，维修或更换配线
8. 检查车身控制模块	
按I12、I12*端电压表进行检查，应按表执行	
若正常，则更换车身控制模块	若不正常，则维修或更换配线或接线盒总成

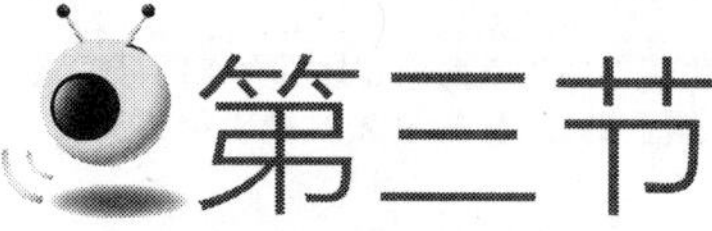

第三节 比亚迪G3车系智能钥匙电控系统故障检修(09款)

一、智能钥匙电控系统部件位置

智能钥匙电控系统部件位置如图3-16所示。

二、智能钥匙电控系统症状故障

智能钥匙电控系统症状故障如表3-7所示。

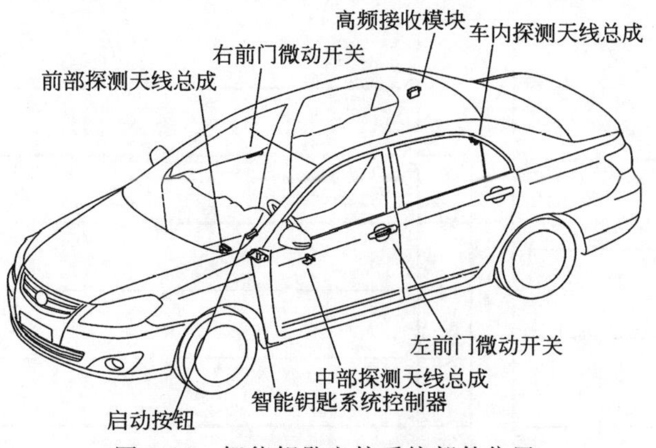

图 3-16　智能钥匙电控系统部件位置

表 3-7　智能钥匙电控系统症状故障

故障症状	可能发生部位
电子智能钥匙及卡式智能钥匙不能进行开锁解锁动作	1. 高频接收模块 2. 智能钥匙系统控制器 3. BCM 4. 线束
仅微动开关不能开锁解锁动作	1. 智能钥匙系统控制器 2. 车外探测天线及微动开关总成 3. 线束
无法上电	1. 钥匙 2. 启动按钮 3. 智能钥匙系统控制器 4. 转向轴锁 5. BCM 6. 线束

三、智能钥匙电控系统故障码

智能钥匙电控系统故障码，如表 3-8 所示。

表 3-8　智能钥匙电控系统故障码

DTC	含义	故障范围
B2270-00	电子智能钥匙系统控制器故障	智能钥匙系统控制器
B2271-00	左车外探测天线总成回路故障	左前车外探测天线总成、线束、智能钥匙系统控制器
B2272-00	右车外探测天线总成回路故障	右前车外探测天线总成、线束、智能钥匙系统控制器
B2273-00	车内探测天线回路故障	线束,智能钥匙系统控制器
B2274-00	左前门把手微动开关常闭故障	左前门把手微动开关,线束
B2275-00	右前门把手微动开关常闭故障	右前门把手微动开关,线束
B2278-00	读卡器(启动按钮)故障	启动按钮、线束
B227C-00	车内前部探测天线回路故障	前部探测天线总成,线束
B227A-00	高频接收模块故障	高频接收模块,线束,智能钥匙系统控制器
B227B-00	转向轴锁密码不匹配	转向轴锁总成、系统控制器
B227D-00	车内中部探测天线回路故障	中部探测天线总成,线束
B227E-00	车内后部探测天线回路故障	车内探测天线总成,线束

四、智能钥匙电控系统电路

智能钥匙电控系统电路如图 3-17 所示。

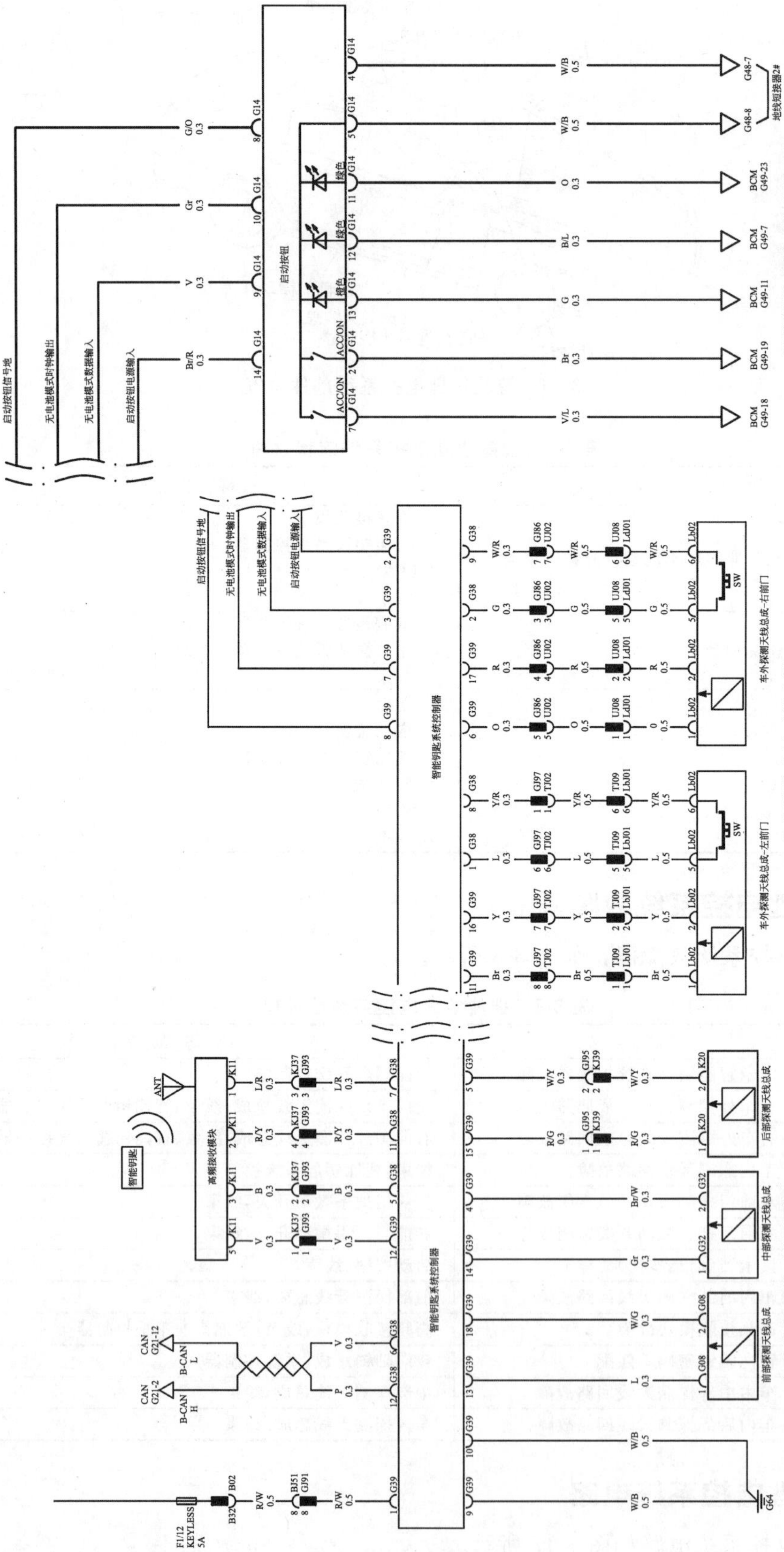

(a) 智能钥匙电控系统电路(1/3)

(b) 智能钥匙电控系统电路(2/3)

(c) 智能钥匙电控系统电路(3/3)

图 3-17 智能钥匙电控系统电路

五、智能钥匙电控系统单元电路检修

（一）电子智能钥匙系统配电

检查步骤如下：

1. 检查保险。

（1）从前舱配电盒中取出 F1/12 保险。

（2）用万用表测量保险阻值。

正常阻值：低于 1Ω。

若异常，更换保险；

若正常，按下项检查。

2. 检查线束。

（1）断开智能钥匙系统控制器连接器 G39。

（2）检查线束端电压。

测量条件	条件	正常值	测量条件	条件	正常值	测量条件	条件	正常值
G39-1-车身地	常电	11～14V	G39-9-车身地	始终	小于 1V	G39-10-车身地	始终	小于 1V

若异常，更换线束；

若正常，结束。

（二）高频接收模块电路

检查步骤如下：

1. 检查高频接收模块电源。

（1）断开高频接收模块连接器 K11。

（2）检查线束端电压。

测量条件	条件	正常值	测量条件	条件	正常值
K11-5-车身地	始终	11～14V	K11-1-车身地	始终	小于 1V

若异常，跳到第 3 步；

若正常，按下项检查。

2. 检查智能钥匙系统控制器板端电压。

（1）断开智能钥匙系统控制器连接器 G38，G39。

（2）检查板端电压。

测量条件	条件	正常值	测量条件	条件	正常值
G39-12-车身地	始终	11～14V	G38-7-车身地	始终	小于 1V

若异常，更换智能钥匙系统控制器；

若正常，按下项检查。

3. 检查线束（高频接收模块-智能钥匙系统控制器）。

（1）断开高频接收模块连接器 K11。

（2）断开智能钥匙系统控制器连接器 G38，G39。

（3）测量对应端子电阻。

正常阻值：

测量条件	线色	正常阻值	测量条件	线色	正常阻值
K11-1-G38-7	L/R	小于1Ω	K11-2-G38-11	R/Y	小于1Ω
K11-3-G38-5	B	小于1Ω	K11-5-G39-12	V	小于1Ω
K11-3-车身地	B	小于1Ω	K11-5-车身地	V	大于10kΩ

(4) 重新装回连接器。

若异常，更换线束；

若正常，更换高频接收模块。

(三) 车外探测天线总成及微动开关电路

检查步骤如下：

1. 检查车外探测天线总成。

(1) 车辆进入防盗状态。

(2) 将钥匙靠近车外探测天线总成，观察钥匙上红色 led 灯是否闪烁。

正常：闪烁

若异常，探测天线正常；

若正常，按下项检查。

2. 检查微动开关。

(1) 断开连接器。

(2) 万用表测量端子间阻值。

正常阻值：

端子	条件	正常阻值
1,2端子	微动开关按下	小于1Ω

若异常，更换门把手；

若正常，按下项检查。

3. 检查线束（左前车外探测天线总成-智能钥匙系统控制器线束）。

(1) 断开左前车外探测天线总成连接器 Lb02。

(2) 断开智能钥匙系统控制器连接器 G38，G39。

(3) 测量对应端子电阻。

正常阻值：

测量条件	线色	正常	测量条件	线色	正常
Lb02-1-G39-11	Br	小于1Ω	Lb02-2-G39-16	Y	小于1Ω
Lb02-5-G38-1	L	小于1Ω	Lb02-6-G38-8	Y/R	小于1Ω
Lb02-1-车身地	Br	大于10kΩ	Lb02-2-车身地	Y	大于10kΩ
Lb02-5-车身地	L	大于10kΩ	Lb02-6-车身地	Y/R	大于10kΩ

4. 检查线束（右前车外探测天线总成-智能钥匙系统控制器线束）。

(1) 断开右前车外探测天线总成连接器 Ld02。

(2) 断开智能钥匙系统控制器连接器 G38。

(3) 测量对应端子电阻。

正常阻值：

测量条件	线色	正常	测量条件	线色	正常
Ld02-1-G39-6	Br	小于1Ω	Ld02-2-G39-17	Y	小于1Ω
Ld02-5-G38-2	L	小于1Ω	Ld02-6-G38-9	Y/R	小于1Ω
Ld02-1-车身地	Br	大于10kΩ	Ld02-2-车身地	Y	大于10kΩ
Ld02-5-车身地	L	大于10kΩ	Ld02-6-车身地	Y/R	大于10kΩ

若异常，更换线束；

若正常，更换智能钥匙系统控制器。

（四）车内探测天线总成电路

检查步骤如下。

1. 检查车内探测天线总成。

（1）将钥匙依次靠近探测天线，并按下启动按钮。

（2）观察钥匙上红色led灯是否闪烁。

测量结果	跳到	测量结果	跳到
全不闪烁	启动按钮控制电路	仅一个或两个不闪烁	跳到该天线线束检查

2. 检查线束（车内探测天线总成-智能钥匙系统控制器线束）。

（1）断开车内探测天线总成连接器K20。

（2）断开智能钥匙系统控制器 连接器G39。

（3）测量对应端子电阻。

正常阻值：

测量条件	线色	正常阻值	测量条件	线色	正常阻值
K20-1-G39-15	R/G	小于1Ω	K20-2-G39-5	W/Y	小于1Ω

若异常，更换连接器；

若正常，按下项检查。

3. 更换车内探测天线总成。

4. 检查线束（中部探测天线总成-智能钥匙系统控制器）。

（1）断开中部探测天线总成连接器G32。

（2）断开智能钥匙系统控制器连接器G39。

（3）测量对应端子电阻。

正常阻值：

测量条件	线色	正常阻值	测量条件	线色	正常阻值
G32-1-G39-14	Gr	小于1Ω	G32-2-G38-4	Br/W	小于1Ω

若异常，更换线束；

若正常，按下项检查。

5. 更换中部探测天线总成。

6. 检查线束（前部探测天线总成-智能钥匙系统控制器）。

（1）断开前部探测天线总成连接器G08。

（2）断开智能钥匙系统控制器连接器G39。

（3）测量对应端子电阻。

正常阻值：

测量条件	线色	正常	测量条件	线色	正常
G08-1-G39-13	L	小于1Ω	G08-2-G39-18	W/G	小于1Ω

若异常，更换线束；

若正常，更换前部探测天线总成。

（五）启动按钮电路

检查步骤如下。

1. 检查线束（启动按钮-智能钥匙系统控制器）

(1) 断开启动按钮连接器G14。

(2) 断开智能钥匙系统控制器连接器G39。

(3) 测量对应端子电阻。

正常阻值：

测量条件	线色	正常	测量条件	线色	正常
G14-8-G39-8	G/O	小于1Ω	G14-9-G39-3	V	小于1Ω
G14-10-G39-7	Gr	小于1Ω	G14-14-G39-2	Br/R	小于1Ω

若异常，更换线束；

若正常，按下项检查。

2. 检查线束（启动按钮-BCM）

(1) 断开启动按钮连接器G14。

(2) 断开BCM连接器G49。

(3) 用万用表测量对应端子间阻值。

正常阻值：

测量条件	线色	正常	测量条件	线色	正常
G14-2-G49-19	Br	小于1Ω	G14-7-G49-18	V/L	小于1Ω
G14-11-G49-23	B/L	小于1Ω	G14-12-G49-7	Gr	小于1Ω
G14-13-G49-11	O	小于1Ω			

若异常，更换线束；

若正常，按下项检查。

3. 检查启动按钮。

(1) 更换启动按钮，检查故障是否消失。

OK：故障消失

若异常，更换智能钥匙系统控制器；

若正常，更换启动按钮。

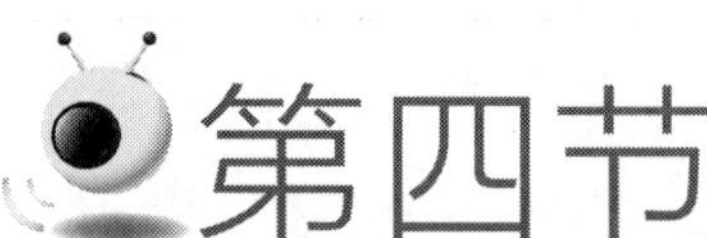

第四节 比亚迪G3车系中控门锁电控系统故障检修(08款)

一、中控门锁电控系统部件位置

中控门锁电控系统部件位置如图3-18所示。

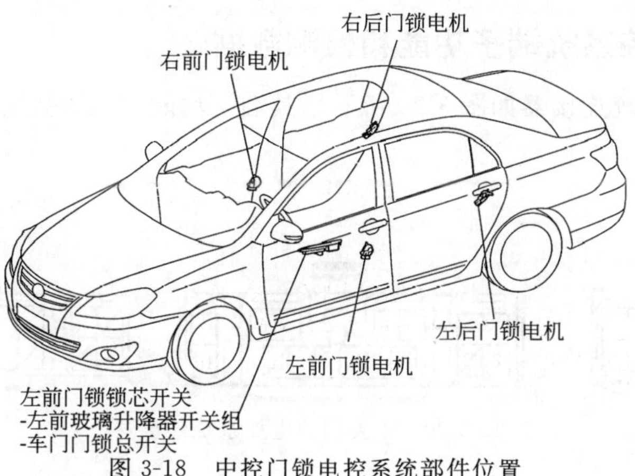

图 3-18　中控门锁电控系统部件位置

二、中控门锁电控系统电路

中控门锁电控系统电路如图 3-19 所示。

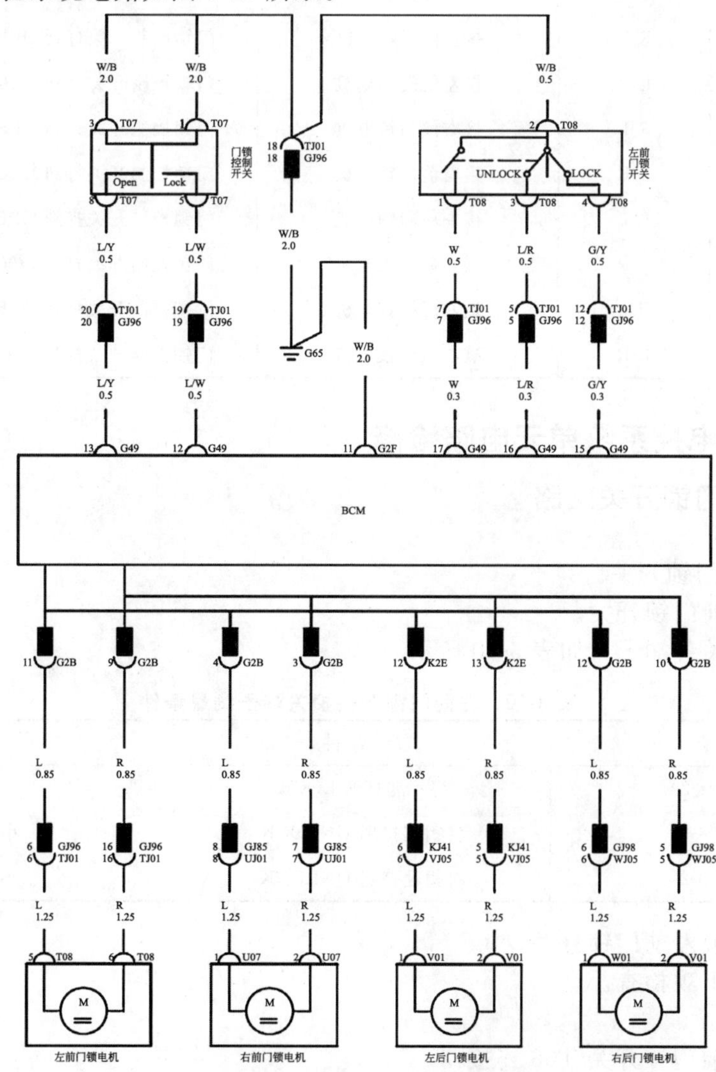

图 3-19　中控门锁电控系统电路

三、中控门锁电控系统端子功能和检测数据

中控门锁电控系统连接器如图 3-20 所示，其端子功能和检测数据如表 3-9 所示。

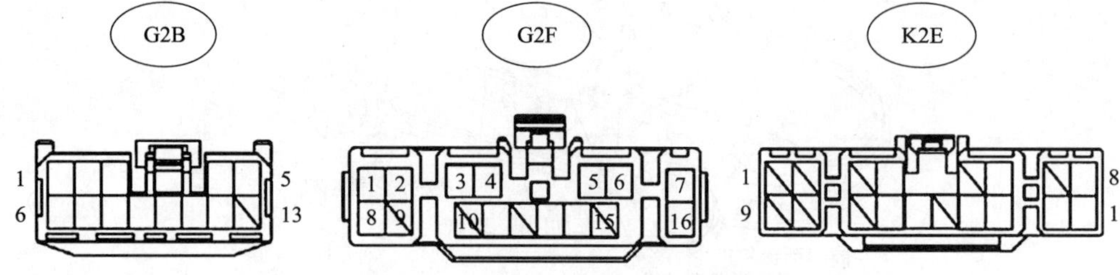

图 3-20 中控门锁电控系统连接器

表 3-9 中控门锁电控系统连接器端子功能和检测数据

端子号	线色	端子描述	条件	正常值
G2F-11-车身地	W/B	搭铁	始终	小于 1Ω
G2B-9-G2B-11	R-L	接左前门锁电机	门锁控制开关打到 OPEN	11～14V
G2B-11-G2B-9	L-R	接左前门锁电机	门锁控制开关打到 LOCK	11～14V
G2B-3-G2B-4	R-L	接右前门锁电机	门锁控制开关打到 OPEN	11～14V
G2B-4-G2B-3	L-R	接右前门锁电机	门锁控制开关打到 LOCK	11～14V
K2E-13-K2E-12	R-L	接左后门锁电机	门锁控制开关打到 OPEN	11～14V
K2E-12-K2E-13	L-R	接左后门锁电机	门锁控制开关打到 LOCK	11～14V
G2B-10-G2B-12	R-L	接右后门锁电机	门锁控制开关打到 OPEN	11～14V
G2B-12-G2B-10	L-R	接右后门锁电机	门锁控制开关打到 LOCK	11～14V

四、中控门锁电控系统单元电路检修

（一）左前门锁开关回路

检查步骤如下：

1. 检查左前门锁开关。

（1）拆下左前门锁开关。

（2）检查开关各端子，如表 3-10 所示。

表 3-10 左前门锁开关相关端子测量条件

端子	条件	正常值
T08-4-T08-2	将钥匙打到 LOCK	小于 1Ω
T08-3-T08-2	将钥匙打到 UNLOCK	小于 1Ω
T08-1-T08-2	将钥匙打到 UNLOCK	小于 1Ω

若异常，更换左前门锁开关；

若正常，按下项检查。

2. 检查线束。

（1）拔下左前门锁开关 T08 连接器。

（2）拔下 BCM G49 连接器。

（3）检查线束端各端子，如表 3-11 所示。

表 3-11 左前门锁开关连接器相关端子测量标准值

端　子	线　色	正 常 值	端　子	线　色	正 常 值
T08-4-G49-15	G/Y	小于 1Ω	T08-3-G49-16	L/R	小于 1Ω
T08-1-G49-17	W	小于 1Ω	T08-2-车身地	W/B	小于 1Ω

若异常，更换线束或连接器；

若正常，检查下一回路。

（二）门锁控制开关回路

门锁控制开关回路参见图 3-19 所示。

检查步骤如下：

1. 检查门锁控制开关。

（1）拔下门锁控制开关 T07 连接器。

（2）检查开关各端子，如表 3-12 所示。

表 3-12 T07 连接器相关端子连接条件

端　子	条　件	正 常 值	端　子	条　件	正 常 值
T07-1-T07-3	始终	小于 1Ω	T07-5-T07-1	开关打到 LOCK	小于 1Ω
T07-5-T07-1	开关复位	大于 10kΩ	T07-8-T07-1	开关打到 OPEN	小于 1Ω
T07-8-T07-1	开关复位	大于 10kΩ			

若异常，更换门锁控制开关；

若正常，按下项检查。

2. 检查线束

（1）拔下门锁控制开关 T07 连接器。

（2）拔下 BCM G49、G2F 连接器。

（3）测量线束端各端子，如表 3-13 所示。

表 3-13 各相关端子测量条件及正常值

端　子	线　色	条　件	正 常 值	端　子	线　色	条　件	正 常 值
G49-12-T07-5	L/W	始终	小于 1Ω	G49-13-T07-8	L/Y	始终	小于 1Ω
T07-1-车身地	W/B	始终	小于 1Ω	T07-3-车身地	W/B	始终	小于 1Ω
C2F-11-车身地	W/B	始终	小于 1Ω				

若异常，更换线束或连接器；

若正常，检查下一回路。

（三）左前门锁电机回路

左前门锁电机回路参见图 3-19 所示。

检查步骤如下：

1. 检查左前门锁电机。

（1）拆下左前门锁电机。

（2）给左前门锁电机两端通蓄电池电压，检查其是否运转正常。

端　子	正常值	端　子	正常值
T08-5-蓄电池(+) T08-6-蓄电池(-)	门锁电机闭锁	T08-6-蓄电池(+) T08-5-蓄电池(-)	门锁电机解锁

若异常，更换或维修门锁电机；

若正常，按下项检查。

2. 检查线束。

(1) 拔下左前门锁电机 T08 连接器。

(2) 拔下 BCM G2B 连接器。

(3) 检查线束端各端子。

端　子	线　色	正常值	端　子	线　色	正常值
G2B-11-T08-5	L	小于 1Ω	G2B-9-T08-6	R	小于 1Ω

若异常，更换线束或连接器；

若正常，按下项检查。

3. 检查 BCM。

(1) 拔下 BCM G2B 连接器。

(2) 检查 BCM 各端子。

端　子	条　件	正常值	端　子	条　件	正常值
G2B-11-G2B-9	门锁控制开关打到 LOCK	11～14V	G2B-9-G2B-11	门锁控制开关打到 OPEN	11～14V

若异常，更换 BCM；

若正常，检查下一回路。

(四) 右前门锁电机回路

右前门锁电机回路参见图 3-19 所示。

检查步骤如下：

1. 检查右前门锁电机。

(1) 拆下右前门锁电机。

(2) 给右前门锁电机两端通蓄电池电压，检查其是否运转正常。

端　子	正常值	端　子	正常值
U07-1-蓄电池(+) U07-2-蓄电池(-)	门锁电机闭锁	U07-2-蓄电池(+) U07-1-蓄电池(-)	门锁电机解锁

若异常，更换或维修门锁电机；

若正常，按下项检查。

2. 检查线束。

(1) 拔下右前门锁电机 U07 连接器。

(2) 拔下 BCM G2B 连接器。

(3) 检查线束端各端子。

端　子	线　色	正常值	端　子	线　色	正常值
G2B-4-U07-1	L	小于 1Ω	G2B-3-U07-2	R	小于 1Ω

若异常，更换线束或连接器；
若正常，按下项检查。
3. 检查 BCM。
(1) 拔下 BCM G2B 连接器。
(2) 检查 BCM 各端子。

端　子	条　件	正 常 值	端　子	条　件	正 常 值
G2B-4-G2B-3	门锁控制开关打到 LOCK	11～14V	G2B-3-G2B-4	门锁控制开关打到 OPEN	11～14V

若异常，更换 BCM；
若正常，检查下一回路。

(五) 左后门锁电机回路

左后门锁电机回路参见图 3-19 所示。
检查步骤如下：
1. 检查左后门锁电机。
(1) 拆下左后门锁电机。
(2) 给左后门锁电机两端通蓄电池电压，检查其是否运转正常。

端　子	正 常 值	端　子	正 常 值
V01-1-蓄电池(+) V01-2-蓄电池(−)	门锁电机闭锁	V01-2-蓄电池(+) V01-1-蓄电池(−)	门锁电机解锁

若异常，更换或维修门锁电机；
若正常，按下项检查。
2. 检查线束。
(1) 拔下左后门锁电机 V01 连接器。
(2) 拔下 BCM K2E 连接器。
(3) 检查线束端各端子。

端　子	线　色	正 常 值	端　子	线　色	正 常 值
K2E-12-V01-1	L	小于 1Ω	K2E-13-V01-2	R	小于 1Ω

若异常，更换线束或连接器；
若正常，按下项检查。
3. 检查 BCM。
(1) 拔下 BCM K2E 连接器。
(2) 检查 BCM 各端子。

端　子	条　件	正 常 值	端　子	条　件	正 常 值
K2E-12-K2E-13	门锁控制开关打到 LOCK	11～14V	K2E-13-K2E-12	门锁控制开关打到 OPEN	11～14V

若异常，更换 BCM；
若正常，检查下一回路。

(六) 右后门锁电机回路

右后门锁电机回路参见图 3-19 所示。

检查步骤如下：

1. 检查右后门锁电机。

（1）拆下右后门锁电机。

（2）给右后门锁电机两端通蓄电池电压，检查其是否运转正常。

端　　子	正　常　值	端　　子	正　常　值
W01-1-蓄电池（＋） W01-2-蓄电池（－）	门锁电机闭锁	W01-2-蓄电池（＋） W01-1-蓄电池（－）	门锁电机解锁

若异常，更换或维修门锁电机；

若正常，按下项检查。

2. 检查线束。

（1）拔下右后门锁电机 W01 连接器。

（2）拔下 BCM G2B 连接器。

（3）检查线束端各端子。

端　　子	线　　色	正　常　值
G2B-12-W01-1	L	小于 1Ω
G2B-10-W01-2	R	小于 1Ω

若异常，更换线束或连接器；

若正常，按下项检查。

3. 检查 BCM。

（1）拔下 BCM G2B 连接器。

（2）检查 BCM 各端子。

端　　子	条　　件	正　常　值	端　　子	条　　件	正　常　值
G2B-12-G2B-10	门锁控制开关打到 LOCK	11～14V	G2B-10-G2B-12	门锁控制开关打到 OPEN	11～14V

若异常，更换 BCM；

若正常，结束。

第四章

别克车系防盗系统和中控门锁电控系统故障检修

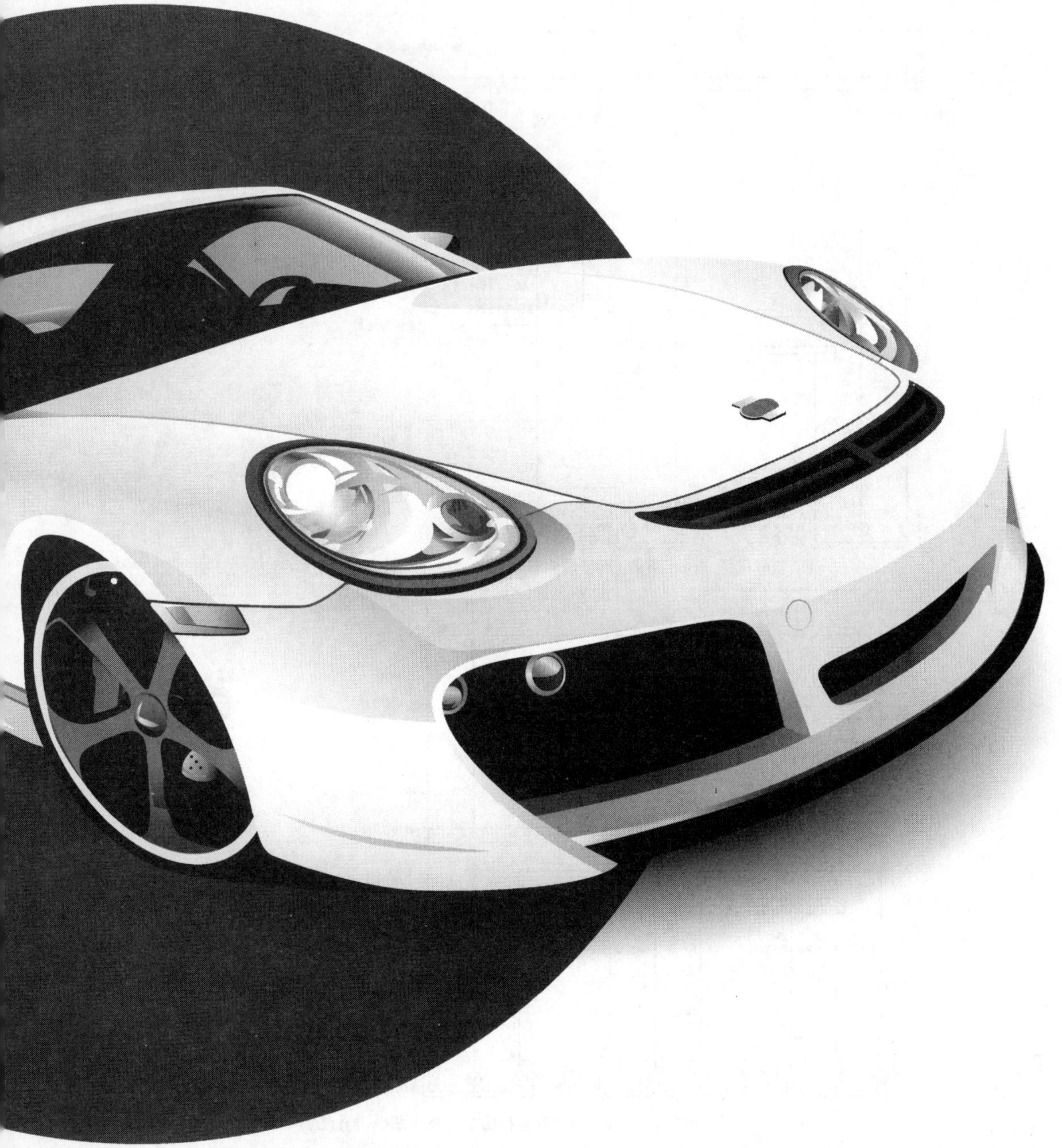

第一节 别克新君威车系车辆进入电控系统故障检修(09款)

一、车辆进入电控系统电路

车辆进入电控系统电路，如图4-1所示。

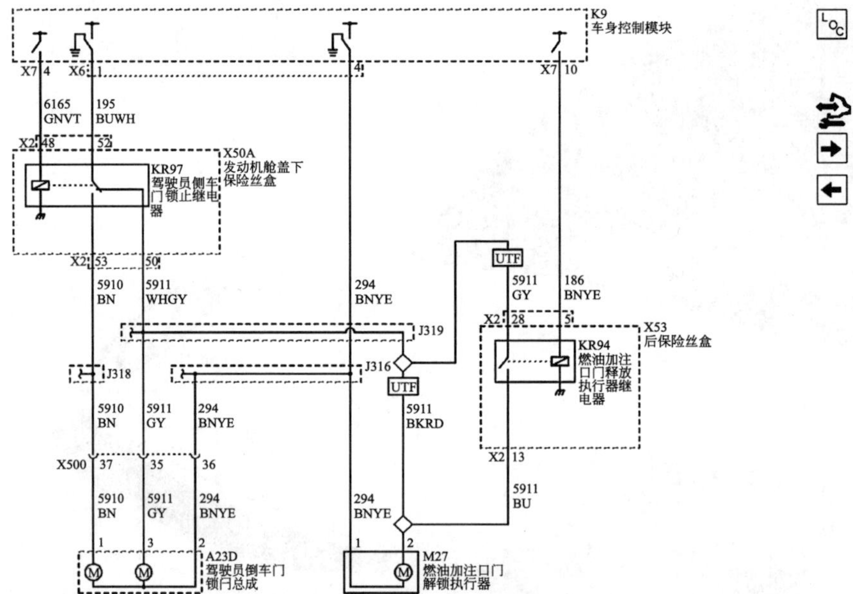

(a) 门锁/指示灯电路(驾驶员侧车门和燃油口盖执行器(AF8)) (1/7)

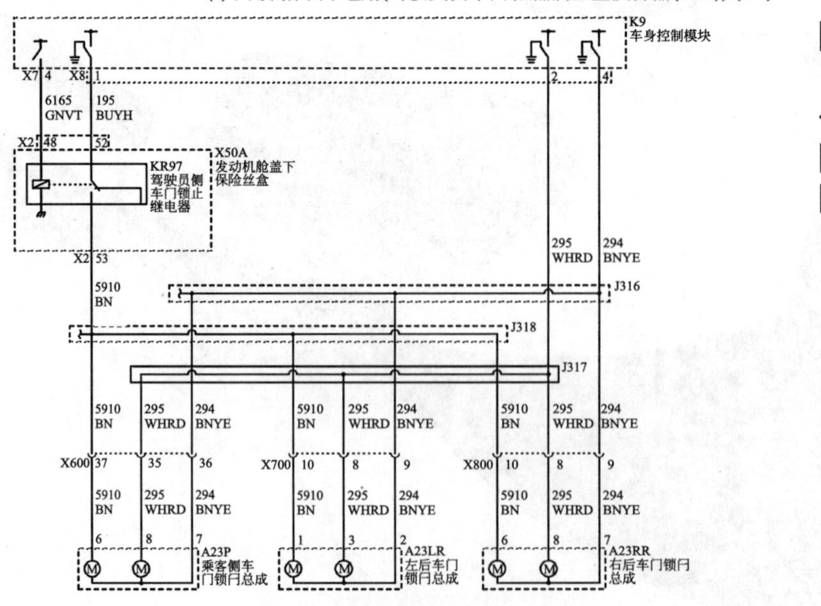

(b) 门锁/指示灯电路(前排乘客和后车门执行器(AF8)) (2/7)

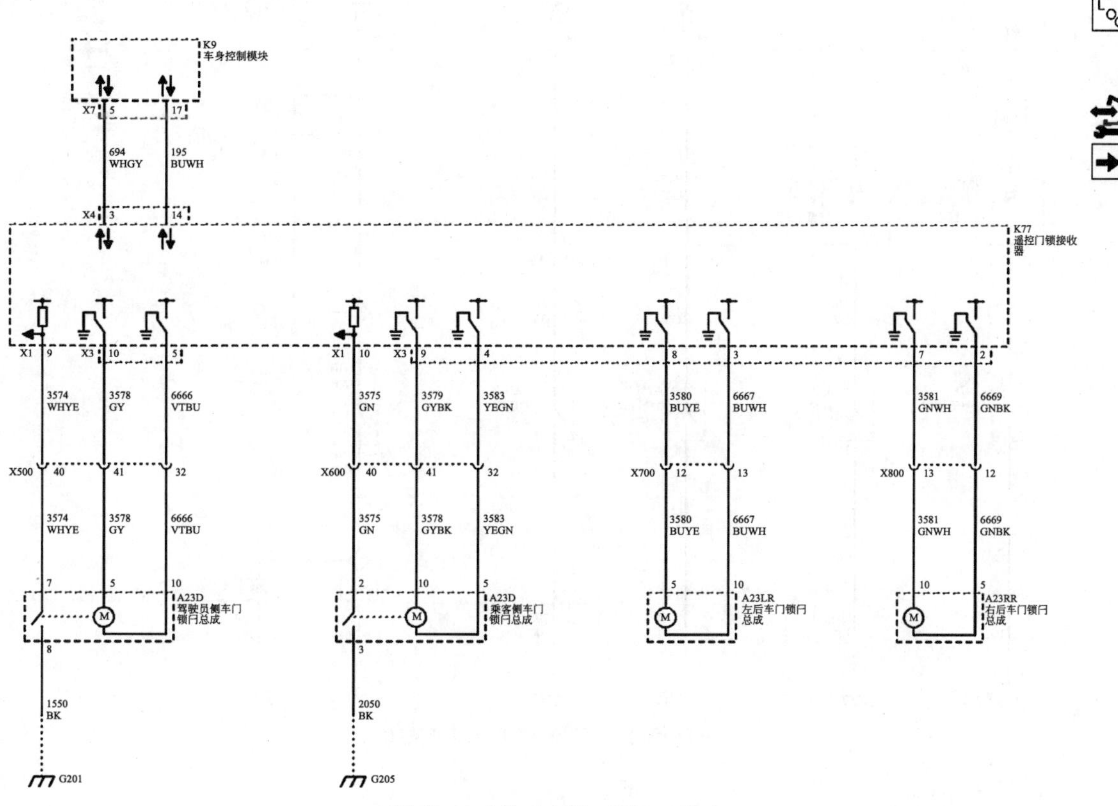

(c) 门锁/指示灯电路(执行器，锁闩/开锁) (3/7)

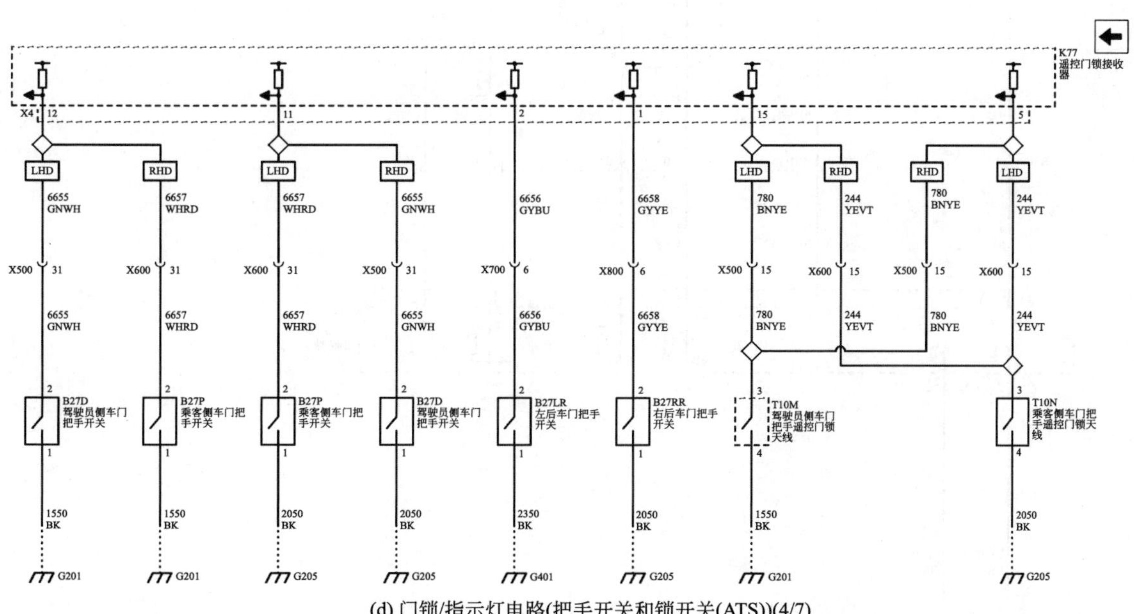

(d) 门锁/指示灯电路(把手开关和锁开关(ATS))(4/7)

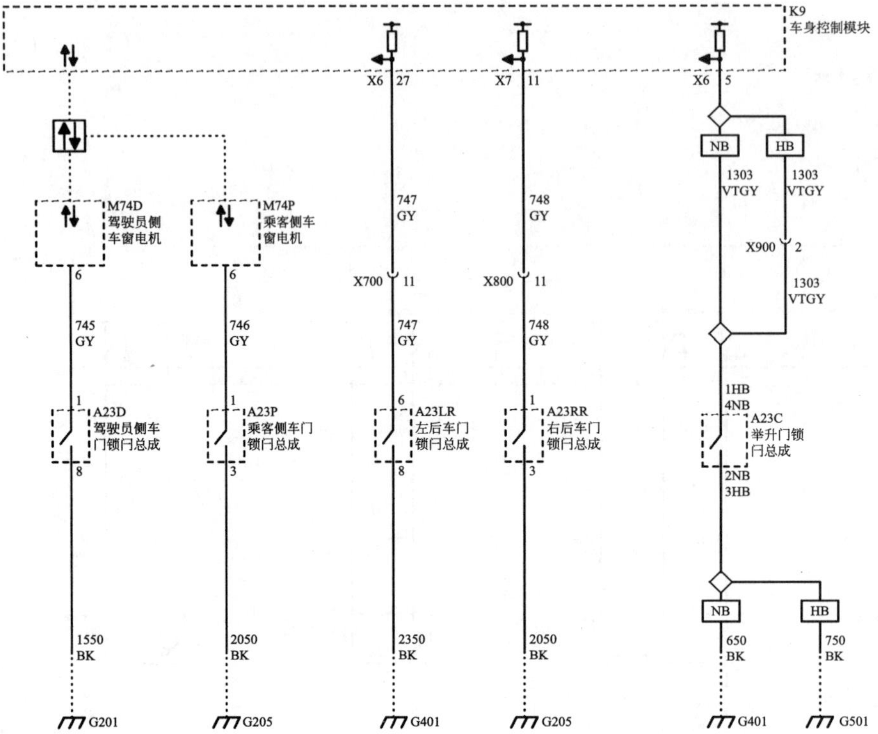

(e) 门锁/指示灯电路(车门未关开关) (5/7)

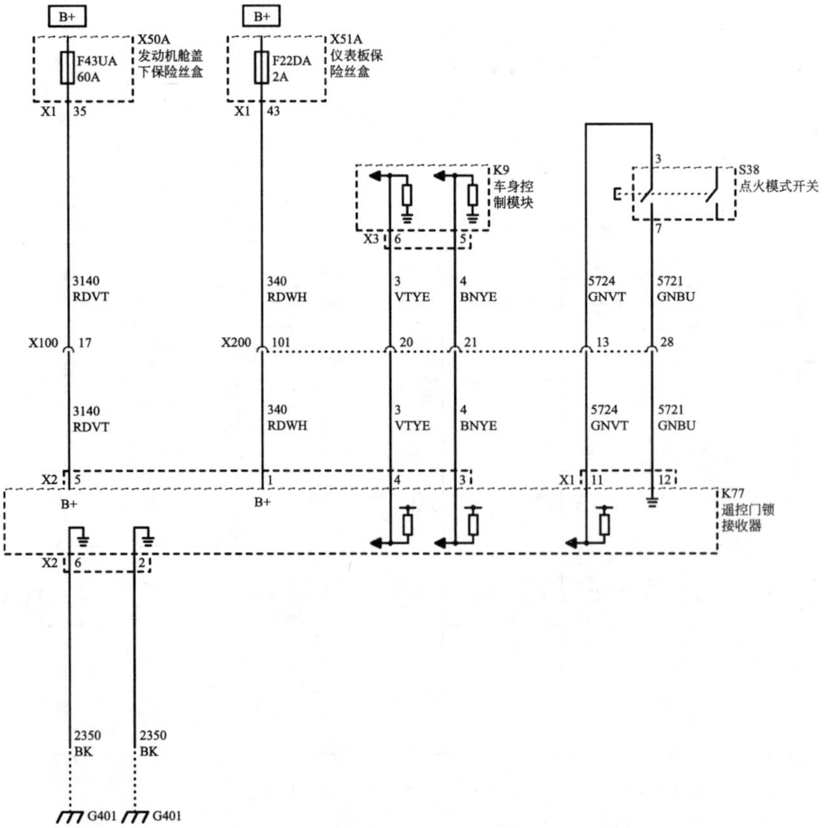

(f) 车门控制模块电路(电源、接地和串行数据) (6/7)

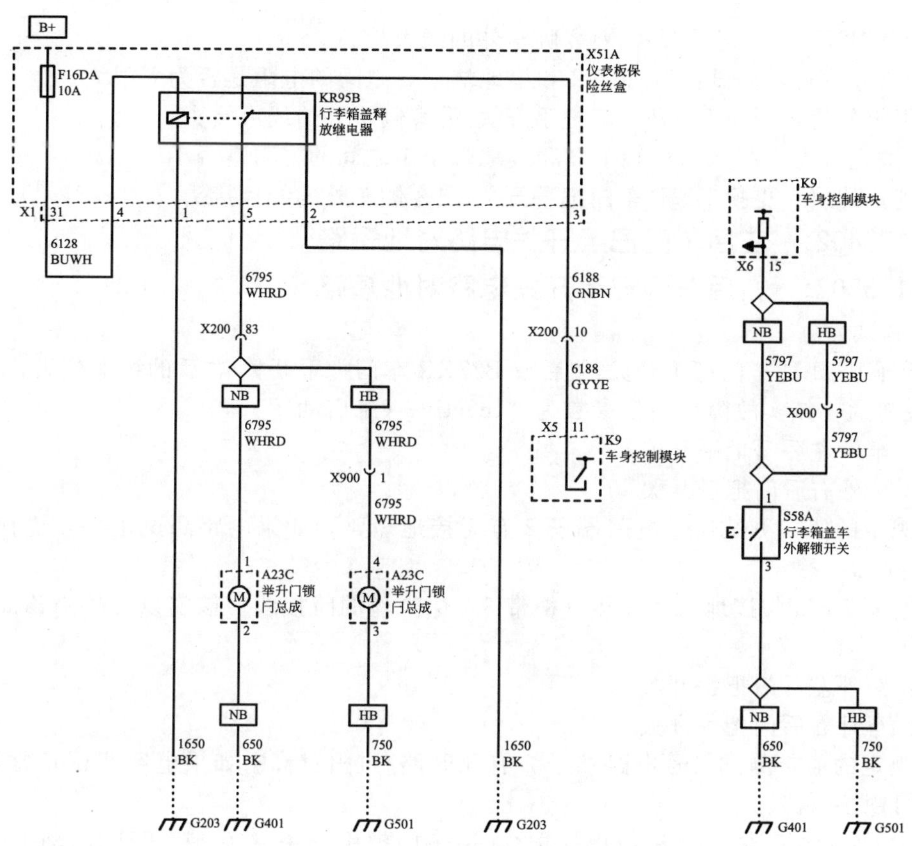

(g) 释放系统电路(行李箱/提升门的释放) (7/7)

图 4-1 车辆进入电控系统电路

二、车辆进入电控系统故障码检修

(一) DTCB147402： 车外/乘客侧车门把手开关电路对地短路

1. 电路/系统说明

右前车外门把手开关信号电路在右前车外门把手激活时，向遥控车门锁接收器提供输入。该输入供遥控车门锁接收器检测打开车门请求。遥控车门锁接收器通过右前车外门把手开关信号电路向右前车外门把手开关提供电压。右前车门把手激活时，开关关闭，来自遥控车门锁接收器的电压信号被接地。

2. 电路/系统测试

(1) 熄火，断开 B27P 线束接头：车门把手开关-乘客侧车外。

(2) 点火，确认故障诊断仪车外乘客侧门把手开关参数为“未启动”。

— 如果不是规定的值，测试信号电路端子 2 有无接地短路。如果电路测试正常，更换 K77 遥控车门锁接收器。

(3) 在信号电路端子 2 与接地之间连接一根带 3A 保险丝的跨接线。确认故障诊断仪车外乘客侧门把手开关参数为“启动”。

— 如果不是规定的值，测试信号电路端子 2 有无开路/电阻过高。如果电路测试正常，更换 K77 遥控车门锁接收器。

(4) 如果所有电路测试正常，测试或更换 B27P 车门把手开关-乘客侧车外的线束接头。

3. 部件测试

(1) 熄火，断开 B27P 车门把手开关-乘客侧车外的线束接头。

(2) 开关处于打开位置，测试信号端子 2 和接地端子 1 之间的电阻是否为无限大。

— 如果不是规定的值，更换 B27P 车门把手开关-乘客侧车外的线束接头。

(3) 开关处于关闭位置，测试信号端子 2 和接地端子 1 之间的电阻是否小于 1Ω。

— 如果大于规定的值，更换 B27P 车门把手开关-乘客侧车外的线束接头。

(二) DTCB153402: 左后车门把手开关电路对地短路
DTCB153502: 右后车门把手开关电路对地短路

1. 电路/系统测试

(1) 熄火，断开 B27LR 车门把手开关-左后或 B27RR 车门把手开关-右后的线束接头。

(2) 点火开关接通，核实故障诊断仪参数为“Inactive (未启动)”。

- 左后车门：车外左后门把手开关
- 右后车门：车外右后门把手开关

— 如果不是规定的值，测试信号电路端子 2 有无接地短路。如果电路测试正常，更换 K77 遥控车门锁接收器。

(3) 在信号电路端子 2 与接地之间连接一根带 3A 保险丝的跨接线。核实以下故障诊断仪参数为“启用”。

- 左后车门：车外左后门把手开关
- 右后车门：车外右后门把手开关

— 如果不是规定的值，测试信号电路端子 2 有无开路/电阻过高。如果电路测试正常，更换 K77 遥控车门锁接收器。

(4) 如果所有电路测试正常，测试或更换 B27LR 车门把手开关-左后或 B27RR 车门把手开关-右后的线束接头。

2. 部件测试

(1) 熄火，断开 B27LR 车门把手开关-左后或 B27RR 车门把手开关-右后的线束接头。

(2) 开关处于打开位置，测试信号端子 2 和接地端子 1 之间的电阻是否为无限大。

— 如果不是规定的值，更换 B27LR 车门把手开关-左后或 B27RR 车门把手开关-右后的线束接头。

(3) 开关处于关闭位置，测试信号端子 2 和接地端子 1 之间的电阻是否小于 1Ω。

— 如果大于规定的值，更换 B27LR 车门把手开关-左后或 B27RR 车门把手开关-右后的线束接头。

(三) DTCB154302: 举升门车外锁开关电路对搭铁短路

1. 电路/系统测试

(1) 熄火，断开 M40 行李箱盖锁闩的线束连接器。

(2) 点火，核实故障诊断仪后闭合未关开关参数是否为“Inactive (未启动)”。

— 如果不是规定的值，测试信号电路端子 4 有无接地短路。如果电路测试正常，则更换 K9 车身控制模块 (BCM)。

(3) 在信号电路接线端 4 和接地之间安装一根带有 3A 保险丝的跨接线。核实故障诊断仪后闭合未关开关参数是否为“Active (启动)”。

— 如果不是此规定值，测试信号电路接线端有无对电压短路或开路/电阻过高现象。如果电路测试正常，则更换 K9 车身控制模块 (BCM)。

(4) 如果所有电路测试正常，测试或更换 M40 行李箱盖锁闩。

2. 部件测试

(1) I 熄火，断开 M40 行李箱盖锁闩的线束连接器。

(2) 开关处于接通位置的情况下，测试信号端子 4 和接地端子 2 之间的电阻是否为无穷大。

— 如果不是规定的值，更换 M40 行李箱盖锁闩。

(3) 在开关的闭合位置，测试信号端子 4 和接地端子 2 之间的电阻是否小于 2Ω。

— 如果大于规定的值，更换 M40 行李箱盖锁闩。

(四) DTCB249402： 举升门把手开关电路对搭铁短路

1. 电路/系统测试

(1) I 熄火，断开 S58A 行李箱盖释放开关-车外的线束连接器。

(2) 测试 Ω 接地电路接线端 3 和接地之间的电阻是否小于 1Ω。

— 如果高于规定的范围，测试接地电路有无开路/电阻过高现象。

(3) 连接 S58A 行李箱盖释放开关-车外的线束接头，断开 X9 车身控制模块（BCM）处的 X6 线束接头。

(4) 在信号电路端子 15 和 B+之间连接一只测试灯。

(5) 点火，指令行李箱释放接通和关闭，按下和释放车外行李箱盖释放开关。在指令的状态之间切换时，测试灯应启亮和熄灭。

— 如果测试灯一直启亮，则测试信号电路是否对地短路、开路/电阻过高。如果所有电路测试正常，更换 S58A 行李箱盖释放开关-车外。

— 如果测试灯不亮，则测试信号电路是否对电压短路、开路/电阻过高。如果所有电路测试正常，更换 S58A 行李箱盖释放开关-车外。

(6) 如果电路测试正常，则更换 K9 车身控制模块（BCM）。

2. 部件测试

行李箱盖锁闩

(1) I 熄火，断开 M41 行李箱盖锁闩释放执行器的线束连接器。

(2) 在控制接线端 1 和 12V 之间安装一根带 15A 保险丝的跨接线。在接地端子 2 和接地之间安装一根跨接线。确认 M41 行李箱盖锁闩释放执行器启用。

— 如果执行器不能按规定工作，更换 M41 行李箱盖锁闩释放执行器。

行李箱盖释放开关

(1) I 熄火，断开 S58A 行李箱盖释放开关-车外的线束连接器。

(2) 开关处于接通位置的情况下，测试信号端子 1 和接地端子 3 之间的电阻是否为无穷大。

— 如果不是规定的值，更换 S58A 行李箱盖释放开关-车外。

(五) DTCB250B01： 驾驶员侧车门解锁下控制电路对电池短路
DTCB250B02： 驾驶员侧车门解锁下控制电路对地短路

1. 电路/系统测试

(1) 熄火，断开 A23D 车门锁闩总成-驾驶员侧的线束接头。

(2) 测试 Ω 控制电路接线端 10 和接地之间的电阻是否小于 10Ω。

— 如果大于规定的范围，测试控制电路有无对电压短路或开路/电阻过高现象。如果电路测试正常，更换 K77 遥控车门锁接收器。

(3) 测试 Ω 控制电路接线端 10 和接地之间的电阻是否小于 5Ω。

— 如果大于规定的范围，测试控制电路有无对电压短路或开路/电阻过高现象。如果电路测试正常，更换 K77 遥控车门锁接收器。

(4) 在控制电路端子 5 和 10 之间连接一测试灯。

(5) 用故障诊断仪命令驾驶员侧车门 PEPS 释放锁止和解锁。在指令的状态之间切换时，测试灯应启亮和熄灭。

— 在某一指令期间，如果测试灯一直不亮，那么测试控制电路是否对地短路。如果电路测试正常，更换 K77 遥控车门锁接收器。

(6) 如果所有电路测试均正常，则测试或更换 A23D 车门锁闩总成-驾驶员侧。

2. 部件测试

驾驶员侧车门锁闩测试

(1) 熄火，断开 A23D 车门锁闩总成-驾驶员侧的线束接头。

(2) 在控制接线端和 12 伏之间连接一根带 15A 保险丝的跨接线。在其他控制端子和接地之间瞬间安装跨接线。颠倒跨接线至少两次，车门锁闩应执行锁闭/解锁功能。

（六）DTCB251602： 驾驶员车外锁开关电路对搭铁短路

1. 电路/系统测试

(1) 熄火，断开 B27D 车门把手开关-驾驶员侧车外的线束接头。

(2) 点火，确认故障诊断仪车外驾驶员侧门把手开关参数为“未启动”。

— 如果不是规定的值，测试信号电路端子 2 有无接地短路。如果电路测试正常，更换 K77 遥控车门锁接收器。

(3) 在信号电路端子 2 与接地之间连接一根带 3A 保险丝的跨接线。确认故障诊断仪车外驾驶员侧门把手开关参数为“启动”。

— 如果不是规定的值，测试信号电路端子 2 有无开路/电阻过高。如果电路测试正常，更换 K77 遥控车门锁接收器。

(4) 如果所有电路测试正常，测试或更换 B27D 车门把手开关-驾驶员侧车外。

2. 部件测试

(1) 熄火，断开 B27D 车门把手开关-驾驶员侧车外的线束接头。

(2) 开关处于打开位置，测试信号端子 2 和接地端子 1 之间的电阻是否为无限大。

— 如果不是规定的值，更换 B27D 车门把手开关-驾驶员侧车外。

(3) 开关处于关闭位置，测试信号端子 2 和接地端子 1 之间的电阻是否小于 1Ω。

— 如果大于规定的值，更换 B27D 车门把手开关-驾驶员侧车外。

（七）DTCB312502： 仅驾驶员侧车门， 解锁电路对地短路
DTCB313002： 所有解锁电路对地短路
DTCB313502： 所有车门锁电路对地短路

1. 电路/系统测试

(1) 熄火，断开有故障的车门锁闩接头。

(2) 在相应的车门锁控制电路和解锁控制电路之间连接一只测试灯。

- 左驾车：A23D 车门锁闩总成-驾驶员接线端 2 和 3。
- 右驾车：A23D 车门锁闩总成-驾驶员接线端 7 和 8。
- 左驾车：A23P 车门锁闩总成-乘客接线端 7 和 8。
- 右驾车：A23P 车门锁闩总成-乘客接线端 2 和 3。
- A23LR 车门锁闩总成-左后接线端 2 和 3。
- A23RR 车门锁闩总成-右后接线端 7 和 8。

(3) 用故障诊断仪指令车门解锁。在指令“UNLOCK（解锁）”状态时，测试灯应短暂启亮。

— 如果测试灯一直不亮，测试控制电路是否对电压短路、开路或电阻过高。如果电路测试正常，则更换 K9 车身控制模块（BCM）。

— 如果测试灯一直启亮，测试控制电路是否对地短路。如果电路测试正常，则更换 K9 车身控制模块（BCM）。

（4）如果所有电路测试均正常，则测试或更换车门锁闩。

2. 部件测试

车门锁闩测试

（1）熄火，断开相应车门锁总成的线束连接器。

（2）在锁控制接线端和 12V 之间连接一根带 25A 保险丝的跨接线。在其他解锁控制端子和接地之间瞬间安装跨接线。车门锁应执行锁止/解锁功能。

— 如果该功能未按规定工作，则更换车门锁。

（3）反向连接跨接线，相应车门应执行解锁/锁止功能。

— 如果该功能未按规定工作，则更换车门锁。

（八）DTCB314000： 车门解锁开关电路
DTCB315000： 车门锁开关电路

1. 电路/系统测试

（1）熄火，断开 S26 危险警告开关处的线束接头 X1。

（2）点火，确认故障诊断仪驾驶员侧门锁开关参数为“未启动”。

— 如果不是规定的值，测试信号电路端子 9 有无接地短路。如果电路测试正常，则更换 K9 车身控制模块（BCM）。

（3）核实故障诊断仪驾驶员车门解锁开关参数为 Inactive（未启动）。

— 如果不是规定的值，测试信号电路端子 11 有无接地短路。如果电路测试正常，则更换 K9 车身控制模块（BCM）。

（4）如果所有电路测试结果正常，则测试或更换 S26 危险警告开关。

2. 部件测试

（1）熄火，断开 S26 危险警告开关处的线束接头 X1。

（2）开关处于接通位置的情况下，测试信号端子 9 和 11 和接地端子 1 之间的电阻是否为无穷大。

— 如果小于规定的值，更换 S26 危险警告开关。

（3）在开关的解锁位置，测试信号端子 9 和接地端子 1 之间的电阻是否小于 2Ω。

— 如果大于规定的值，更换 S26 危险警告开关。

（4）在开关的锁止位置，测试信号端子 11 和接地端子 1 之间的电阻是否小于 2Ω。

— 如果大于规定的值，更换 S26 危险警告开关。

（九）DTCB326502： 行李箱盖解锁输出电路对地短路

1. 电路/系统测试

（1）熄火，断开 KR95B 行李箱盖释放继电器。

（2）点火，检验控制电路端子 85 和接地之间的测试灯不启亮。

— 如果测试灯启亮，则测试控制电路是否对电压短路。

（3）核实接地电路端子 86 和 B+之间的测试灯是否启亮。

— 如果测试灯不亮，则测试接地电路是否对电压短路、开路/电阻过高。如果所有电路测试正常，测试或更换 KR95B 行李箱盖释放继电器。

（4）核实 B+电路端子 30 和接地之间的测试灯是否启亮。

— 如果测试灯不亮，则应测试 B+电路有无开路/电阻过高。

(5) 断开 M41 行李箱盖锁闩释放执行器的线束连接器。

(6) 测试 M41 后行李箱盖锁闩释放执行器接头接线端 1 和接地之间的电阻是否小于 2Ω。

— 如果高于规定的范围，测试行李箱盖释放电路有无开路/电阻过高现象。

(7) 连接 M41 行李箱盖锁闩释放执行器的线束连接器。

(8) 在 B+接线端 30 和控制电路接线端 87A 之间连接一根带有 15A 保险丝的跨接线。确认 M41 行李箱盖锁闩释放执行器启用。

— 如果 M41 行李箱盖锁闩释放执行器不启用，测试控制电路有无开路/电阻过高。如果电路测试正常，测试或更换 M41 行李箱盖锁闩释放继电器。

(9) 在控制电路接线端 86 和接地之间连接万用表，设置在二极管设置处。

(10) 用故障诊断仪指令行李箱盖释放解锁。万用表读数应大于 2.5V。

— 如果小于规定值，测试控制电路有无对电压或对接地短路现象。如果电路测试正常，则更换 K9 车身控制模块（BCM）。

(11) 用故障诊断仪指令行李箱盖释放锁止。DMM 读数应小于 1V。

— 如果高于规定的范围，测试控制电路有无开路/电阻过高现象。如果电路测试正常，则更换 K9 车身控制模块（BCM）。

(12) 如果所有电路测试正常，测试或更换 KR95B 行李箱盖释放继电器。

2. 部件测试

继电器测试

(1) 熄火，断开 KR95B 行李箱盖释放继电器。

(2) 测试接线端 85 和 86 之间的电阻是否在 60～180Ω。

— 如果电阻不在规定的值，更换 KR95B 行李箱盖释放继电器。

(3) 检测下列端子之间的电阻是否为无限电阻。

- 30 和 86
- 30 和 87
- 30 和 85
- 85 和 87

— 如果不是规定的值，更换 KR95B 行李箱盖释放继电器。

(4) 在控制接线端 85 和 12V 之间安装一根带 15A 保险丝的跨接线。在接地端子 86 和接地之间安装一根跨接线。测试接线端 30 和 87 之间的电阻是否小于 2Ω。

— 如果大于规定的值，更换 KR95B 行李箱盖释放继电器。

（十）DTC379702：所有车门锁止电路对地短路

1. 电路/系统测试

(1) 熄火，断开 KR97D 驾驶员侧车门锁继电器

(2) 点火，检验控制电路端子 85 和接地之间的测试灯不启亮。

— 如果测试灯启亮，则测试控制电路是否对电压短路。

(3) 核实接地电路端子 86 和 B+之间的测试灯是否启亮。

— 如果测试灯不亮，则测试接地电路是否对电压短路、开路/电阻过高。如果电路测试正常，测试或更换 KR97D 驾驶员侧车门锁继电器。

(4) 按下车门锁开关上的车门解锁按钮，核实车门解锁控制电路接线端子 30 和接地之间的测试灯是否启亮。

— 如果测试灯不亮，则应测试车门解锁控制电路有无开路或电阻过高。

(5) 在车门解锁控制电路接线端 30 和控制电路接线端 87A 之间连接一根带有 15A 保险

丝的跨接线。核实车门锁止执行器在车门锁开关被按下后激活。

— 如果车门锁止执行器不激活，测试控制电路有无开路/电阻过高。

(6) 在控制电路接线端 86 和接地之间连接万用表，设置在二极管设置处。

(7) 用故障诊断仪指令车门锁止螺栓锁止/解锁工作以解锁车门。万用表读数应大于 2.5V。

— 如果小于规定值，测试控制电路有无对电压或对接地短路现象。如果电路测试正常，则更换 K9 车身控制模块（BCM)。

(8) 用故障诊断仪指令车门锁止螺栓锁止/解锁工作以锁止车门。DMM 读数应小于 1V。

— 如果高于规定的范围，测试控制电路有无开路/电阻过高现象。如果电路测试正常，则更换 K9 车身控制模块（BCM)。

(9) 如果所有电路测试均正常，则测试或更换 KR97D 驾驶员侧车门锁继电器。

2. 部件测试

继电器测试

(1) 熄火，断开 KR97D 驾驶员侧车门锁继电器。

(2) 测试接线端 85 和 86 之间的电阻是否在 60～180Ω。

— 如果电阻不在规定的值，更换 KR97D 驾驶员侧车门锁继电器。

(十一) DTCB393802： 加油口门执行器锁电路对地短路

1. 电路/系统测试

(1) 熄火，断开 KR94 加油口释放执行器继电器。

(2) 点火，检验控制电路端子 85 和接地之间的测试灯不启亮。

— 如果测试灯启亮，则测试控制电路是否对电压短路。

(3) 核实接地电路端子 86 和 B＋之间的测试灯是否启亮。

— 如果测试灯不亮，则测试接地电路是否对电压短路、开路/电阻过高。如果电路测试正常，测试或更换 KR94 加油口释放执行器继电器。

(4) 按下车门锁开关上的车门解锁按钮，核实车门解锁控制电路接线端子 30 和接地之间的测试灯是否启亮。

— 如果测试灯不亮，则应测试车门解锁控制电路有无开路或电阻过高。

(5) 断开 M27 加油口释放执行器的线束接头。

(6) 测试 M27 加油口释放执行器门锁控制电路接线端 1 和接地之间的电阻是否小于 2Ω。

— 如果高于规定的范围，测试车门锁控制电路有无开路/电阻过高现象。

(7) 连接 M27 加油口释放执行器的线束接头。

(8) 连接一根带有 15A 保险丝的跨接线到车门解锁控制电路接线端 30 和控制电路接线端 87 之间。按下车门解锁开关时，核实 M27 加油口释放执行器。

— 如果 M27 加油口释放执行器不启用，测试控制电路有无开路/电阻过高。如果电路测试正常，测试或更换 M27 加油口释放执行器。

(9) 在控制电路接线端 86 和接地之间连接万用表，设置在二极管设置处。

(10) 用故障诊断仪指令加油口释放解锁。万用表读数应大于 2.5V。

— 如果小于规定值，测试控制电路有无对电压或对接地短路现象。如果电路测试正常，则更换 K9 车身控制模块（BCM)。

(11) 用故障诊断仪指令加油口释放锁止。DMM 读数应小于 1V。

— 如果高于规定的范围，测试控制电路有无开路/电阻过高现象。如果电路测试正常，则更换 K9 车身控制模块（BCM）。

（12）如果所有电路测试均正常，则测试或更换 KR94 加油口释放执行器继电器。

2. 部件测试

继电器测试

（1）熄火，断开 KR94 加油口释放执行器继电器。

（2）测试接线端 85 和 86 之间的电阻是否在 2Ω。

— 如果电阻不在规定的值，更换 KR94 加油口释放执行器继电器。

（3）检测下列端子之间的电阻是否为无限电阻。

- 30 和 86
- 30 和 87
- 30 和 85
- 85 和 87

— 如果不是规定的值，更换 KR94 加油口释放执行器继电器。

（4）测试接线端 30 和 87A 之间的电阻是否小于 2Ω。

— 如果大于规定的值，更换 KR94 加油口释放执行器继电器。

（5）在控制接线端 85 和 12V 之间安装一根带 15A 保险丝的跨接线。在接地端子 86 和接地之间安装一根跨接线。测试接线端 30 和 87 之间的电阻是否小于 2Ω。

— 如果大于规定的值，更换 KR94 加油口释放执行器继电器。

三、车辆进入电控系统症状故障检修

（一）加油口释放故障

1. 电路/系统测试

（1）熄火，断开 KR94 加油口释放执行器继电器。

（2）点火，检验控制电路端子 85 和接地之间的测试灯不启亮。

— 如果测试灯启亮，则测试控制电路是否对电压短路。

（3）核实接地电路端子 86 和 B+之间的测试灯是否启亮。

— 如果测试灯不亮，则测试接地电路是否对电压短路、开路/电阻过高。如果电路测试正常，测试或更换 KR94 加油口释放执行器继电器。

（4）按下车门锁开关上的车门解锁按钮，核实车门解锁控制电路接线端子 30 和接地之间的测试灯是否启亮。

— 如果测试灯不亮，则应测试车门解锁控制电路有无开路或电阻过高。

（5）断开 M27 加油口释放执行器的线束接头。

（6）测试 M27 加油口释放执行器门锁控制电路接线端 1 和接地之间的电阻是否小于 2Ω。

— 如果高于规定的范围，测试车门锁控制电路有无开路/电阻过高现象。

（7）连接 M27 加油口释放执行器的线束接头。

（8）在车门解锁控制电路接线端 30 和控制电路接线端 87a 之间连接一根带有 15A 保险丝的跨接线。按下车门解锁开关时，核实 M27 加油口释放执行器激活。

— 如果 M27 加油口释放执行器不启用，测试控制电路有无开路/电阻过高。如果电路测试正常，测试或更换 M27 加油口释放执行器。

（9）在控制电路接线端 86 和接地之间连接万用表，设置在二极管设置处。

（10）用故障诊断仪指令加油口释放解锁。万用表读数应大于 2.5V。

— 如果小于规定值，测试控制电路有无对电压或对接地短路现象。如果电路测试正常，则更换 K9 车身控制模块（BCM）。

(11) 用故障诊断仪指令加油口释放锁止。DMM 读数应小于 1V。

— 如果高于规定的范围，测试控制电路有无开路/电阻过高现象。如果电路测试正常，则更换 K9 车身控制模块（BCM）。

(12) 如果所有电路测试均正常，则测试或更换 KR94 加油口释放执行器继电器。

2. 部件测试

继电器测试

(1) 熄火，断开 KR94 加油口释放执行器继电器。

(2) 测试接线端 85 和 86 之间的电阻是否在 60～200Ω。

— 如果不是规定的值，更换 KR94 加油口释放执行器继电器。

(3) 检测下列端子之间的电阻是否为无限电阻。

- 30 和 86
- 30 和 87
- 30 和 85
- 85 和 87

— 如果小于规定的值，更换 KR94 加油口释放执行器继电器。

(4) 在控制接线端 85 和 12V 之间安装一根带 3A 保险丝的跨接线。在接地端子 86 和接地之间安装一根跨接线。测试接线端 30 和 87 之间的电阻是否小于 2Ω。

— 如果大于规定的值，更换 KR94 加油口释放执行器继电器。

加油口释放执行器测试

(1) 熄火，断开 M27 加油口释放执行器的线束接头。

(2) 在锁控制接线端 2 和 12V 之间连接一根带 25A 保险丝的跨接线。在其他解锁控制端子 1 和接地之间瞬间安装跨接线。M27 加油口释放执行器必须执行锁止/解锁功能。

— 如果功能不按规定的执行，更换 M27 加油口释放执行器。

(3) 反向连接跨接线，M27 加油口释放执行器必须执行解锁/锁止功能。

— 如果功能不按规定的执行，更换 M27 加油口释放执行器。

(二) 车门未关指示灯故障

1. 电路/系统测试

驾驶员侧车门未关开关故障

(1) 熄火，断开 A23D 车门锁闩总成-驾驶员侧的线束接头。

(2) 测试 Ω 接地电路接线端 8 和接地之间的电阻是否小于 10Ω。

— 如果高于规定的范围，测试接地电路有无开路/电阻过高现象。

(3) 点火，确认故障诊断仪驾驶员侧门未关开关参数为“未启动”。

— 如果不是规定的值，测试信号电路端子 6 有无接地短路。如果电路测试正常，则更换 M74D 车窗电机-驾驶员。

(4) 在信号电路接线端 6 和接地之间安装一根带有 3A 保险丝的跨接线。核实故障诊断仪驾驶员车门未关开关参数为 Inactive（未启动）。

— 如果不是规定值，测试信号电路有无对电压短路或开路/电阻过高现象。如果电路测试正常，则更换 M74D 车窗电机-驾驶员。

(5) 如果所有电路测试均正常，则测试或更换 A23D 车门锁闩总成-驾驶员侧。

乘客侧车门未关开关故障

(1) 熄火，断开 A23P 乘客侧车门锁闩总成的线束连接器。

（2）测试Ω接地电路接线端3和接地之间的电阻是否小于10Ω。

— 如果高于规定的范围，测试接地电路有无开路/电阻过高现象。

（3）点火，确认故障诊断仪乘客侧门未关开关参数为“未启动”。

— 如果不是规定的值，测试信号电路端子1有无接地短路。如果电路测试正常，则更换M74P车窗电机-乘客。

（4）在信号电路接线端1和接地之间安装一根带有3A保险丝的跨接线。核实故障诊断仪乘客车门未关开关参数为Inactive（未启动）。

— 如果不是规定值，测试信号电路有无对电压短路或开路/电阻过高现象。如果电路测试正常，则更换M74P车窗电机-乘客。

（5）如果所有电路测试均正常，则测试或更换A23P车门锁闩总成-乘客侧。

后车门未关开关故障

（1）点火开关关闭，断开相应后车门锁闩的线束连接器。

（2）测试下列接地电路端子和接地之间的电阻是否小于10Ω。

- 左后车门锁闩接地电路端子6
- 右后车门锁闩接地电路端子3

— 如果高于规定的范围，测试接地电路有无开路/电阻过高现象。

（3）点火开关接通，核实相应故障诊断仪后车门未关开关参数是否为“Door Closed（车门关闭）”。

— 如果不是规定的值，测试下列信号电路端子有无接地短路。如果电路测试正常，则更换K9车身控制模块（BCM）。

- 左后车门未关开关信号电路端子4
- 右后车门未关开关信号电路端子1

（4）在下列信号电路接线端和接地之间安装一根带有3A保险丝的跨接线。核实故障诊断仪后车门未关开关参数为Inactive（未启动）。

- 左后车门未关开关信号电路端子4
- 右后车门未关开关信号电路端子1

— 如果不是规定值，测试信号电路有无对电压短路或开路/电阻过高现象。如果电路测试正常，则更换K9车身控制模块（BCM）。

（5）如果所有电路测试均正常，则测试或更换后车门锁闩。

2. 部件测试

（1）点火开关关闭，断开相应车门锁闩的线束连接器。

（2）开关处于打开位置，测试下列信号和接地端子之间的电阻是否为无限大。

- 驾驶员车门锁闩信号接线端6和接地端8
- 左后车门锁闩信号接线端4和接地端6
- 右后车门锁闩信号接线端1和接地端3
- 乘客侧车门锁闩信号接线端1和接地端3

— 如果不是规定的值，更换车门锁闩。

（3）开关处于关闭位置，测试信号端子和接地端子之间的电阻是否小于1Ω。

- 驾驶员车门锁闩信号接线端6和接地端8
- 左后车门锁闩信号接线端4和接地端6
- 右后车门锁闩信号接线端1和接地端3
- 乘客侧车门锁闩信号接线端1和接地端3

— 如果大于规定的范围，更换车门锁闩。

（三）电动车门锁闩系统故障

1. 电路/系统测试

车门锁闩故障

（1）点火开关关闭，断开相应车门锁闩的线束连接器。

（2）点火开关接通，在所列车门解锁控制高压电路和接地之间连接一测试灯。

- A23D 车门锁闩总成-驾驶员接线端 10
- A23P 车门锁闩总成-乘客接线端 5
- A23LR 车门锁闩总成-左后接线端 10
- A23RR 车门锁闩总成-右后接线端 5

— 如果测试灯启亮，则测试控制电路是否对电压短路。如果电路测试正常，更换 K77 遥控车门锁接收器。

（3）在所列车门解锁控制低压电路和接地之间连接一测试灯。

- A23D 车门锁闩总成-驾驶员接线端 5
- A23P 车门锁闩总成-乘客接线端 10
- A23LR 车门锁闩总成-左后接线端 5
- A23RR 车门锁闩总成-右后接线端 10

— 如果测试灯启亮，则测试控制电路是否对电压短路。如果电路测试正常，更换 K77 遥控车门锁接收器。

（4）测试所列的车门解锁高低控制电路接线端之间的电阻是否小于 30Ω。

- A23D 车门锁闩总成-驾驶员接线端 10 和 5
- A23P 车门锁闩总成-乘客接线端 5 和 10
- A23LR 车门锁闩总成-左后接线端 10 和 5
- A23RR 车门锁闩总成-左后接线端 5 和 10

— 如果高于规定的范围，测试车门解锁高低控制电路有无开路/电阻过高现象。如果电路测试正常，更换 K77 遥控车门锁接收器。

（5）如果所有电路测试均正常，则测试或更换车门锁闩。

车外门把手开关故障

（1）点火开关关闭，断开相应车门把手开关的线束连接器。

（2）测试 Ω 接地电路接线端 1 和接地之间的电阻是否小于 10Ω。

— 如果高于规定的范围，测试接地电路有无开路/电阻过高现象。

（3）点火开关接通，测试控制电路端子 9 和接地之间的电压是否大于 10V。

— 如果小于规定的范围，测试信号电路有无对地短路或开路/电阻过高现象。如果电路测试正常，更换车门控制模块。

（4）点火开关接通，核实以下故障诊断仪参数为“Inactive（未启动）”。

- 车外驾驶员门把手开关
- 车外乘客侧门把手开关
- 车外左后门把手开关
- 车外右后门把手开关

— 如果不是规定的值，测试信号电路端子 2 有无接地短路。如果电路测试正常，更换 K77 遥控车门锁接收器。

（5）在信号电路端子 2 与接地之间连接一根带 3A 保险丝的跨接线。核实以下故障诊断仪参数为“启用”。

- 车外驾驶员门把手开关

- 车外乘客侧门把手开关
- 车外左后门把手开关
- 车外右后门把手开关

— 如果不是规定的值，测试信号电路端子 2 有无开路/电阻过高。如果电路测试正常，更换 K77 遥控车门锁接收器。

(6) 如果所有电路测试正常，则可测试或更换车外门把手开关。

2. 部件测试

车外门把手开关测试

(1) 点火开关关闭，断开相应外车门把手开关的线束连接器。

(2) 开关处于打开位置，测试信号端子 2 和接地端子 1 之间的电阻是否为无限大。

— 如果不是规定的值，则更换车外门把手开关。

(3) 开关处于关闭位置，测试信号端子 2 和接地端子 1 之间的电阻是否小于 1Ω。

— 如果大于规定的范围，更换车外门把手开关。

车门锁闩总成测试

(1) 点火开关关闭，断开相应车门锁闩的线束连接器。

(2) 点火，在下列控制接线端和 12 伏电压之间安装一根带 15A 保险丝的跨接线。

- 驾驶员车外锁闩控制接线端 10
- 乘客车外锁闩控制接线端 5
- 左后车门锁闩接地控制端子 10
- 右后车门锁闩接地控制端子 5

(3) 在下列控制端子和接地之间瞬间安装一根跨接线。车门锁应执行解锁功能。

- 驾驶员车外锁闩控制接线端 5
- 乘客车外锁闩控制接线端 10
- 左后车门锁闩接地控制端子 5
- 右后车门锁闩接地控制端子 10

— 如果该功能未按规定工作，则更换车门锁。

(4) 反向连接跨接线，车门锁闩总成应执行锁止功能。

— 如果该功能未按规定工作，则更换车门锁。

(四) 电动车门锁故障

1. 电路/系统测试

车门锁开关故障

(1) 熄火，断开 S26 危险警告开关处的线束接头 X1。

(2) 测试 Ω 接地电路接线端 1 和接地之间的电阻是否小于 1Ω。

— 如果高于规定的范围，测试接地电路有无开路/电阻过高现象。

(3) 点火，确认故障诊断仪车门锁开关参数为“未启动”。

— 如果不是规定的参数，测试信号电路端子 9 有无接地短路。如果电路测试正常，则更换 K9 车身控制模块（BCM）。

(4) 核实故障诊断仪车门解锁开关参数为 Inactive（未启动）。

— 如果不是规定的参数，测试信号电路端子 11 有无接地短路。如果电路测试正常，则更换 K9 车身控制模块（BCM）。

(5) 在信号电路接线端 11 和接地之间安装一根带有 3A 保险丝的跨接线。核实故障诊断仪车门解锁开关参数为“Active（启动）”。

— 如果不是规定参数，测试信号电路有无对电压短路或开路/电阻过高现象。如果电路测试正常，则更换 K9 车身控制模块（BCM）。

（6）在信号电路接线端 9 和接地之间安装一根带有 3A 保险丝的跨接线。核实故障诊断仪车门锁开关参数为“Active（启动）”。

— 如果不是规定参数，测试信号电路有无对电压短路或开路/电阻过高现象。如果电路测试正常，则更换 K9 车身控制模块（BCM）。

（7）如果所有电路测试结果正常，则测试或更换 S26 危险警告开关。

驾驶员车门解锁电路故障

（1）熄火，断开 A23D 车门锁闩总成-驾驶员侧。

（2）在所列驾驶员侧车门解锁控制电路和接地之间连接一测试灯。

- 左侧驾驶 A23D 车门锁闩总成-驾驶员接线端 3
- 右侧驾驶 A23D 车门锁闩总成-驾驶员接线端 8

— 如果测试灯启亮，则测试控制电路是否对电压短路。如果电路测试正常，则更换 K9 车身控制模块（BCM）。

（3）测试所列的驾驶员侧车门解锁和锁止控制电路接线端之间的电阻是否小于 30Ω。

- 左侧驾驶 A23D 车门锁闩总成-驾驶员接线端 2 和 3
- 右侧驾驶 A23D 车门锁闩总成-驾驶员接线端 7 和 8

— 如果大于规定的范围，测试驾驶员车门解锁和锁止电路有无开路/电阻过高现象。如果电路测试正常，则更换 K9 车身控制模块（BCM）。

（4）如果所有电路测试均正常，则测试或更换 A23D 车门锁闩总成-驾驶员侧。

车门解锁电路故障

（1）熄火，断开有故障的车门锁闩。

（2）在所列车门解锁控制电路和接地之间连接一测试灯。

- 左侧驾驶 A23P 车门锁闩总成-乘客接线端 8
- 右侧驾驶 A23P 车门锁闩总成-乘客接线端 3
- A23LR 车门锁闩总成-左后接线端 3
- A23RR 车门锁闩总成-右后接线端 8

— 如果测试灯启亮，则测试控制电路是否对电压短路。如果电路测试正常，则更换 K9 车身控制模块（BCM）。

（3）测试所列的车门解锁和锁止控制电路接线端之间的电阻是否小于 30Ω。

- 左侧驾驶 A23P 车门锁闩总成-驾驶员接线端 7 和 8
- 乘客右侧驾驶 A23P 车门锁闩总成-驾驶员接线端 2 和 3
- A23LR 车门锁闩总成-左后接线端 2 和 3
- A23RR 车门锁闩总成-左后接线端 7 和 8

— 如果大于规定的范围，测试乘客车门解锁和锁止电路有无开路/电阻过高现象。如果电路测试正常，则更换 K9 车身控制模块（BCM）。

（4）如果所有电路测试均正常，则测试或更换不工作的车门锁闩。

车门锁电路故障

（1）熄火，断开 KR97D 驾驶员侧车门锁继电器。

（2）在车门锁止螺栓控制电路接线端 85 和接地之间连接一只测试灯。

— 如果测试灯启亮，则测试控制电路是否对电压短路。

（3）用故障诊断仪指令执行器锁止和解锁车门。在指令的状态之间切换时，测试灯应简短启亮。

— 如果测试灯不亮，则应测试控制电路有无开路或电阻过高。如果电路测试正常，则

更换 K9 车身控制模块（BCM）。

（4）熄火，断开有故障的车门锁闩。

（5）在所列车门锁止控制电路和接地之间连接一测试灯。

- 左侧驾驶 A23D 车门锁闩总成-驾驶员接线端 2
- 右侧驾驶 A23D 车门锁闩总成-驾驶员接线端 7
- 左侧驾驶 A23P 车门锁闩总成-乘客接线端 7
- 右侧驾驶 A23P 车门锁闩总成-乘客接线端 2
- A23LR 车门锁闩总成-左后接线端 2
- A23RR 车门锁闩总成-右后接线端 7

— 如果测试灯启亮，则测试控制电路是否对电压短路。

（6）如果所有电路测试均正常，则测试或更换不工作的车门锁闩。

车门锁止电路故障

（1）熄火，断开有故障的车门锁闩。

（2）在所列车门锁止控制电路和接地之间连接一测试灯。

- 左侧驾驶 A23D 车门锁闩总成-驾驶员接线端 1
- 右侧驾驶 A23D 车门锁闩总成-驾驶员接线端 6
- 左侧驾驶 A23P 车门锁闩总成-乘客接线端 6
- 右侧驾驶 A23P 车门锁闩总成-乘客接线端 1
- A23LR 车门锁闩总成-左后接线端 1
- A23RR 车门锁闩总成-右后接线端 6

— 如果测试灯启亮，则测试控制电路是否对电压短路。如果电路测试正常，则更换 K9 车身控制模块（BCM）。

（3）测试所列的车门解锁和锁止控制电路接线端之间的电阻是否小于 30Ω。

- 左侧驾驶 A23D 车门锁闩总成-驾驶员接线端 2 和 3
- 右侧驾驶 A23D 车门锁闩总成-驾驶员接线端 7 和 8
- 左侧驾驶 A23P 车门锁闩总成-驾驶员接线端 7 和 8
- 右侧驾驶 A23P 车门锁闩总成-驾驶员接线端 2 和 3
- A23LR 车门锁闩总成-左后接线端 2 和 3
- A23RR 车门锁闩总成-左后接线端 7 和 8

— 如果大于规定的范围，测试乘客车门解锁和锁止电路有无开路/电阻过高现象。如果电路测试正常，则更换 K9 车身控制模块（BCM）。

（4）如果所有电路测试均正常，则测试或更换不工作的车门锁闩。

2. 部件测试

车门锁开关测试

（1）熄火，断开 S26 危险警告开关处的线束接头 X1。

（2）开关处于接通位置的情况下，测试信号端子 9 和 11 和接地端子 1 之间的电阻是否为无穷大。

— 如果小于规定的值，更换 S26 危险警告开关。

（3）在开关的锁止位置，测试信号端子 11 和接地端子 1 之间的电阻是否小于 2Ω。

— 如果大于规定的值，更换 S26 危险警告开关。

（4）在开关的解锁位置，测试信号端子 9 和接地端子 1 之间的电阻是否小于 2Ω。

— 如果大于规定的值，更换 S26 危险警告开关。

车门锁闩总成

(1) 熄火，断开相应车门锁总成的线束连接器。

(2) 在锁控制接线端和12V之间连接一根带25A保险丝的跨接线。在其他解锁控制端子和接地之间瞬间安装跨接线。车门锁应执行锁止/解锁功能。

— 如果该功能未按规定工作，则更换车门锁。

(3) 反向连接跨接线，相应车门应执行解锁/锁止功能。

— 如果该功能未按规定工作，则更换车门锁。

继电器测试

(1) 熄火，断开KR97D驾驶员侧车门锁继电器。

(2) 测试接线端85和86之间的电阻是否在60～200Ω。

— 如果不是规定的值，更换KR97D驾驶员侧车门锁继电器。

(3) 检测下列端子之间的电阻是否为无限电阻。

- 30和86
- 30和87
- 30和85
- 85和87

— 如果小于规定的值，更换KR97D驾驶员侧车门锁继电器。

(4) 测试接线端30和87A之间的电阻是否小于2Ω。

— 如果大于规定的值，更换KR97D驾驶员侧车门锁继电器。

(5) 在控制接线端85和12V之间安装一根带3A保险丝的跨接线。在接地端子86和接地之间安装一根跨接线。测试接线端30和87之间的电阻是否小于2Ω。

— 如果大于规定的值，更换KR97D驾驶员侧车门锁继电器。

(五) 行李箱释放故障

1. 电路/系统测试

行李箱盖释放故障

(1) 熄火，断开KR95B行李箱盖释放继电器。

(2) 测试Ω接地电路接线端86和接地之间的电阻是否小于5Ω。

— 如果大于规定的范围，测试电路有无开路/电阻过高现象。

(3) 点火，检验B+电路端子30和接地之间的测试灯不启亮。

— 如果测试灯启亮，则测试B电+电路是否对电压短路。

(4) 核实控制电路端子85和接地之间的测试灯是否启亮。

— 如果测试灯不亮，则应测试控制电路有无对接地短路、开路或电阻过高。

(5) I熄火，断开M41行李箱盖锁闩释放执行器的线束连接器。

(6) 测试Ω接地电路接线端2和接地之间的电阻是否小于1Ω。

— 如果高于规定的范围，测试接地电路有无开路/电阻过高现象。

(7) 连接M41行李箱盖锁闩释放执行器的线束连接器。

(8) 点火，在B+电路接线端87和控制电路接线端30之间连接一只带15。核实行李箱盖锁闩激活。

— 如果行李箱盖锁闩不启用，测试控制电路有无开路/电阻过高。如果电路测试正常，测试或更换M41行李箱盖锁闩释放继电器。

(9) 在控制电路端子86和接地之间连接一测试灯。

(10) 使用故障诊断仪指令行李箱释放接通和关闭。在指令的状态之间切换时，测试灯应启亮和熄灭。

— 如果测试灯一直亮着，测试控制电路是否对电压短路。如果电路测试正常，则更换K9车身控制模块（BCM）。

— 如果测试灯一直不亮，那么测试控制电路是否对地短路或开路/电阻过高。如果电路测试正常，则更换K9车身控制模块（BCM）。

（11）如果所有电路测试正常，测试或更换KR95B行李箱盖释放继电器。

车外行李箱释放开关故障

（1）熄火，断开S58A行李箱盖释放开关-车外的线束连接器。

（2）测试Ω接地电路接线端3和接地之间的电阻是否小于1Ω。

— 如果高于规定的范围，测试接地电路有无开路/电阻过高现象。

（3）连接S58A行李箱盖释放开关-车外的线束接头，断开X9车身控制模块（BCM）处的X6线束接头。

（4）在信号电路端子15和B+之间连接一只测试灯。

（5）点火，指令行李箱释放接通和关闭，按下和释放车外行李箱盖释放开关。在指令的状态之间切换时，测试灯应启亮和熄灭。

— I如果测试灯一直启亮，则测试信号电路是否对地短路、开路/电阻过高。如果所有电路测试正常，更换S58A行李箱盖释放开关-车外。

— 如果测试灯不亮，则测试信号电路是否对电压短路、开路/电阻过高。如果所有电路测试正常，更换S58A行李箱盖释放开关-车外。

（6）如果电路测试正常，则更换K9车身控制模块（BCM）。

2. 部件测试

行李箱盖锁闩

（1）熄火，断开M41行李箱盖锁闩释放执行器的线束连接器。

（2）在控制接线端1和12V之间安装一根带15A保险丝的跨接线。在接地端子2和接地之间安装一根跨接线。确认M41行李箱盖锁闩释放执行器启用。

— 如果执行器不能按规定工作，更换M41行李箱盖锁闩释放执行器。

行李箱盖释放开关

（1）熄火，断开S58A行李箱盖释放开关-车外的线束连接器。

（2）开关处于接通位置的情况下，测试信号端子1和接地端子3之间的电阻是否为无穷大。

— 如果不是规定的值，更换S58A行李箱盖释放开关-继电器。

（3）在开关的闭合位置，测试信号端子1和接地端子2之间的电阻是否小于3Ω。

— 如果大于规定的值，更换S58A行李箱盖释放开关-车外。

（六）行李箱未关指示灯故障

1. 电路/系统测试

（1）熄火，断开M40行李箱盖锁闩的线束连接器。

（2）点火，核实故障诊断仪后闭合未关开关参数是否为“Inactive（未启动）”。

— 如果不是规定的值，测试信号电路端子4有无接地短路。如果电路测试正常，则更换K9车身控制模块（BCM）。

（3）在信号电路接线端4和接地之间安装一根带有3A保险丝的跨接线。核实故障诊断仪后闭合未关开关参数是否为“Active（启动）”。

— 如果不是此规定值，测试信号电路接线端有无对电压短路或开路/电阻过高现象。如果电路测试正常，则更换K9车身控制模块（BCM）。

（4）如果所有电路测试正常，测试或更换M40行李箱盖锁闩。

2. 部件测试

(1) 熄火，断开 M40 行李箱盖锁闩的线束连接器。

(2) 开关处于接通位置的情况下，测试信号端子 4 和接地端子 2 之间的电阻是否为无穷大。

— 如果不是规定的值，更换 M40 行李箱盖锁闩。

(3) 在开关的闭合位置，测试信号端子 4 和接地端子 2 之间的电阻是否小于 2Ω。

— 如果大于规定的值，更换 M40 行李箱盖锁闩。

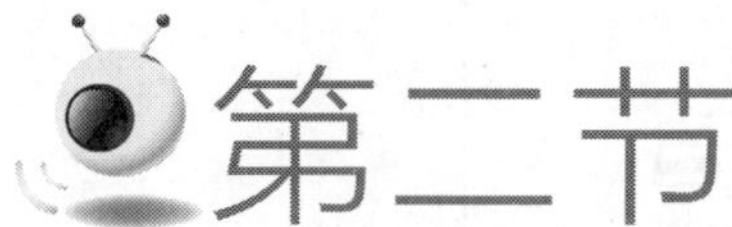

第二节 别克新君威车系防盗电控系统故障检修(09 款)

一、防盗电控系统电路

防盗电控系统电路，如图 4-2 所示。

二、防盗电控系统故障码检修

(一) DTC B068502: 安全系统指示灯电路对搭铁短路

1. 电路/系统说明

车身控制模块基于防盗模块系统或安全防盗系统的指令控制安全指示灯。点火开关置于 OFF 位置，安全指示灯由安全防盗系统指令。点火开关置于 ON 位置，安全指示灯由防盗模块系统指令。

安全指示灯位于仪表板组合仪表上，并始终获得 B+电压。防盗模块或安全防盗系统请求指令指示灯点亮时，车身控制模块向安全指示灯控制电路搭铁，点亮指示灯。

2. 电路/系统检验

点火开关置于 ON 位置，用故障诊断仪指令安全指示灯点亮和熄灭。在两种指令状态之间切换时，安全指示灯应点亮和熄灭。

— 如果安全指示灯不点亮，则更换 P16 仪表板组合仪表。

(二) DTC B291A39: 安全防盗系统总成内部故障

1. 电路/系统说明

该诊断适用于安全防盗系统模块（侵入/倾角模块）中内部微处理器的完好性故障。

2. 电路/系统测试

(1) 检查并确认未设置 DTC B291A。

— 如果设置了故障诊断码，则更换 A621 安全防盗系统传感器模块。

(三) DTC B291B00: 安全防盗系统传感器故障
DTC B291B39: 安全防盗系统传感器内部故障
DTC B291B42: 安全防盗系统传感器的校准未编程

1. 电路/系统说明

该诊断适用于安全防盗系统传感器（侵入/倾角传感器）中内部微处理器的完好性故障。

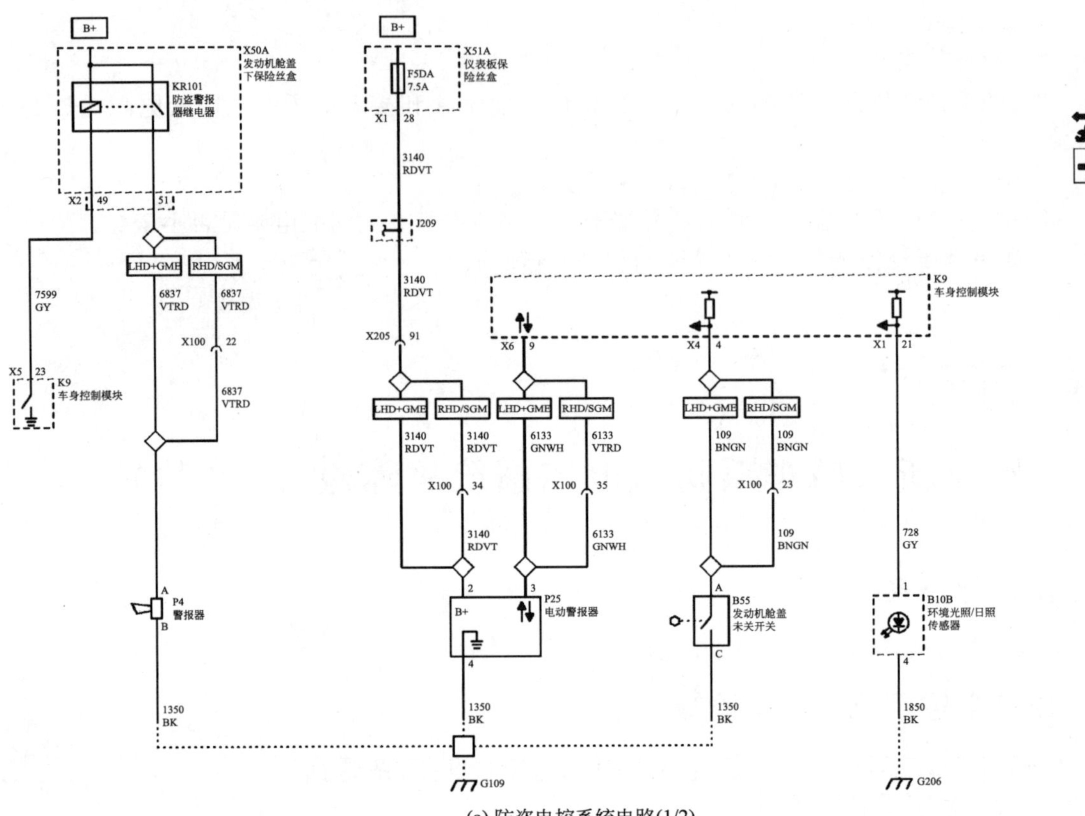

(a) 防盗电控系统电路(1/2)

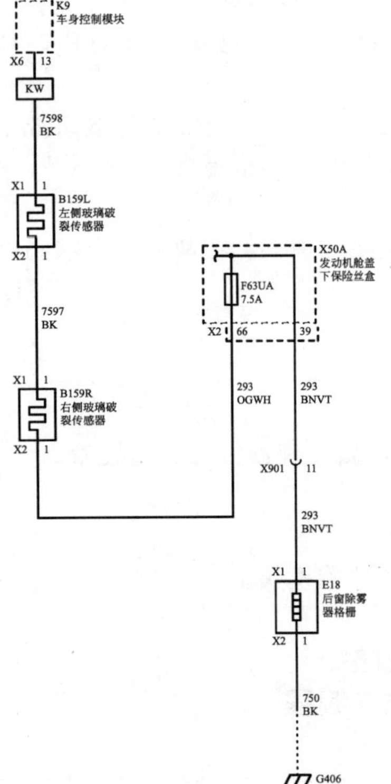

(b) 防盗电控系统电路(2/2)

图 4-2 防盗电控系统电路

2. 电路/系统测试

(1) 检查并确认未设置 DTC B291B。

— 如果设置了故障诊断码，则编程 B79 安全防盗系统传感器。如果再次设置故障诊断码，则更换 B79 安全防盗系统传感器。

三、防盗电控系统症状故障检修

(一) 安全防盗系统（CTD）不能用钥匙开锁解除

1. 电路/系统说明

安全防盗系统是一个基于软件的系统，该系统中的车身控制模块主动监测某些输入，以确定是否试图非法进入车辆。驾驶员侧车门锁芯开关用作输入，以解除安全防盗系统。驾驶员侧车门模块监测驾驶员侧车门钥匙开关信号电路，以确定驾驶员侧车门锁芯是否旋转，指示正在使用车辆钥匙对车辆解锁且安全防盗系统应被解除。位于车门锁闩总成内的车门锁芯开关向信号电路提供可通断控制的搭铁。

2. 电路/系统测试

(1) 点火开关置于 OFF 位置，断开 A23D 驾驶员侧车门锁闩总成的线束连接器。

(2) 点火开关置于 OFF 位置，测试搭铁电路端子 8 和搭铁之间的电阻是否小于 10Ω。

— 如果大于规定范围，则测试低电平参考电压电路是否开路/电阻过大。如果电路测试正常，则更换 A15 车身控制模块。

(3) 点火开关置于 ON 位置，确认故障诊断仪“Driver Door Key Cylinder Lock/Unlock Switch（驾驶员侧车门钥匙锁芯锁止/解锁开关）”参数为“Inactive（未启动）”。

— 如果不是规定值，测试信号电路端子是否对搭铁短路。如果电路测试正常，则更换 A15 车身控制模块。

(4) 在信号电路端子和搭铁之间，安装一条带 3A 保险丝的跨接线。确认故障诊断仪“Driver Door Key Cylinder Lock/Unlock Switch（驾驶员侧车门钥匙锁芯锁止/解锁开关）”参数为“Active（启用）”。

— 如果不是规定值，测试信号电路是否对电压短路或开路/电阻过大。如果电路测试正常，则更换 K9 车身控制模块。

(5) 如果所有电路测试都正常，测试或更换 A23D 驾驶员侧车门锁闩总成。

(二) 安全防盗系统故障

1. 电路/系统说明

安全防盗系统是一个基于软件的系统，该系统中的车身控制模块主动监测某些输入，以确定是否试图非法进入车辆。根据这些输入，如车门未关开关、行李箱未关开关和发动机舱盖未关开关，车身控制模块确定是否需要安全防盗系统报警。如果检测到非法进入，作为一种防盗方式，车身控制模块将使车辆喇叭鸣响并使转向信号灯闪烁。

2. 电路/系统检验

(1) 将点火开关置于 ON 位置，逐个打开和关闭每个车门，同时观察车门未关指示灯/信息。打开和关闭每个车门时，指示灯/信息应在车门未关和车门关闭状态之间正确切换。

— 如果打开和关闭每个车门时车门未关指示灯/信息未正确切换，检查车门未关指示灯。

(2) 完全降下驾驶员侧门窗并关闭所有车门。

(3) 点火开关置于 OFF 位置，启动安全防盗系统。确认故障诊断仪的安全防盗系统“Alarm Status（警报状态）”参数显示“Armed（启动）”。

(4) 在没有解除系统的情况下，通过打开的驾驶员侧车窗伸入车内，解锁并打开驾驶员侧车门。确认故障诊断仪的安全防盗系统“Alarm Status（警报状态）”参数显示“Alarm（警报）”。

— 如果不是规定值，则更换 K9 车身控制模块。

(5) 在车门打开的情况下，检查并确认车辆喇叭鸣响且车外灯闪烁。

— 如果喇叭不鸣响，检查防盗警报器故障。

— 如果车外灯不闪烁，检查前照灯。

(三) 安全指示灯故障

1. 电路/系统说明

车身控制模块基于防盗模块系统或安全防盗系统的指令控制安全指示灯。点火开关置于 OFF 位置，安全指示灯由安全防盗系统指令。点火开关置于 ON 位置，安全指示灯由防盗模块系统指令。

安全指示灯位于仪表板组合仪表上，并始终获得 B+电压。防盗模块或安全防盗系统请求指令指示灯点亮时，车身控制模块向安全指示灯控制电路搭铁，点亮指示灯。

2. 电路/系统检验

点火开关置于 ON 位置，用故障诊断仪指令安全指示灯点亮和熄灭。在两种指令状态之间切换时，安全指示灯应点亮和熄灭。

— 如果安全指示灯不点亮，则更换 P16 仪表板组合仪表。

(四) 防盗警报器故障（警报器）

1. 电路/系统说明

警报器监测警报启用信号电路，当车身控制模块显示发生了需要警报的事件时，鸣响声音警报。警报器独立于车身控制模块监测其自身的电压电路。若电压干扰警报器，警报将鸣响。

2. 电路/系统测试

(1) 将点火开关置于 OFF 位置，断开 KR101 防盗警报器继电器。

(2) 点火开关置于 ON 位置，检查并确认控制电路端子 87 和搭铁之间的测试灯未点亮。

— 如果测试灯点亮，则测试控制电路是否对电压短路。

(3) 检查并确认 B+电路端子 30 和搭铁之间的测试灯点亮。

— 如果测试灯不点亮，则测试 B+电路是否对搭铁短路或开路/电阻过大。如果电路测试正常，且 B+电路保险丝熔断，则测试或更换 KR101 防盗警报器继电器。

(4) 检查并确认 B+电路端子 86 和搭铁之间的测试灯点亮。

— 如果测试灯不点亮，则测试 B+电路是否对搭铁短路或开路/电阻过大。如果电路测试正常，且 B+电路保险丝熔断，测试控制电路端子 85 是否对搭铁短路。如果电路测试正常，则测试或更换 KR101 防盗警报器继电器。

(5) 断开 A619 警报器模块的线束连接器。

(6) 测试搭铁电路端子 B 和搭铁之间的电阻是否小于 5Ω。

— 如果大于规定范围，测试搭铁电路是否开路/电阻过大。

(7) 连接 A619 警报器模块的线束连接器。

(8) 在 B+电路端子 30 和控制电路端子 87 之间连接一条带 15A 保险丝的跨接线。确认警报器启动。

— 如果警报器未启动，测试控制电路是否开路/电阻过大。如果电路测试正常，测试或更换 A619 警报器模块。

(9) 在 B+电路端子 86 和控制电路端子 85 之间连接一个测试灯。

(10) 用故障诊断仪指令警报器接通和关闭。在指令状态之间切换时，测试灯应点亮和熄灭。

— 如果测试灯始终点亮，测试控制电路是否对搭铁短路。如果电路测试正常，则更换

K9 车身控制模块。

— 如果测试灯始终熄灭，测试控制电路是否对电压短路或开路/电阻过大。如果电路测试正常，则更换 K9 车身控制模块。

(11) 如果所有电路测试都正常，则测试或更换 KR101 防盗警报器继电器。

3. 部件测试

继电器测试

(1) 将点火开关置于 OFF 位置，断开 KR101 防盗警报器继电器。

(2) 测试端子 85 和 86 之间的电阻是否为 60～120Ω。

— 如果不在规定范围内，则更换 KR101 防盗警报器继电器。

(3) 测试以下端子之间的电阻是否为无穷大：

- 30 和 86
- 30 和 87
- 30 和 85
- 85 和 87

— 如果不是规定值，则更换 KR101 防盗警报器继电器。

(4) 在继电器端子 85 和 12V 电压之间安装一条带 15A 保险丝的跨接线。在继电器端子 86 和搭铁之间安装一条跨接线。测试端子 30 和 87 之间的电阻是否小于 2Ω。

— 如果大于规定范围，则更换 KR101 防盗警报器继电器。

(五) 防盗警报器故障（电动警报器）

1. 电路/系统说明

电动警报器监测警报启用信号电路，当车身控制模块显示发生了需要警报的事件时，鸣响声音警报。电动警报器独立于车身控制模块监测其自身的电压电路。若电压干扰电动警报器，警报将鸣响。

2. 电路/系统检验

点火开关置于 ON 位置，用故障诊断仪指令警报器接通和关闭。警报器应按指令接通和关闭。

3. 电路/系统测试

(1) 点火开关置于 OFF 位置，断开 A620 电动警报器安全防盗模块。

(2) 测试搭铁电路端子 4 和搭铁之间的电阻是否小于 10Ω。

— 如果大于规定范围，测试搭铁电路是否开路/电阻过大。

(3) 点火开关置于 ON 位置，检查并确认 B+电路端子 2 和搭铁之间的测试灯点亮。

— 如果测试灯不点亮，测试 B+电路是否对搭铁短路或开路/电阻过大。

(4) 如果所有电路测试都正常，则更换 A620 电动警报器安全防盗模块。

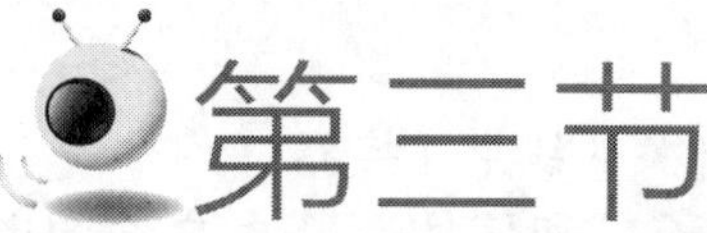

第三节 别克君威车系防盗模块系统故障检修(09 款)

一、防盗模块系统电路

防盗模块系统电路，如图 4-3 所示。

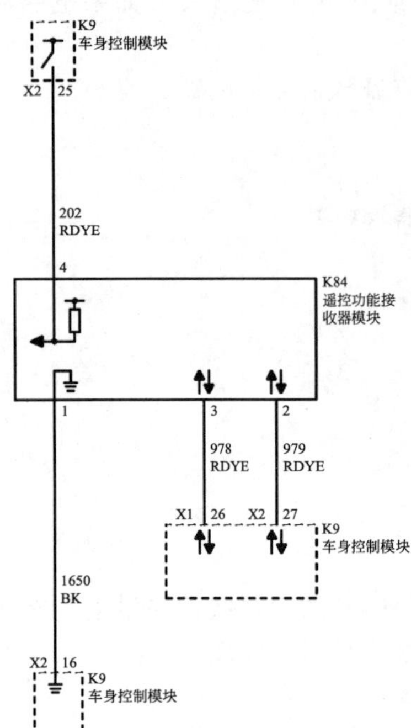

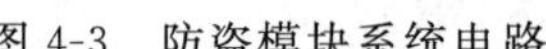

图 4-3 防盗模块系统电路

二、防盗模块系统故障码检修

（一）DTCB300601：发动机舱盖未关电路对蓄电池短路
DTCB300602：发动机舱盖未关电路对搭铁短路
DTCB300604：发动机舱盖未关电路开路

1. 电路/系统测试

(1) 点火开关置于 OFF 位置，断开 B55 发动机舱盖未关开关的线束连接器。

(2) 点火开关置于 OFF 位置，测试搭铁电路端子 C 和搭铁之间的电阻是否小于 5Ω。

— 如果大于规定范围，测试搭铁电路是否开路/电阻过大。

(3) 点火开关置于 ON 位置，测试信号电路端子 A 和搭铁之间的电压是否高于 11V。

— 如果低于规定范围，则测试信号电路是否对搭铁短路或开路/电阻过大。如果电路测试正常，则更换 K9 车身控制模块（BCM）。

(4) 如果所有电路测试都正常，则测试或更换 B55 发动机舱盖未关开关。

2. 部件测试

静电测试

(1) 点火开关置于 OFF 位置，断开 B55 发动机舱盖未关开关的线束连接器。

(2) B55 发动机舱盖未关开关置于打开位置，测试搭铁端子 C 和信号端子 A 之间的电阻是否为无穷大。

— 如果不是无穷大，则更换 B55 发动机舱盖未关开关。

(3) B55 发动机舱盖未关开关置于关闭位置，测试搭铁端子 C 和信号端子 A 之间的电阻是否小于 5Ω。

— 如果大于规定范围，更换 B55 发动机舱盖未关开关。

（二）DTCB303100：安全系统控制器处于读入模式

1. 电路/系统说明

当读入一个编码钥匙时，车身控制模块（BCM）设置为读入模式。自动设置的 DTC B3031 指示系统处于读入模式而不作为故障指示。编码钥匙一旦读入，将退出读入模式并清除故障诊断码。如果车身控制模块没有退出读入模式，B3031 将保持为当前故障诊断码，显示有一个故障。组合仪表安全指示灯置于 ON 位置，并且驾驶员信息中心将显示一条信息。

2. 电路/系统检验

（1）确认 DTC B3055 未设置为当前故障诊断码。

— 如果 DTC B3055 设置为当前故障诊断码，参见“DTC B3055”。

（2）确认故障诊断仪车身控制模块“Total Keys Learned（钥匙读入总数）”参数显示读入的钥匙。

— 如果不是规定值，执行“车辆钥匙重新读入”程序。参见“更换钥匙”。

（3）执行“车辆钥匙重新读入”程序。参见“更换钥匙”。车身控制模块应该退出读入编码钥匙状态，并应清除 DTC B3031。

— 如果在编程尝试后，车身控制模块没有退出读入编码钥匙状态，则更换 K9 车身控制模块（BCM）。

（三）DTCB305500：无线电频率收发器不能调制或没有无线电频率收发器

1. 电路/系统说明

当点火钥匙插入点火锁芯并且点火开关置于 ON 位置时，嵌入在钥匙中的无线电频率收发器将通过点火锁芯上的振荡线圈通电。无线电频率收发器发射一个信号至车身控制模块（BCM）。车身控制模块将该值与存储器中存储的值进行比较。如果编码正确，车身控制模块将通过串行数据电路发送预解除密码至发动机控制模块（ECM）。如果读入钥匙编码不匹配，或者没有收到无线电频率收发器值，车身控制模块将发送禁止启动密码至发动机控制模块。

2. 电路/系统检验

（1）检查并确认所有车辆钥匙是正确的车辆钥匙。

— 如果不是正确的车辆钥匙，则更换钥匙。

（2）当观察故障诊断仪车身控制模块“Transponder Key Communication（无线电频率收发器钥匙通信）”时，使用每把可用的车辆钥匙将点火开关置于 ON 位置。使用所有可用的钥匙时，参数都应显示为“ID Received（接收到识别号）”。

— 如果只有一把钥匙的参数显示为“Inactive（未启动）”，则更换这把钥匙。

— 若所有可用钥匙的参数都显示为“Inactive（未启动）”，则测试车身控制模块的控制电路端子 26（X1）和 27（X2）是否对电压短路或开路/电阻过大。如果电路测试正常，则更换 K84 遥控功能接收器模块，并确认使用所有可用的钥匙时，参数都应显示为“ID Received（接收到识别号）”。如果参数显示为“Inactive（未启动）”，则更换 K9 车身控制模块（BCM）。

（四）DTCB306000：接收到没有编程的无线电频率收发器识别码

1. 电路/系统说明

当点火钥匙插入点火锁芯并且点火开关置于 ON 位置时，嵌入在钥匙头部的无线电频率收发器将通过点火锁芯上的振荡线圈通电。通电的无线电频率收发器发射一个包含其特征值的信号，该信号被车身控制模块（BCM）接收。车身控制模块将该值与存储器中存储的值进行比较。如果值不正确，则车身控制模块停用发动机启动。

2. 电路/系统检验

(1) 执行“车辆钥匙重新读入”程序。

(2) 当观察故障诊断仪车身控制模块“Transponder Key Communication (无线电频率收发器钥匙通信)”参数时，使用每把可用的车辆钥匙将点火开关置于ON位置。使用所有可用的钥匙时，参数都应显示为“Data Transmission Complete (数据传输完成)”。

— 如果不是规定值，更换相应的钥匙。

(五) DTCB393500： 无线电频率收发器验证故障

1. 电路/系统说明

当点火钥匙插入点火锁芯并且点火开关置于ON位置时，嵌入在钥匙头部的无线电频率收发器将通过点火锁芯上的振荡线圈通电。通电的无线电频率收发器发射一个包含其特征值的信号，该信号被车身控制模块 (BCM) 接收。车身控制模块将该值与存储器中存储的值进行比较。如果值不正确，则车身控制模块停用发动机启动。

2. 电路/系统检验

更换可能有故障不能工作的或有故障的钥匙。DTC B3935不应再次设置，车辆应启动。

— 如果更换钥匙导致DTC B3935再次设置，则更换K9车身控制模块 (BCM)。

(六) DTCB397600： 无线电频率收发器未配置

1. 电路/系统说明

当车身控制模块 (BCM) 处于读入编码钥匙状态时，车身控制模块检查当前钥匙以确保它已经设置为正确车辆钥匙。

2. 电路/系统检验

使用故障诊断仪查看故障诊断码时，尝试使用所有可用钥匙启动车辆。使用所有可用钥匙时，车辆都应启动。

— 如果有任一钥匙不能启动，并且DTC B3976被设置为当前故障诊断码，则更换相应的钥匙。

(七) DTCB3984： 装置1环境识别符不可编程

1. 电路/系统检验

(1) 将点火开关置于ON位置，为故障控制模块选择故障诊断仪上的“Reset ECU (重新设置电子控制单元)”。

(2) 为故障控制模块执行“编程和设置”程序。故障诊断码 (DTC) 列表-车辆确认编程后故障诊断码未再次设置。

— 如果再次设置该故障诊断码，则更换故障控制模块。

三、防盗模块系统症状故障检修

(一) 发动机舱盖未关指示灯/信息故障

1. 电路/系统测试

(1) 点火开关置于OFF位置，断开B55发动机舱盖未关开关的线束连接器。

(2) 点火开关置于OFF位置，测试搭铁电路端子C和搭铁之间的电阻是否小于5Ω。

— 如果大于规定范围，测试搭铁电路是否开路/电阻过大。

(3) 点火开关置于ON位置，测试信号电路端子A和搭铁之间的电压是否高于11V。

— 如果高于规定范围，测试信号电路是否对电压短路。如果电路测试正常，则更换K9车身控制模块 (BCM)。

— 如果低于规定范围，则测试信号电路是否对搭铁短路或开路/电阻过大。如果电路测试正常，则更换K9车身控制模块 (BCM)。

(4) 如果所有电路测试都正常，则测试或更换B55发动机舱盖未关开关。

2. 部件测试

静电测试

(1) 点火开关置于OFF位置，断开B55发动机舱盖未关开关的线束连接器。

(2) B55发动机舱盖未关开关置于打开位置，测试搭铁端子C和信号端子A之间的电阻是否为无穷大。

— 如果不是无穷大，则更换B55发动机舱盖未关开关。

(3) B55发动机舱盖未关开关置于关闭位置，测试搭铁端子C和信号端子A之间的电阻是否小于2Ω。

— 如果不是无穷大，则更换B55发动机舱盖未关开关。

(二) 安全指示灯始终点亮或闪烁

1. 电路/系统检验

(1) 将点火开关置于ON位置，检查并确认未设置故障诊断码。

(2) 使用故障诊断仪，执行仪表板特殊功能的所有指示灯测试。指令仪表板灯点亮和熄灭。确认防盗模块指示灯图标点亮和熄灭。

— 使用故障诊断仪，执行仪表板特殊功能的所有指示灯测试。指令仪表板灯点亮和熄灭。确认安全指示灯图标点亮和熄灭。如果安全图标没有点亮和熄灭，则更换P16仪表板组合仪表（IPC）。

(三) 安全指示灯有故障不能工作

1. 电路/系统说明

主防盗模块的功能是作为几个模块之间的交互。确定发动机是否接合的程序由几个步骤组成。如果发动机启动被停用，则设置故障诊断码并且组合仪表的指示灯将点亮。

2. 电路/系统检验

(1) 使用故障诊断仪，执行仪表板特殊功能的所有指示灯测试。指令仪表板灯点亮和熄灭。确认防盗模块指示灯图标点亮和熄灭。

— 使用故障诊断仪，执行仪表板特殊功能的所有指示灯测试。指令仪表板灯点亮和熄灭。确认安全指示灯图标点亮和熄灭。如果安全图标没有点亮和熄灭，则更换P16仪表板组合仪表（IPC）。

四、防盗模块系统部件的编程以及钥匙的添加和更换

(一) 防盗模块系统部件的编程

10min防盗模块重新读入

此10min重新读入程序将重新读入预解除密码以及车身控制模块（BCM）和发动机控制模块（ECM）之间的校验口令/响应数据。

(1) 将故障诊断仪连接至车辆。

(2) 在发动机关闭的情况下，将点火开关置于ON位置。

(3) 确保车辆上所有用电装置都已关闭。

(4) 在故障诊断仪上选择“Service Programming System（维修编程系统）”，并按屏幕上的指示进行操作。根据更换或编程的部件，确保选择正确的编程选项。对于此程序，转至“BCM Configuration/Reset Functions（车身控制模块配置/重新设置功能）”菜单，并选择“Configure New Module or Remove/Reset Module（配置新模块或拆下/重新设置模块）”选项。

(5) 此时，在执行10min重新读入程序期间，故障诊断仪必须保持连接。

注意：

- 故障诊断仪开始会显示 12min。最初 2min 用于让故障诊断仪初始化相应的控制模块。剩下的 10min 用于重新读入计时器。
- 在 10min 的重新读入程序执行期间，有些车辆上的安全指示灯会保持点亮。

（6）观察故障诊断仪，在大约 10min 后，故障诊断仪会显示“Programming Successful，Turn OFF Ignition（编程成功，将点火开关置于 OFF 位置）”。现在车辆准备好重新读入钥匙信息和/或下一次点火开关从 OFF 位置转至 CRANK 位置时的密码。

（7）将点火开关置于 OFF 位置，并等待 2min。

（8）使用车辆主钥匙，将点火开关置于 RUN 位置并持续 15s，然后启动车辆。车身控制模块和发动机控制模块现在已重新读入预解除密码和校验口令/响应数据。

（9）使用故障诊断仪，清除所有故障诊断码。

（二）添加钥匙

10min 读入车辆钥匙

注意：

- 该程序只能读入车辆钥匙。该程序不会读入防盗系统预解除密码或校验口令/响应数据。更换车身控制模块（BCM）或发动机控制模块（ECM）时或为其重新编程时，不要用该程序代替 10min 重新读入程序。
- 每辆车总共可编程 8 个钥匙。
- 该程序仅用于添加钥匙。该程序不能删除先前已读入的钥匙。
- 待读入钥匙的机加工切口必须与当前钥匙完全相同。

当希望编程一个新的车辆钥匙时，应使用 10min 读入程序。

（1）将故障诊断仪连接至车辆。

（2）在发动机关闭的情况下，将点火开关置于 ON 位置。

（3）确保车辆上所有用电装置都已关闭。

（4）在故障诊断仪上选择“Service Programming System（维修编程系统）”，并按屏幕上的指示进行操作。根据更换或编程的部件，确保选择正确的编程选项。对于此程序，转至“BCM Configuration/Reset Functions（车身控制模块配置/重新设置功能）”菜单，并选择“Configure New Module or Remove/Reset Module（配置新模块或拆下/重新设置模块）”选项。

（5）此时，在执行 10min 读入程序期间，故障诊断仪必须保持连接。

注意：

- 故障诊断仪开始会显示 12min。最初 2min 用于让故障诊断仪初始化相应的控制模块。剩下的 10min 用于重新读入计时器。
- 在 10min 的读入程序执行期间，有些车辆上的安全指示灯会保持点亮。

（6）观察故障诊断仪，在大约 10min 后，故障诊断仪会显示“Programming Successful，Turn OFF Ignition（编程成功，将点火开关置于 OFF 位置）”。现在车辆准备好读入钥匙信息和/或下一次点火开关从 OFF 位置转至 CRANK 位置时的密码。

（7）使用故障诊断仪，清除所有故障诊断码。

（三）更换钥匙

10min 重新读入车辆钥匙

注意：

该程序只能重新读入车辆钥匙。该程序不会读入防盗系统预解除密码或校验口令/响应数据。更换车身控制模块（BCM）或发动机控制模块（ECM）时或为其重新编程时，不要用该程序代替 10min 重新读入程序。否则将导致读入预解除密码和/或校验口令/响应数据失败。

当希望更换所有车辆钥匙或为其重新编程时，应使用 10min 读入程序。该程序将从车身控制模块中清除所有以前读入的车辆钥匙。10min 重新读入程序一旦完成，所有剩余车辆钥匙可用“添加钥匙”程序编程，以确保其能继续使用。

(1) 将故障诊断仪连接至车辆。

(2) 在发动机关闭的情况下，将点火开关置于 ON 位置。

(3) 确保车辆上所有用电装置都已关闭。

(4) 在故障诊断仪上选择“Service Programming System (维修编程系统)”，并按屏幕上的指示进行操作。根据更换或编程的部件，确保选择正确的编程选项。对于此程序，转至“BCM Configuration/Reset Functions (车身控制模块配置/重新设置功能)”菜单，并选择“Configure New Module or Remove/Reset Module (配置新模块或拆下/重新设置模块)”选项。

(5) 此时，在执行 10min 重新读入程序期间，故障诊断仪必须保持连接。

注意：

- 故障诊断仪开始会显示 12min。最初 2min 用于让故障诊断仪初始化相应的控制模块。剩下的 10min 用于重新读入计时器。
- 在 10min 的重新读入程序执行期间，有些车辆上的安全指示灯会保持点亮。

(6) 观察故障诊断仪，在大约 10min 后，故障诊断仪会显示“Programming Successful, Turn OFF Ignition (编程成功，将点火开关置于 OFF 位置)”。现在车辆准备好重新读入钥匙信息和/或下一次点火开关从 OFF 位置转至 CRANK 位置时的密码。

(7) 将点火开关置于 OFF 位置，并等待 2min。

(8) 使用车辆主钥匙，将点火开关置于 RUN 位置并持续 15s，然后启动车辆。车身控制模块现已读入钥匙无线电频率收发器信息。

(9) 使用故障诊断仪，清除所有故障诊断码。

第五章

东风本田车系防盗系统和中控门锁电控系统故障检修

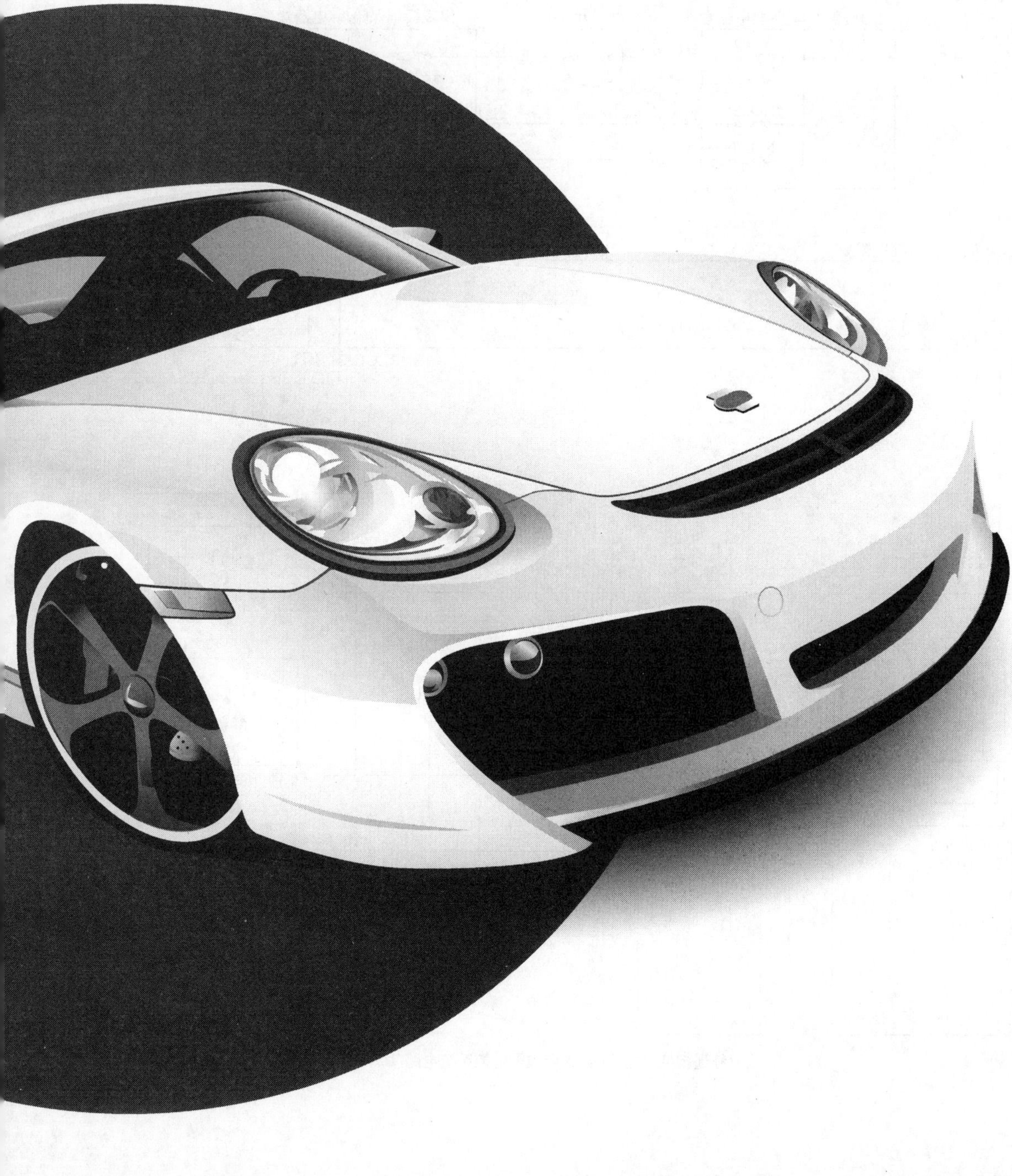

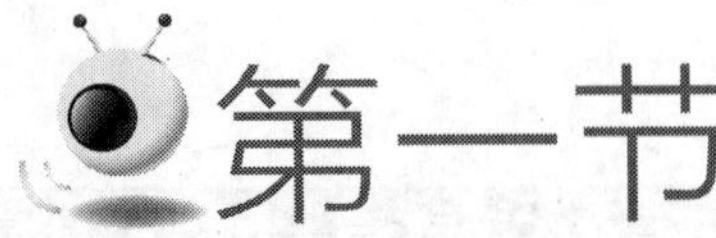

东风本田 CR-V 车系遥控/电动车门锁/安全报警电控系统故障检修(10 款)

一、电控系统电路

如图 5-1 所示。

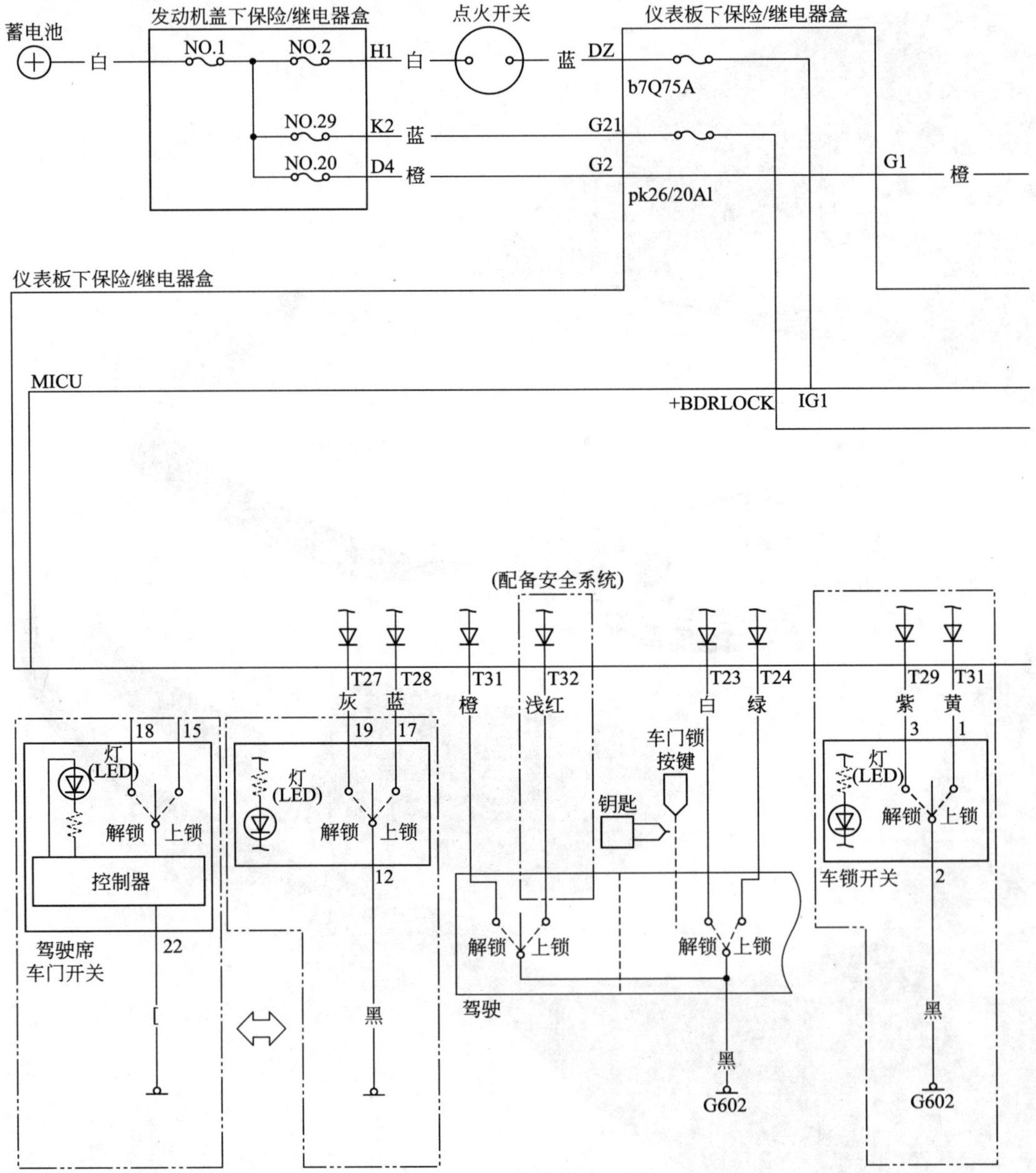

蓄电池 白 发动机盖下保险/继电器盒 NO.1 NO.2 H1 白 点火开关 蓝 DZ 仪表板下保险/继电器盒 b7Q75A
NO.29 K2 蓝 G21
NO.20 D4 橙 G2 pk26/20Al G1 橙
仪表板下保险/继电器盒
MICU +BDRLOCK IG1
(配备安全系统)
T27 T28 T31 T32 T23 T24 T29 T31
灰 蓝 橙 浅红 白 绿 紫 黄
18 15 19 17 3 1
灯(LED) 解锁 上锁 控制器 22 驾驶席车门开关
灯(LED) 解锁 上锁 12 黑
车门锁按键 钥匙 解锁 上锁 驾驶 黑 G602
灯(LED) 解锁 上锁 车锁开关 2 黑 G602

(a) 遥控/电动车门锁/安全报警电控系统电路(1/5)

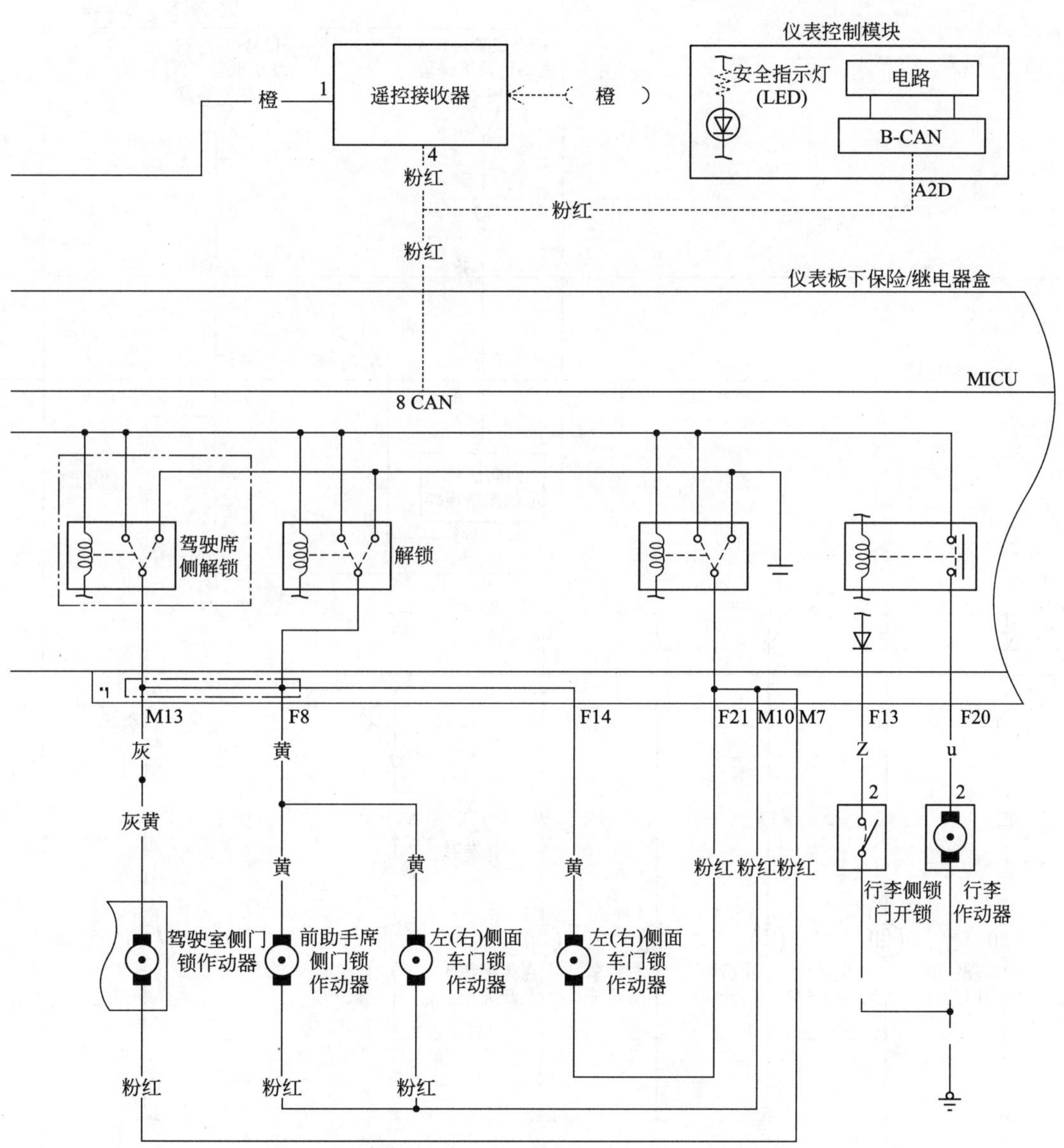

(b) 遥控/电动车门锁/安全报警电控系统电路(2/5)

图 5-1

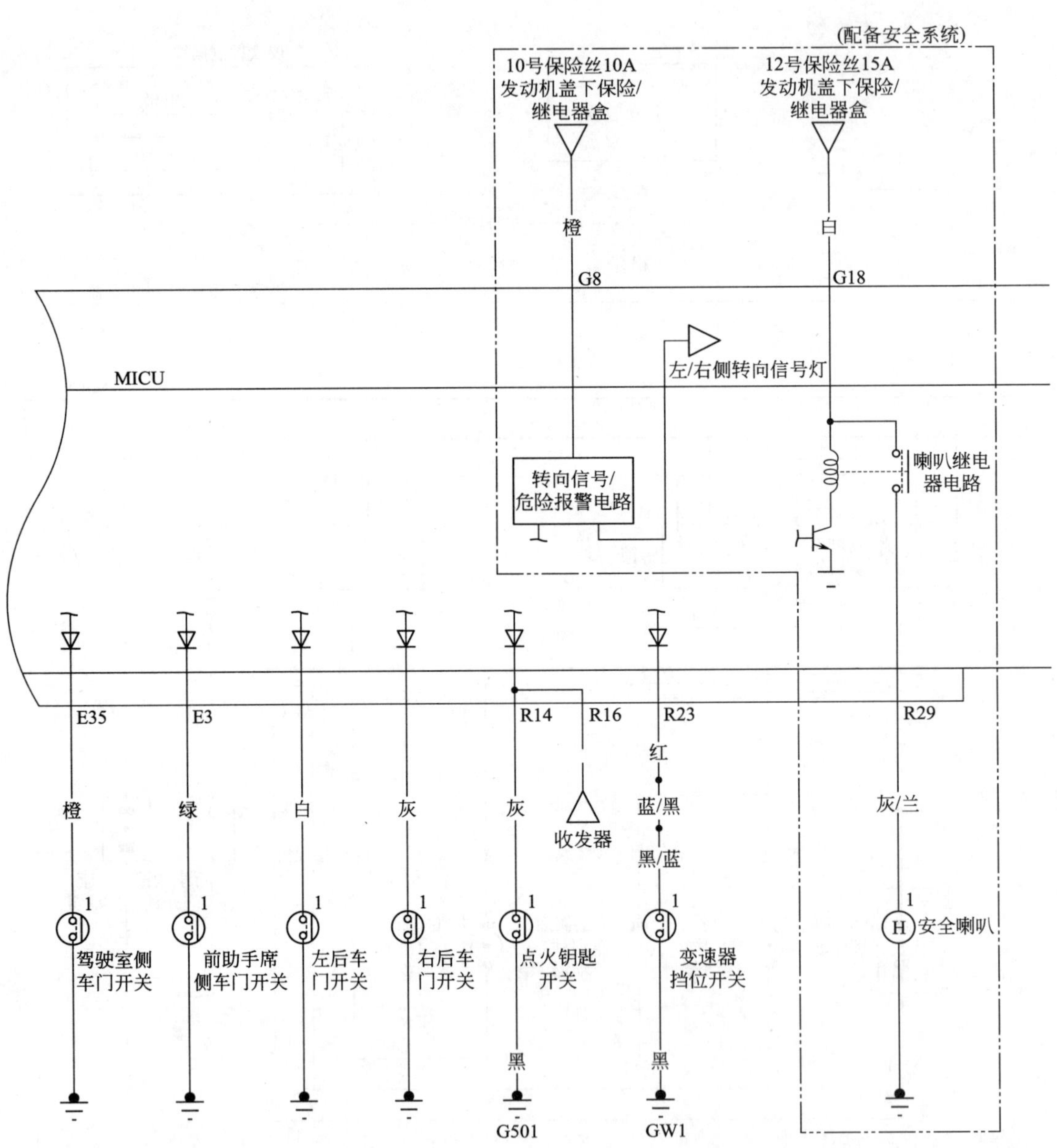

(c) 遥控/电动车门锁/安全报警电控系统电路(3/5)

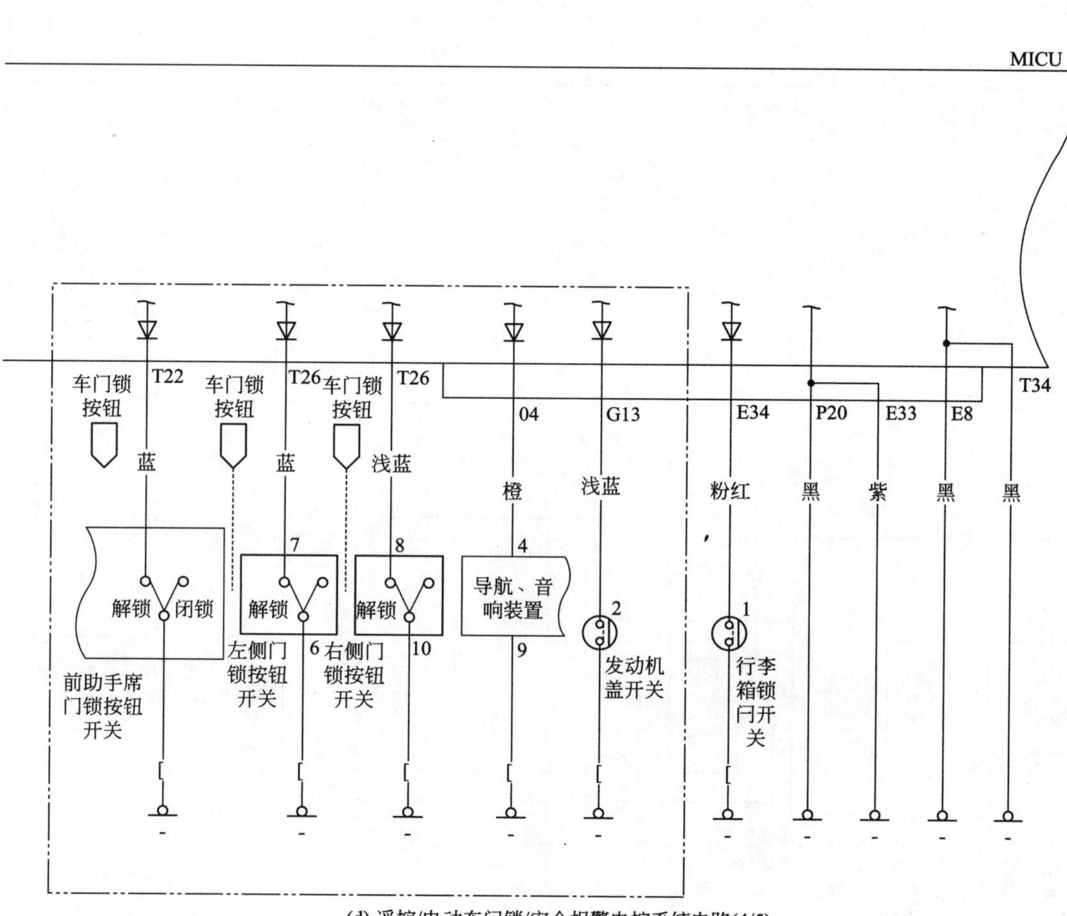

(d) 遥控/电动车门锁/安全报警电控系统电路(4/5)

图 5-1

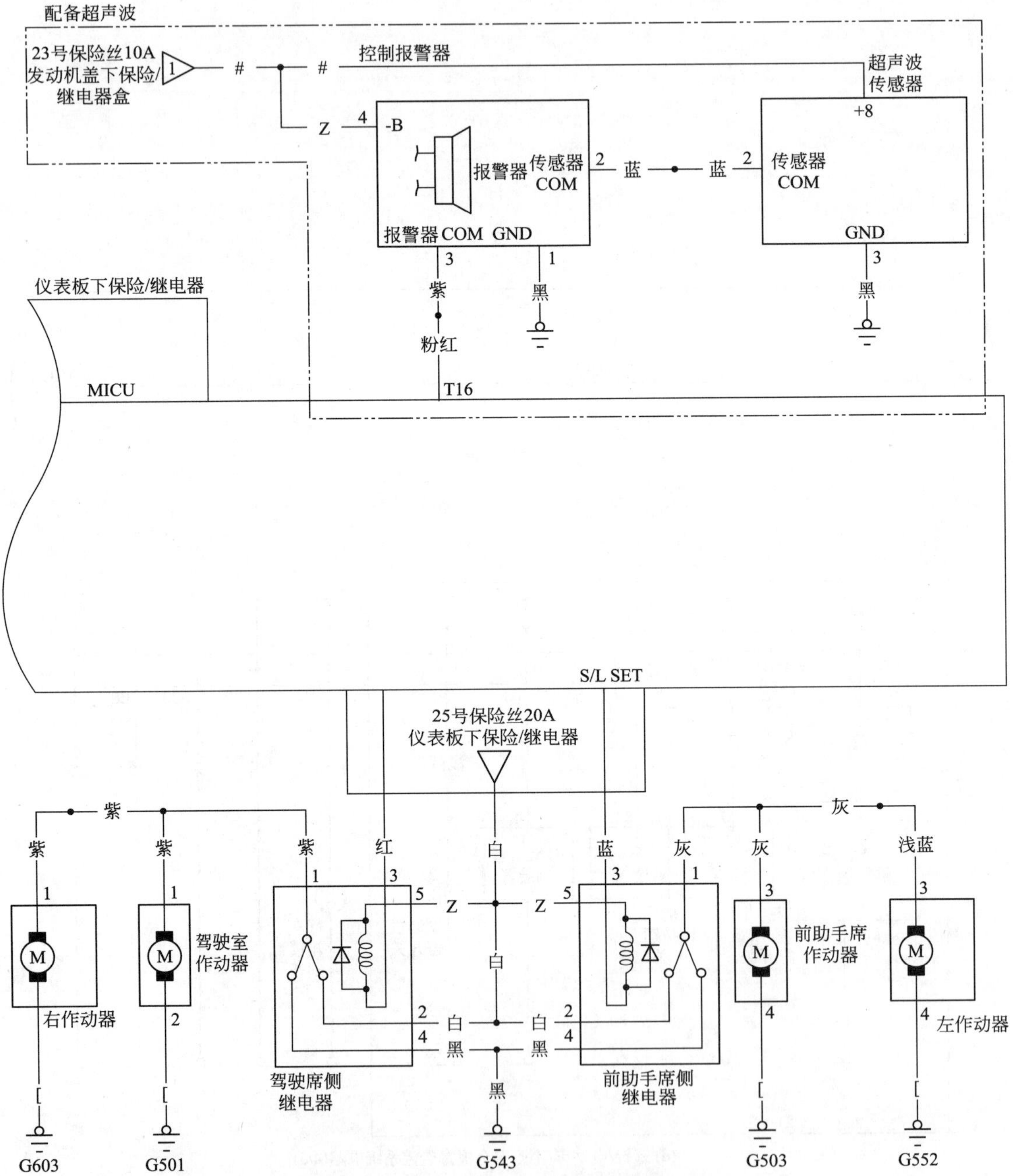

(e) 遥控/电动车门锁/安全报警电控系统电路(5/5)

图 5-1　遥控/电动车门锁/安全报警电控系统电路

二、故障码故障处理

（一）DTC B1026：前助手席侧车门锁开关信号故障（锁定/解锁）

1. 使用 HDS 清除 DTC。

2. 关闭点火开关，然后打开点火开关至 ON（II）。

3. 运行前助手席侧车门锁开关十次。

4. 使用 HDS 检查是否有 DTC。

是否显示 DTC B1026？

是—进行第 5 步。

否—间歇性故障。此时前助手席侧车门锁系统正常。

5. 前助手席侧车门锁开关位于空挡位置，从 HDS 选择遥控（KEYLESS），进入数据表（DATA LIST）。

6. 检查数据表（DATA LIST）中前助手席侧车门锁开关（FRONT PASSENGER'S DOOR LOCK SWITCH）锁定（LOCK）与前助手席侧车门锁开关（FRONT PASSENGER'S DOOR LOCK SWITCH）解锁（UNLOCK）的开/关（ON/OFF）信息。

两个信息指示灯是否显示关闭（OFF）？

是—多路控制器（MICU）发生故障，更换仪表板下保险/继电器盒。

否—进行第 7 步。

7. 断开前助手席侧电动车窗开关 8 芯插头。

8. 分别检查数据表（DATA LIST）中前助手席侧车门锁开关（FRONT PASSENGER'S DOOR LOCK SWITCH）（锁定）与前助手席侧车门锁开关（FRONT PASSENGER'S DOOR LOCK SWITCH）（解锁）的开/关（ON/OFF）信息。

两个信息指示灯是否显示关闭（OFF）？

是—车门锁开关发生故障，更换前助手席侧车窗开关。

否—进行第 9 步。

9. 关闭点火开关。

10. 断开仪表板下保险/继电器盒插头 T（34 芯）。

11. 分别检查前助手席侧车窗开关 8 芯插头 1 号端子（解锁）（UNLOCK）、6 号端子（锁定）（LOCK）与车身地线之间的导通性，如图 5-2 所示。

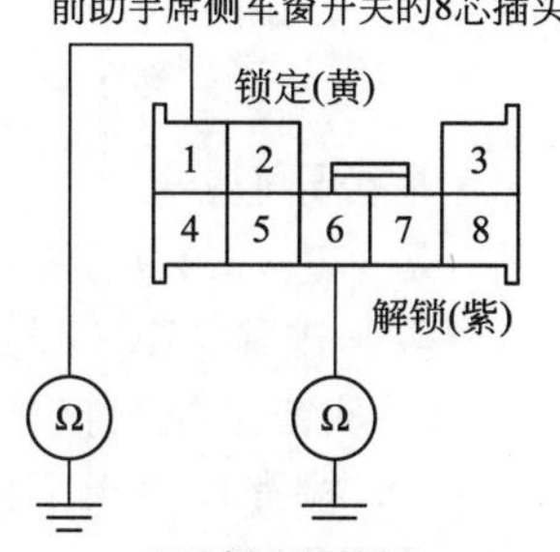

图 5-2　分别检查 8 芯插头 1 号端子、6 号端子与车身地线之间的导通性

是否导通？

是—排除锁定导线（LOCK）或解锁（UNLOCK）导线之间的短路故障。

否—进行第 12 步。

12. 检查前助手席侧车窗开关 8 芯插头 1 号端子（解锁）与 6 号端子（锁定）之间的导通性。

是否导通？

是—排除锁定导线与解锁导线之间的短路故障。

否—多路控制器（MICU）发生故障，更换仪表板下保险/继电器盒。

（二）DTC B1029：超声波信号故障

1. 使用 HDS 清除 DTC。

2. 关闭点火开关，然后打开点火开关至 ON（II）。

3. 使用 HDS 检查是否有 DTC。

是否显示 DTC B1029?

是—进行第 4 步。

否—间歇性故障，此时系统正常。

4. 进行超声波传感器输入测试，并检查超声波传感器电源与地线。

输入测试结果是否正常?

是—进行第 5 步。

否—如果输入测试显示故障，则查找出故障并排出其故障，然后重新检查系统。

5. 进行警报控制报警器输入测试，检查警报控制报警器电源与地线。

输入测试结果是否正常?

是—进行第 6 步。

否—如果输入测试显示故障，则查找出故障并排出其故障，然后重新检查系统。

6. 断开仪表板下保险/继电器盒插头 T（34 芯）。

7. 使用一根短接线连接警报控制报警器 4 芯插头 3 号端子与车身地线，如图 5-3 所示。

8. 检查仪表板下保险/继电器盒插头 T（34 芯）15 号端子与车身地线之间的导通性，如图 5-4 所示。

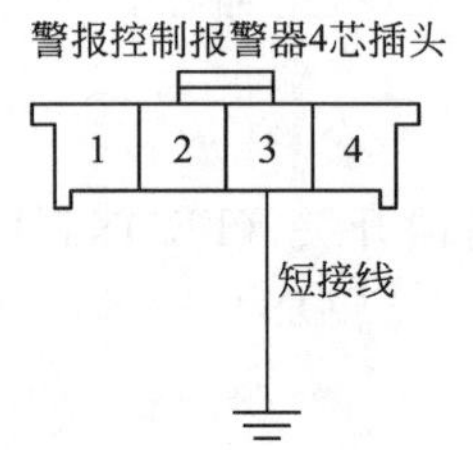

图 5-3　短接 4 芯插头 3 号端子与车身地线

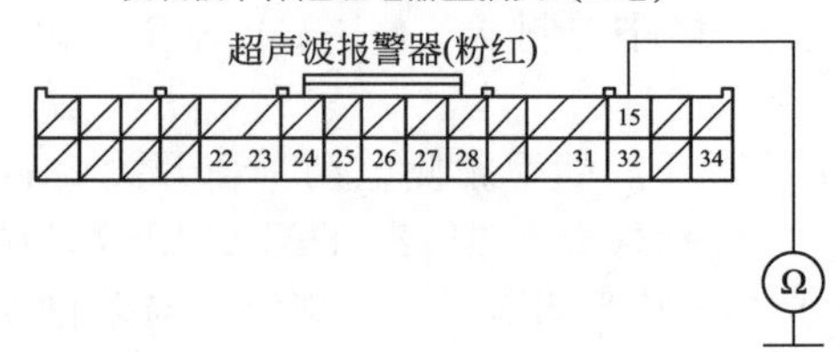

图 5-4　检查插头 T15 号端子与接地间的导通性

是否导通?

是—进行第 9 步。

否—排除 MICU 与警报控制报警器导线之间的断路故障。

9. 从警报控制报警器 4 芯插头上断开短接线。

10. 检查仪表板下保险/继电器盒插头 T（34 芯）15 号端子与车身地线之间的导通性。

是否导通?

是—排除 MICU 与警报控制报警器导线之间的短路故障。

否—警报控制报警器故障，将其更换。

（三）DTC B1030： 超声波系统故障

1. 使用 HDS 清除 DTC。

2. 关闭点火开关，然后打开点火开关至 ON（II）。

3. 使用 HDS 检查是否有 DTC。

是否显示 DTC B1030?

是—警报控制报警器故障，将其更换。

否—间歇性故障，此时系统正常。

（四）DTC B1031： 超声波信号故障

1. 使用 HDS 清除 DTC。

2. 关闭点火开关，然后打开点火开关至 ON（II）。

3. 使用 HDS 检查是否有 DTC。

是否显示 DTC B1031?

是—进行第 4 步。

否—间歇性故障，此时系统正常。

4. 进行超声波传感器输入测试，并检查超声波传感器电源与地线。

输入测试结果是否正常?

是—进行第 5 步。

否—如果输入测试显示故障，则查找出故障并排出其故障，然后重新检查系统。

5. 进行警报控制报警器输入测试，检查警报控制报警器电源与地线。

输入测试结果是否正常?

是—警报控制报警器故障，将其更换。

否—如果输入测试显示故障，则查找出故障并排出其故障，然后重新检查系统。

（五）DTC B1127：驾驶席侧车门锁芯开关信号故障（锁定/解锁）

1. 使用 HDS 清除 DTC。

2. 关闭点火开关，然后打开点火开关至 ON (II)。

3. 将点火钥匙插入驾驶席侧车门锁芯开关，将钥匙在锁定（LOCK）位置与解锁（UNLOCK）位置转动十次。

4. 使用 HDS 检查是否有 DTC。

是否显示 DTC B1127?

是—进行第 5 步。

否—间歇性故障，此时驾驶席侧车门锁芯开关系统正常。

5. 驾驶席侧车门锁芯位于空挡时，使用 HDS 选择遥控（KEYLESS），进入数据表（DATA LIST）。

6. 检查数据表（DATA LIST）中驾驶席侧车门锁芯开关（DRIVER'S DOOR KEY CYLINDER SWITCH）（锁定）与驾驶席侧车门锁芯开关（DRIVER'S DOOR KEY CYLINDER SWITCH）（解锁）的开/关（ON/OFF）信息。

两个信息指示灯是否显示关闭（OFF)?

是—多路控制器（MICU）发生故障，更换仪表板下保险/继电器盒。

否—进行第 7 步。

7. 断开驾驶席侧车门锁作动器 10 芯插头。

8. 检查数据表（DATA LIST）中驾驶席侧车门锁芯开关（DRIVER'S DOOR KEY CYLINDER SWITCH）（锁定）与驾驶席侧车门锁芯开关（DRIVER'S DOOR KEY CYLINDER SWITCH）（解锁）的开/关（ON/OFF）信息。

两个信息指示灯是否显示关闭（OFF)?

是—驾驶席侧车门锁芯开关；更换驾驶席侧车门锁作动器。

否—进行第 9 步。

9. 关闭点火开关。

10. 断开仪表板下保险/继电器盒插头 T（34 芯）。

11. 检查仪表板下保险/继电器盒插头 T（34 芯）31 号端子（解锁）、32 号端子（锁定）与车身地线之间的导通性。

是否导通?

是—排除锁定导线或解锁导线之间的短路故障。

否—进行第 12 步。

12. 检查仪表板下保险/继电器盒插头 T（34 芯）31 号端子（解锁）与 32 号端子（锁定）之间的导通性。

是否导通？

是—排除锁定导线或解锁导线之间的短路故障。

否—多路控制器（MICU）发生故障，更换仪表板下保险/继电器盒。

（六）DTC B1128：驾驶席侧车门锁开关信号故障

1. 使用 HDS 清除 DTC。

2. 关闭点火开关，然后打开点火开关至 ON（II）。

3. 运行驾驶席侧车门锁开关锁定/解锁（LOCK/UNLOCK）十次。

4. 使用 HDS 检查是否有 DTC。

是否显示 DTC B1128？

是—进行第 5 步。

否—间歇性故障。此时驾驶席侧车门锁定系统正常。

5. 驾驶席侧车门锁开关位于空挡时，使用 HDS 选择遥控（KEYLESS），进入数据表（DATA LIST）。

6. 检查数据表（DATA LIST）中驾驶席侧车门锁开关（DRIVER'S DOOR LOCK SWITCH)(锁定）与驾驶席侧车门锁开关（DRIVER'S DOOR LOCK SWITCH）（解锁）的开/关（ON/OFF）信息。

两个信息指示灯是否显示关闭（OFF)？

是—多路控制器（MICU）发生故障，更换仪表板下保险/继电器盒。

否—进行第 7 步。

7. 断开驾驶席侧电动车窗 22 芯插头。

8. 检查数据表（DATA LIST）中驾驶席侧车门锁开关（DRIVER'S DOOR LOCK SWITCH)(锁定）与驾驶席侧车门锁开关（DRIVER'S DOOR LOCK SWITCH）（解锁）的开/关（ON/OFF）信息。

两个信息指示灯是否显示关闭（OFF)？

是—车门锁开关发生故障；更换驾驶席侧电动车窗开关。

否—进行第 9 步。

9. 关闭点火开关。

10. 断开仪表板下保险/继电器盒插头 T（34 芯）。

11. 检查仪表板下保险/继电器盒插头 T（34 芯）28 号端子（锁定)、27 号端子（解锁）与车身地线之间的导通性，如图 5-5 所示。

是否导通？

是—排除锁定导线与解锁导线之间的短路故障。

否—进行第 12 步。

12. 检查仪表板下保险/继电器盒插头 T（34 芯）28 号端子（锁定）与 27 号端子（解锁）之间的导通性，如图 5-6 所示。

是否导通？

是—排除锁定导线与解锁导线之间的短路故障。

否—多路控制器（MICU）发生故障，更换仪表板下保险/继电器盒。

（七）DTC B1129：驾驶席侧车门锁按钮开关信号故障（锁定/解锁）

1. 使用 HDS 清除 DTC。

2. 关闭点火开关，然后打开点火开关至 ON（II）。

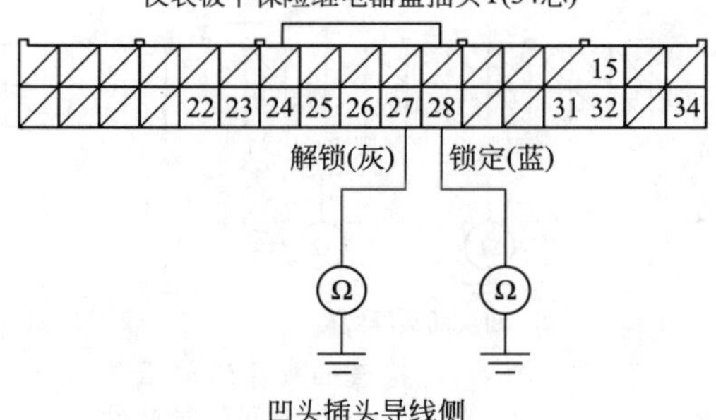

图 5-5　检查插头 T28 号端子、27 号端子与地线间的导通性

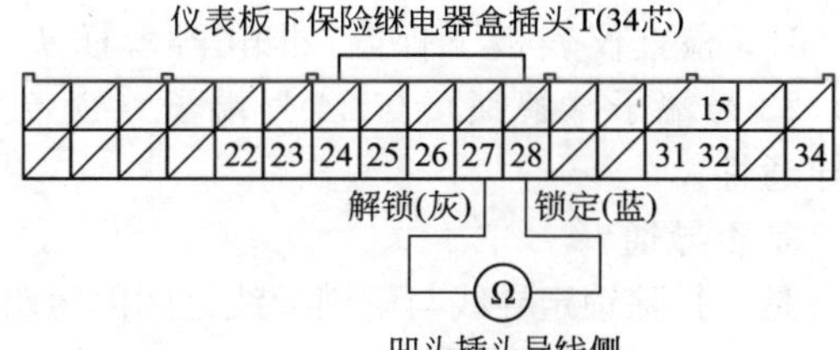

图 5-6　检查插头 T28 号端子与 27 号端子间的导通性

3. 运行驾驶席侧车门锁开关锁定/解锁十次。

4. 使用 HDS 检查是否有 DTC。

是否显示 DTC B1129?

是—进行第 5 步。

否—间歇性故障。此时驾驶席侧车门锁按钮开关系统正常。

5. 在车身电气（BODY ELECTRICAL）菜单中选择遥控（KEYLESS），进入数据表(DATA LIST)。

6. 检查驾驶席侧车门锁按钮开关（DRIVER'S DOOR LOCK KNOB SWITCH）（锁定）与驾驶席侧车门锁按钮开关（DRIVER'S DOOR LOCK KNOB SWITCH）（解锁）的开/关（ON/OFF）信息。

驾驶席侧车门锁按钮开关位于锁定位置时，驾驶席侧车门锁按钮开关（DRIVER'S DOOR LOCK KNOB SWITCH）锁定信息指示灯是否开（ON），且驾驶席侧车门锁按钮开关（DRIVER'S DOOR LOCK KNOB SWITCH）解锁信息指示灯是否关（OFF）?

驾驶席侧车门锁按钮开关位于解锁位置时，驾驶席侧车门锁按钮开关（DRIVER'S DOOR LOCK KNOB SWITCH）锁定信息指示灯是否关（OFF），且驾驶席侧车门锁按钮开关(DRIVER'S DOOR LOCK KNOB SWITCH）解锁信息指示灯是否开（ON）?

是—多路控制器（MICU）发生故障，更换仪表板下保险/继电器盒。

否—进行第 7 步。

7. 断开驾驶席侧车门锁作动器 10 芯插头。

8. 检查数据表（DATA LIST）中驾驶席侧车门锁按钮开关（DRIVER'S DOOR LOCK KNOB SWITCH)（锁定）与驾驶席侧车门锁按钮开关（DRIVER'S DOOR LOCK KNOB SWITCH）（解锁）的开/关（ON/OFF）信息。

两个信息指示灯是否显示关闭（OFF）?

是—检查多路控制器（MICU）与驾驶席侧车门锁按钮开关之间驾驶席侧车门锁开关锁定导线或驾驶席侧车门锁开关解锁导线之间的断路故障。如果检查结果正常，则更换驾驶席侧车门锁作动器。

否—进行第 9 步。

9. 关闭点火开关。

10. 断开仪表板下保险/继电器盒插头 T（34 芯）。

11. 检查仪表板下保险/继电器盒插头 T（34 芯）23 号端子（解锁）、24 号端子（锁定）与车身地线之间的导通性，如图 5-7 所示。

仪表板下保险/继电器盒插头 T（34 芯）

是否导通？

是—排除锁定导线与解锁导线之间的短路故障。

否—进行第 12 步。

12. 检查仪表板下保险/继电器盒插头 T（34 芯）23 号端子（解锁）与 24 号端子（锁定）之间的导通性。

是否导通？

是—排除锁定导线与解锁导线之间的短路故障。

否—多路控制器（MICU）发生故障，更换仪表板下保险/继电器盒。

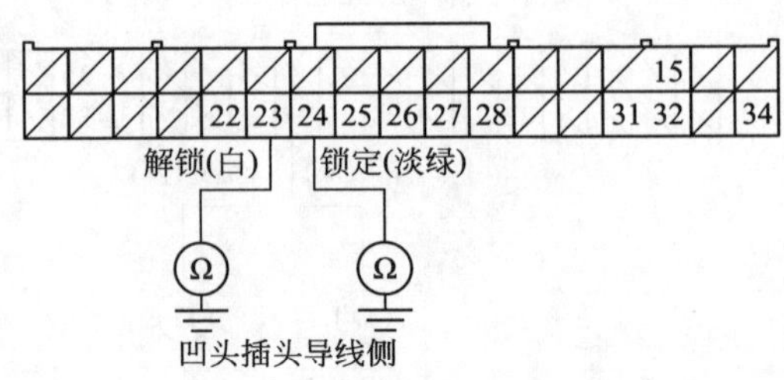

图 5-7 检查插头 T23 号端子、24 号端子与接地间的导通性

三、故障症状处理

（一）遥控操作不能工作（锁定/解锁）

说明：

- 进行故障处理之前，检查 B-CAN DTC。如果显示 DTC，则首先排除 DTC。
- 进行故障处理之前，对遥控发送器进行测试。

1. 打开点火开关至 ON（II）。

2. 尝试着启动发动机。

发动机是否启动？

是—防启动装置系统正常，进行第 3 步。

否—排除防启动装置故障。

3. 关闭点火开关。

4. 将 HDS 连接至数据传输插头。

5. 关闭所有车门，然后打开点火开关至 ON（II）。

6. 进入车身电气（BODY ELECTRICAL）菜单，并检查车门开关参数（开/关）ON/OFF 信息。

所有车门开关是否显示关闭（OFF）？

是—进行第 6 步。

否—车门开关发生故障或车门开关导线短路。处理导线或车门开关短路故障。

7. 从点火开关上拨出点火钥匙。

8. 断开防启动遥控控制装置 7 芯插头。

9. 检查防启动遥控控制装置 7 芯插头 1 号端子与车身地线之间的电压，如图 5-8 所示。

是否为蓄电池电压？

是—进行第 10 步。

否—检查发动机盖下保险/继电器盒内 23 号保险丝（10A）。如果保险丝熔断，则更换保险丝，并排除导线接地短路故障。如果保险丝正常，则排除导线断路故障。

10. 断开点火钥匙开关 6 芯插头。

11. 在点火钥匙开关侧，检查点火钥匙开关 6 芯插头 1 号端子与 2 号端子之间的导通性，如图 5-9 所示。

是否导通？

是—点火钥匙开关发生故障或接地短路故障，更换转向锁总成。

否—进行第 12 步。

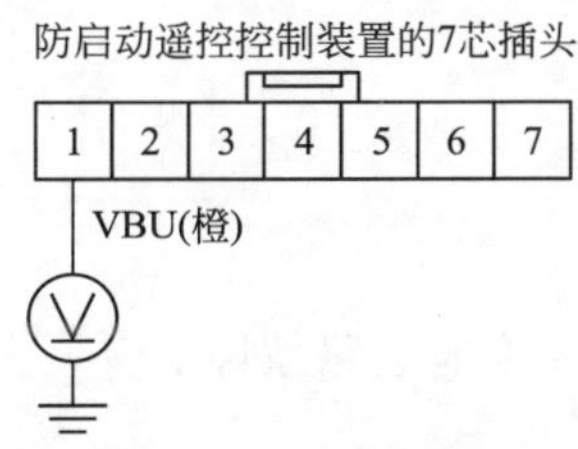

图 5-8 检查防启动遥控控制装置 7 芯插头 1 号端子与车身地线之间的电压

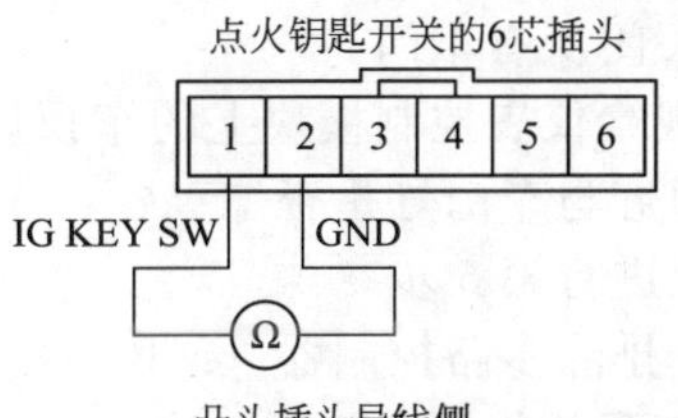

图 5-9 检查点火钥匙开关 6 芯插头 1 号端子与 2 号端子之间的导通性

12. 将点火钥匙插入点火开关。

13. 在点火钥匙开关侧，检查点火钥匙开关 6 芯插头 1 号端子与 2 号端子之间的导通性。是否导通？

是—进行第 14 步。

否—点火钥匙开关发生故障，更换转向锁总成。

14. 检查防启动遥控控制装置 7 芯插头 6 号端子与点火钥匙开关 6 芯插头 1 号端子之间的导通性，如图 5-10 所示。

是否导通？

是—进行第 15 步。

否—排除导线断路故障。

15. 检查防启动遥控控制装置 7 芯插头 6 号端子与车身地线之间的导通性。

是否导通？

是—排除导线接地短路故障。

否—更换防启动遥控控制装置。

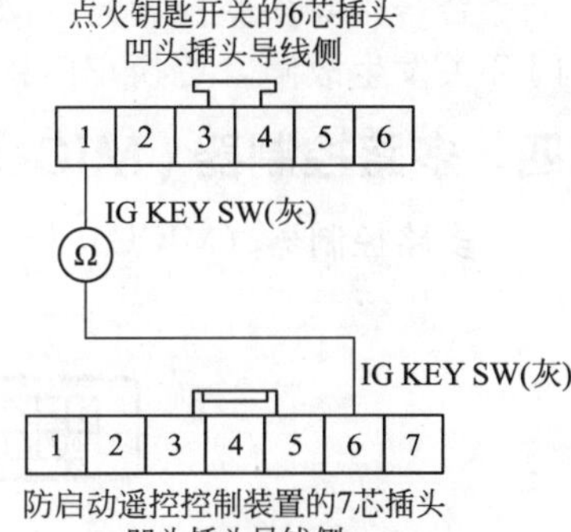

图 5-10 检查点火钥匙开关的 6 芯插头与防启动遥控控制装置的 7 芯插头相关端子间的导通性

（二）使用遥控车门不能解锁（或锁定），但使用车门开关能解锁（锁定）

1. 关闭点火开关。

2. 将点火钥匙从点火开关上拨出。

3. 关闭并锁定车门。

4. 尝试使用遥控发送器对车门解锁。

车门锁作动器是否工作正常？

是—此时系统正常。

否—进行第 5 步。

5. 将 HDS 连接至数据传输插头。

6. 打开点火开关至 ON（II）。

7. 进入车身电气（BODY ELECTRICAL）菜单，然后选择遥控（KEYLESS）。

8. 进行遥控检查（KEYLESS CHECK）。是否显示接收到遥控控制发送器代码（KEYLESS ENTRY TRANSMITTER CODE RECEIVED）？

是—重新检查系统。如果只是解锁/锁定（UNLOCK/LOCK）不能工作，则更换仪表板下保险/继电器盒总成。

否—重新检查系统。如果只是解锁/锁定（UNLOCK/LOCK）不能工作，而 HDS 通讯正常，则更换防启动遥控控制装置。

（三）即使使用发送器解锁后，车门打开，但车门仍然可以重新锁定

1. 将车顶灯开关转动至车门（DOOR）位置。

2. 打开点火开关至 ON（II）。

3．关闭所有车门。

4．观察仪表控制模块上的车顶灯与车门指示灯。

车顶灯与车门灯是否熄灭？

是—进行第5步。

否—排除多路控制器（MICU）与车门开关之间的导线接地短路故障。

5．打开关闭各车门各一次。

6．观察仪表控制模块上的车顶灯与车门指示灯。

车门打开时，车顶灯与车门灯是否亮起？车门关闭时，车顶灯与车门灯是否熄灭？

是—使用运行良好的多路控制器（MICU）替换并重新检查。如果症状消失，则更换原来的多路控制器（MICU）。

否—排除多路控制器（MICU）与车门开关之间的导线断路故障。如果导线正常，则车门开关发生故障，更换车门锁作动器总成。

四、多路控制器（MICU）输入测试

多路控制器（MICU）相关连接器如图5-11所示，其端子功能和检测数据如表5-1所示。

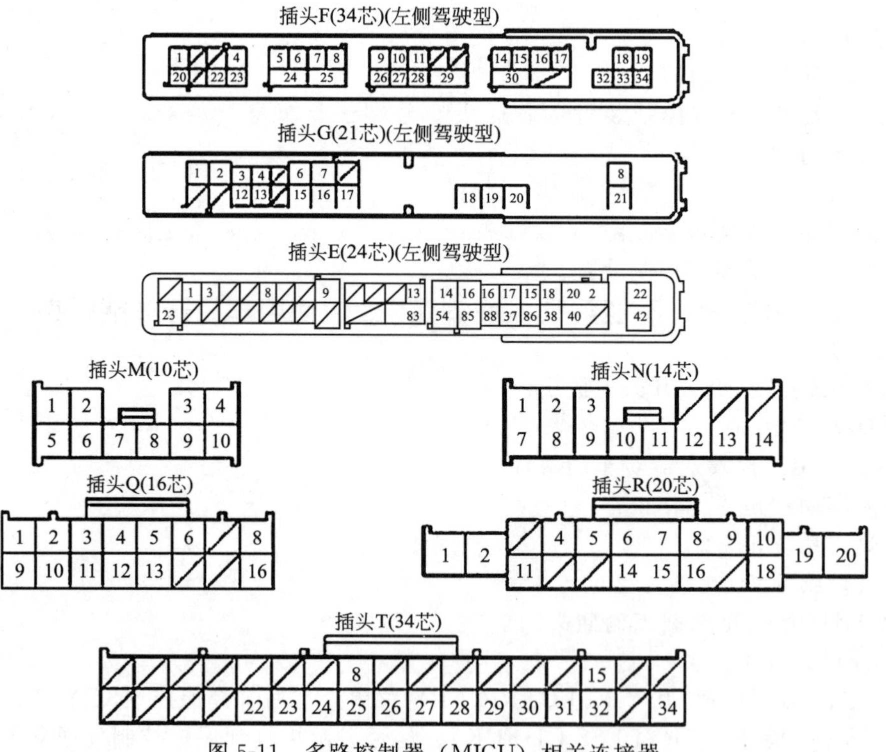

图5-11　多路控制器（MICU）相关连接器

表5-1　多路控制器（MICU）相关连接器端子功能和检测数据

插槽	导线	测试条件	测试:正常结果	异常结果和可能原因
E6	黑	在所有条件下	检查接地导通性:应该导通	• 接地不良(G602),[G603] • 导线断路故障
E33	黑	在所有条件下	检查接地导通性:应该导通	• 接地不良(G602),[G603] • 导线断路故障

续表

插槽	导线	测试条件	测试:正常结果	异常结果和可能原因
F20	黑	在所有条件下	检查接地导通性:应该导通	• 接地不良(G401) • 导线断路故障
T34	黑	在所有条件下	检查接地导通性:应该导通	• 接地不良(G502),[G503] • 导线断路故障
G16	白	在所有条件下	检查G16端子与车身地线之间的电压:应该为蓄电池电压	• 发动机盖下保险/继电器盒内12号保险丝(15A)熔断 • 导线断路故障
G6	橙	在所有条件下	检查G6端子与车身地线之间的电压:应该为蓄电池电压	• 发动机盖下保险/继电器盒内10号保险丝(10A)熔断 • 导线断路故障
F23	淡绿	在所有条件下	立即使用一根短接线将G16端子与F23端子连接:喇叭应该发声	• 接地不良(车身接地) • 发动机盖下保险/继电器盒内12号保险丝(15A)熔断 • 安全喇叭故障 • 导线断路故障
N7	粉红	在所有条件下	立即将蓄电池电源连接至N13端子并将N7端子接地:驾驶席侧车门锁作动器应该锁定	• 驾驶席侧车门锁作动器故障 • 导线断路故障
N13	灰			
M8	黄	在所有条件下	立即将蓄电池电源连接至M8端子并将M10端子接地:前助手席侧车门锁作动器应该锁定	• 前助手席侧车门锁作动器故障 • 导线断路故障
M10	粉红			
E20	绿	在所有条件下	立即将蓄电池电源连接至E20端子:行李箱释放作动器应该运行	• 接地不良(G602),[G601] • 行李箱释放作动器故障 • 导线断路故障
Q4	绿	在所有条件下	检查接地导通性:应该导通	• 接地不良(G504) • 音频装置故障 • 导航显示装置故障 • 导线断路故障
M6①	白	在所有条件下	立即将蓄电池电源连接至M6端子并将R4端子接地:左后车门锁作动器应该解锁	• 接地不良(G602),[G603] • 导线断路故障 • 接地不良(G602),[G603] • 导线断路故障
R4①	红			
M6①	白	在所有条件下	立即将蓄电池电源连接至M6端子并将R5端子接地:左后车门锁作动器应该解锁	• 接地不良(G401) • 导线断路故障 • 接地不良(G502),[G503] • 导线断路故障
R5①	蓝			
T15②	粉红	在所有条件下	检查T15端子与警报控制报警器3号端子之间的导通性:应该不导通	• 警报控制报警器 • 导线断路故障
			检查接地导通性:应该导通	• 警报控制报警器 • 导线短路故障
T27	灰	驾驶席侧车门锁开关解锁	检查接地电压:电压应低于1V	• 接地不良(G501,G502) • 驾驶席侧车门锁开关故障 • 导线断路故障
		驾驶席侧车门锁开关位于空挡	检查接地电压:电压应为5V或5V以上	• 驾驶席侧车门锁开关故障 • 接地短路故障

续表

插槽	导线	测 试 条 件	测试:正常结果	异常结果和可能原因
T28	蓝	驾驶席侧车门锁开关锁定	检查接地电压:电压应低于1V	• 接地不良(G501,G502) • 驾驶席侧车门锁开关故障 • 导线断路故障
		驾驶席侧车门锁开关位于空挡	检查接地电压:电压应为5V或5V以上	• 驾驶席侧车门锁开关故障 • 接地短路故障
T31	棕	驾驶席侧车门锁芯开关解锁	检查接地电压:电压应低于1V	• 接地不良(G501,G502) • 驾驶席侧车门锁芯开关故障 • 导线断路故障
		驾驶席侧车门锁芯开关位于空挡	检查接地电压:电压应为5V或5V以上	• 驾驶席侧车门锁芯开关故障 • 接地短路故障
T32	粉红	驾驶席侧车门锁芯开关锁定	检查接地电压:电压应低于1V	• 接地不良(G501,G502) • 驾驶席侧车门锁芯开关故障 • 导线断路故障
T23	白	驾驶席侧车门锁按钮开关解锁	检查接地电压:电压应低于1V	• 接地不良(G501,G502) • 驾驶席侧车门锁按钮开关故障 • 导线断路故障
T24	淡绿	驾驶席侧车门锁按钮开关锁定	检查接地电压:电压应为5V或5V以上	• 驾驶席侧车门锁按钮开关故障 • 导线短路故障
T29②	紫	前助手席侧车门锁开关解锁	检查接地电压:电压应低于1V	• 接地不良(G503) • 前助手席侧车门锁开关故障 • 导线断路故障
		前助手席侧车门锁开关位于空挡	检查接地电压:电压应为5V或5V以上	• 前助手席侧车门锁开关故障 • 接地短路故障
T30②	黄	前助手席侧车门锁开关锁定	检查接地电压:电压应低于1V	• 接地不良(G503) • 前助手席侧车门锁开关故障 • 导线断路故障
		前助手席侧车门锁开关位于空挡	检查接地电压:电压应为5V或5V以上	• 前助手席侧车门锁开关故障 • 接地短路故障
T22	淡蓝	前助手席侧车门锁按钮开关解锁	检查接地电压:电压应低于1V	• 接地不良(G503)[G502] • 前助手席侧车门锁按钮开关故障 • 导线断路故障
		前助手席侧车门锁按钮开关锁定	检查接地电压:电压应为5V或5V以上	• 前助手席侧车门锁按钮开关故障 • 接地短路故障
T25	淡蓝	左后车门锁按钮开关解锁	检查接地电压:电压应低于1V	• 接地不良(G552)[G603] • 左后车门锁按钮开关故障 • 导线断路故障
		左后车门锁按钮开关锁定	检查接地电压:电压应为5V或5V以上	• 左后车门锁按钮开关故障 • 接地短路故障
T26	紫	右后车门锁按钮开关解锁	检查接地电压:电压应低于1V	• 接地不良(G601)[G552] • 右后车门锁按钮开关故障 • 导线断路故障
E37	绿	右后车门锁按钮开关锁定	检查接地电压:电压应为5V或5V以上	• 右后车门锁按钮开关故障 • 接地短路故障

续表

插槽	导线	测 试 条 件	测试:正常结果	异常结果和可能原因
E3	淡绿	前助手席侧车门打开	检查接地电压:电压应低于1V	• 前助手席侧车门开关故障 • 导线断路故障
		前助手席侧车门关闭	检查接地电压:电压应为5V或5V以上	• 前助手席侧车门开关故障 • 接地短路故障
F27	红	变速箱档位开关在P挡位	检查接地电压:电压应低于1V	• 接地不良(G101) • 变速箱挡位开关故障 • 导线断路故障
		变速箱档位开关位于P挡位以外的其他挡位	检查接地电压:电压应为5V或5V以上	• 变速箱挡位开关故障 • 接地短路故障
G13	淡蓝	发动机盖打开	检查接地电压:电压应低于1V	• 接地不良(G301) • 发动机盖开关故障 • 导线断路故障
		发动机盖关闭	检查接地电压:电压应为5V或5V以上	• 发动机盖开关故障 • 接地短路故障
R14	灰	点火钥匙插入点火开关	检查接地电压:电压应低于1V	• 接地不良(G501) • 点火钥匙开关故障 • 导线断路故障
		点火开关关闭且点火插头从点火开关中抽出	检查接地电压:电压应为5V或5V以上	• 点火钥匙开关故障 • 接地短路故障
E36	粉红	行李箱打开	检查接地电压:电压应低于1V	• 接地不良(G602)[G601] • 行李箱锁闩开关故障 • 导线断路故障
		行李箱关闭	检查接地电压:电压应为5V或5V以上	• 行李箱锁闩开关故障 • 接地短路故障
E13	白	行李箱外部把手开关拉下	检查接地电压:电压应低于1V	• 接地不良(G602)[G601] • 行李箱外部把手开关故障 • 导线断路故障
		行李箱外部把手开关释放	检查接地电压:电压应为5V或5V以上	• 行李箱外部把手开关故障 • 接地短路故障

① 配备超锁定。
② 配备超声波功能。

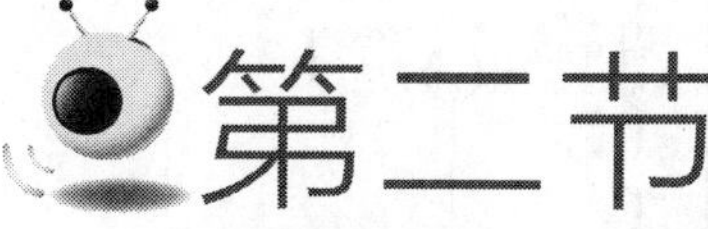

第二节 东风本田思铂睿车系遥控/电动车门锁/安全报警电控系统故障检修(10款)

一、遥控/电动车门锁/安全报警电控系统电路

如图5-12所示。

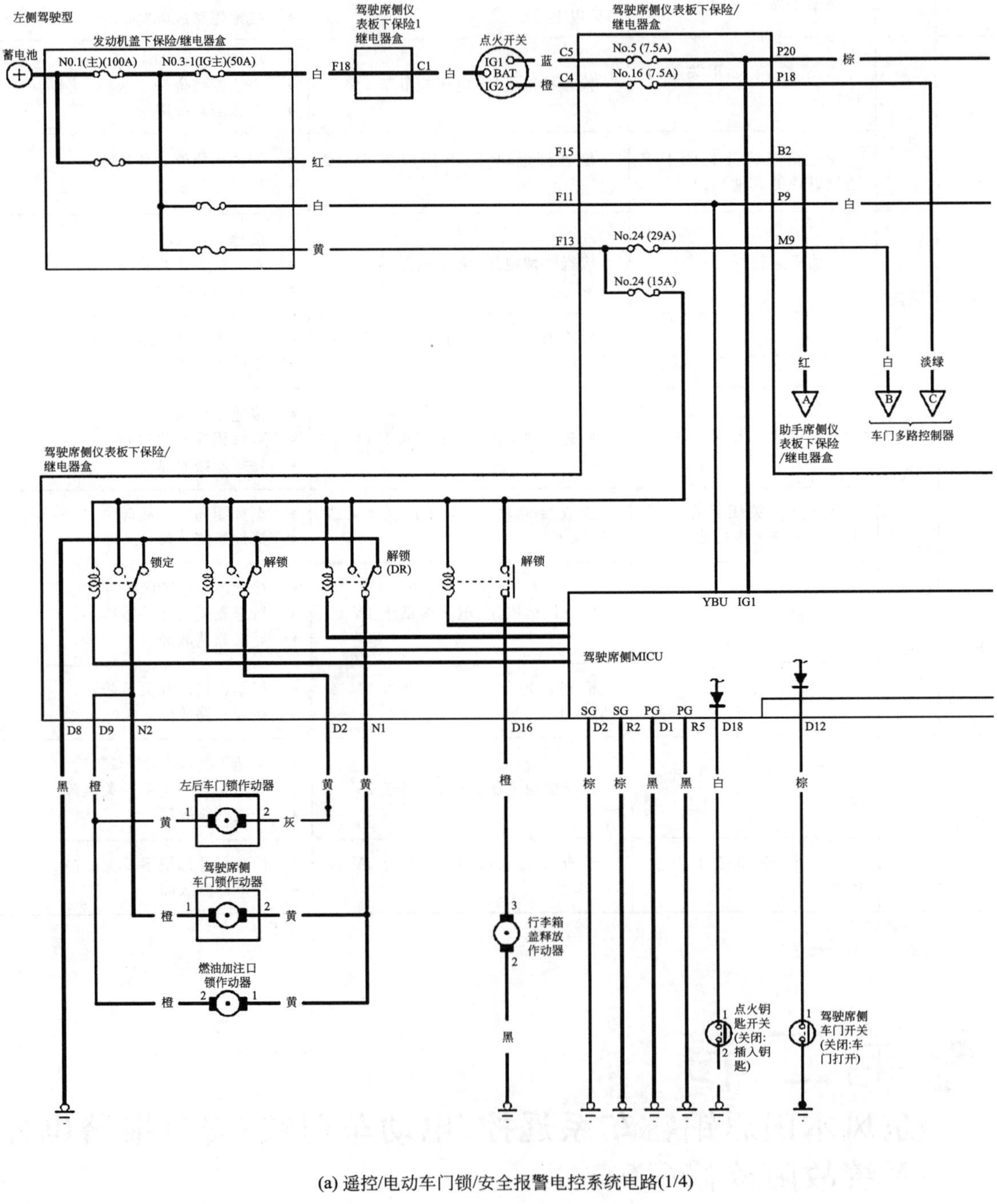

(a) 遥控/电动车门锁/安全报警电控系统电路(1/4)

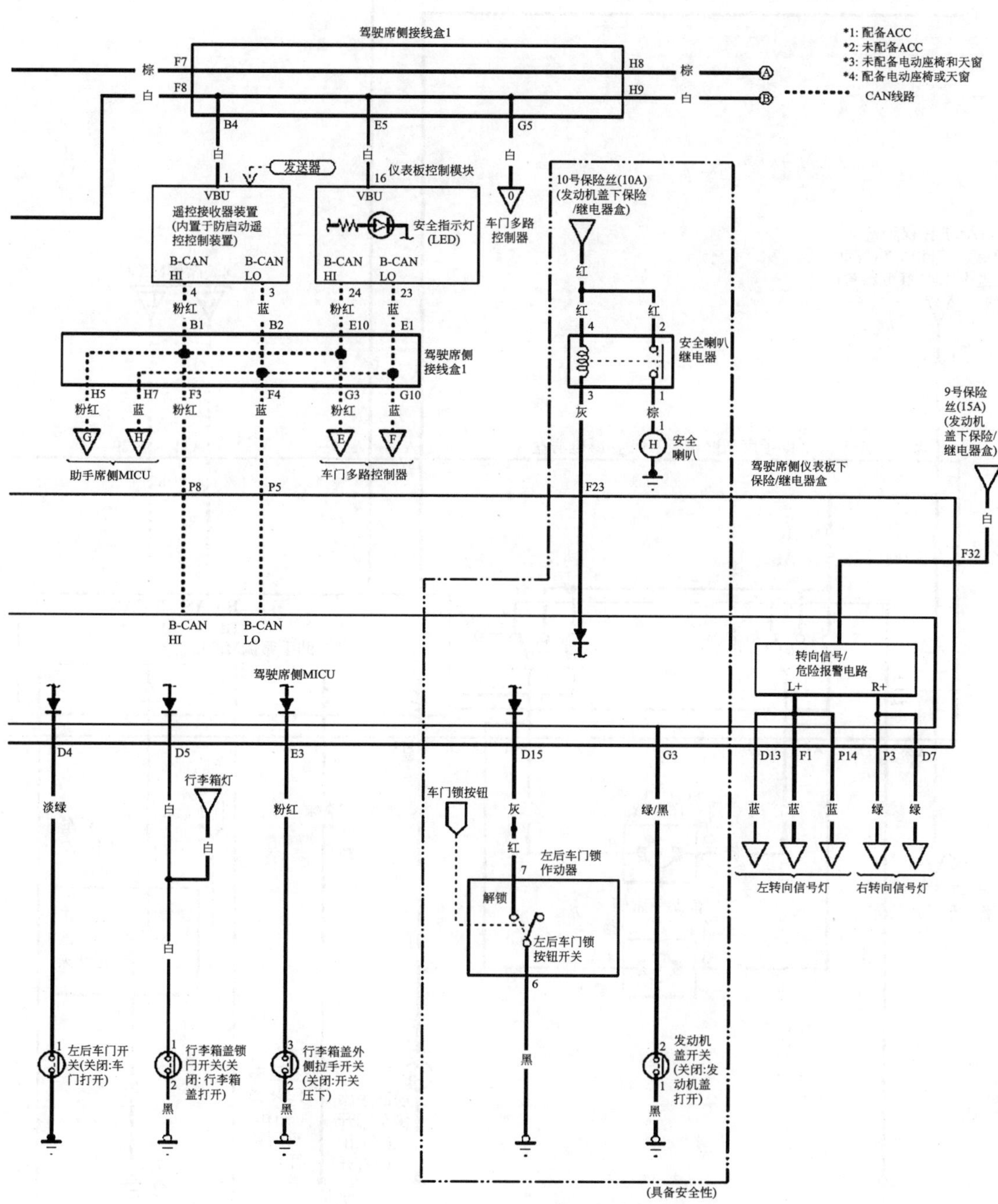

(b) 遥控/电动车门锁/安全报警电控系统电路(2/4)

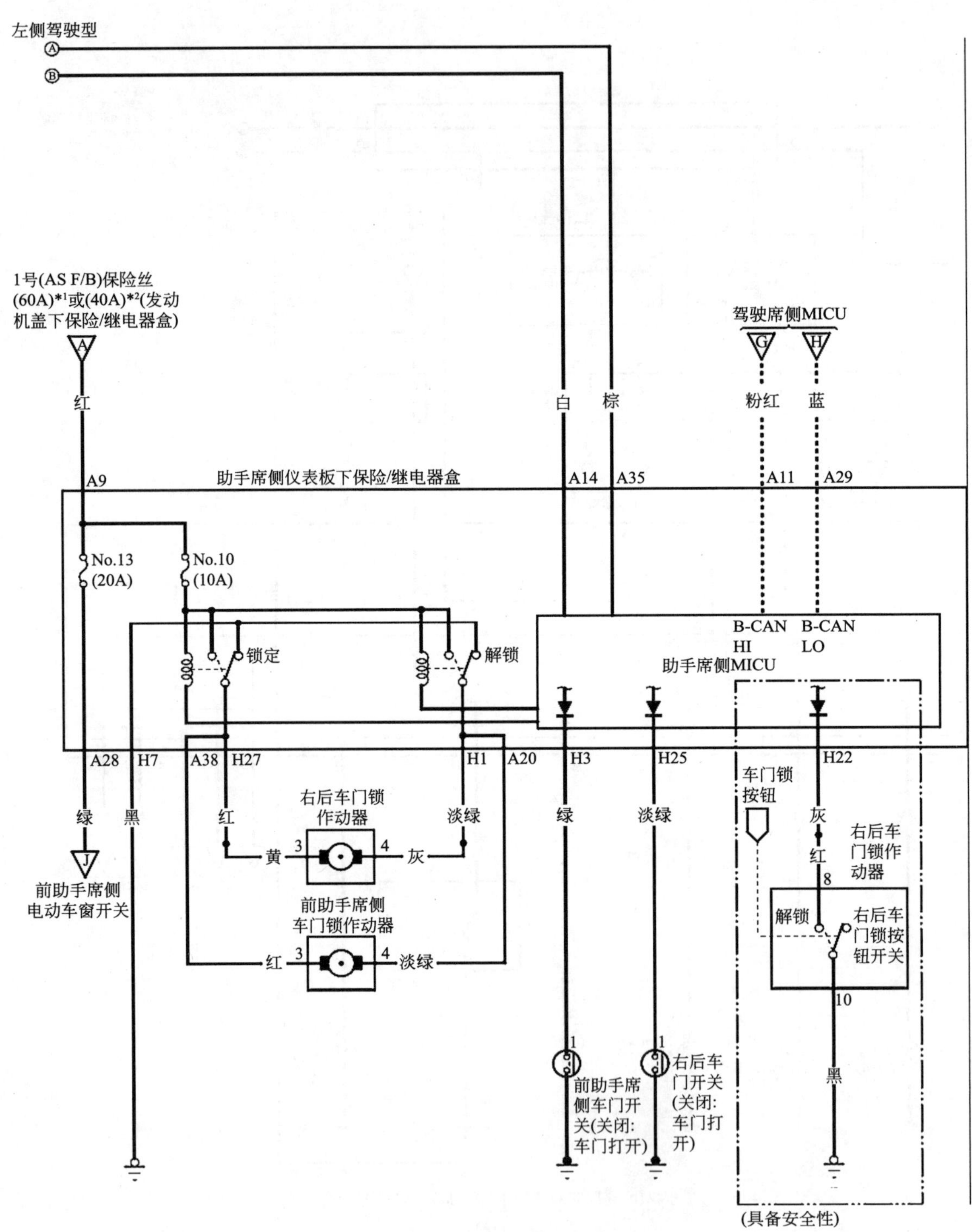

(c) 遥控/电动车门锁/安全报警电控系统电路(3/4)

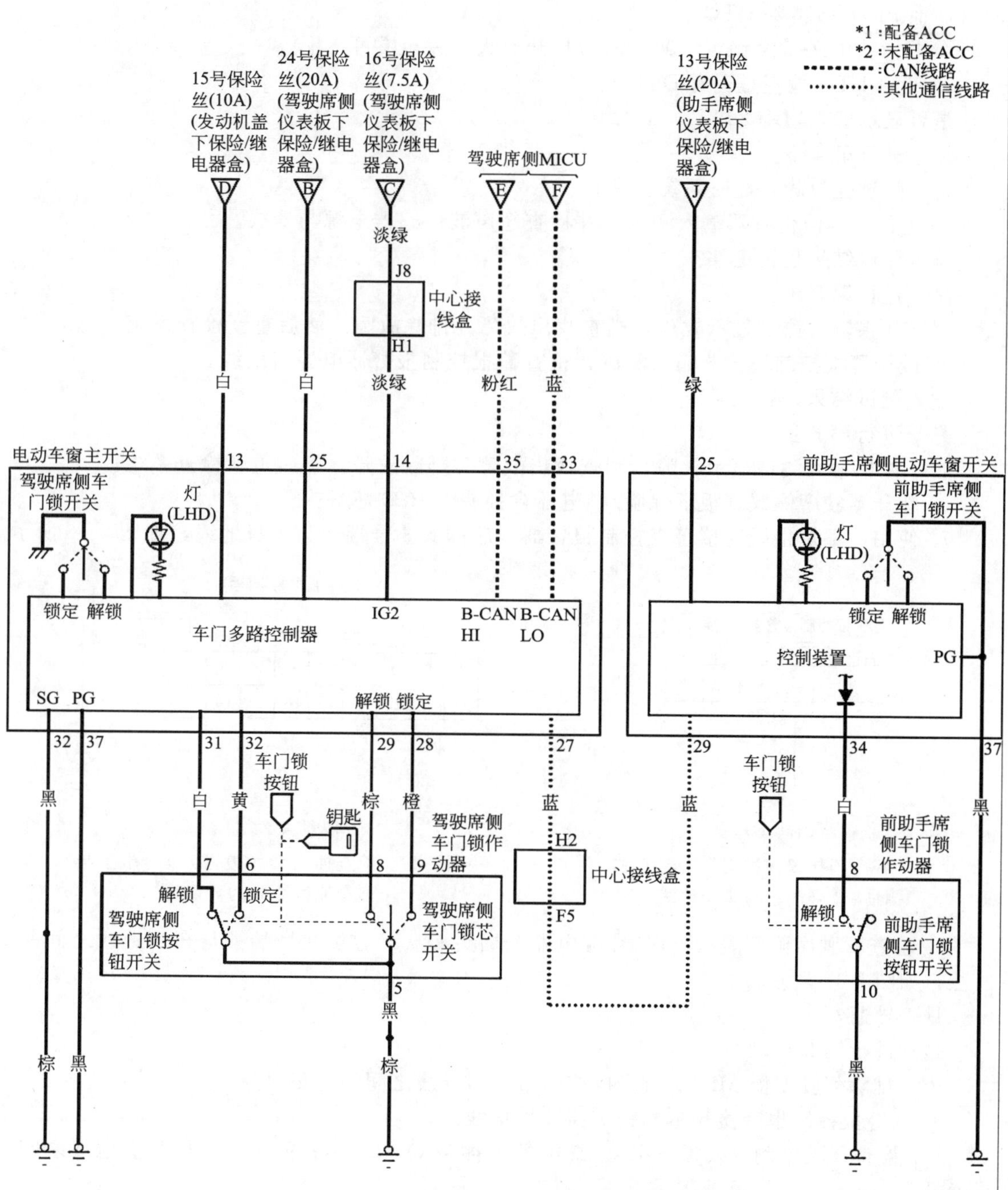

(d) 遥控/电动车门锁/安全报警电控系统电路(4/4)

图 5-12 遥控/电动车门锁/安全报警电控系统电路

二、遥控/电动车门锁/安全报警电控系统故障码检修

（一）DTC B1029： 超声波信号故障

1. 使用 HDS 清除 DTC。

2. 将点火开关旋至锁定（0），然后打开点火开关至 ON（Ⅱ）。

3. 使用 HDS 检查是否有 DTC。

是否显示 DTC B1029？

是—进行第 4 步。

否—间歇性故障，此时系统正常。

4. 进行超声波传感器输入测试，并检查超声波传感器电源与地线。

输入测试结果是否正常？

是—进行第 5 步。

否—如果输入测试显示故障，则查找出故障并排除故障，然后重新检查系统。

5. 进行警报控制报警器输入测试，检查警报控制报警器电源与地线。

输入测试结果是否正常？

是—进行第 6 步。

否—如果输入测试显示故障，则查找出故障并排除故障，然后重新检查系统。

6. 断开驾驶席侧仪表板下保险/继电器盒插头 Q（20 芯）。

7. 使用一根短接线连接警报控制报警器 6 芯插头 3 号端子与车身地线，如图 5-13 所示。

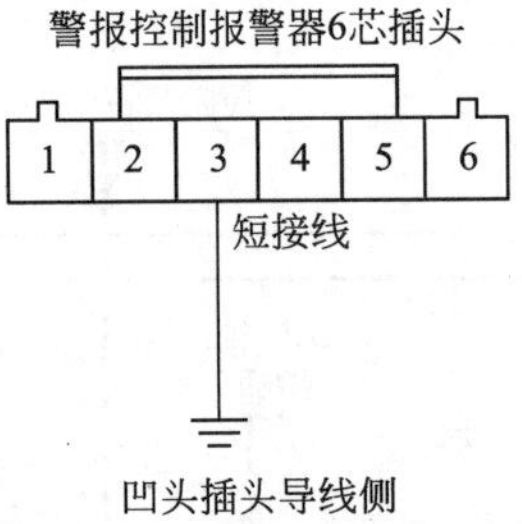

警报控制报警器6芯插头

1 2 3 4 5 6

短接线

凹头插头导线侧

图 5-13 连接警报控制报警器 6 芯插头 3 号端子与车身地线

超声波报警器(橙)

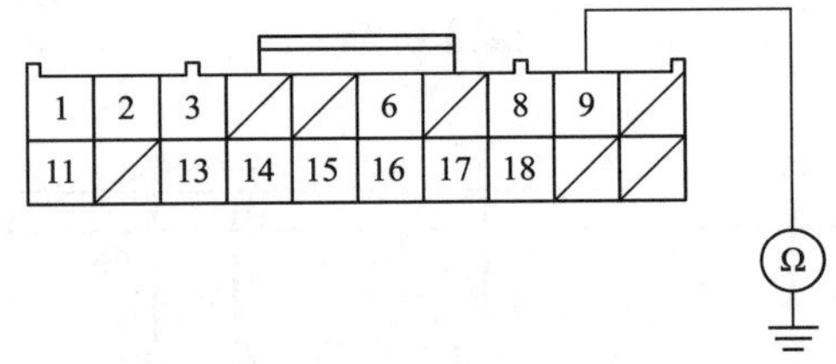

凹头插头导线侧

图 5-14 检查插头 Q（20 芯）9 号端子与车身地线之间的导通性

8. 检查驾驶席侧仪表板下保险/继电器盒插头 Q（20 芯）9 号端子与车身地线之间的导通性，如图 5-14 所示。

是否导通？

是—进行第 9 步。

否—排除驾驶席侧 MICU 与警报控制报警器导线之间的断路故障。

9. 从警报控制报警器 6 芯插头上断开短接线。

10. 检查驾驶席侧仪表板下保险/继电器盒插头 Q（20 芯）9 号端子与车身地线之间的导通性。

是否导通？

是—排除导线接地短路故障。

否—警报控制报警器故障，将其更换。

（二）DTC B1031： 超声波信号故障

1. 使用 HDS 清除 DTC。

2. 将点火开关旋至锁定（0），然后打开点火开关至 ON（II）。

3. 使用 HDS 检查是否有 DTC。

是否显示 DTC B1031?

是—进行第 4 步。

否—间歇性故障，此时系统正常。

4. 进行超声波传感器输入测试，并检查超声波传感器电源与地线。

输入测试结果是否正常?

是—进行第 5 步。

否—如果输入测试显示故障，则查找出故障并排除其故障，然后重新检查系统。

5. 进行警报控制报警器输入测试，检查警报控制报警器电源与地线。

输入测试结果是否正常?

是—更换警报控制报警器。

否—如果输入测试显示故障，则查找出故障并排除其故障，然后重新检查系统。

（三）DTC B1127：驾驶席侧车门锁芯开关信号故障（锁定/解锁）

1. 使用 HDS 清除 DTC。

2. 将点火开关旋至锁定（0），然后打开点火开关至 ON（II）。

3. 将点火钥匙插入驾驶席侧车门锁芯开关，将钥匙在锁定（LOCK）位置与解锁（UNLOCK）位置转动十次。

4. 使用 HDS 检查是否有 DTC。

是否显示 DTC B1127?

是—进行第 5 步。

否—间歇性故障，此时系统正常。检查是否连接松动或不良。

5. 驾驶席侧车门锁芯位于空挡时，使用 HDS 选择遥控（KEYLESS），进入数据表（DATALIST）。

6. 检查数据表（DATA LIST）中驾驶席侧车门锁芯开关（DRIVER'S DOOR KEY-CYLINDERSWITCH）（锁定）与驾驶席侧车门锁芯开关（DRIVER'S DOOR KEY CYL-INDERSWITCH）（解锁）的开/关（ON/OFF）信息。

两个信息指示灯是否显示关闭（OFF）?

是—进行第 12 步。

否—进行第 7 步。

7. 断开驾驶席侧车门锁作动器 10 芯插头。

8. 检查数据表（DATA LIST）中驾驶席侧车门锁芯开关（DRIVER'S DOOR KEY-CYLINDERSWITCH）（锁定）与驾驶席侧车门锁芯开关（DRIVER'S DOOR KEY CYL-INDERSWITCH）（解锁）的开/关（ON/OFF）信息。

两个信息指示灯是否显示关闭（OFF）?

是—驾驶席侧车门锁芯开关故障；更换驾驶席侧车门锁作动器。

否—进行第 9 步。

9. 将点火开关旋至锁定（0）。

10. 断开车门多路控制器 37 芯插头。

11. 检查车身地线与车门多路控制器 37 芯插头 28 号端子、29 号端子之间的导通性，如图 5-15 所示。

是否导通?

是—排除导线接地短路故障。

否—更换电动车窗主开关。

12. 将点火开关旋至锁定（0）。

13. 断开驾驶席侧车门锁作动器10芯插头。

14. 断开车门多路控制器37芯插头。

15. 检查车门多路控制器37芯插头28号端子与29号端子之间的导通性，如图5-16所示。

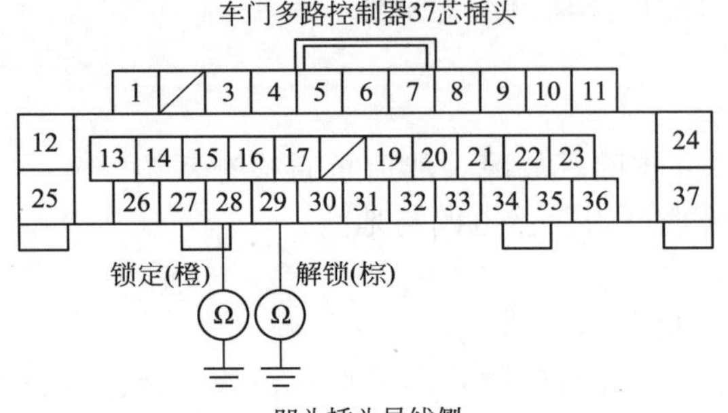

图5-15 分别检查37芯插头28号端子、29号端子与车身地线之间的导通性

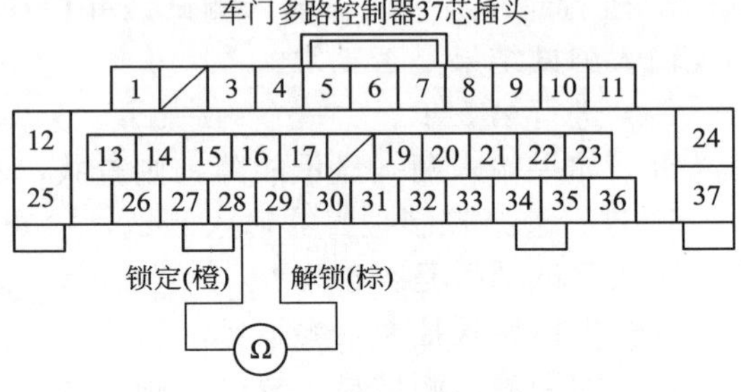

图5-16 检查37芯插头28号端子与29号端子之间的导通性

是否导通？

是—排除锁定导线与解锁导线之间的短路故障。

否—使用运行良好的电动车窗主开关替换。如果症状消失，则更换原来的电动车窗主开关。如果症状没有消失，则更换驾驶席侧车门锁作动器。

（四）DTC B1128：驾驶席侧车门锁开关信号故障（锁定/解锁）

1. 使用HDS清除DTC。

2. 使用驾驶席侧车门锁开关锁定与解锁驾驶席侧车门。

3. 使用HDS检查是否有DTC。

是否显示DTC B1128？

是—更换电动车窗主开关。

否—间歇性故障。此时系统正常。检查是否连接松动或不良。

（五）DTC B1129：驾驶席侧车门锁按钮开关信号故障（锁定/解锁）

1. 使用HDS清除DTC。

2. 将点火开关旋至锁定（0），然后打开点火开关至ON（II）。

3. 操作驾驶席侧车门锁按钮开关几次。

4. 使用HDS检查是否有DTC。

是否显示DTC B1129？

是—进行第5步。

否—间歇性故障。此时系统正常。检查是否连接松动或不良。

5. 在车身电气（BODY ELECTRICAL）菜单中选择遥控（KEYLESS），进入数据表（DATALIST）。

6. 检查驾驶席侧车门锁按钮开关（DRIVER' S DOOR LOCK KNOB SWITCH）（锁定）与驾驶席侧车门锁按钮开关（DRIVER' S DOORLOCK KNOB SWITCH）（解锁）的开/关（ON/OFF）信息。

驾驶席侧车门锁按钮开关位于锁定位置时，驾驶席侧车门锁按钮开关（DRIVER' S DOOR LOCK KNOB SWITCH）锁定信息指示灯是否开（ON），且驾驶席侧车门锁按钮开关（DRIVER' S DOOR LOCK KNOBSWITCH）解锁信息指示灯是否关（OFF）？

驾驶席侧车门锁按钮开关位于解锁位置时，驾驶席侧车门锁按钮开关（DRIVER'S DOOR LOCK KNOB SWITCH）锁定信息指示灯是否关（OFF），且驾驶席侧车门锁按钮开关（DRIVER'S DOOR LOCK KNOBSWITCH）解锁信息指示灯是否开（ON）？

是—更换电动车窗主开关。

否—进行第 7 步。

7. 断开驾驶席侧车门锁作动器 10 芯插头。

8. 检查数据表（DATA LIST）中驾驶席侧车门锁按钮开关（DRIVER'S DOOR LOCK KNOBSWITCH）（锁定）与驾驶席侧车门锁按钮开关（DRIVER'S DOOR LOCK KNOB SWITCH）（解锁）的开/关（ON/OFF）信息。

两个信息指示灯是否显示关闭（OFF）？

是—进行第 12 步。

否—进行第 9 步。

9. 将点火开关旋至锁定（0）。

10. 断开车门多路控制器 37 芯插头。

11. 检查车身地线与车门多路控制器 37 芯插头 30 号端子、31 号端子之间的导通性，如图 5-17 所示。

是否导通？

是—排除导线接地短路故障。

否—更换电动车窗主开关。

12. 将点火开关旋至锁定（0）。

13. 断开车门多路控制器 37 芯插头。

14. 检查车门多路控制器 37 芯插头 30 号端子与 31 号端子之间的导通性，如图 5-18 所示。

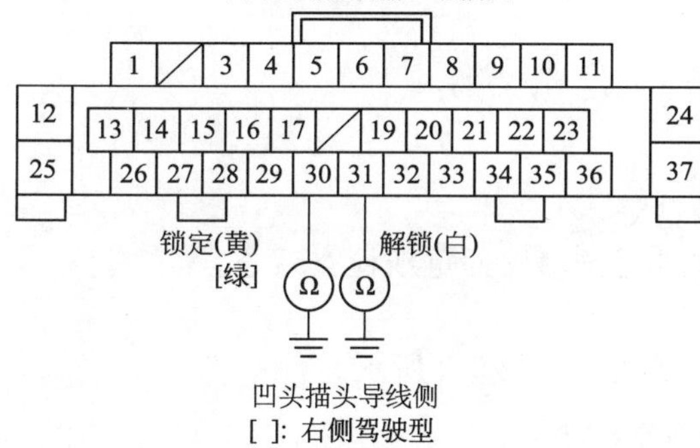

图 5-17　分别检查 37 芯插头 30 号端子、31 号端子与车身地线之间的导通性

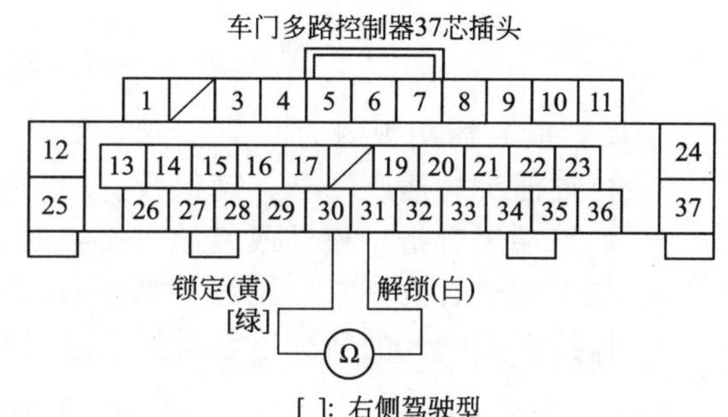

图 5-18　检查 37 芯插头 30 号端子与 31 号端子之间的导通性

是否导通？

是—排除锁定导线与解锁导线之间的短路故障。

否—检查车门多路控制器与驾驶席侧车门锁按钮开关之间的驾驶席侧车门锁开关（锁定）导线或驾驶席侧车门锁按钮开关（解锁）导线是否断路。如果正常，则更换驾驶席侧车门锁作动器。

三、控制装置输入测试

驾驶席侧 MICU

1. 将点火开关旋至锁定（0）。

2. 拆下驾驶席侧仪表板内盖，然后拆下仪表板下盖。

3. 断开驾驶席侧仪表板下保险/继电器盒插头D、E、F、G、N、Q与R，如图5-19所示。

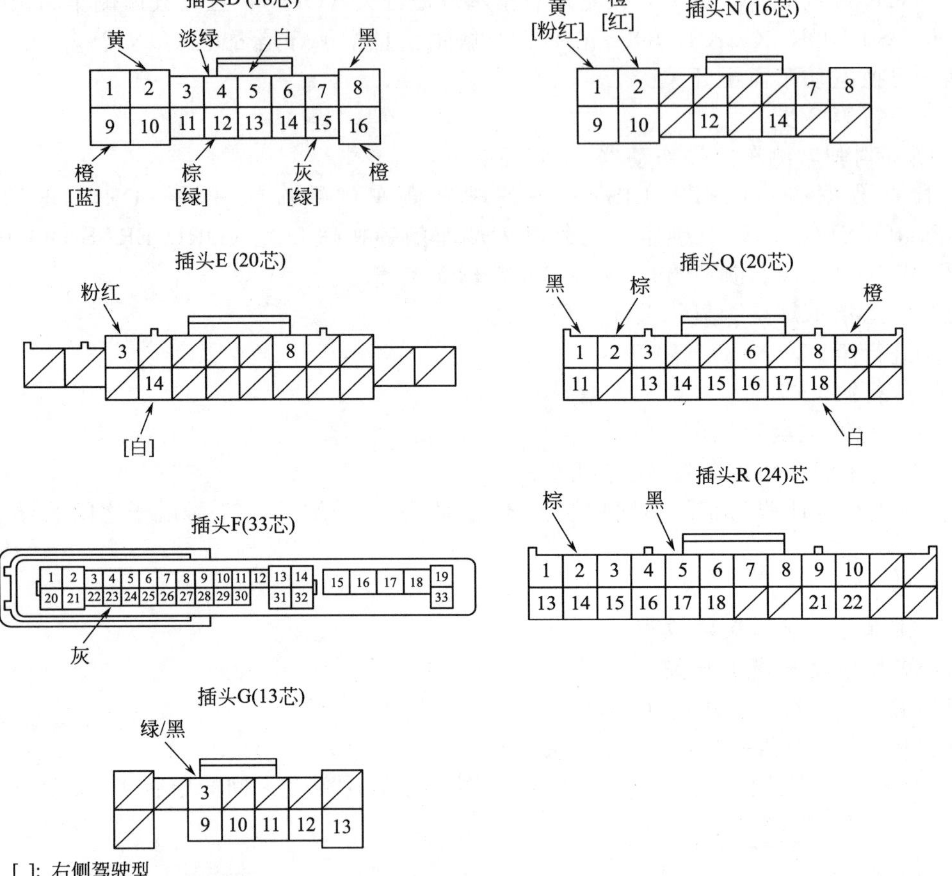

图5-19 断开插头D、E、F、G、N、Q与R

说明：所有插头视图为凹头插头导线侧。

4. 检查插头与插座端子，确保所有端子接触良好。

- 如果端子弯折、松动或腐蚀，必要时，则进行维修，并重新检查系统。
- 如果端子目测正常，则进行第5步。

5. 保持插头断开的情况下，对插头进行输入测试，如表5-2所示。

表5-2 对插头进行输入测试

插槽	导线	测试条件	测试:正常结果	异常结果和可能原因
D8	黑	在所有条件下	检查接地导通性:应该导通	• 接地不良(G601) • 导线断路故障
Q1	黑	在所有条件下	检查接地导通性:应该导通	• 接地不良(G502) • 导线断路故障
Q2	棕	在所有条件下	检查接地导通性:应该导通	• 接地不良(G501) • 导线断路故障
R2	棕	在所有条件下	检查接地导通性:应该导通	• 接地不良(G501) • 导线断路故障
R5	黑	在所有条件下	检查接地导通性:应该导通	• 接地不良(G502) • 导线断路故障
D2	黄	连接N9与D2(或D9)端子以及D9(或D2)端子至地线	检查作动器操作:左[右]后车门锁作动器应解锁(或锁定)	• 左[右]后车门锁作动器故障 • 导线断路故障
D9	橙			

续表

插槽	导线	测试条件	测试:正常结果	异常结果和可能原因
D16	橙	临时连接 N9 与 D16 端子	检查作动器的工作:行李箱盖释放作动器应工作	• 接地不良(G901) • 行李箱盖释放作动器故障 • 导线断路故障
F23	灰	在所有条件下	连接地线:喇叭应该发声	• 发动机盖下保险/继电器盒 10 号保险丝(10A)熔断 • 喇叭继电器故障 • 喇叭故障 • 导线断路故障
N1	黄	将 N9 与 N1(或 N2)端子与 N2(或 N1)端子连接至地线	检查作动器的工作情况:驾驶席侧车门锁作动器应解锁(或锁定)	• 驾驶席侧车门锁作动器故障 • 导线断路故障
N2	橙			
N1	黄	连接 N9 与 N1(或 D9)端子、与 D9(或 N1)端子至车身地线	检查作动器的工作情况:燃油加注口锁作动器应解锁(或锁定)	• 燃油加注口锁作动器故障 • 导线断路故障
D9	橙			
[E14]	白	在所有条件下	测量接地电压:应为蓄电池电压	• 发动机盖下保险/继电器盒内 15 号保险丝(10A)熔断 • 导线断路故障
[Q9]	橙	在所有条件下	检查 Q9 端子与警报控制报警器 3 号端子之间的导通性:应导通	导线断路故障

[ ]:KE、KN 型

- 如果测试显示故障，则查找并排除故障，然后重新检查系统。
- 如果输入测试均正常，则进行第 6 步。

说明：进行测试之前，对发动机盖下保险/继电器盒内的 15 号保险丝（10A）进行确认。

6. 重新连接驾驶席侧仪表板下保险/继电器盒插头，然后对插头进行输入测试，如表 5-3 所示。

表 5-3 对插头进行输入测试

插槽	导线	测试条件	测试:正常结果	异常结果和可能原因
E3	粉红	行李箱盖外侧把手压下	测量接地电压:应低于 1V	• 行李箱盖外侧把手开关 • 导线断路故障 • 接地不良(G901)
		行李箱盖外侧把手释放	测量接地电压:应高于 5V	• 行李箱盖外侧把手开关 • 导线接地短路故障
D4	淡绿	左[右]后车门打开	测量接地电压:应低于 1V	• 左[右]后车门开关故障 • 导线断路故障
		左[右]后车门关闭	测量接地电压:应高于 5V	• 左[右]后车门开关故障 • 导线接地短路故障
D5	白	行李箱盖打开,拆下行李箱灯泡	测量接地电压:应低于 1V	• 行李箱盖锁闩开关故障 • 导线断路故障
		行李箱盖关闭,拆下行李箱灯泡	测量接地电压:应高于 5V	• 行李箱盖锁闩开关故障 • 导线接地短路故障
D12	棕	驾驶席侧车门打开	测量接地电压:应低于 1V	• 驾驶席侧车门开关故障 • 导线断路故障
		驾驶席侧车门关闭	测量接地电压:应高于 5V	• 驾驶席侧车门开关故障 • 导线接地短路故障

续表

插槽	导线	测 试 条 件	测试:正常结果	异常结果和可能原因
D15①	灰	左[右]后车门锁按钮开关位于解锁位置	测量接地电压:应低于1V	• 接地不良(G601) • 左[右]后车门锁按钮开关故障 • 导线断路故障
		左[右]后车门锁按钮开关位于锁定位置	测量接地电压:应为蓄电池电压	• 左[右]后车门锁按钮开关故障 • 导线接地短路故障
G3①	绿/黑	发动机盖打开	测量接地电压:应低于1V	• 接地不良(G302) • 发动机盖开关故障 • 导线断路故障
		发动机盖关闭	测量接地电压:应高于5V	• 发动机盖开关故障 • 导线接地短路故障
Q18	白	点火钥匙插入点火开关	测量接地电压:应低于1V	• 点火钥匙开关故障 • 导线断路故障 • 接地不良(G503)
		点火开关锁定(0),且点火钥匙从点火开关中抽出	测量接地电压:应高于5V	• 点火钥匙开关故障 • 导线接地短路故障

① 具备安全性。

- 如果测试显示故障，查找并排除故障，然后重新检查系统。
- 如果输入测试正常，则进行第 7 步。

7. 将点火开关旋至锁定（0），并拆下助手席侧踢脚板。
8. 断开助手席侧仪表板下保险/继电器盒插头 A、E、F 与 H，如图 5-20 所示。

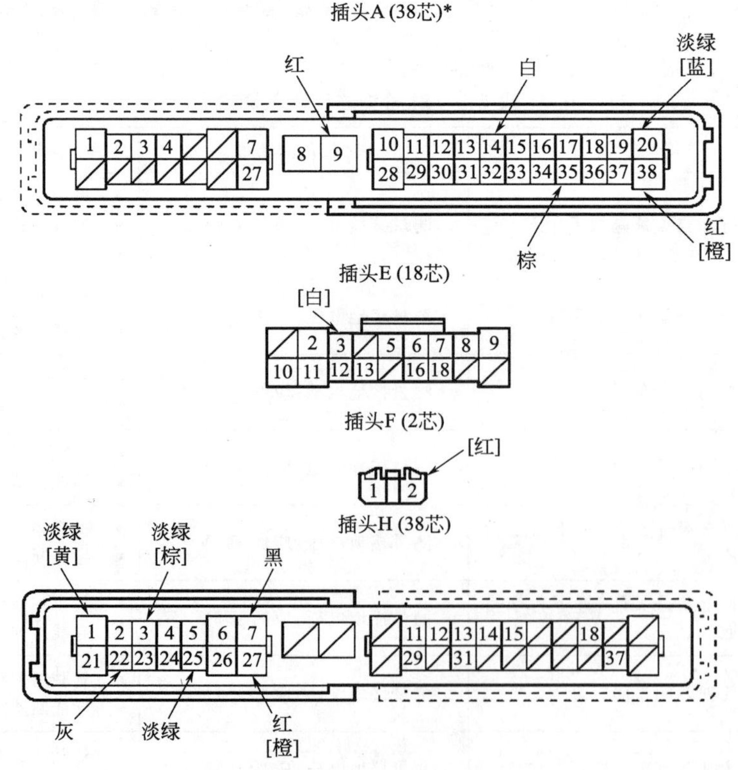

图 5-20　断开插头 A、E、F 与 H

说明：所有插头视图为凹头插头导线侧。

[]：右侧驾驶型。

*：图示为左侧驾驶型，且灰色部分表示锁杆。

右侧驾驶型锁杆采用虚线表示。

9. 检查插头与插座端子，确保所有端子接触良好。

- 如果端子弯折、松动或腐蚀，必要时，则进行维修，并重新检查系统。
- 如果端子目测正常，则进行第 10 步。

10. 在保持插头断开的情况下，对插头进行输入测试，如表 5-4 所示。

表 5-4 对插头进行输入测试

插槽	导线	测试条件	测试:正常结果	异常结果和可能原因
H7	黑	在所有条件下	检查接地导通性:应导通	• 接地不良(G651) • 导线断路故障
A9	红	在所有条件下	测量接地电压:应为蓄电池电压	• 发动机盖下保险/继电器盒内 1 号保险丝(AS F/B)(40A)①或(60A)②熔断 • 驾驶席侧仪表板下保险/继电器盒故障 • 导线断路故障
A14	白	在所有条件下	测量接地电压:应为蓄电池电压	• 发动机盖下保险/继电器盒内 15 号保险丝(10A)熔断 • 驾驶席侧仪表板下保险/继电器盒故障(左侧驾驶型) • 助手席侧仪表板下保险/继电器盒故障(右侧驾驶型) • 导线断路故障
[E3]	白	在所有条件下	测量接地电压:应为蓄电池电压	• 发动机盖下保险/继电器盒内 15 号保险丝(10A)熔断 • 驾驶席侧仪表板下保险/继电器盒故障 • 导线断路故障
A35	棕	点火开关 ON(II)	测量接地电压:应为蓄电池电压	• 驾驶席侧发动机盖下保险/继电器盒内 5 号保险丝(7.5A)熔断 • 驾驶席侧仪表板下保险/继电器盒故障 • 导线断路故障
A20	淡绿	将 A14 端子与 A20(或 A38)端子,以及 A38(或 A20)端子连接至地线	检查作动器的工作情况:前助手席侧车门锁作动器应解锁(或锁定)	• 前助手席侧车门锁作动器故障 • 导线断路故障
A38	红			
H27	红	将 A14 端子与 H27(或 H1)端子,以及 H1(或 H27)端子连接至地线	检查作动器工作情况:右[左]后车门锁动作器应锁定(或解锁)	• 右[左]后车门锁作动器故障 • 导线断路故障
H1	淡绿			
[A2]	棕	将 A2 端子瞬间接地	检查作动器工作情况:所有车门锁作动器应解锁	• 接地不良(G501、G502) • 超锁定解锁继电器故障 • 导线断路故障
[A3]	橙	将 A3 端子瞬间接地	检查作动器工作情况:前助手席侧与左后超锁定作动器应锁定	• 左侧超锁定继电器故障 • 助手席侧超锁定作动器故障 • 左后超锁定作动器故障 • 导线断路故障
[A4]	红	将 A4 端子瞬间接地	检查作动器工作情况:驾驶席侧与右后超锁定作动器应锁定	• 右侧超锁定继电器故障 • 驾驶席侧超锁定作动器故障 • 右后超锁定作动器故障 • 导线断路故障
[F2]	红	在所有条件下	测量接地电压:应为蓄电池电压	• 发动机盖下保险/继电器盒内 1 号保险丝(AS F/B)(40A)①或(60A)②熔断 • 导线断路故障

① 配备 ACC。

② 未配备 ACC。

- 如果测试显示故障，则查找并排除故障，然后重新检查系统。
- 如果输入测试均正常，则进行第 11 步。

说明：进行测试之前，对发动机盖下保险/继电器盒内 15 号保险丝（10A）进行确认。

11. 重新连接助手席侧仪表板下保险/继电器盒插头，并对插头进行输入测试，如表 5-5 所示。

表 5-5　对插头进行输入测试

插槽	导线	测 试 条 件	测试:正常结果	异常结果和可能原因
H22①	灰	右[左]后车门锁按钮开关解锁(UNLOCK)	测量接地电压:应低于 1V	• 接地不良(G651) • 右[左]后车门锁按钮开关故障 • 导线断路故障
		右[左]后车门锁按钮开关锁定(LOCK)	测量接地电压:应为蓄电池电压	• 右[左]后车门锁按钮开关故障 • 导线接地短路故障
H25	淡绿	右[左]后车门打开	测量接地电压:应低于 1V	• 右[左]后车门开关故障 • 导线断路故障
		右[左]后车门打开关闭	测量接地电压:应高于 5V	• 右[左]后车门开关故障 • 导线接地短路故障
H3	绿	前助手席侧车门打开	测量接地电压:应低于 1V	• 前助手席侧车门开关故障 • 导线断路故障
		前助手席侧车门关闭	测量接地电压:应高于 5V	• 前助手席侧车门开关故障 • 导线接地短路故障

① 具备安全性。

- 如果测试显示故障，查找并排除故障，然后重新检查系统。
- 如果输入测试正常，则进行第 12 步。

12. 将点火开关旋至锁定（0），并拆下电动车窗主开关。

13. 断开车门多路控制器上的 37 芯插头，如图 5-21 所示。

14. 检查插头与插座端子，确保所有端子接触良好。

- 如果端子弯折、松动或腐蚀，必要时，则进行维修，并重新检查系统。
- 如果端子目测正常，则进行第 15 步。

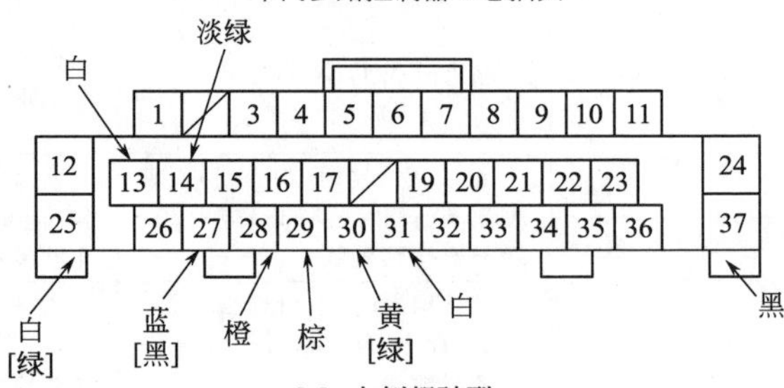

图 5-21　断开车门多路控制器上的 37 芯插头

15. 在保持插头断开的情况下，对插头进行输入测试，如表 5-6 所示。

表 5-6　对插头进行输入测试

插槽	导线	测 试 条 件	测试:正常结果	异常结果和可能原因
32	黑	在所有条件下	检查接地导通性:应导通	• 接地不良(G501) • 导线断路故障
37	黑	在所有条件下	检查接地导通性:应导通	• 接地不良(G502) • 导线断路故障
13	白	在所有条件下	测量接地电压:应为蓄电池电压	• 发动机盖下保险/继电器盒内 15 号保险丝(10A)熔断 • 驾驶席侧仪表板下保险/继电器盒故障 • 导线断路故障

续表

插槽	导线	测试条件	测试:正常结果	异常结果和可能原因
14	淡绿	在所有条件下	测量接地电压:应为蓄电池电压	• 驾驶席侧仪表板下保险/继电器盒内16号保险丝(7.5A)熔断 • 驾驶席侧仪表板下保险/继电器盒故障 • 导线断路故障
25	白	在所有条件下	测量接地电压:应为蓄电池电压	• 驾驶席侧仪表板下保险/继电器盒内24号保险丝(20A)熔断 • 驾驶席侧仪表板下保险/继电器盒故障 • 导线断路故障
27	蓝	在所有条件下(断开前助手席侧电动车窗开关37芯插头)	检查27号端子与前助手席侧电动车窗开关37芯插头29号端子之间的导通性:应导通	导线断路故障

- 如果测试显示故障，则查找并排除故障，然后重新检查系统。
- 如果输入测试均正常，则进行第16步。

16. 重新连接车门多路控制器37芯插头，并对插头进行输入测试，如表5-7所示。

表5-7 对插头进行输入测试

插槽	导线	测试条件	测试:正常结果	异常结果和可能原因
28	橙	驾驶席侧车门锁芯开关锁定(LOCK)	测量接地电压:应低于1V	• 接地不良(G501) • 驾驶席侧车门锁芯开关故障 • 导线断路故障
		驾驶席侧车门锁芯开关解锁(UNLOCK)	测量接地电压:应为5V或以上	• 驾驶席侧车门锁芯开关故障 • 导线接地短路故障
29	棕	驾驶席侧车门锁芯开关解锁(UNLOCK)	测量接地电压:应低于1V	• 接地不良(G501) • 驾驶席侧车门锁芯开关故障 • 导线断路故障
		驾驶席侧车门锁芯开关锁定(LOCK)	测量接地电压:应为5V或以上	• 驾驶席侧车门锁芯开关故障 • 导线接地短路故障
30	黄	驾驶席侧车门锁按钮开关锁定(LOCK)	测量接地电压:应低于1V	• 接地不良(G501) • 驾驶席侧车门锁按钮开关故障 • 导线断路故障
		驾驶席侧车门锁按钮开关解锁(UNLOCK)	测量接地电压:应为5V或以上	• 驾驶席侧车门锁按钮开关故障 • 导线接地短路故障
31	白	驾驶席侧车门锁按钮开关解锁(UNLOCK)	测量接地电压:应低于1V	• 接地不良(G501) • 驾驶席侧车门锁按钮开关故障 • 导线断路故障
		驾驶席侧车门锁按钮开关锁定(LOCK)	测量接地电压:应为5V或以上	• 驾驶席侧车门锁按钮开关故障 • 导线接地短路故障

- 如果测试显示故障，查找并排除故障，然后重新检查系统。
- 如果输入测试正常，则进行第17步。

17. 将点火开关旋至锁定（0），并拆下前助手席侧电动车窗开关。
18. 断开前助手席侧电动车窗开关37芯插头，如图5-22所示。
19. 检查插头与插座端子，确保所有端子接触良好。

- 如果端子弯折、松动或腐蚀，必要时，则进行维修，并重新检查系统。
- 如果端子目测正常，则进行第20步。

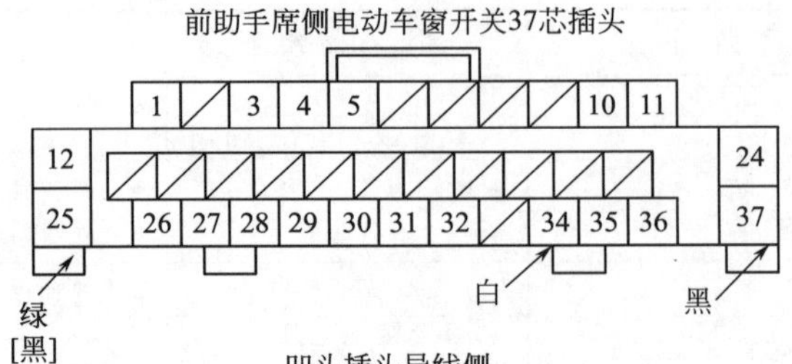

图 5-22　断开前助手席侧电动车窗开关 37 芯插头

20. 在保持插头断开的情况下，对插头进行输入测试，如表 5-8 所示。

表 5-8　对插头进行输入测试

插槽	导线	测 试 条 件	测试：正常结果	异常结果和可能原因
37	黑	在所有条件下	检查接地导通性：应该导通	• 接地不良(G505) • 导线断路故障
25	绿	在所有条件下	测量接地电压：应为蓄电池电压	• 助手席侧仪表板下保险/继电器盒内 13 号保险丝(20A)熔断 • 导线断路故障

- 如果测试显示故障，则查找并排除故障，然后重新检查系统。
- 如果输入测试正常，则进行第 21 步。

21. 重新连接前助手席侧电动车窗开关 37 芯插头，然后对插头进行输入测试，如表 5-9 所示。

表 5-9　对插头进行输入测试

插槽	导线	测 试 条 件	测试：正常结果	异常结果和可能原因
34	白	前助手席侧车门锁按钮开关解锁(UNLOCK)	测量接地电压：应低于 1V	• 接地不良(G505) • 前助手席侧车门锁按钮开关故障 • 导线断路故障
		前助手席侧车门锁按钮开关锁定(LOCK)	测量接地电压：应为 5V 或以上	• 前助手席侧车门锁按钮开关故障 • 导线接地短路故障

- 如果测试显示故障，查找并排除故障，然后重新检查系统。
- 如果所有输入测试正常，则进行第 22 步。

22. 如果多个控制装置发生多路故障，则更换驾驶席侧仪表板下保险/继电器盒（包括驾驶席侧 MICU 在内）。如果输入故障与某个特殊的控制装置有关，则更换此控制装置。

第六章

广州本田车系防盗系统和中控门锁电控系统故障检修

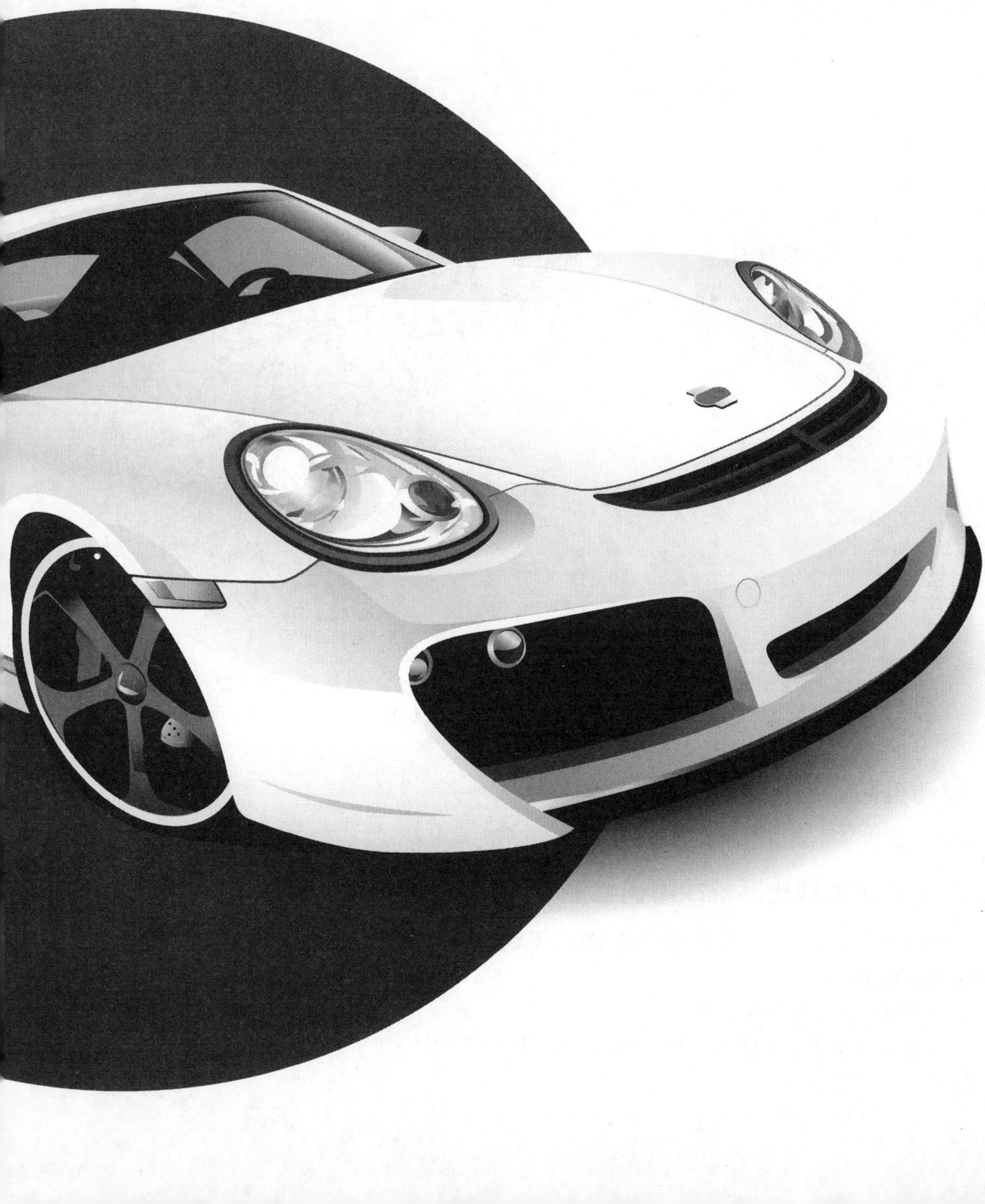

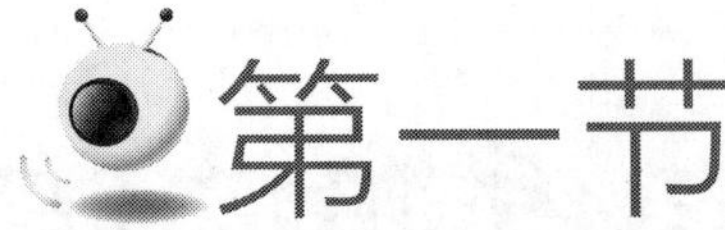

第一节 广州本田飞度车系发动机防盗锁止系统故障检修（09款）

一、发动机防盗锁止系统部件位置

发动机防盗锁止系统部件位置，如图6-1所示。

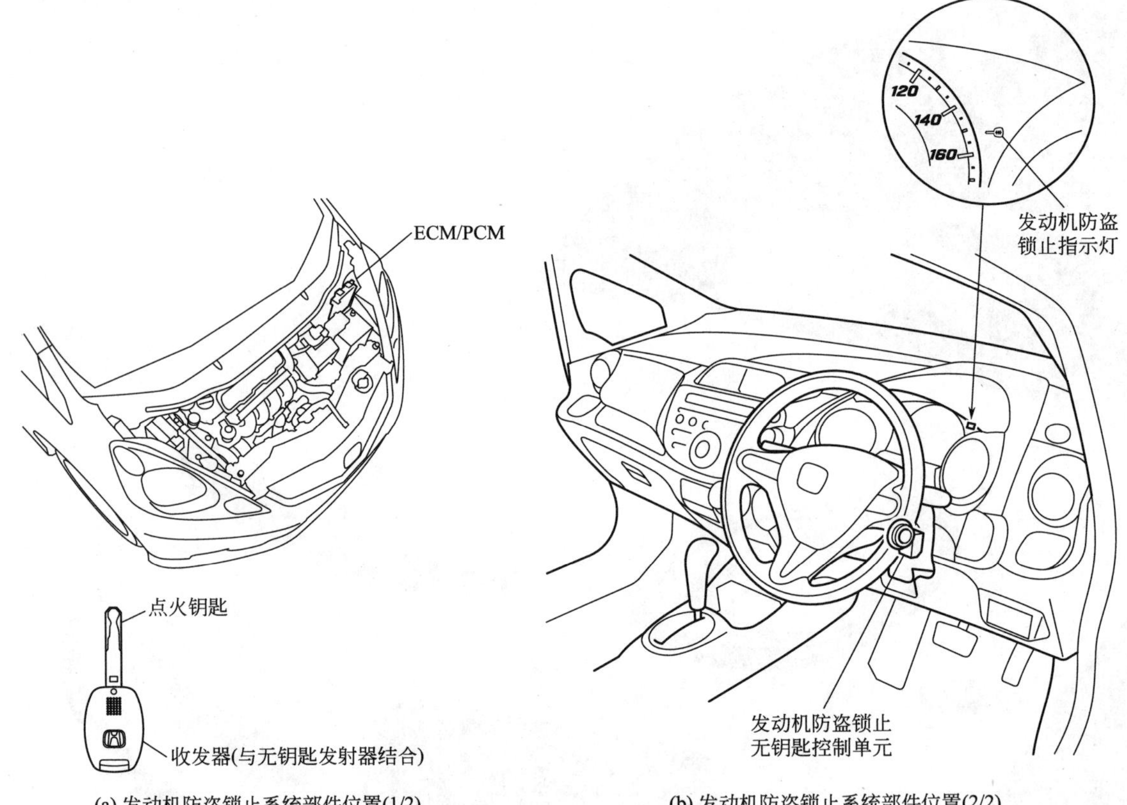

(a) 发动机防盗锁止系统部件位置(1/2)　(b) 发动机防盗锁止系统部件位置(2/2)

图6-1　发动机防盗锁止系统部件位置

二、发动机防盗锁止系统电路

发动机防盗锁止系统电路，如图6-2所示。

三、发动机防盗锁止系统故障码检测

（一）DTC B1905：发动机防盗锁止无钥匙控制单元与MICU失去通信（DR-LOCKSW信息）

1. 使用HDS清除DTC。
2. 将点火开关转至LOCK（0）位置，然后转回至ON（Ⅱ）位置。
3. 等待6s或更长时间。

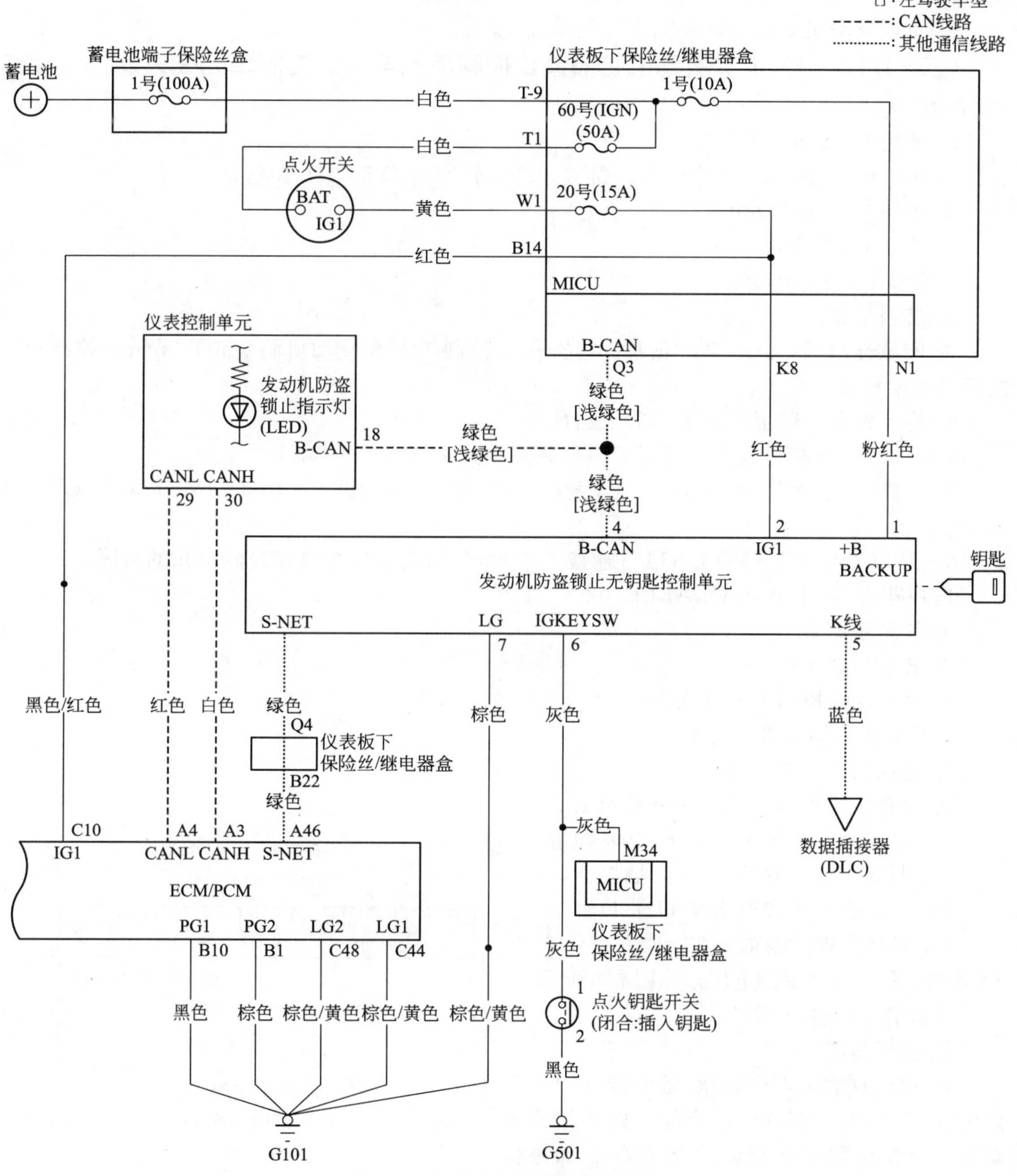

图 6-2 发动机防盗锁止系统电路

4. 使用 HDS 检查 DTC。

是否显示 DTC B1905？

是-转至步骤 5。

否-间歇性故障，此时发动机防盗锁止无钥匙控制单元正常。检查发动机防盗锁止无钥匙控制单元和 MICU 之间是否松动或连接不良。

5. 使用 HDS 检查 DTC。

DTC B1155、B1156、B1157、B1159、B1160 和 B1188 是否和 DTC B1905 一起显示？

是-MICU 故障，更换仪表板下保险丝/继电器盒。

否-更换发动机防盗锁止无钥匙控制单元。

（二）DTC B1906：发动机防盗锁止控制单元与仪表控制单元失去通信（A/T 信息）

1. 使用 HDS 清除 DTC。
2. 将点火开关转至 LOCK（0）位置，然后转回至 ON（II）位置。
3. 等待 6s 或更长时间。
4. 使用 HDS 检查 DTC。

是否显示 DTC B1906？

是-转至步骤 5。

否-间歇性故障，此时系统正常。检查仪表控制单元和发动机防盗锁止无钥匙控制单元之间是否松动或连接不良。

5. 将点火开关转至 LOCK（0）位置。
6. 将 HDS 连接至数据插接器，然后将点火开关转至 ON（II）位置。
7. 选择“BODY ELECTRICAL（车身电气）”菜单，然后进入“UNIT INFORMATION（单元信息）”。
8. 从“CONNECTED UNIT（连接的单元）”列表上检查仪表控制单元的情况。

是否显示 NOT AV AILABLE（不可用）？

是-转至步骤 9。

否-转至步骤 10。

9. 执行仪表控制单元输入测试。

是否所有的输入都正常？

是-更换仪表控制单元。

否-修理故障输入，然后重新检查 DTC。

10. 将点火开关转至 LOCK（0）位置。
11. 断开仪表控制单元 32 针插接器。
12. 将点火开关转至 ON（II）位置。
13. 测量仪表控制单元 32 针插接器 16 号、32 号端子和车身搭铁的电压，如图 6-3 所示。

仪表控制单元32针插接器

+B BACK UP(粉红色)

6 9 13 14 15 16

17 18 19 20 22 23 24 27 28 29 30 32

IG1(浅蓝色)

阴端子的线束侧

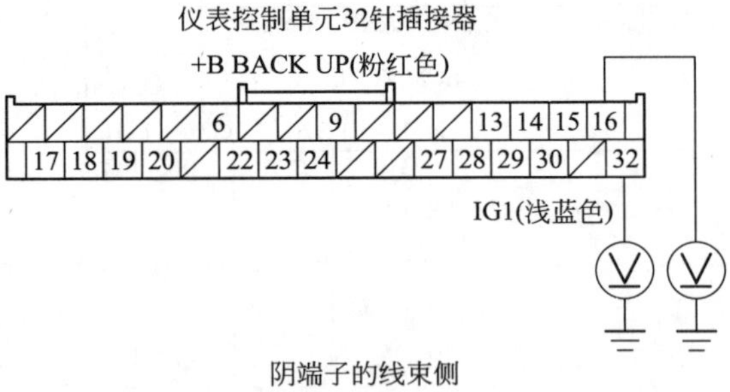

图 6-3 测量 32 针插接器 16 号、32 号端子和车身搭铁的电压

是否有蓄电池电压？

是-转至步骤 14。

否-检查仪表板下保险丝/继电器盒中 1 号（10A）和 20 号（15A）保险丝。如果保险丝熔断，更换保险丝并重新检查 DTC。如果保险丝正常，修理仪表板下保险丝/继电器盒和仪表控制单元之间线束的断路。

14. 将点火开关转至 LOCK（0）位置。
15. 检查仪表控制单元 32 针插接器 13 号、17 号端子和车身搭铁之间是否导通，如图 6-4 所示。

是否导通？

是-转至步骤 16。

否-修理线束中的断路或搭铁不良（G501）。

16. 断开仪表板下保险丝/继电器盒插接器 Q（16 针）。
17. 检查仪表板下保险丝/继电器盒插接器 Q（16 针）3 号端子与仪表控制单元 32 针插

接器 18 号端子之间是否导通，如图 6-5 所示。

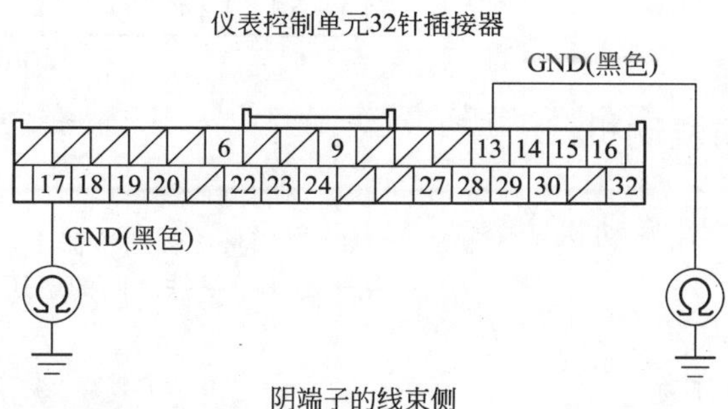

图 6-4 检查 32 针插接器 13 号、17 号端子和车身搭铁之间是否导通

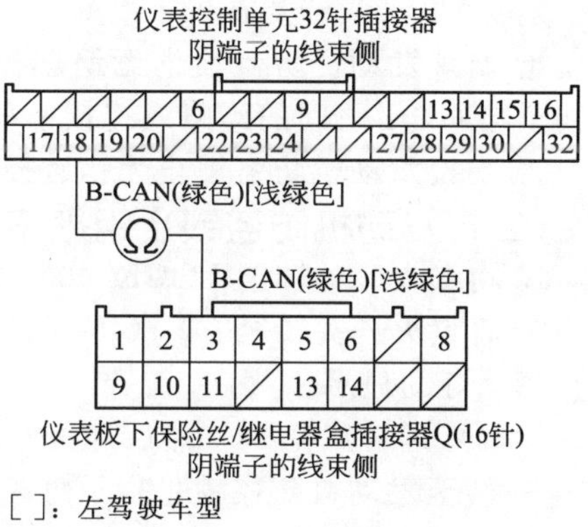

仪表控制单元32针插接器
阴端子的线束侧
B-CAN(绿色)[浅绿色]
B-CAN(绿色)[浅绿色]
仪表板下保险丝/继电器盒插接器Q(16针)
阴端子的线束侧
[ ]：左驾驶车型

图 6-5 检查（16 针）3 号端子与仪表控制单元 32 针插接器 18 号端子之间是否导通

是否导通？

是-更换仪表控制单元。

否-修理线束中的断路。

四、发动机防盗锁止系统症状故障检修

（一）发动机防盗锁止指示灯闪烁

1. 将点火开关转至 LOCK（0）位置。

2. 连接 HDS，然后将点火开关转至 ON（II）位置。

3. 进入 IMMOBILIZER（发动机防盗锁止），然后选择 IMMOBILIZER SETUP（发动机防盗锁止设置）。

4. 选择 SYSTEM CHECK（系统检查）。

是否显示 SYSTEM CHECK（系统检查）？

是-根据 SYSTEM CHECK（系统检查）结果，对发动机防盗锁止系统进行故障排除。

否-转至步骤 5。

5. 将点火开关转至 LOCK（0）位置。

6. 进入车辆，并将点火钥匙从点火开关中拔出，然后关闭所有车门。

7. 在车辆中，操作无钥匙发射器锁止和解锁多次。

门锁作动器是否工作正常？

是-转至步骤 8。

否-检查发动机防盗锁止无钥匙控制单元 7 针插接器 7 号端子与车身搭铁（G101）之间的线束是否搭铁不良（G101）和/或断路。

8. 将点火开关转至 ON（II）位置。

9. 测量发动机防盗锁止无钥匙控制单元 7 针插接器 2 号端子与车身搭铁之间的电压，如图 6-6 所示。

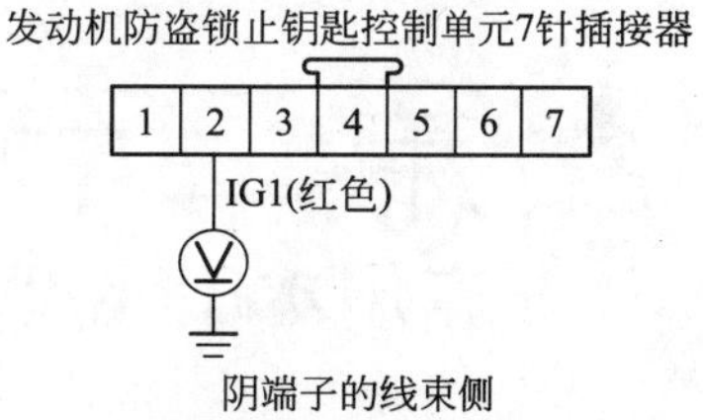

是否有蓄电池电压？

是-转至步骤 10。

否-修理仪表板下保险丝/继电器盒和发动机防盗锁止无钥匙控制单元之间红色线束的断路。

发动机防盗锁止钥匙控制单元7针插接器
IG1(红色)
阴端子的线束侧

图 6-6 测量 7 针插接器 2 号端子与车身搭铁之间的电压

10. 测量发动机防盗锁止无钥匙控制单元 7 针插接器 7

号端子与车身搭铁之间的电压，如图 6-7 所示。

是否为 0.5V 或更高？

是-修理发动机防盗锁止无钥匙控制单元 7 针插接器 7 号端子与 G101 之间的断路或连接不良。

否-更换发动机防盗锁止无钥匙控制单元。

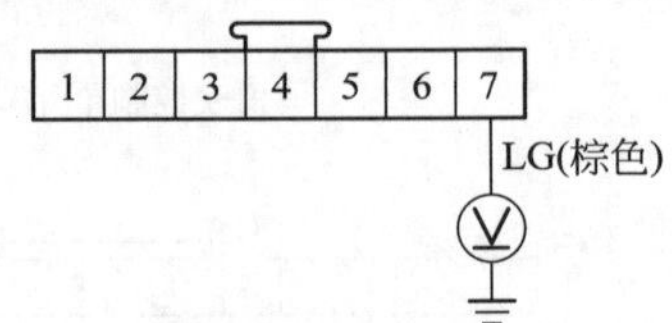

图 6-7　测量 7 针插接器 7 号端子与车身搭铁之间的电压

（二）发动机防盗锁止钥匙不能启动发动机

1. 将点火开关转至 LOCK（0）位置。

2. 将点火开关转至 ON（II）位置，并检查发动机防盗锁止指示灯的显示。

指示灯是否点亮 2s，然后熄灭？

是-转至发动机防盗锁止指示灯闪烁故障排除。

否-转至步骤 3。

3. 将点火开关转至 START（III）位置。

启动电机是否运转？

是-转至步骤 4。

否-转至启动系统故障排除并检查启动电机。

4. 尝试使用发动机防盗锁止系统钥匙启动发动机。

发动机是否启动？

是-转至步骤 5。

否-转至燃油和排放系统症状故障排除。

5. 发动机运转时等待几分钟。

发动机是否停止运转？

是-转至燃油和排放系统症状故障排除。

否-此时系统正常。

（三）发动机防盗锁止指示灯不熄灭

1. 将点火开关转至 LOCK（0）位置。

2. 将 HDS 连接到数据插接器上。

3. 将点火开关转至 ON（II）位置。

4. 进入“IMMOBILIZER（发动机防盗锁止）”，然后选择“IMMOBILIZER INFORMATION（发动机防盗锁止信息）”。

5. 使用 HDS 进行系统检查。

是否显示 N-1 OK（N-1 正常）？

是-更换仪表控制单元。

否-换上已知良好的发动机防盗锁止无钥匙控制单元，然后注册并重新检查。如果症状消失，更换原来的发动机防盗锁止无钥匙控制单元。

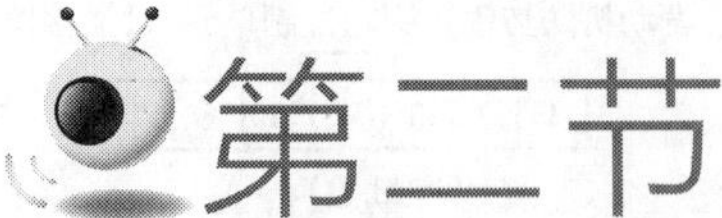

第二节

广州本田飞度无钥匙电动门锁安全系统故障检修（09 款）

一、无钥匙/电动门锁/安全系统部件位置

无钥匙/电动门锁/安全系统部件位置如图 6-8、图 6-9 所示。

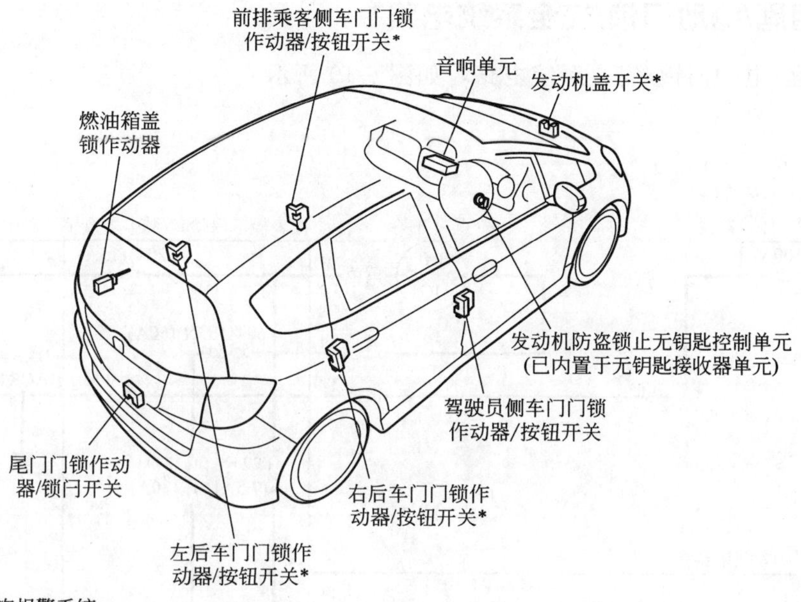

*：带防盗报警系统
图示为右驾驶车型，左驾驶车型与此相似。

图 6-8 无钥匙/电动门锁/安全系统部件位置（1）

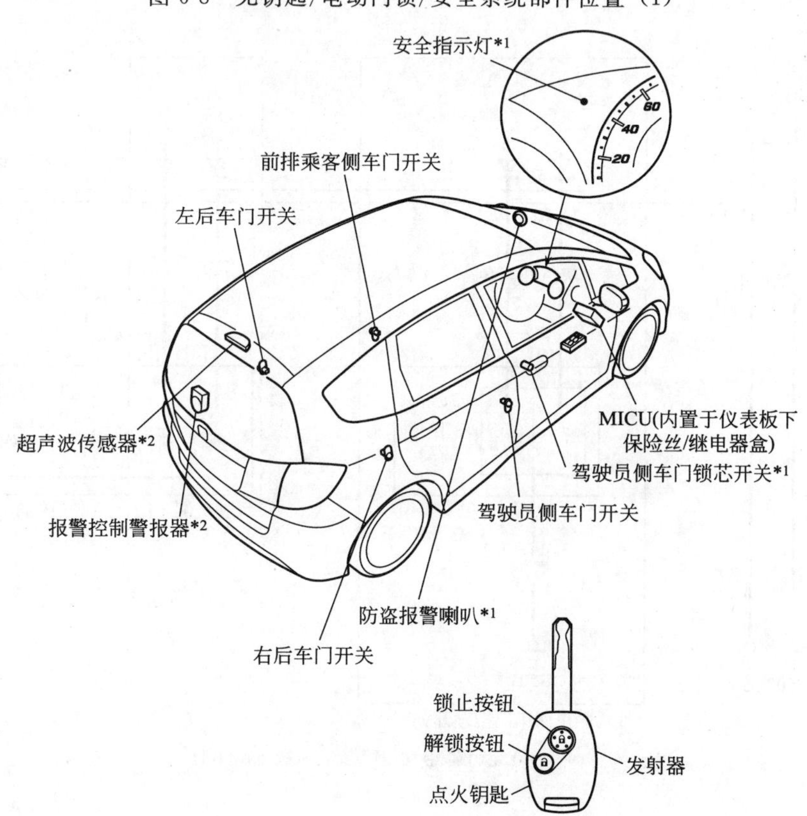

*1：带防盗报警系统
*2：带超声波
图示为右驾驶车型，左驾驶车型与此相似。

图 6-9 无钥匙/电动门锁/安全系统部件位置（2）

二、无钥匙/电动门锁/安全系统电路

无钥匙/电动门锁/安全系统电路，如图 6-10 所示。

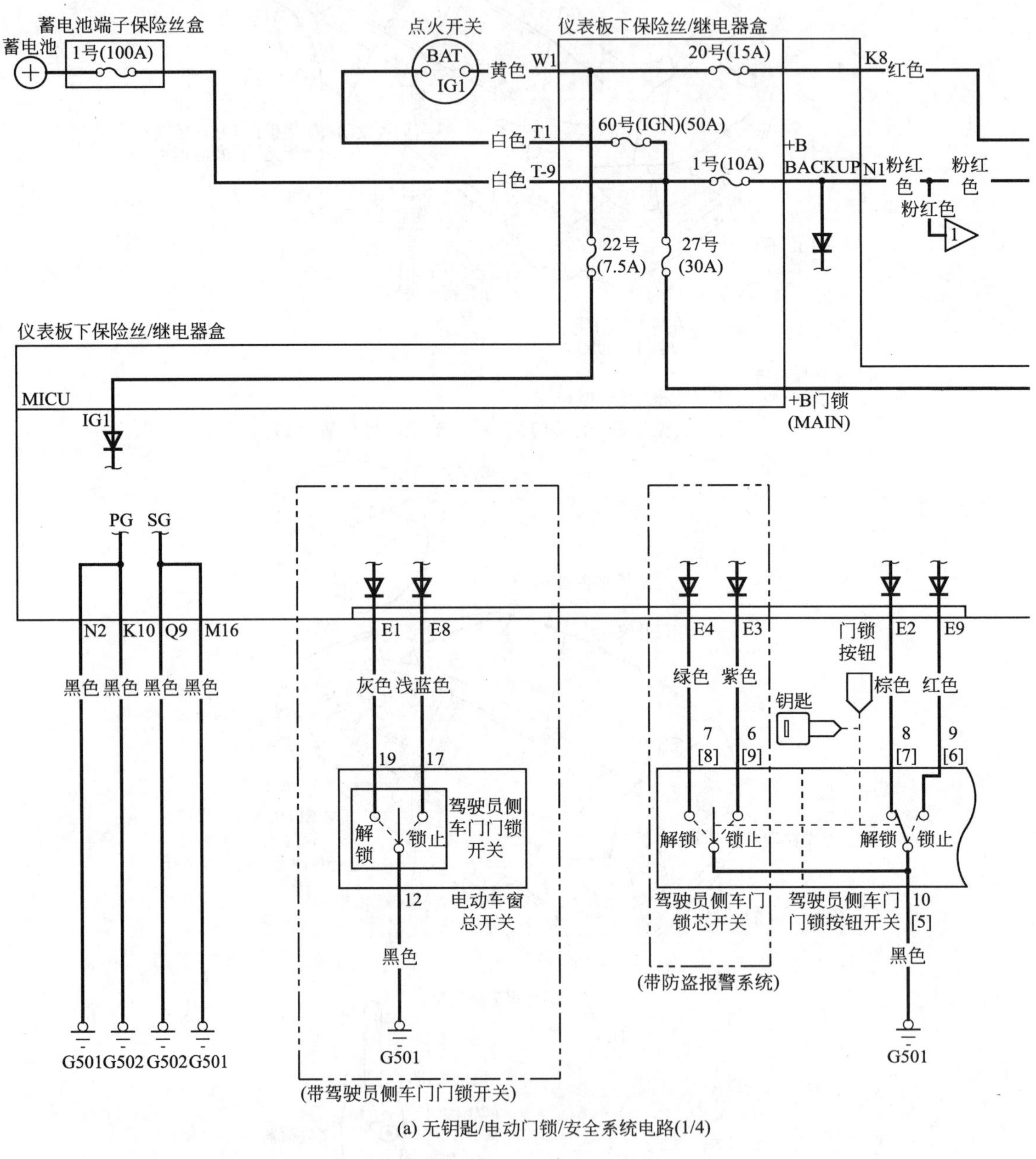

(a) 无钥匙/电动门锁/安全系统电路(1/4)

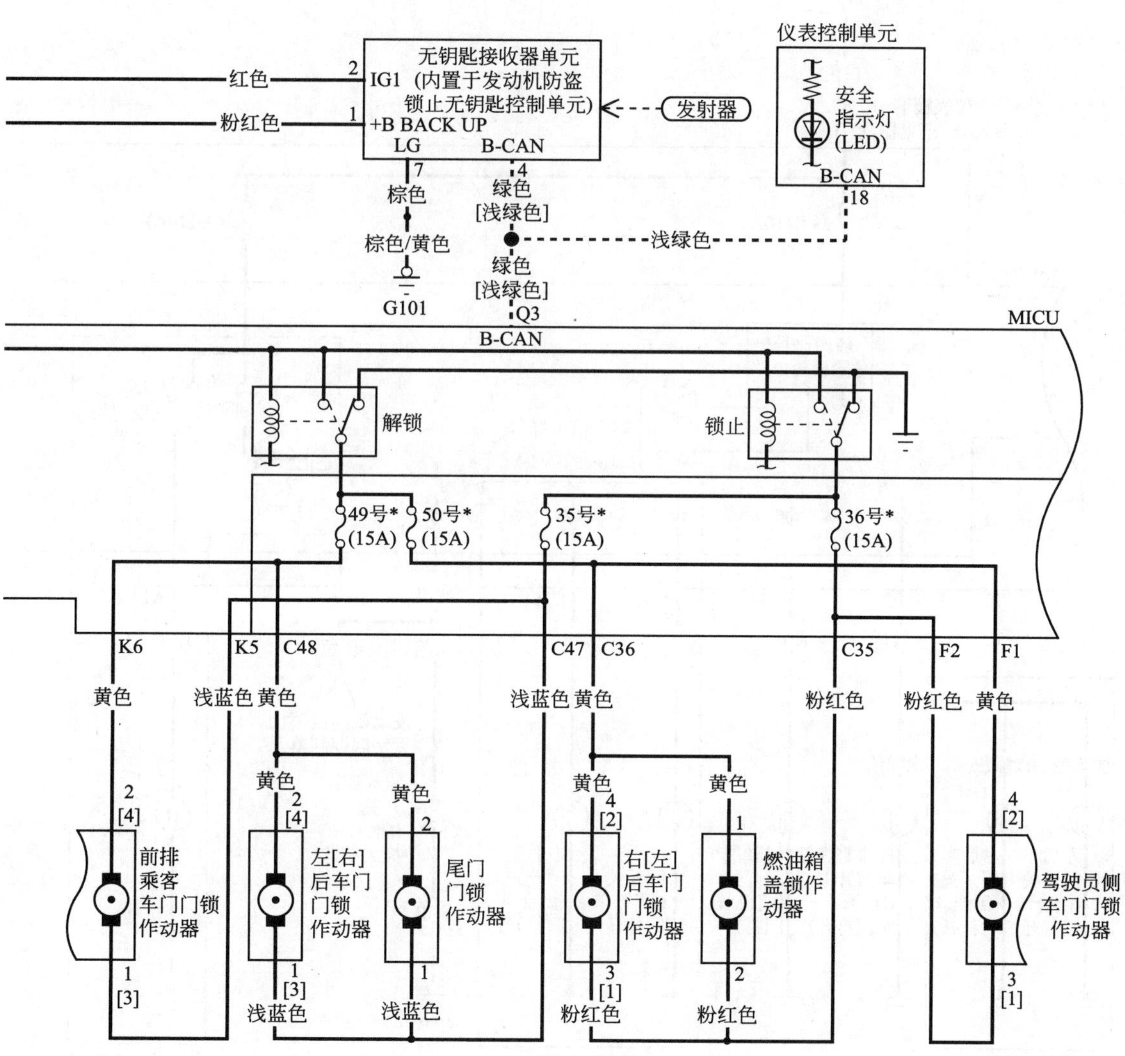

(b) 无钥匙/ 电动门锁/ 安全系统电路(2/4)

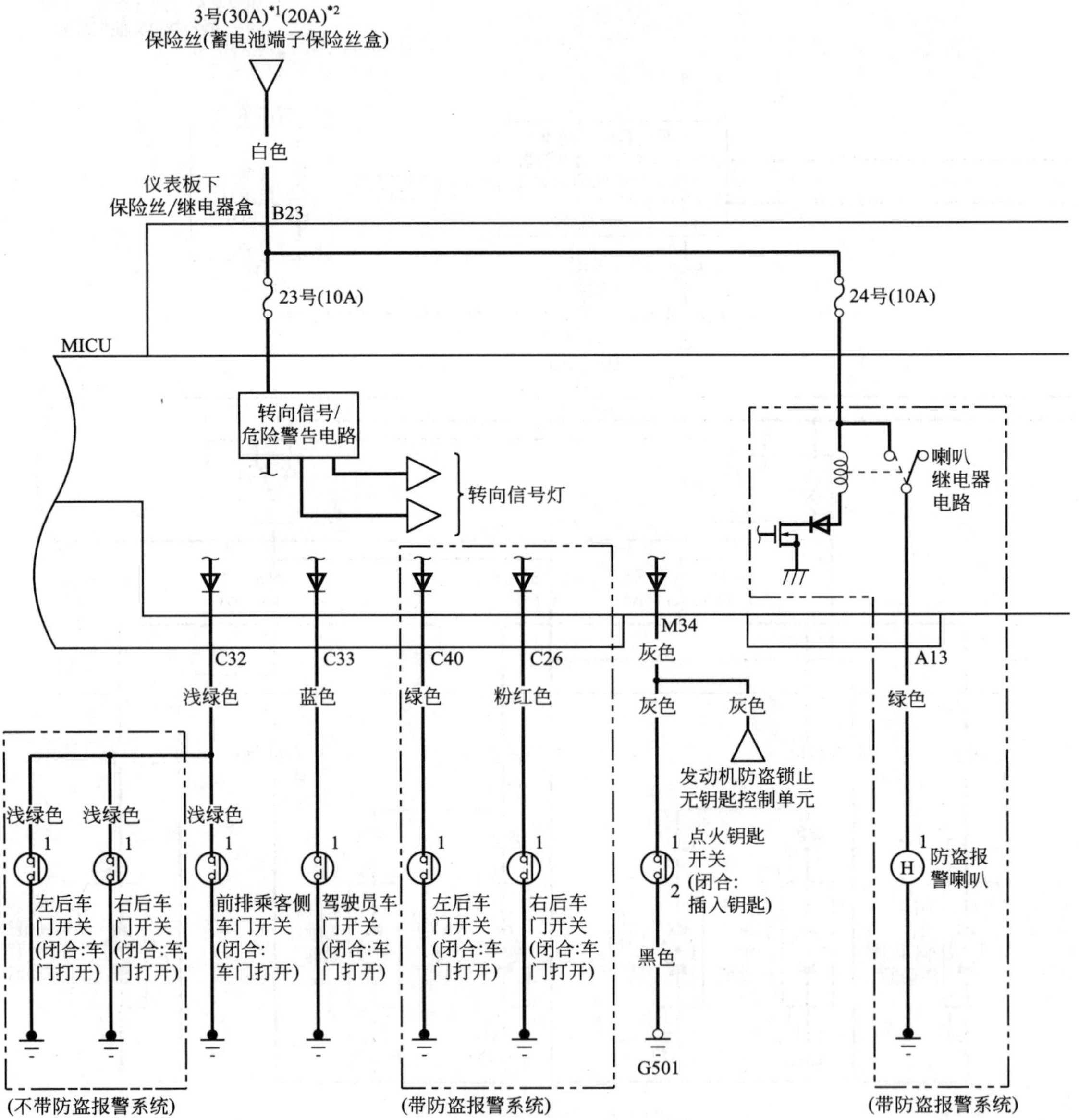

(c) 无钥匙/ 电动门锁/ 安全系统电路(3/4)

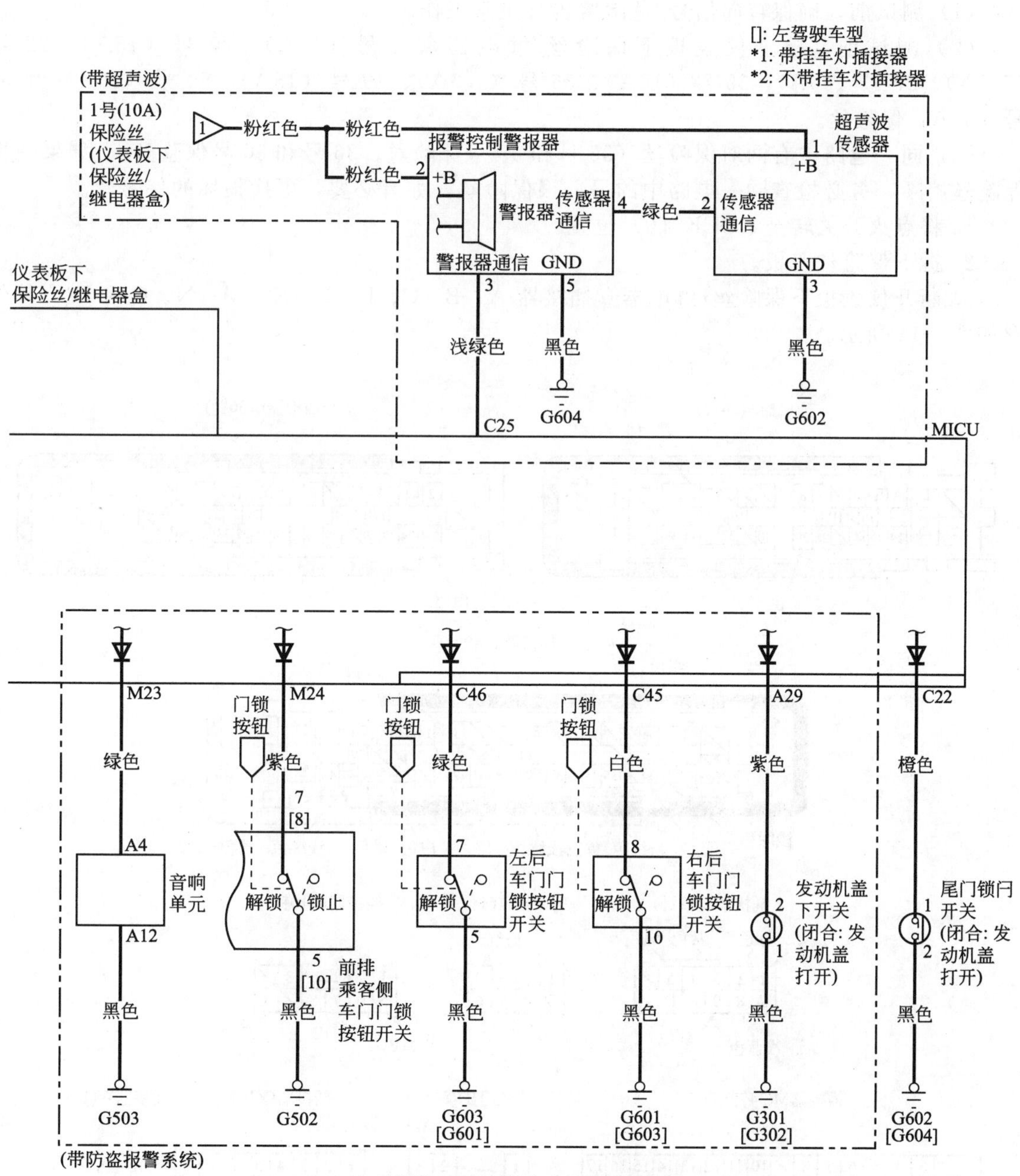

(d) 无钥匙/电动门锁/安全系统电路(4/4)

图 6-10 无钥匙/电动门锁/安全系统电路

三、无钥匙/电动门锁/安全系统端子功能和检测数据

MICU 输入测试

注意：

(1) 测试前，确保转向信号/危险警告灯正常工作。

(2) 测试前，检查仪表板下保险丝/继电器盒 1 号 (10A)、20 号 (15A)、22 号 (7.5A)、27 号 (30A)、35 号 (10A)、36 号 (1 5A)、49 号 (15A)、50 号 (15A) 和 60 号 (50A) 保险丝。

(3) 同一电路中有两对保险丝 (35 号和 49 号保险丝、36 号和 50 号保险丝)。如果一根保险丝熔断，务必检查同一电路中的另一根保险丝。如有必要，更换损坏的保险丝。

1. 将点火开关转至 LOCK (0) 位置。

2. 拆下保险丝盖板。

3. 断开仪表板下保险丝/继电器盒插接器 A、B、C、E、F、K、M、N、Q 和 W，其外形如图 6-11 所示。

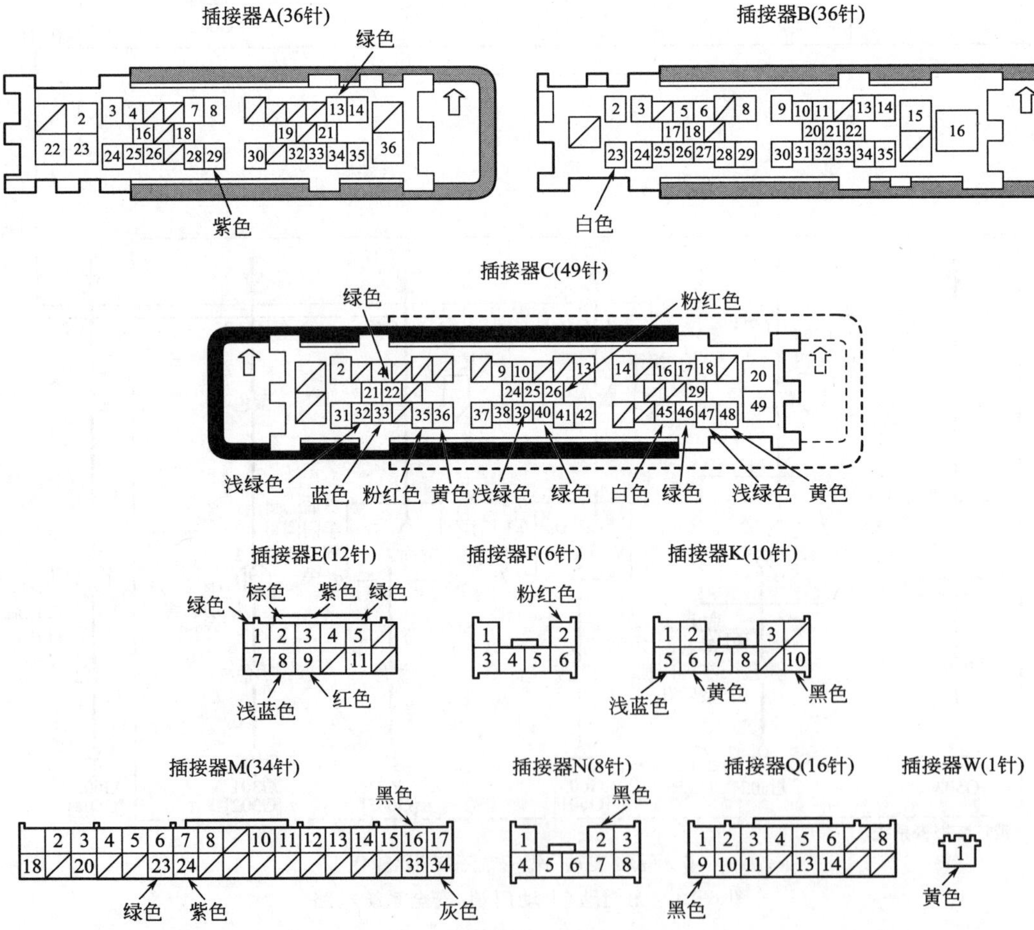

图 6-11 保险丝/继电器盒插接器 A、B、C、E、F、K、M、N、Q 和 W

注意：

所有插接器视图方向都是在阴端子的线束侧。

4. 检查插接器和插座端子确保它们都连接良好。

(1) 如果端子弯曲、松动或受到腐蚀，按需要对其进行修理并重新检查系统。

(2) 如果端子看起来正常，转至步骤5。

5. 在插接器仍然断开的情况下，对插接器进行以下输入测试，具体检测如表6-1所示。

(1) 如果测试指示出有问题，找到并排除故障，然后重新检查系统。

(2) 如果所有输入测试都正常，MICU一定有故障；更换仪表板下保险丝/继电器盒。

表6-1 无钥匙/电动门锁/安全系统电控单元连接器的检测

端子号	导线颜色	测试条件	测试:期望结果	未能达到期望结果的可能原因
K10	黑色	所有情况下	检查与搭铁是否导通:应导通	1. 搭铁(G502)不良 2. 线束断路
Q9	黑色	所有情况下	检查与搭铁是否导通:应导通	1. 搭铁(G502)不良 2. 线束断路
M16	黑色	所有情况下	检查与搭铁是否导通:应导通	1. 搭铁(G501)不良 2. 线束断路
N2	黑色	所有情况下	检查与搭铁是否导通:应导通	1. 搭铁(G501)不良 2. 线束断路
F1	黄色	将蓄电池正极端子连接至F1(F2)端子,将F2(F1)端子连接到车身搭铁	检查作动器工作情况:驾驶员侧门锁作动器应解锁(或锁止)。	1. 驾驶员侧门锁作动器故障 2. 线束断路
F2	粉红色			
K5	浅蓝色	将蓄电池正极端子连接至K5(K6)端子,将K6(K5)端子连接到车身搭铁	检查作动器工作情况:前排乘客侧门锁作动器应锁止(或解锁)	1. 前排乘客侧门锁作动器故障 2. 线束断路
K6	黄色			
C35	粉红色	将蓄电池正极端子连接至C35(C36)端子,将C36(C35)端子连接到车身搭铁	检查作动器工作情况:右[左]后车门门锁作动器和燃油箱锁作动器应锁止(或解锁)	1. 左[右]后车门门锁作动器故障 2. 燃油箱盖锁作动器故障 3. 线束断路
C36	黄色			
C47	浅蓝色	将蓄电池正极端子连接至C47(C48)端子,将C48(C47)端子连接到车身搭铁	检查作动器工作情况:左[右]后车门门锁作动器和尾门门锁作动器应锁止(或解锁)	1. 左[右]后车门门锁作动器故障 2. 尾门门锁作动器故障 3. 线束断路
C48	黄色			
A13①	绿色	所有情况下	使用跨接线连接端子A13与端子B23:喇叭应鸣响	1. 防盗报警喇叭故障 2. 线束断路
C25②	浅绿色	断开报警控制警报器6针插接器	检查C25和报警控制警报器6针插接器3号端子之间是否导通:应导通	线束断路
M23①	绿色	所有情况下	检查与搭铁是否导通:应导通	1. 搭铁(G503)不良 2. 音响单元故障 3. 线束断路
B23	白色	所有情况下	测量到搭铁的电压:应为蓄电池电压	1. 蓄电池端子保险丝盒中的3号(30A③/20A④)保险丝熔断 2. 线束断路
W1	黄色	点火开关转至ON(II)位置	测量到搭铁的电压:应为蓄电池电压	1. 蓄电池端子保险丝盒中的1号(100A)保险丝熔断 2. 仪表板下保险丝/继电器盒中60号(IGN)(50A)保险丝熔断 3. 点火开关故障 4. 线束断路

续表

端子号	导线颜色	测 试 条 件	测试:期望结果	未能达到期望结果的可能原因
C33	蓝色	驾驶员侧车门打开	检查与搭铁是否导通:应导通	1. 驾驶员侧车门开关故障 2. 线束断路
		驾驶员侧车门关闭	检查与搭铁是否导通:应不导通	1. 驾驶员侧车门开关故障 2. 线束对搭铁短路
C32	浅绿色	前排乘客侧车门打开	检查与搭铁是否导通:应导通	1. 前排乘客侧车门开关故障 2. 线束断路
		前排乘客侧车门关闭	检查与搭铁是否导通:应不导通	1. 前排乘客侧车门开关故障 2. 线束对搭铁短路
C32⑤	浅绿色	左后车门或右后车门打开	检查与搭铁是否导通:应导通	1. 左后车门开关故障 2. 右后车门开关故障 3. 线束断路
		左后车门和右后车门关闭	检查与搭铁是否导通:应不导通	1. 左后车门开关故障 2. 右后车门开关故障 3. 线束对搭铁短路
C26①	粉红色	右后车门打开	检查与搭铁是否导通:应导通	1. 右后车门开关故障 2. 线束断路
		右后车门关闭	检查与搭铁是否导通:应不导通	1. 右后车门开关故障 2. 线束对搭铁短路
C40①	绿色	左后车门打开	检查与搭铁是否导通:应导通	1. 左后车门开关故障 2. 线束断路
		左后车门关闭	检查与搭铁是否导通:应不导通	1. 左后车门开关故障 2. 线束对搭铁短路
C22	橙色	尾门开启	检查与搭铁是否导通:应导通	1. 尾门锁闩开关故障 2. 线束断路
		尾门关闭	检查与搭铁是否导通:应不导通	1. 尾门锁闩开关故障 2. 线束对搭铁短路
A29①	紫色	发动机盖打开	检查与搭铁是否导通:应导通	1. 发动机盖开关故障 2. 线束断路
		发动机盖关闭	检查与搭铁是否导通:应不导通	1. 发动机盖开关故障 2. 线束对搭铁短路
E9	红色	驾驶员侧门锁按钮开关置于LOCK(锁止)位置	检查与搭铁是否导通:应导通	1. 搭铁(G501)不良 2. 驾驶员侧门锁按钮开关故障 3. 线束断路
		驾驶员侧门锁按钮开关置于UNLOCK(解锁)位置	检查与搭铁是否导通:应不导通	1. 驾驶员侧门锁按钮开关故障 2. 线束对搭铁短路
E2	棕色	驾驶员侧门锁按钮开关置于UNLOCK(解锁)位置	检查与搭铁是否导通:应导通	1. 搭铁(G501)不良 2. 驾驶员侧门锁按钮开关故障 3. 线束断路
		驾驶员侧门锁按钮开关置于LOCK(锁止)位置	检查与搭铁是否导通:应不导通	1. 驾驶员侧门锁按钮开关故障 2. 线束对搭铁短路

续表

端子号	导线颜色	测试条件	测试:期望结果	未能达到期望结果的可能原因
M24①	紫色	前排乘客侧门锁按钮开关置于 UNLOCK(解锁)位置	检查与搭铁是否导通:应导通	1. 搭铁(G502)不良 2. 前排乘客侧门锁按钮开关故障 3. 线束断路
		前排乘客侧门锁按钮开关置于 LOCK(锁止)位置	检查与搭铁是否导通:应不导通	1. 前排乘客侧门锁按钮开关故障 2. 线束对搭铁短路
C45①	白色	右后车门门锁按钮开关置于 UNLOCK(解锁)位置	检查与搭铁是否导通:应导通	1. 搭铁(G601) [G603]不良 2. 右后车门门锁按钮开关故障 3. 线束断路
		右后车门门锁按钮开关置于 LOCK(锁止)位置	检查与搭铁是否导通:应不导通	1. 右后车门门锁按钮开关故障 2. 线束对搭铁短路
C46①	绿色	左后车门门锁按钮开关置于 UNLOCK(解锁)位置	检查与搭铁是否导通:应导通	1. 搭铁(G603) [G601]不良 2. 左后车门门锁按钮开关故障 3. 线束断路
		左后门锁按钮开关置于 LOCK(锁止)位置	检查与搭铁是否导通:应不导通	1. 左后车门门锁按钮开关故障 2. 线束对搭铁短路
M34	灰色	将点火钥匙插入点火开关中	检查与搭铁是否导通:应导通	1. 搭铁(G501)不良 2. 点火钥匙开关故障 3. 线束断路
		点火开关在 LOCK(0)位置且点火钥匙从点火开关中拔出	检查与搭铁是否导通:应不导通	1. 点火钥匙开关故障 2. 线束对搭铁短路
E3①	紫色	驾驶员侧车门锁芯开关置于 LOCK(锁止)位置	检查与搭铁是否导通:应导通	1. 搭铁(G501)不良 2. 驾驶员侧车门锁芯开关故障 3. 线束断路
		驾驶员侧车门锁芯开关置于中间位置或 UNLOCK(解锁)位置	检查与搭铁是否导通:应不导通	1. 驾驶员侧车门锁芯开关故障 2. 线束对搭铁短路
E4①	绿色	驾驶员侧车门锁芯开关置于 UNLOCK 位置	检查与搭铁是否导通:应导通	1. 搭铁(G501)不良 2. 驾驶员车门锁芯开关故障 3. 线束断路
		驾驶员侧车门锁芯开关置于中间位置或 LOCK(锁止)位置	检查与搭铁是否导通:应不导通	1. 驾驶员侧车门锁芯开关故障 2. 线束对搭铁短路
E8⑥	浅蓝色	驾驶员侧门锁开关置于 LOCK(锁止)位置	检查与搭铁是否导通:应导通	1. 搭铁(G501)不良 2. 门锁开关故障 3. 线束断路
		驾驶员侧门锁开关处于中间位置或 UNLOCK(解锁)位置	检查与搭铁是否导通:应不导通	1. 门锁开关故障 2. 线束对搭铁短路

续表

端子号	导线颜色	测 试 条 件	测试:期望结果	未能达到期望结果的可能原因
E1⑥	灰色	驾驶员侧门锁开关置于UNLOCK(解锁)位置	检查与搭铁是否导通:应导通	1. 搭铁(G501)不良 2. 门锁开关故障 3. 线束断路
		驾驶员侧门锁开关处于中间位置或LOCK(锁止)位置	检查与搭铁是否导通:应不导通	1. 门锁开关故障 2. 线束对搭铁短路

① 带防盗报警系统。
② 带超声波。
③ 带挂车灯插接器。
④ 不带挂车灯插接器。
⑤ 不带警报防盗系统。
⑥ 带驾驶员侧门锁开关。
注:[ ]左驾驶车型

四、无钥匙/电动门锁/安全系统故障码检测

(一) DTC B1029: MICU与超声波单元失去通信

1. 使用HDS清除DTC。
2. 将点火开关转至LOCK (0) 位置，然后转回至ON (II) 位置。
3. 使用HDS检查DTC。

是否显示DTC B1029?

是-转至步骤4。

否-间歇性故障，此时系统正常。检查是否松动或连接不良。

4. 进行超声波传感器输入测试，检查超声波的电源和搭铁。

所有的输入测试是否正常?

是-转至步骤5。

否-如果任何输入测试检测出故障，找到并排除故障，然后重新检查系统。

5. 进行报警控制警报器输入测试，检查报警控制警报器的电源和搭铁。

所有的输入测试是否正常?

是-转至步骤6。

否-如果任何输入测试检测出故障，找到并排除故障，然后重新检查系统。

6. 断开仪表板下保险丝/继电器盒插接器C (49针)。
7. 用跨接线将报警控制警报器6针插接器3号端子连接到车身搭铁上，如图6-12所示。

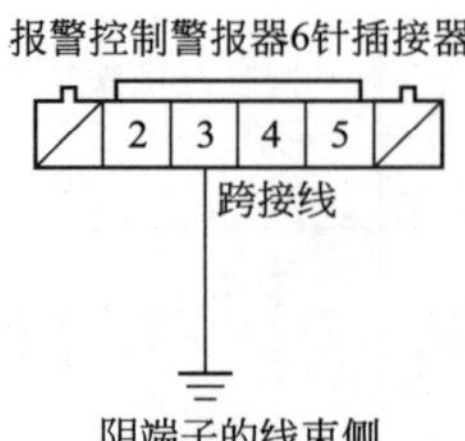

图6-12 将6针插接器3号端子连接到车身搭铁上

8. 检查仪表板下保险丝/继电器盒插接器C (49针) 25号端子与车身搭铁之间是否导通，如图6-13所示。

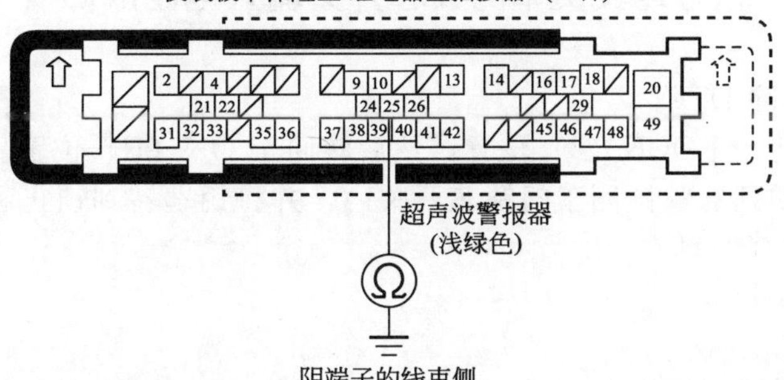

图 6-13 检查（49 针）25 号端子与车身搭铁之间是否导通

注意：图示为右驾驶车型，黑色部分为锁杆。左驾驶车型的锁杆如虚线所示。

是否导通？

是-转至步骤 9。

否-修理 MICU 和报警控制警报器之间线束的断路。

9. 从报警控制警报器 6 针插接器上断开跨接线。

10. 检查仪表板下保险丝/继电器盒插接器 C（49 针）25 号端子与车身搭铁之间是否导通。

是否导通？

是-修理 MICU 和报警控制警报器之间线束对搭铁的短路。

否-报警控制警报器故障，将其更换。

（二）DTC B1030：超声波系统故障

1. 使用 HDS 清除 DTC。

2. 将点火开关转至 LOCK（0）位置，然后转回至 ON（II）位置。

3. 使用 HDS 检查 DTC。

是否显示 DTC B1030？

是-报警控制警报器故障，将其更换。

否-间歇性故障，此时系统正常。检查是否松动或连接不良。

（三）DTC B1031：超声波传感器故障

1. 使用 HDS 清除 DTC。

2. 将点火开关转至 LOCK（0）位置，然后转回至 ON（II）位置。

3. 使用 HDS 检查 DTC。

是否显示 DTC B1031？

是-转至步骤 4。

否-间歇性故障，此时系统正常。检查是否松动或连接不良。

4. 进行超声波传感器输入测试，检查超声波的电源和搭铁。

所有的输入测试是否正常？

是-转至步骤 5。

否-如果任何输入测试检测出故障，找到并排除故障，然后重新检查系统。

5. 进行报警控制警报器输入测试，检查报警控制警报器的电源和搭铁。

所有的输入测试是否正常？

是-报警控制警报器故障，将其更换。

否-如果任何输入测试检测出故障，找到并排除故障，然后重新检查系统。

（四）DTC B1127：驾驶员车门锁芯开关输入电路故障（同时输入锁止和解锁信号）

1. 使用 HDS 清除 DTC。

2. 将点火开关转至 LOCK（0）位置，然后转回至 ON（II）位置。

3. 将点火钥匙插到驾驶员侧车门锁芯开关内，并将钥匙转到锁止和解锁位置 10 次。

4. 使用 HDS 检查 DTC。

是否显示 DTC B1127？

是-转至步骤 5。

否-间歇性故障，此时驾驶员侧车门锁芯开关系统正常。检查是否松动或连接不良。

5. 驾驶员侧车门锁芯处于中间位置时，用 HDS 选择 KEYLESS（无钥匙），并进入 DATA LIST（数据表）。

6. 检查数据表中驾驶员侧车门锁芯开关（锁止）和驾驶员侧车门锁芯开关（解锁）的 ON/OFF 信息。

是否两个信息指示器都显示为 OFF？

是-检查仪表板下保险丝/继电器盒和驾驶员车门锁芯开关之间的线束是否导通。如果导通，则 MICU 故障。更换仪表板下保险丝/继电器盒。

否-转至步骤 7。

7. 断开驾驶员侧门锁作动器 10 针插接器。

8. 检查数据表中驾驶员侧车门锁芯开关（锁止）和驾驶员侧车门锁芯开关（解锁）的 ON/OFF 信息。

是否两个信息指示器都显示为 OFF？

是-驾驶员侧车门锁芯开关故障；更换驾驶员侧门锁作动器。

否-转至步骤 9。

9. 将点火开关转至 LOCK（0）位置。

10. 断开仪表板下保险丝/继电器盒插接器 E（12 针）。

11. 分别检查仪表板下保险丝/继电器盒插接器 E（12 针）4 号（解锁）、3 号（锁止）端子与车身搭铁之间是否导通，如图 6-14 所示。

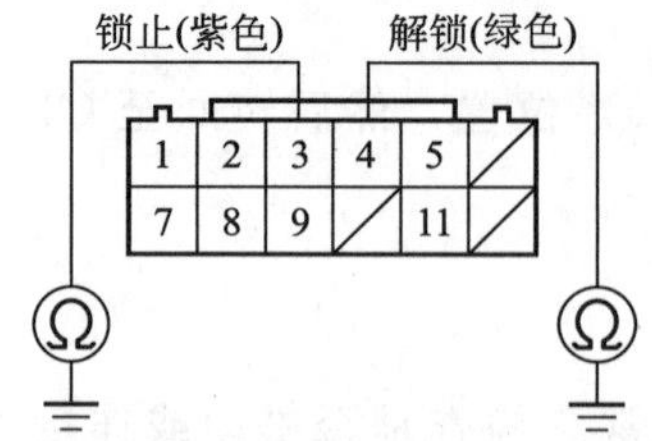

图 6-14 检查（12 针）4 号（解锁）、3 号（锁止）端子与车身搭铁之间是否导通

是否导通？

是-修理锁止或解锁线束对搭铁的短路。

否-转至步骤 12。

12. 检查仪表板下保险丝/继电器盒插接器 E（12 针）4 号（解锁）和 3 号（锁止）端

子之间是否导通，如图 6-15 所示。

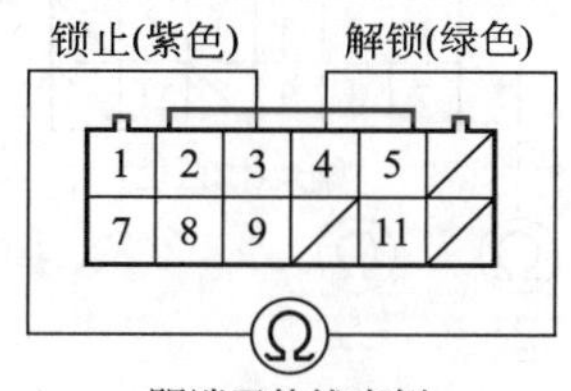

图 6-15 检查（12 针）4 号（解锁）和 3 号（锁止）端子之间是否导通

是否导通？

是-修理锁止和解锁线束的短路。

否-MICU 故障，更换仪表板下保险丝/继电器盒。

（五）DTC B1128：驾驶员车门遥控开关输入电路故障（同时输入锁止和解锁信号）

1. 使用 HDS 清除 DTC。

2. 用驾驶员侧门锁开关解锁和锁止驾驶员车门。

3. 使用 HDS 检查 DTC。

是否显示 DTC B1128？

是-转至步骤 4。

否-间歇性故障，此时驾驶员侧门锁开关系统正常。检查是否松动或连接不良。

4. 驾驶员侧门锁开关处于中间位置时，从 HDS 上选择 KEYLESS（无钥匙），并进入 DATA LIST（数据表）。

5. 检查数据表中驾驶员侧门锁开关（锁止）和驾驶员侧门锁开关（解锁）的 ON/OFF 信息。

是否两个信息指示器都显示为 OFF？

是-检查仪表板下保险丝/继电器盒和驾驶员车门锁芯开关之间的线束是否导通。如果导通，则 MICU 故障。更换仪表板下保险丝/继电器盒。

否-转至步骤 6。

6. 断开电动车窗总开关插接器。

7. 检查数据表中驾驶员侧门锁开关（锁止）和驾驶员侧门锁开关（解锁）的 ON/OFF 信息。

是否两个信息指示器都显示为 OFF？

是-门锁开关故障，更换电动车窗总开关。

否-转至步骤 8。

8. 将点火开关转至 LOCK（0）位置。

9. 断开仪表板下保险丝/继电器盒插接器 E（12 针）。

10. 分别检查仪表板下保险丝/继电器盒插接器 E（12 针）8 号（解锁）、1 号（锁止）端子与车身搭铁之间是否导通，如图 6-16 所示。

是否导通？

是-修理锁止或解锁线束对搭铁的短路。

否-转至步骤 11。

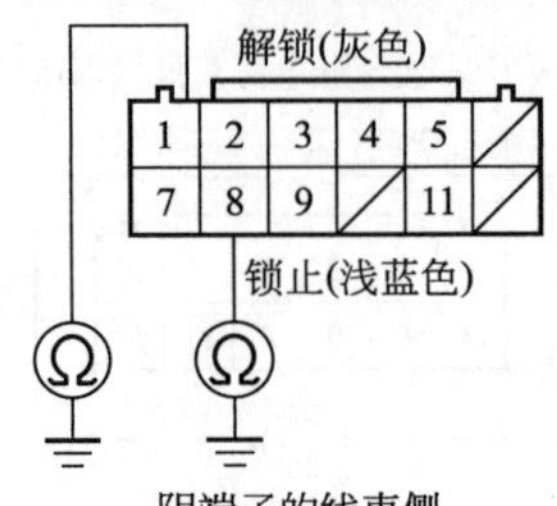

图 6-16　检查（12 针）8 号（解锁）、1 号（锁止）端子与车身搭铁之间是否导通

11. 检查仪表板下保险丝/继电器盒插接器 E（12 针）8 号（锁止）和 1 号（解锁）端子之间是否导通，如图 6-17 所示。

图 6-17　检查（12 针）8 号（锁止）和 1 号（解锁）端子之间是否导通

是否导通？

是-修理锁止和解锁线束的短路。

否-MICU 故障，更换仪表板下保险丝/继电器盒。

（六）DTC B1129：驾驶员侧门锁按钮开关输入电路故障（同时输入锁止和解锁信号）

1. 使用 HDS 清除 DTC。

2. 将点火开关转至 LOCK（0）位置，然后转回至 ON（II）位置。

3. 多次操作驾驶员侧门锁按钮开关。

4. 使用 HDS 检查 DTC。

是否显示 DTC B1129？

是-转至步骤 5。

否-间歇性故障，此时驾驶员侧门锁按钮开关正常。检查是否松动或连接不良。

5. 从车身电气系统菜单中选择 DOOR LOCK（门锁），然后进入数据表。

6. 检查驾驶员侧门锁按钮开关（锁止）和驾驶员侧门锁按钮开关（解锁）的 ON/OFF 信息。

驾驶员侧门锁按钮开关处于锁止位置时，驾驶员侧门锁按钮开关（锁止）信息指示灯是否点亮，而驾驶员侧门锁按钮开关（解锁）信息指示灯是否熄灭？驾驶员侧门锁按钮开关处于解锁位置时，驾驶员侧门锁按钮开关（锁止）信息指示灯是否熄灭，而驾驶员侧门锁按钮开关（解锁）信息指示灯是否点亮？

是-MICU 故障，更换仪表板下保险丝/继电器盒。

否-转至步骤 7。

7. 断开驾驶员侧门锁作动器10针插接器。

8. 检查数据表中驾驶员侧门锁按钮开关（锁止）和驾驶员侧门锁按钮开关（解锁）的ON/OFF信息。

是否两个信息指示器都显示为OFF?

是-检查驾驶员门锁按钮开关（锁止）线束或MICU与驾驶员门锁按钮开关之间的驾驶员门锁按钮开关（解锁）线束是否断路。如果正常，更换驾驶员侧门锁作动器。

否-转至步骤9。

9. 将点火开关转至LOCK（0）位置。

10. 断开仪表板下保险丝/继电器盒插接器E（12针）。

11. 分别检查仪表板下保险丝/继电器盒插接器E（12针）2号（解锁）、9号（锁止）端子与车身搭铁之间是否导通，如图6-18所示。

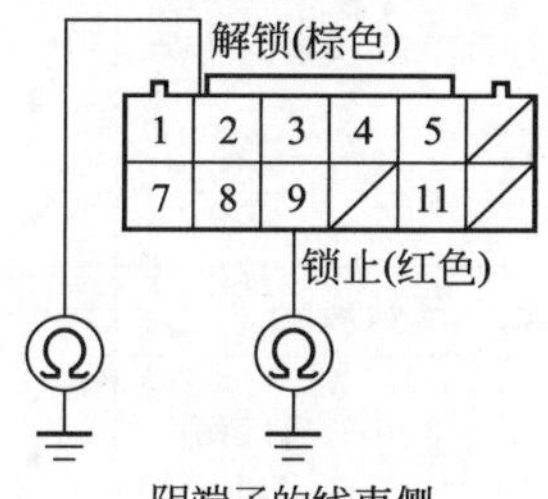

图6-18　检查（12针）2号（解锁）、9号（锁止）端子与车身搭铁之间是否导通

是否导通?

是-修理锁止或解锁线束对搭铁的短路。

否-转至步骤12。

12. 检查仪表板下保险丝/继电器盒插接器E（12针）2号（解锁）和9号（锁止）端子之间是否导通，如图6-19所示。

图6-19　检查（12针）2号（解锁）和9号（锁止）端子之间是否导通

是否导通?

是-修理锁止和解锁线束的短路。

否-MICU故障，更换仪表板下保险丝/继电器盒。

（七）电动车门门锁/无钥匙

1. 检查B-CAN DTC。如果显示B-CAN DTC，首先对其进行故障排除并加以解决。

2. 如果车门门锁系统和无钥匙操作不工作，首先对车门锁止进行故障排除。

注意：如果点火开关置于ON（II）位置，该系统不工作。

编　号	症　状	检 查 项 目
1	所有车门将不能锁止或解锁①	• 搭铁(G501，G502)不良 • 驾驶员车门锁芯开关测试 • 车门开关测试(用 HDS 检查车门开关打开/关闭信息) • 车门门锁开关测试(用 HDS 检查车门开关打开/关闭信息)
2	驾驶员侧车门、右[左]后车门和燃油箱盖将无法锁止或解锁	• 搭铁(G501，G502)不良 • 仪表板下保险丝/继电器盒中的 27 号(30A)保险丝熔断 • 仪表板下保险丝/继电器盒中的 36(15A)或 50 号(15A)保险丝熔断 • MICU 输入测试
3	前排乘客侧车门、左[右]后车门和尾门将无法锁止或解锁	• 搭铁(G501，G502)不良 • 仪表板下保险丝/继电器盒中的 27 号(30A)保险丝熔断 • 仪表板下保险丝/继电器盒中的 35(15A)或 49 号(15A)保险丝熔断 • MICU 输入测试
4	无钥匙操作无法工作(锁止、解锁)。	症状故障排除
5	用发射器无法解锁车门，但可用车门门锁开关和车门锁芯开关解锁车门	• 症状故障排除 • 车门门锁开关测试(用 HDS 检查车门开关打开/关闭信息)
6	用发射器无法锁止车门，但可用车门门锁开关和车门锁芯开关锁止车门	• 症状故障排除 • 车门门锁开关测试(用 HDS 检查车门开关打开/关闭信息)
7	尽管车门已经开启，用发射器解锁后，车门将自动重新锁止 30s	症状故障排除
8	遥控解锁后，仅驾驶员侧车门解锁或门锁立即重新锁止	驾驶员侧门锁按钮开关测试
9	无钥匙操作将工作，尽管点火钥匙在点火开关中	点火钥匙开关测试

①：如果仅一扇车门不能正常工作，则首先检查门锁作动器，然后检查该表所列的其他项目。
[ ] 左驾驶车型。

（八）尽管车门已经开启，用发射器解锁后 30s 内车门自动重新锁止

注意：进行故障排除前，检查是否有 B-CAN DTC。如果显示 DTC，首先对显示的 DTC 进行故障排除。

1. 将顶灯开关置于 DOOR（车门）位置。
2. 将点火开关转至 ON（II）位置。
3. 观察顶灯以及仪表控制单元上的车门指示灯。

车门开启时，顶灯和车门指示灯是否点亮；当车门关闭时，是否熄灭？

是-换上一个已知良好的仪表板下保险丝/继电器盒并重新检查。如果症状消失，更换原来的仪表板下保险丝/继电器盒。

否-检查 MICU 和各车门开关之间的线束是否断路。如果线束正常，更换车门开关。

（九）无钥匙操作不能工作（锁止/解锁）

注意：

- 进行故障排除前，检查是否有 B-CAN DTC。如果显示 DTC，首先对显示的 DTC 进

行故障排除。

- 进行故障排除前，执行无钥匙发射器测试。

1. 将点火开关转至 ON (II) 位置。
2. 尝试启动发动机。

发动机是否启动？

是-如果发动机防盗锁止系统正常，转至步骤 3。

否-转至发动机防盗锁止系统故障排除。

3. 将点火开关转至 LOCK (0) 位置。
4. 测试发射器。

发射器是否正常？

是-更换发动机防盗锁止无钥匙控制单元。

否-更换发射器。

(十) 不能用发射器解锁（或锁止）车门，但可用车门开关解锁（锁止）

注意：进行故障排除前，检查是否有 B-CAN DTC。如果显示 DTC，首先对显示的 DTC 进行故障排除。

1. 将点火开关转至 LOCK (0) 位置。
2. 将点火钥匙从点火开关中拔出。
3. 关闭并锁止车门。
4. 尝试用无钥匙发射器锁止/解锁车门。

门锁作动器是否工作正常？

是-间歇性故障，此时系统正常。

否-转至步骤 5。

5. 打开驾驶员侧车门。

钥匙忘拔提示蜂鸣器是否鸣响？

是-点火钥匙开关故障，点火开关线束对搭铁短路。如有必要，进行修理。

否-转至步骤 6。

6. 对发射器进行测试。

发射器是否正常？

是-换上一个已知良好的仪表板下保险丝/继电器盒并重新检查。如果仍有故障，换上一个已知良好的发动机防盗锁止无钥匙控制单元并重新检查。

否-更换发射器。

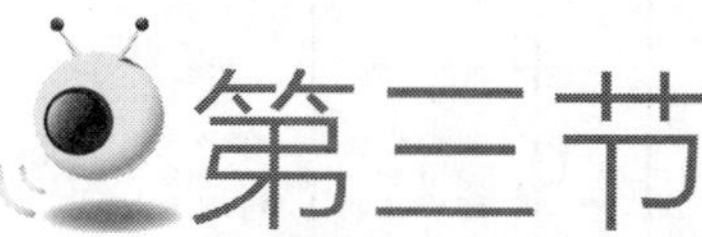

第三节 广州本田雅阁车系无钥匙/电动门锁/安全系统故障检修(08 款)

一、无钥匙/电动门锁/安全系统电路

如图 6-20 所示。

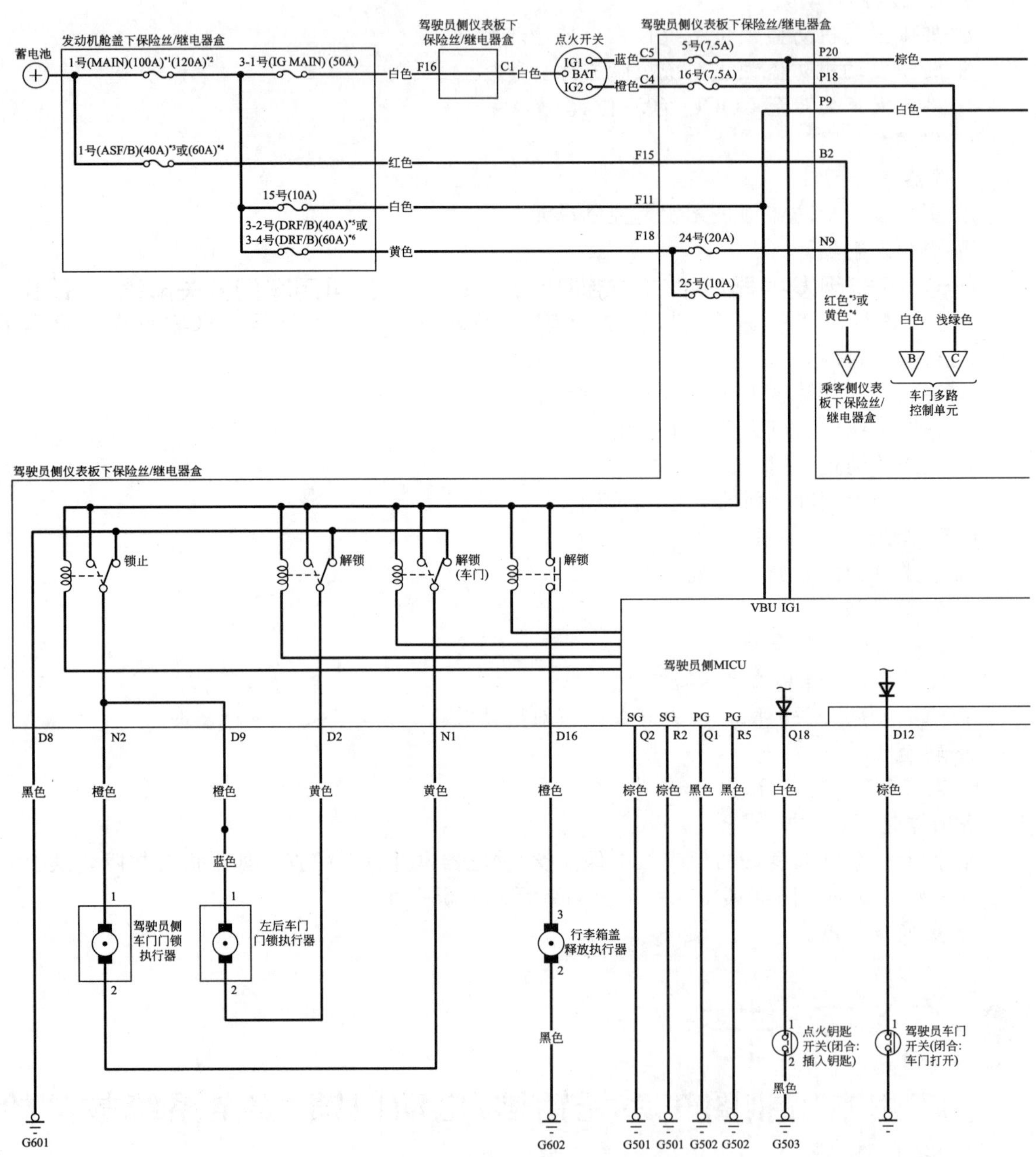

(a) 无钥匙/电动门锁/安全系统电路(1/4)

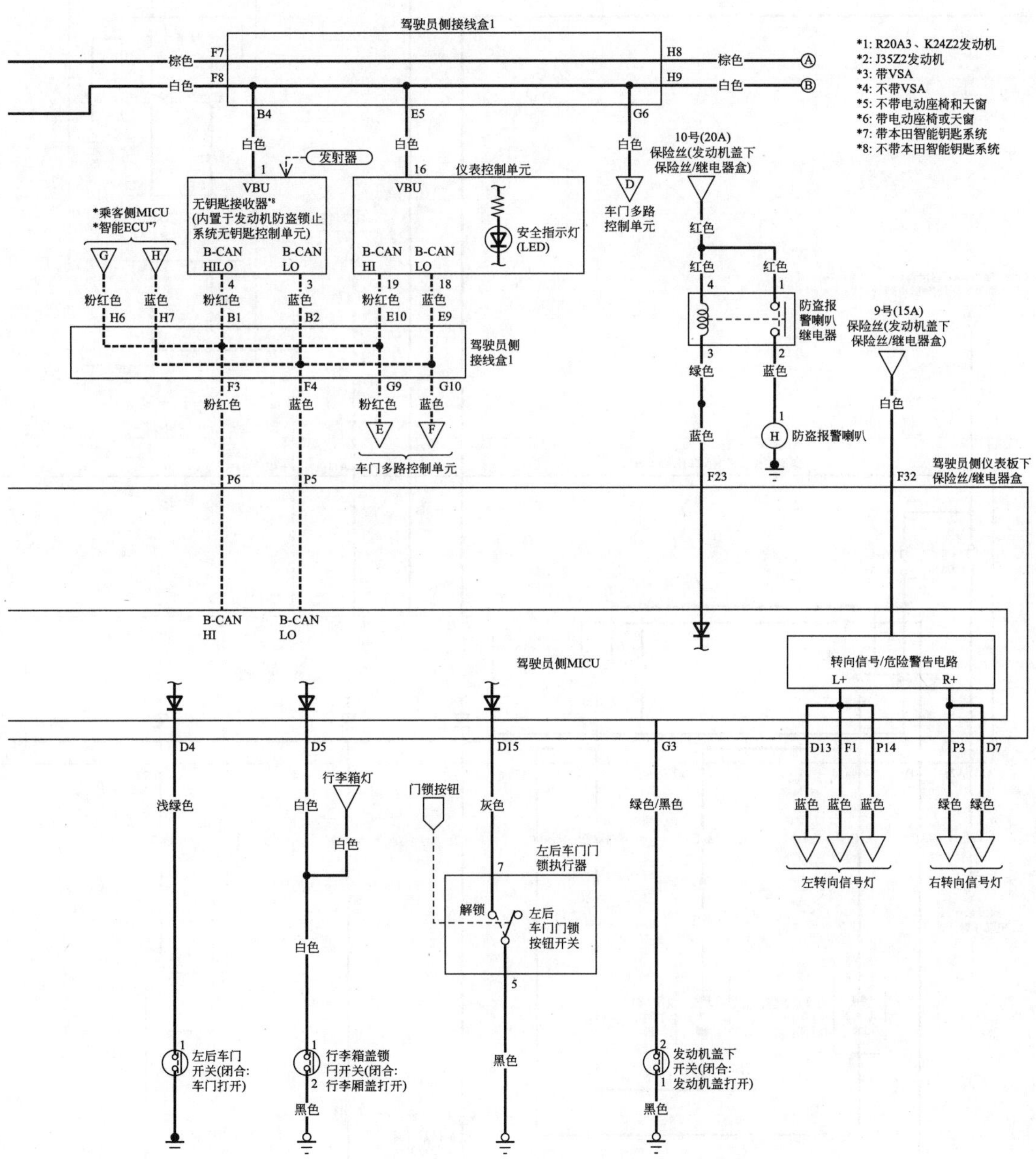

(b) 无钥匙/电动门锁/安全系统电路(2/4)

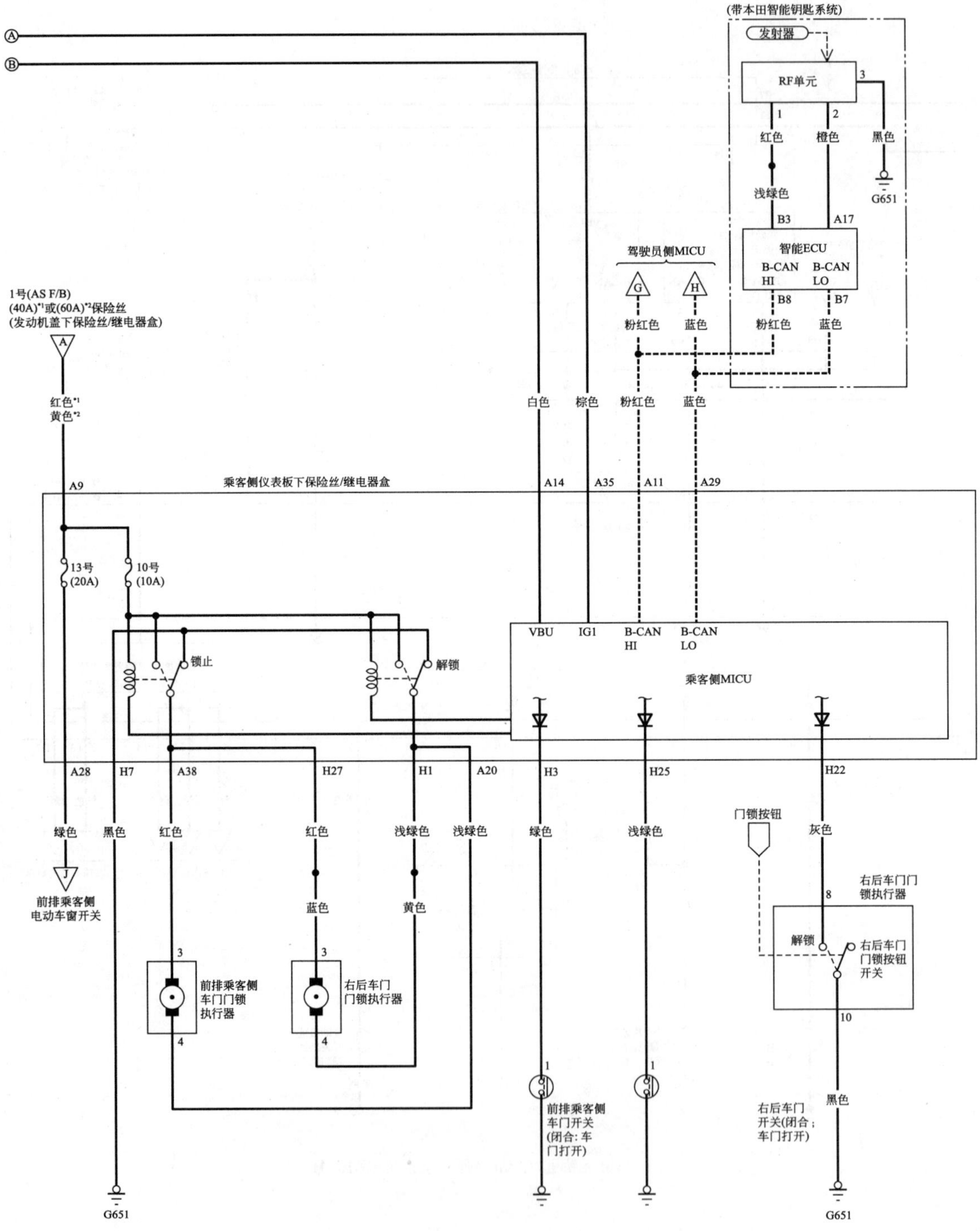

(c) 无钥匙/电动门锁/安全系统电路(3/4)

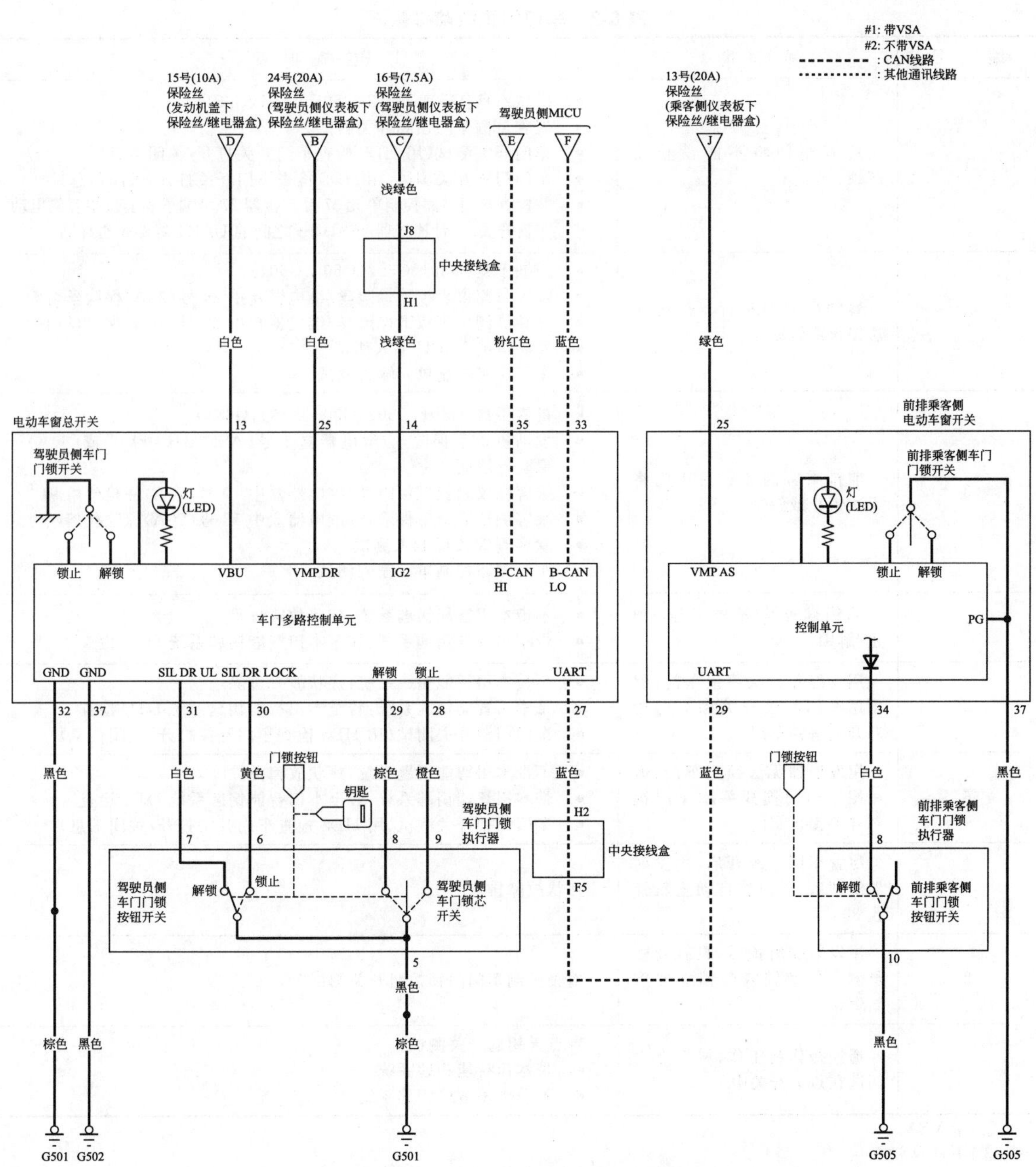

(d) 无钥匙/电动门锁/安全系统电路(4/4)

图 6-20 无钥匙/电动门锁/安全系统电路

二、无钥匙/电动门锁/安全系统症状故障排除

（一）电动车门门锁/无钥匙

1. 检测 B-CAN DTC。如果显示 B-CAN DTC，首先对其进行故障排除并加以解决。

2. 如果车门门锁系统和无钥匙操作不工作，首先对门锁止进行故障排除。如表 6-2 所示。

表 6-2　车门锁止故障排除

编　号	症　状	检 查 项 目
1	所有车门将不能锁止或解锁	• 搭铁不良(G501、G502、G505、G601、G651) • 驾驶员侧车门锁芯开关测试。 • 车门开关测试(用 HDS 检查车门开关打开/关闭信息) • 车门门锁开关测试(用 HDS 检查车门开关打开/关闭信息) • 并检查车门多路控制单元 37 针连接器 27 号端子和前排乘客侧电动车窗开关 37 针连接器 29 号端子之间的 UART 线路是否导通
2	驾驶员侧和左后车门将无法锁止或解锁	• 搭铁不良(G501、G502、G505、G601) • 驾驶员侧仪表板下保险丝/继电器盒中 24 号(20A)保险丝熔断 • 驾驶员侧仪表板下保险丝/继电器盒中 25 号(10A)保险丝熔断 • 驾驶员侧 MICU 输入测试 • 车门多路控制单元输入测试
3	前排乘客侧和右后车门将无法锁止或解锁	• 搭铁不良(G501、G502、G505、G601、G651) • 发动机盖下保险丝/继电器盒 1 号(ASF/B)(40A)①或(60A)②保险丝熔断 • 乘客侧仪表板下保险丝/继电器盒中 10 号(10A)保险丝熔断 • 乘客侧仪表板下保险丝/继电器盒中 13 号(20A)保险丝熔断 • 乘客侧 MICU 输入测试 • 车门多路控制单元输入测试
4	无钥匙操作无法工作(锁止/解锁)	• 不带本田智能钥匙系统:症状故障排除 • 带本田智能钥匙系统:转至本田智能钥匙系统 DTC 检查
5	用发射器无法解锁车门,但可用车门门锁开关和车门锁芯开关解锁车门	• 不带本田智能钥匙系统:症状故障排除 • 带本田智能钥匙系统:转至本田智能钥匙系统 DTC 检查 • 车门门锁开关测试(用 HDS 检查车门开关打开/关闭信息)
6	用发射器无法锁止车门,但可用车门门锁开关和车门锁芯开关锁止车门	• 不带本田智能钥匙系统:症状故障排除 • 带本田智能钥匙系统:转至本田智能钥匙系统 DTC 检查 • 车门门锁开关测试(用 HDS 检查车门开关打开/关闭信息)
7	尽管车门已经开启,用发射器解锁后,车门将自动重新锁止 30s	症状故障排除
8	用发射器解锁后,只有驾驶员侧车门解锁或门锁立即重新锁止	驾驶员侧车门门锁按钮开关测试
9	遥控操作将工作,尽管点火钥匙在点火开关中	带点火钥匙开关测试: • 带本田智能钥匙系统 • 不带本田智能钥匙系统

①:带 VSA。
②:不带 VSA。

注意：

- 点火开关转至 ON（II）位置时，系统不起作用。
- 如果仅一个车门不能正常工作，则首先检查门锁执行器，然后检查该表所列的其他项目。

（二）控制单元输入测试

注意：测试前，确保转向信号/危险警告灯正常工作。

驾驶员侧 MICU

1. 将点火开关转至 LOCK（0）位置，拆下驾驶员侧仪表板下盖。
2. 断开驾驶员侧仪表板下保险丝/继电器盒连接器 D、F、G、N、Q 和 R，如图 6-21 所示。

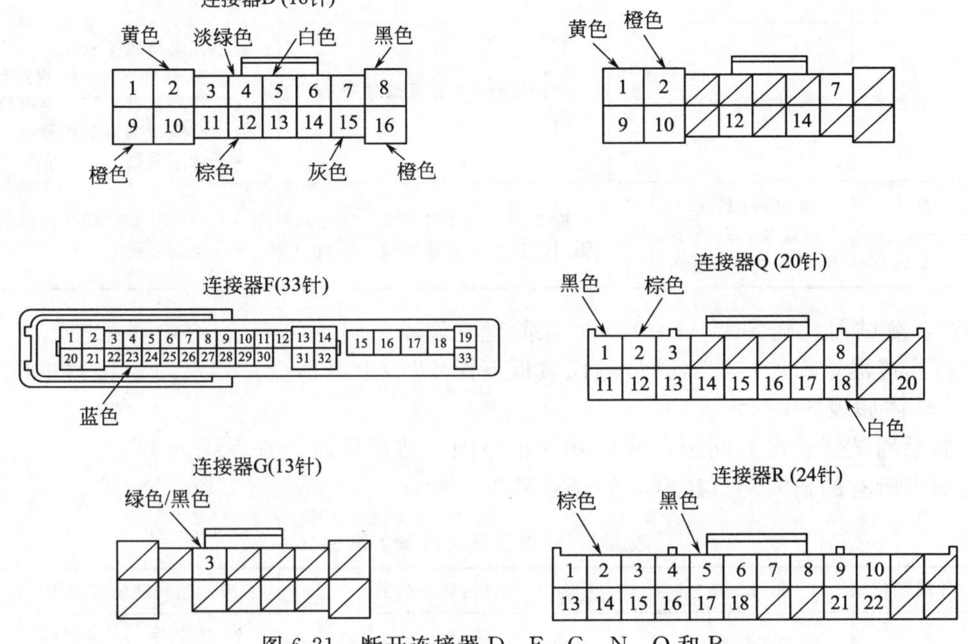

图 6-21 断开连接器 D、F、G、N、Q 和 R

3. 检查连接器和插座端子确保它们都连接良好。
- 如果端子弯曲、松动或受到腐蚀，按需要对其进行修理并重新检查系统。
- 如果端子看起来正常，转至步骤 4。
4. 在连接器仍然断开的情况下，对连接器进行以下输入测试。具体如表 6-3 所示。
- 如果测试指示出有问题，发现并纠正原因，然后重新检查系统。
- 如果所有的输入测试正常，转至步骤 5。

表 6-3 连接器输入测试

插孔	导线颜色	测 试 条 件	测试:期望结果	未能达到期望结果的可能原因
D8	黑色	所有情况下	检查与搭铁是否导通:应导通	• 搭铁(G601)不良 • 线束断路
Q1	黑色	所有情况下	检查与搭铁是否导通:应导通	• 搭铁(G502)不良 • 线束断路
Q2	棕色	所有情况下	检查与搭铁是否导通:应导通。	• 搭铁(G501)不良 • 线束断路
R2	棕色	所有情况下	检查与搭铁是否导通:应导通	• 搭铁(G501)不良 • 线束断路
R5	黑色	所有情况下	检查与搭铁是否导通:应导通	• 搭铁(G502)不良 • 线束断路
D2	黄色	将 F11 和 D2(或 D9)端子以及 D9(或 D2)端子连接至车身搭铁	检查执行器工作情况:左后门锁执行器应该解锁(或锁止)	• 左后门锁执行器故障 • 线束断路
D9	橙色			

续表

插孔	导线颜色	测试条件	测试:期望结果	未能达到期望结果的可能原因
D16	橙色	暂时连接端子F11与D16	检查执行器工作情况:行李厢盖释放执行器应该工作	• 搭铁(G602)不良 • 行李厢盖释放执行器故障 • 线束断路
F23	蓝色	所有情况下	连接到搭铁:防盗报警喇叭应该鸣响	• 发动机盖下保险丝/继电器盒中的10号(20A)保险丝熔断 • 防盗报警喇叭继电器故障 • 防盗报警喇叭故障 • 线束断路
N1	黄色	将端子F11和N1(或N2)以及N2(或N1)端子连接至车身搭铁	检查执行器工作情况:驾驶员侧门锁执行器应该解锁(或锁止)	• 驾驶员侧门锁执行器故障 • 线束断路
N2	橙色			

注意：测试前，确保15号（10A）保险丝在发动机盖下保险丝/继电器盒中。

5. 将连接器重新连接至驾驶员侧仪表板下保险丝/继电器盒，然后对连接器进行以下输入测试。具体如表6-4所示。

- 如果测试指示出有问题，发现并纠正原因，然后重新检查系统。
- 如果所有的输入测试正常，转至步骤6。

表6-4 对连接器进行输入测试

插孔	导线颜色	测试条件	测试:期望结果	未能达到期望结果的可能原因
D4	浅绿色	左后车门打开	测量对搭铁的电压:应低于1V	• 左后车门开关故障 • 线束断路
		左后车门关闭	测量对搭铁的电压:应高于5V	• 左后车门开关故障 • 线束对搭铁短路
D5	白色	行李厢盖打开(拆下行李厢灯灯泡)	测量对搭铁的电压:应低于1V	• 行李厢盖锁闩开关故障 • 线束断路
		行李厢盖关闭(拆下行李厢灯灯泡)	测量对搭铁的电压:应高于5V	• 行李厢盖锁闩开关故障 • 线束对搭铁短路
D12	棕色	驾驶员侧车门打开	测量对搭铁的电压:应低于1V	• 驾驶员侧车门开关故障 • 线束断路
		驾驶员侧车门关闭	测量对搭铁的电压:应高于5V	• 驾驶员侧车门开关故障 • 线束对搭铁短路
D15	灰色	左后车门门锁按钮开关置于UNLOCK(解锁)位置	测量对搭铁的电压:应低于1V	• 搭铁(G601)不良 • 左后门锁按钮开关故障 • 线束断路
		左后车门门锁按钮开关置于LOCK(锁止)位置	测量对搭铁的电压:应高于5V	• 左后门锁按钮开关故障 • 线束对搭铁短路
G3	绿色/黑色	发动机盖打开	测量对搭铁的电压:应低于1V	• 发动机盖开关故障 • 线束断路
		发动机盖关闭	测量对搭铁的电压:应高于5V	• 发动机盖开关故障 • 线束对搭铁短路
Q18	白色	将点火钥匙插入点火开关中	测量对搭铁的电压:应低于1V	• 点火钥匙开关故障 • 线束断路
		点火开关在LOCK(0)位置且点火钥匙从点火开关中拔出	测量对搭铁的电压:应高于5V	• 点火钥匙开关故障 • 线束对搭铁短路

乘客侧 MICU

6. 将点火开关转至 LOCK（0）位置，并拆下乘客侧踏脚板。

7. 断开乘客侧仪表板下保险丝/继电器盒连接器 A 和 H，如图 6-22 所示。

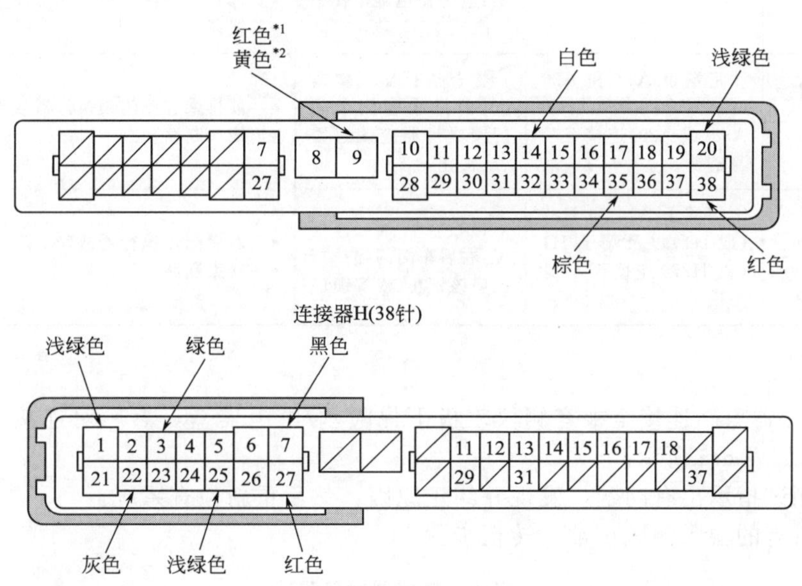

图 6-22 断开连接器 A 和 H

注意：所有连接器视图方向都是在阴端子的线束侧。

8. 检查连接器和插座端子确保它们都连接良好。

- 如果端子弯曲、松动或受到腐蚀，按需要对其进行修理并重新检查系统。
- 如果端子看起来正常，转至步骤 9。

9. 在连接器仍然断开的情况下，对连接器进行以下输入测试。具体如表 6-5 所示。

- 如果测试指示出有问题，发现并纠正原因，然后重新检查系统。
- 如果所有的输入测试正常，转至步骤 10。

注意：测试前，确保 15 号（10A）保险丝在发动机盖下保险丝/继电器盒中。

表 6-5 连接器输入测试

插孔	导线颜色	测 试 条 件	测试:期望结果	未能达到期望结果的可能原因
H7	黑色	所有情况下	检查与搭铁是否导通:应导通	• 搭铁(G651)不良 • 线束断路
A9	红色① 黄色②	所有情况下	测量对搭铁的电压:应为蓄电池电压	• 发动机盖下保险丝/继电器盒 1 号(ASF/B)(40A)①或(60A)②保险丝熔断 • 驾驶员侧仪表板下保险丝/继电器盒故障 • 线束断路
A14	白色	所有情况下	测量对搭铁的电压:应为蓄电池电压	• 发动机盖下保险丝/继电器盒中的 15 号(10A)保险丝熔断 • 驾驶员侧仪表板下保险丝/继电器盒故障 • 线束断路

续表

插孔	导线颜色	测试条件	测试:期望结果	未能达到期望结果的可能原因
A35	棕色	点火开关转至ON(II)位置	测量对搭铁的电压:应为蓄电池电压	• 驾驶员侧仪表板下保险丝/继电器盒中的5号(7.5A)保险丝熔断 • 驾驶员侧仪表板下保险丝/继电器盒故障 • 线束断路
A20	浅绿色	将端子A14和A20(或A38)以及端子A38(或A20)连接至车身搭铁	检查执行器工作情况:前排乘客侧车门门锁执行器应该解锁(或锁止)	• 前排乘客侧门锁执行器故障 • 线束断路
A38	红色			
H27	红色	将端子A14和H27(或H1)以及端子H1(或H27)连接至车身搭铁	检查执行器工作情况:右后车门门锁执行器应该锁止(或解锁)	• 右后门锁执行器故障 • 线束断路
H1	浅绿色			

①:带VSA。
②:不带VSA。

10. 将连接器重新连接至乘客侧仪表板下保险丝/继电器盒，然后对连接器进行以下输入测试。具体如表6-6所示。

- 如果测试指示出有问题，发现并纠正原因，然后重新检查系统。
- 如果所有的输入测试正常，转至步骤11。

表6-6 连接器输入测试

插孔	导线颜色	测试条件	测试:期望结果	未能达到期望结果的可能原因
H22	灰色	右后车门门锁按钮开关置于UNLOCK(解锁)位置	测量对搭铁的电压:应低于1V	• 搭铁(G651)不良 • 右后车门门锁按钮开关故障 • 线束断路
		右后车门门锁按钮开关置于LOCK(锁止)位置	测量对搭铁的电压:应高于5V	• 右后车门门锁按钮开关故障 • 线束对搭铁短路
H25	浅绿色	右尾门打开	测量对搭铁的电压:应低于1V	• 右尾门开关故障 • 线束断路
		右尾门关闭	测量对搭铁的电压:应高于5V	• 右尾门开关故障 • 线束对搭铁短路
H3	绿色	前排乘客侧车门打开	测量对搭铁的电压:应低于1V	• 前排乘客侧车门开关故障 • 线束断路
		前排乘客侧车门关闭	测量对搭铁的电压:应高于5V	• 前排乘客侧车门开关故障 • 线束对搭铁短路

车门多路控制单元

11. 将点火开关转至LOCK(0)位置，拆下电动车窗总开关。
12. 将37针连接器从车门多路控制单元上断开，如图6-23所示。
13. 检查连接器和插座端子确保它们都连接良好。

- 如果端子弯曲、松动或受到腐蚀，按需要对其进行修理并重新检查系统。
- 如果端子看起来正常，转至步骤14。

14. 在连接器仍旧是断开的情况下，进行这些连接器的输入测试。具体如表6-7所示。

- 如果测试指示出有问题，发现并纠正原因，然后重新检查系统。

- 如果输入测试正常，转至步骤 15。

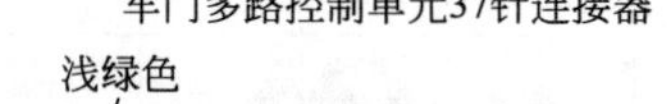

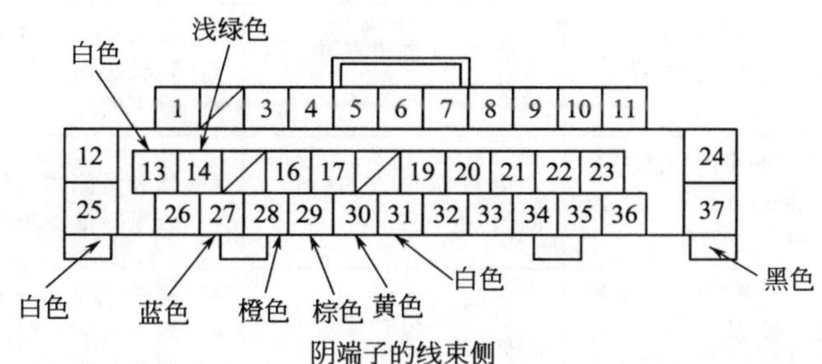

图 6-23 将 37 针连接器从车门多路控制单元上断开

表 6-7 连接器的输入测试

插孔	导线颜色	测试条件	测试:期望结果	未能达到期望结果的可能原因
32	黑色	所有情况下	检查与搭铁是否导通:应导通	• 搭铁(G501)不良 • 线束断路
37	黑色	所有情况下	检查与搭铁是否导通:应导通	• 搭铁(G502)不良 • 线束断路
13	白色	所有情况下	测量对搭铁的电压:应为蓄电池电压	• 发动机盖下保险丝/继电器盒中的 15 号(10A)保险丝熔断 • 驾驶员侧仪表板下保险丝/继电器盒故障 • 线束断路
14	浅绿色	点火开关转至 ON(II)位置	测量对搭铁的电压:应为蓄电池电压	• 驾驶员侧仪表板下保险丝/继电器盒中 16 号(7.5A)保险丝熔断 • 驾驶员侧仪表板下保险丝/继电器盒故障 • 线束断路
25	白色	所有情况下	测量对搭铁的电压:应为蓄电池电压	• 驾驶员侧仪表板下保险丝/继电器盒中 24 号(20A)保险丝熔断 • 驾驶员侧仪表板下保险丝/继电器盒故障 • 线束断路
27	蓝色	在所有情况下(断开前排乘客侧电动车窗 37 针连接器)	检查 27 号端子和前排乘客侧电动车窗开关 37 针连接器 29 号端子之间是否导通:应导通	线束断路

15. 将 37 针连接器重新连接至车门多路控制单元，然后对连接器进行以下输入测试。具体如表 6-8 所示。

- 如果测试指示出有问题，发现并纠正原因，然后重新检查系统。
- 如果所有的输入测试正常，转至步骤 16。

表 6-8 连接器的输入测试

插孔	导线颜色	测试条件	测试:期望结果	未能达到期望结果的可能原因
28	橙色	驾驶员侧车门锁芯开关置于 LOCK(锁止)位置	测量对搭铁的电压:应低于 1V	• 搭铁(G501)不良 • 驾驶员侧车门锁芯开关故障 • 线束断路
		驾驶员侧车门锁芯开关置于中间位置或 UN-LOCK(解锁)位置	测量对搭铁的电压:应为 5V 或更高	• 驾驶员侧车门锁芯开关故障 • 线束对搭铁短路

续表

插孔	导线颜色	测 试 条 件	测试:期望结果	未能达到期望结果的可能原因
29	棕色	驾驶员侧车门锁芯开关置于UNLOCK(解锁)位置	测量对搭铁的电压:应低于1V	• 搭铁(G501)不良 • 驾驶员侧车门锁芯开关故障 • 线束断路
		驾驶员侧车门锁芯开关置于neutral(中间)或LOCK(锁止)位置	测量对搭铁的电压:应为5V或更高	• 驾驶员侧车门锁芯开关故障 • 线束对搭铁短路
30	黄色	驾驶员侧车门门锁按钮开关置于LOCK(锁止)位置	测量对搭铁的电压:应低于1V	• 搭铁(G501)不良 • 驾驶员侧车门门锁按钮开关故障 • 线束断路
		驾驶员侧车门门锁按钮开关处于中间位置或UNLOCK(解锁)位置	测量对搭铁的电压:应为5V或更高	• 驾驶员侧车门门锁按钮开关故障 • 线束对搭铁短路
31	白色	驾驶员侧车门门锁按钮开关置于UNLOCK(解锁)位置	测量对搭铁的电压:应低于1V	• 搭铁(G501)不良 • 驾驶员侧车门门锁按钮开关故障 • 线束断路
		驾驶员侧车门门锁按钮开关处于中间位置或LOCK(锁止)位置	测量对搭铁的电压:应为5V或更高	• 驾驶员侧车门门锁按钮开关故障 • 线束对搭铁短路

前排乘客侧电动车窗开关

16. 将点火开关转至LOCK(0)位置，拆下前排乘客侧电动车窗开关。

17. 将37针连接器从前排乘客侧电动车窗开关上断开，如图6-24所示。

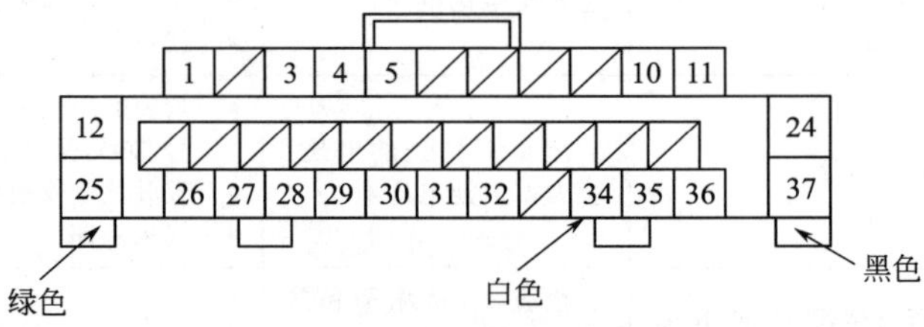

图6-24 将37针连接器从前排乘客侧电动车窗开关上断开

18. 检查连接器和插座端子确保它们都连接良好。

- 如果端子弯曲、松动或受到腐蚀，按需要对其进行修理并重新检查系统。
- 如果端子看起来正常，转至步骤19。

19. 在连接器仍旧是断开的情况下，进行这些连接器的输入测试。

- 如果测试指示出有问题，发现并纠正原因，然后重新检查系统。具体如表6-9所示。
- 如果输入测试正常，转至步骤20。

表6-9 连接器的输入测试

插孔	导线颜色	测试条件	测试:期望结果	未能达到期望结果的可能原因
37	黑色	所有情况下	检查与搭铁是否导通:应导通	• 搭铁(G505)不良 • 线束断路
25	绿色	所有情况下	测量对搭铁的电压:应为蓄电池电压	• 乘客侧仪表板下保险丝/继电器盒中13号(20A)保险丝熔断 • 线束断路

20. 将 37 针连接器重新连接至前排乘客侧电动车窗开关，然后对这些连接器进行输入测试。

- 如果测试指示出有问题，发现并纠正原因，然后重新检查系统。
- 如果所有的输入测试正常，转至步骤 21。

插孔	导线颜色	测 试 条 件	测试:期望结果	未能达到期望结果的可能原因
34	白色	前排乘客侧车门门锁按钮开关置于 UNLOCK(解锁)位置	测量对搭铁的电压:应低于 1V	• 搭铁(G505)不良 • 前排乘客侧车门门锁按钮开关故障 • 线束断路
		前排乘客侧车门门锁按钮开关置于中间位置或 LOCK(锁止)位置	测量对搭铁的电压:应为 5V 或更高	• 前排乘客侧车门门锁按钮开关故障 • 线束对搭铁短路

21. 如果在一个以上的控制单元中发现多个故障，则更换驾驶员侧仪表板下保险丝/继电器盒（包括驾驶员侧 MICU）。如果输入故障与某一控制单元有关，则更换该控制单元。

第四节 广州本田雅阁车系智能钥匙电控系统故障检修(08 款)

一、点火开关控制单元注册

1. 将点火开关转至 ON（II）位置。
2. 将 HDS 连接到数据连接器上。
3. 从 SYSTEM SELECT（系统选择）菜单中选择 HONDA SMART KEY（本田智能钥匙），然后进行 REGISTRATION（注册）。
4. 选择 REPLACE IGNITION SWITCH CONTROL UNIT（更换点火开关控制单元），并注册点火开关控制单元。
5. 将点火开关转至 LOCK（0）位置，并确认其工作情况。

二、智能钥匙电控系统电路

如图 6-25 所示。

三、故障码检修

（一）DTC B1601： 本田智能 ECU CPU 错误

DTC B1602：本田智能 ECU EEPROM 错误

1. 将点火开关转至 LOCK（0）位置。
2. 断开蓄电池负极端子。
3. 等待 10s 或更长时间后清除故障诊断码，然后重新连接蓄电池端子。
4. 触动车门外把手开关来锁止车门。
5. 触动车门外把手开关来解锁车门。
6. 将 HDS 连接到数据连接器上。
7. 将点火开关转至 LOCK（0）位置，然后转回至 ON（II）位置。

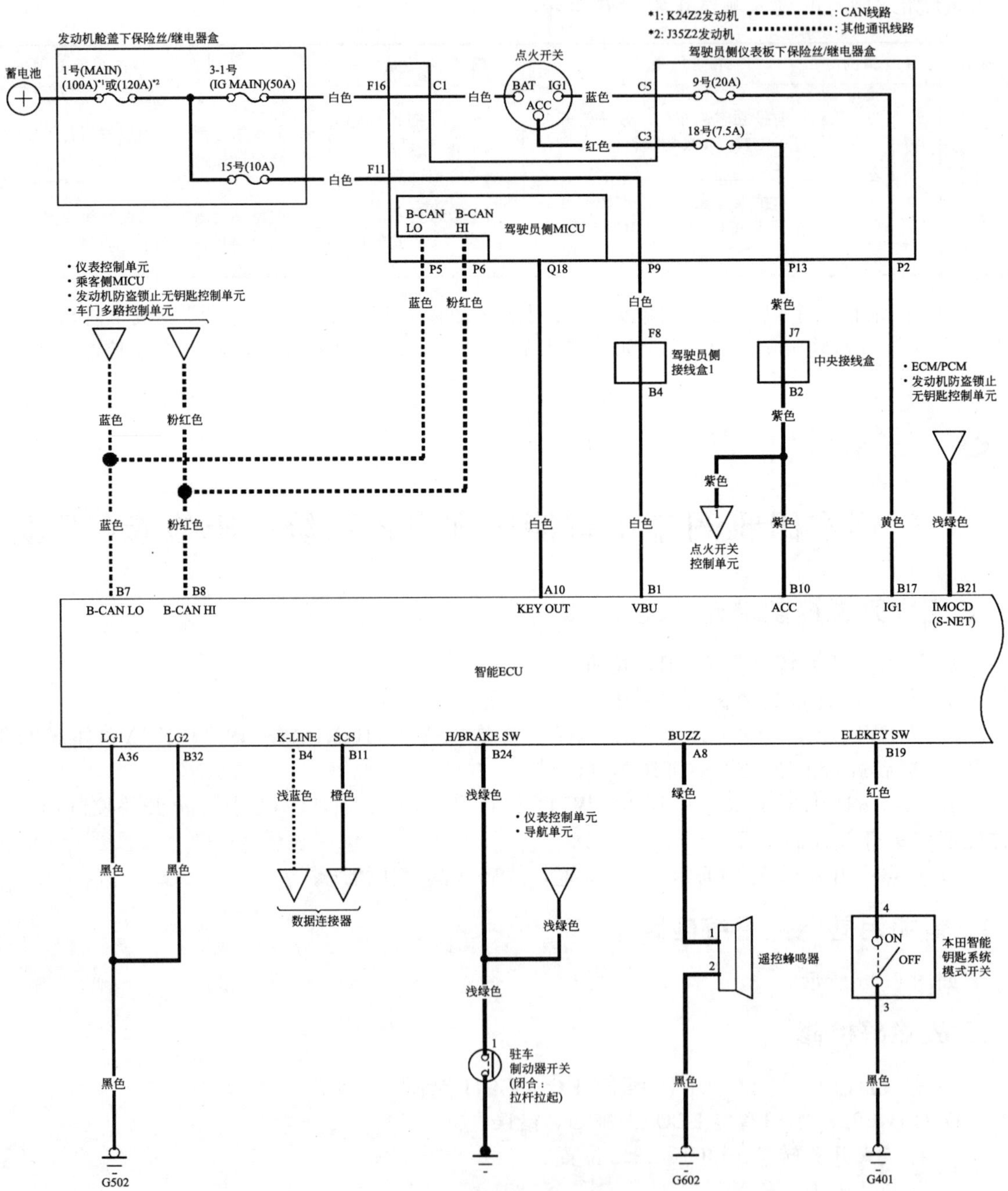

(a) 智能钥匙电控系统电路(1/3)

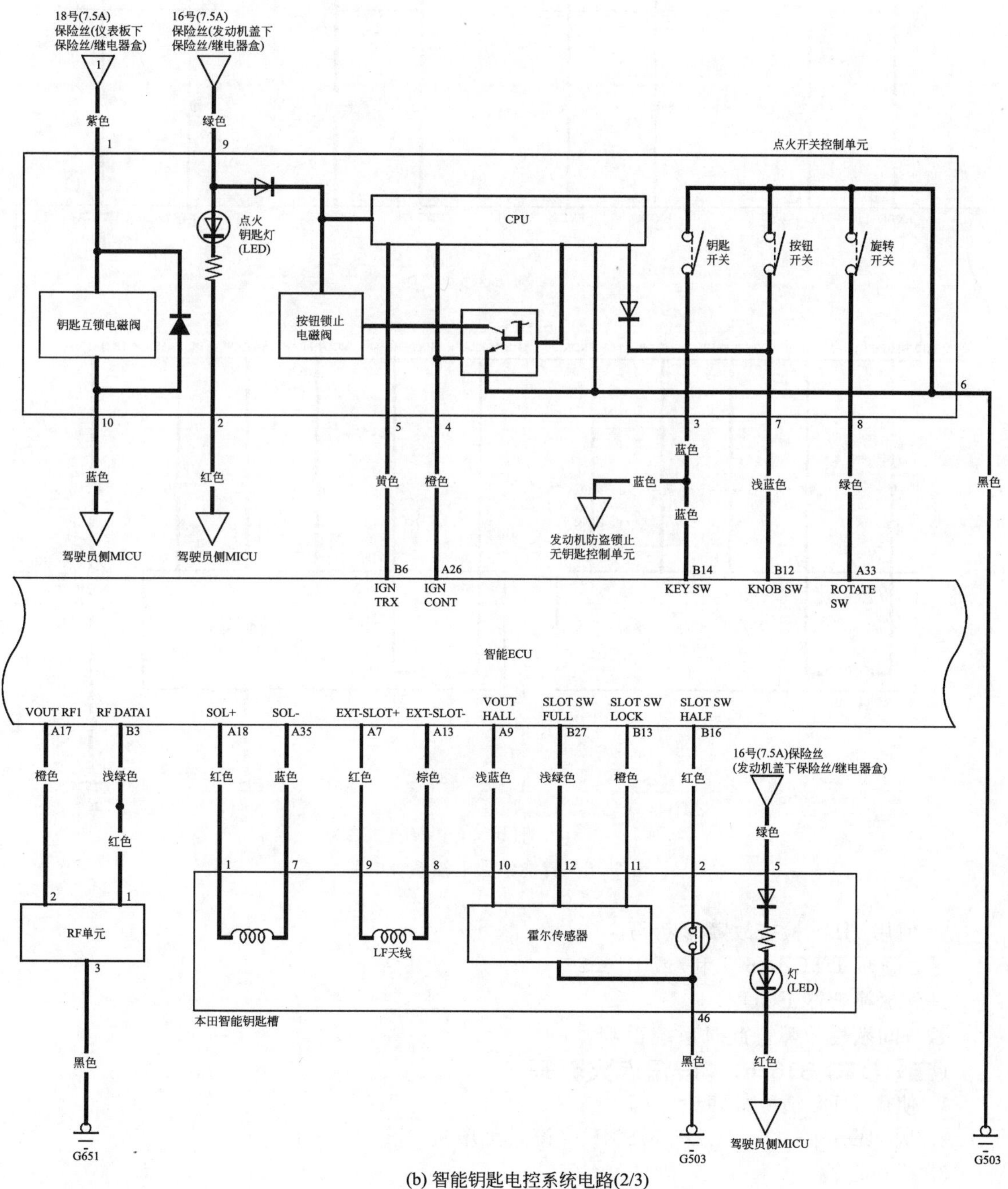

(b) 智能钥匙电控系统电路(2/3)

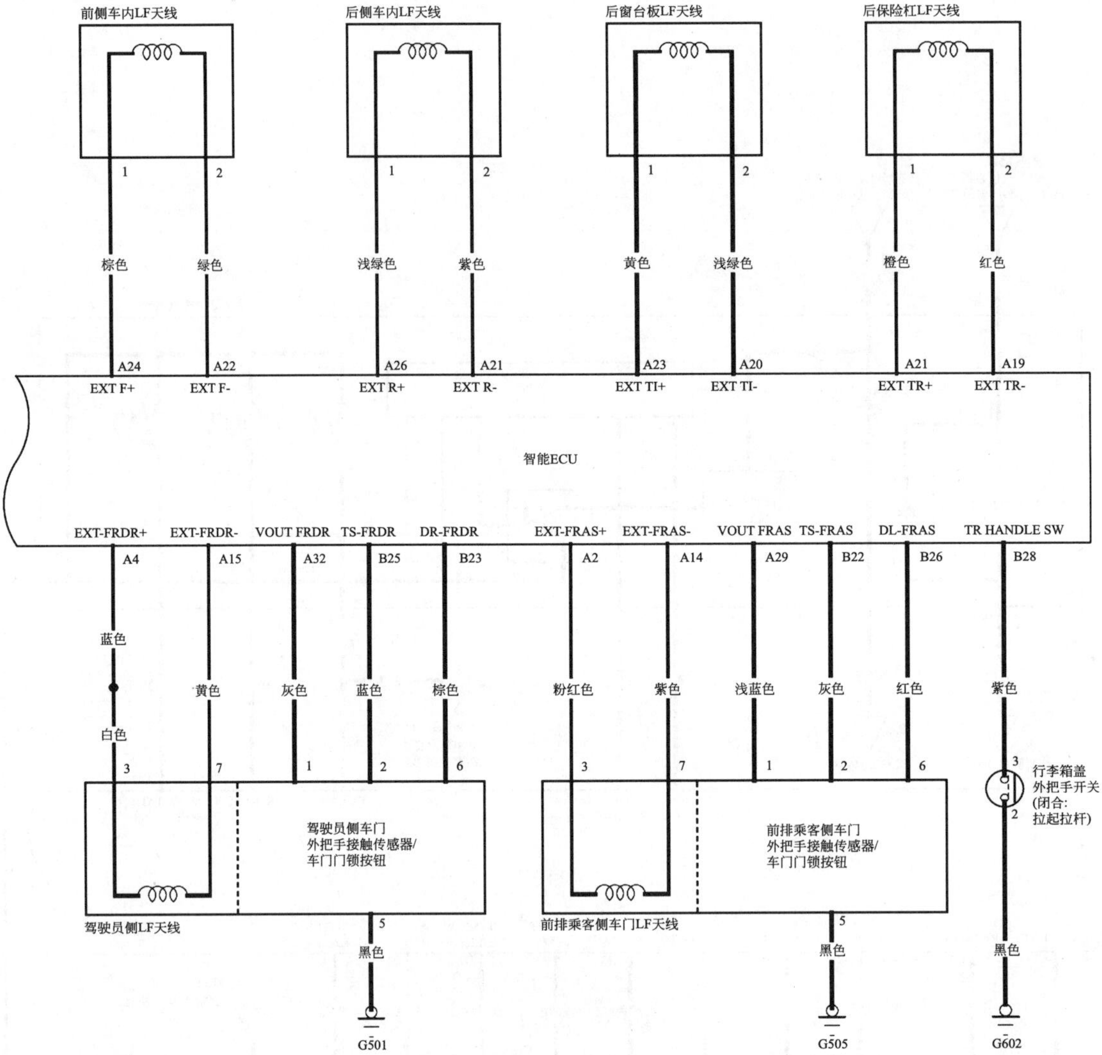

前侧车内LF天线
后侧车内LF天线
后窗台板LF天线
后保险杠LF天线
1 2 1 2 1 2 1 2
棕色 绿色 浅绿色 紫色 黄色 浅绿色 橙色 红色
A24 A22 A26 A21 A23 A20 A21 A19
EXT F+ EXT F- EXT R+ EXT R- EXT TI+ EXT TI- EXT TR+ EXT TR-
智能ECU
EXT-FRDR+ EXT-FRDR- VOUT FRDR TS-FRDR DR-FRDR EXT-FRAS+ EXT-FRAS- VOUT FRAS TS-FRAS DL-FRAS TR HANDLE SW
A4 A15 A32 B25 B23 A2 A14 A29 B22 B26 B28
蓝色 黄色 灰色 蓝色 棕色 粉红色 紫色 浅蓝色 灰色 红色 紫色
白色
3 7 1 2 6 3 7 1 2 6
驾驶员侧车门
外把手接触传感器/
车门门锁按钮
前排乘客侧车门
外把手接触传感器/
车门门锁按钮
3
行李箱盖
外把手开关
(闭合:
拉起拉杆)
2
驾驶员侧LF天线
前排乘客侧车门LF天线
5 5
黑色 黑色 黑色
G501 G505 G602

(c) 智能钥匙电控系统电路(3/3)

图 6-25 智能钥匙电控系统电路

8. 使用 HDS 检查故障诊断码。

是否显示 DTC B1601 和/或 B1602?

是—更换智能 ECU。

否—间歇性故障，此时系统正常。

(二) DTC B1626: 按钮点火断开

1. 使用 HDS 清除故障诊断码。

2. 从 HDS 中选择 MODE MENU（模式菜单）。

3. 执行自检。

4. 使用 HDS 检查故障诊断码。

是否显示 DTC B1626?

是—转至步骤 5。

否—间歇性故障，此时点火开关控制单元正常。检查点火开关控制单元连接器是否松动或连接不良。

5. 使用 HDS 注册点火开关控制单元。

6. 将点火开关转至 LOCK（0）位置，然后转回至 ON（II）位置。

7. 重复步骤 6 九次。

8. 使用 HDS 检查故障诊断码。

是否显示 DTC B1626?

是—转至步骤 9。

否—间歇性故障，此时点火开关控制单元正常。检查点火开关控制单元连接器是否松动或连接不良。

9. 将点火开关转至 LOCK（0）位置。

10. 断开点火开关控制单元 10 针连接器。

11. 将点火开关转至 ON（II）位置。

12. 测量点火开关控制单元 10 针连接器 9 号端子和车身搭铁之间的电压，如图 6-26 所示。

是否有蓄电池电压?

是—转至步骤 13。

否—检查驾驶员侧仪表板下保险丝/继电器盒中的 16 号（7.5A）保险丝。如果保险丝正常，则检查驾驶员侧仪表板下保险丝/继电器盒与点火开关控制单元之间的线束是否断路。

13. 将点火开关转至 LOCK（0）位置。

14. 检查点火开关控制单元 10 针连接器 6 号端子与车身搭铁之间是否导通，如图 6-27 所示。

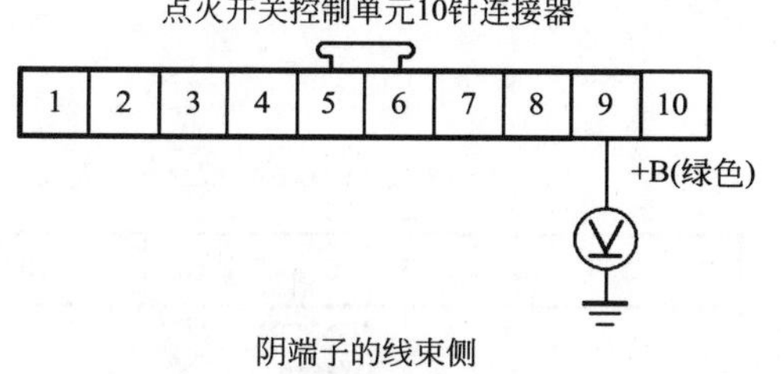

图 6-26 测量 9 号端子和车身搭铁之间的电压

点火开关控制单元10针连接器

1 2 3 4 5 6 7 8 9 10

GND(黑色)

阴端子的线束侧

图 6-27 检查 6 号端子与车身搭铁之间是否导通

是否导通?

是—转至步骤 15。

否—修理线束中的断路或搭铁不良（G503）。

15. 断开智能 ECU 连接器 A（36 针）。

16. 检查以下点火开关控制单元 10 针连接器端子和智能 ECU 连接器 A（36 针）和 B（32 针）端子之间是否导通，如图 6-28 所示。

点火开关控制单元	智能 ECU
3 号	B14
4 号	A26
5 号	B6
7 号	B12
8 号	A33

是否导通?

是—转至步骤 17。

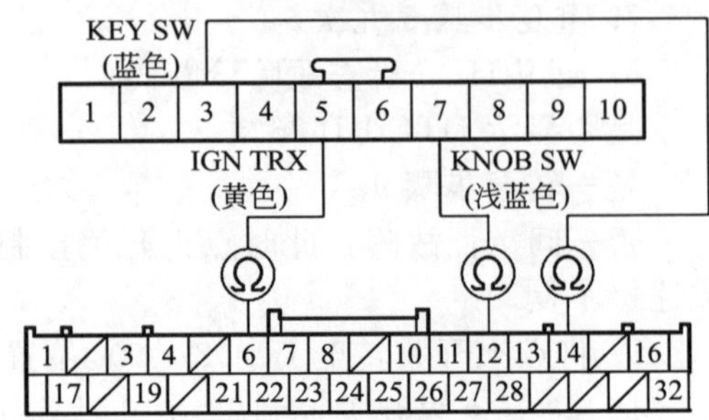

图 6-28　检查 10 针连接器端子和连接器 A（36 针）和 B（32 针）端子之间是否导通

否—修理线束中的断路。

17. 分别检查车身搭铁和点火开关控制单元 10 针连接器 3 号、4 号、5 号、7 号和 8 号端子之间是否导通，如图 6-29 所示。

是否导通？

是—修理线束对搭铁的短路。

否—转至步骤 18。

18. 重新连接智能 ECU 连接器 A（36 针）。

19. 连接点火开关控制单元 10 针连接器 5 号端子与车身搭铁之间的电压，如图 6-30 所示。

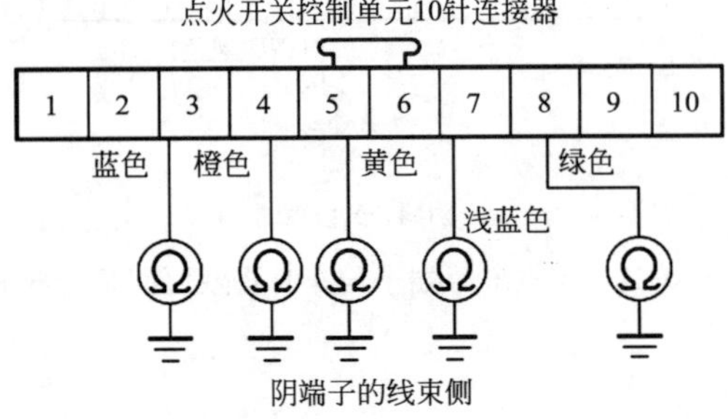

图 6-29　分别检查搭铁与 3 号、4 号、5 号、7 号和 8 号端子之间是否导通

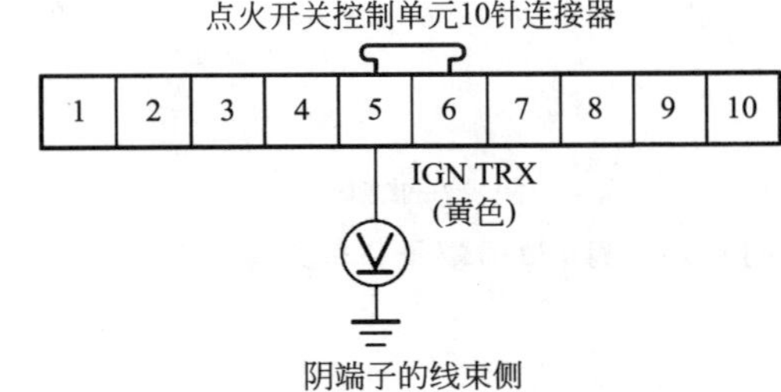

图 6-30　连接 5 号端子与车身搭铁之间的电压

20. 将点火开关转至 ON（II）位置。

21. 从 HDS 中选择 FUNCTION TEST（功能测试），并执行 IGNTRX LINE DRIVING。

电压是否从约 12V 变化到 0V？

是—转至步骤 22。

否—更换智能 ECU。

22. 连接点火开关控制单元 10 针连接器 4 号端子与车身搭铁之间的电压，如图 6-31 所示。

23. 从 HDS 中选择 FUNCTION TEST（功能测试），并执行 IGNCONT LINE DRIVING。

电压是否从 0V 变化到 5V？

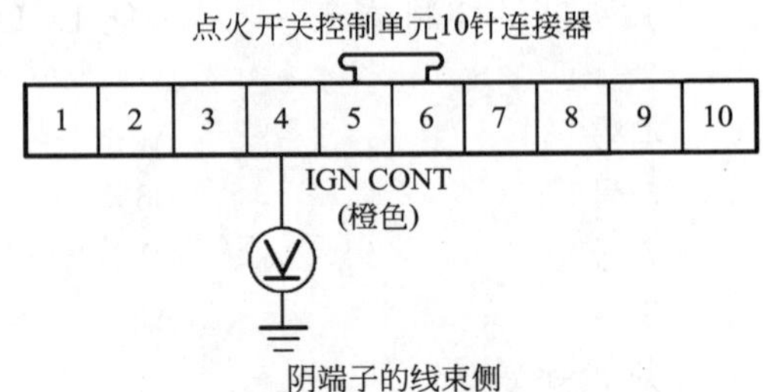

图 6-31　连接 4 号端子与车身搭铁之间的电压

是—更换点火开关控制单元。

否—更换智能 ECU。

（三）DTC B1630：本田智能钥匙槽故障

1. 使用 HDS 清除故障诊断码。

2. 将本田智能钥匙插入本田智能钥匙槽。

3. 从 HDS 中选择 MODE MENU（模式菜单），然后进入自检。

4. 使用 HDS 检查 DTC。

是否显示 DTC B1630?

是—转至步骤 5。

否—间歇性故障，此时系统正常。检查是否松动或连接不良。

5. 将点火开关转至 LOCK（0）位置。

6. 断开本田智能钥匙槽 12 针连接器。

7. 断开智能 ECU 连接器 A（36 针）和 B（32 针）。

8. 检查智能 ECU 连接器 B（32 针）13 号端子和车身搭铁之间是否导通，如图 6-32 所示。

是否导通?

是—修理线束对搭铁的短路。

否—转至步骤 9。

9. 检查智能 ECU 连接器 B（32 针）13 号端子和本田智能钥匙槽 12 针连接器 11 号端子之间是否导通，如图 6-33 所示。

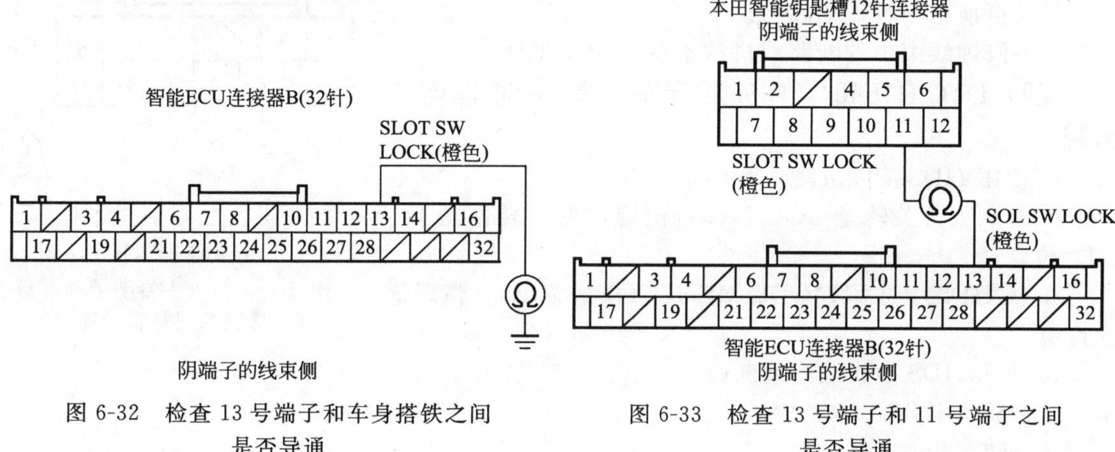

图 6-32 检查 13 号端子和车身搭铁之间是否导通

图 6-33 检查 13 号端子和 11 号端子之间是否导通

是否导通?

是—转至步骤 10。

否—修理线束中的断路。

10. 分别检查智能 ECU 连接器 A（36 针）18 号和 35 号端子之间是否导通，如图 6-34 所示。

是否导通?

是—修理线束对搭铁的短路。

否—转至步骤 11。

11. 分别检查智能 ECU 连接器 A（36 针）18 号和 35 号端子与本田智能钥匙槽 12 针连接器 1 号和 7 号端子之间是否导通，如图 6-35 所示。

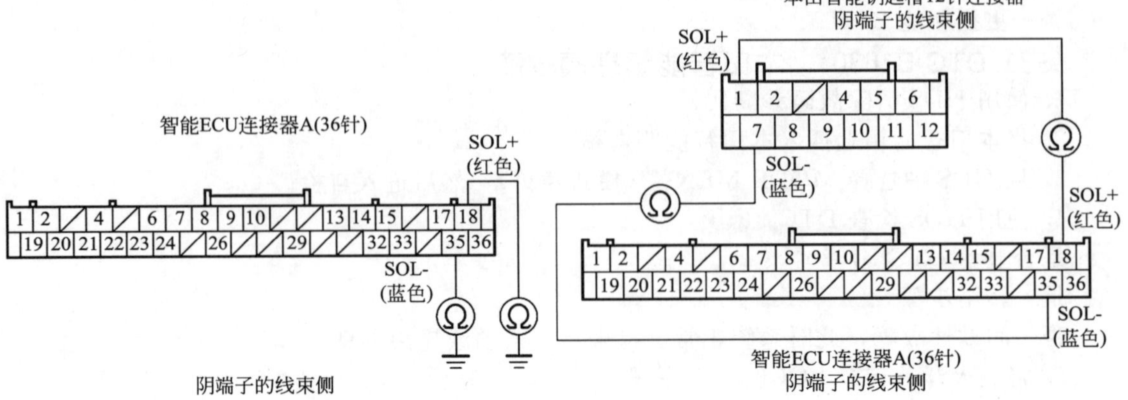

图 6-34　分别检查 18 号和 35 号端子之间是否导通

图 6-35　分别检查连接器 A（36 针）18 号和 35 号端子与 12 针连接器 1 号和 7 号端子之间是否导通

是否导通？

是—转至步骤 12。

否—修理线束中的断路。

12. 检查本田智能钥匙槽 12 针连接器 4 号端子和车身搭铁之间是否导通，如图 6-36 所示。

是否导通？

是—更换本田智能钥匙槽。

否—修理线束中的断路或搭铁不良（G503）。

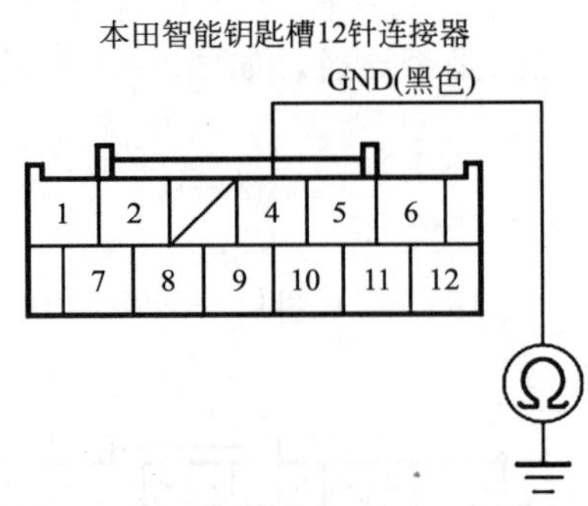

图 6-36　检查 4 号端子和车身搭铁之间是否导通

（四）DTC B1640： RF1 单元发射器/接收器电路故障

1. 使用 HDS 清除故障诊断码。

2. 将点火开关转至 LOCK（0）位置，然后转回至 ON（II）位置。

3. 从 HDS 中选择 MODE MENU（模式菜单），然后进入自检。

4. 使用 HDS 检查故障诊断码。

是否显示 DTC B1640？

是—转至步骤 5。

否—转至步骤 10。

5. 将点火开关转至 LOCK（0）位置。

6. 断开 RF 单元 3 针连接器。

7. 断开智能 ECU 连接器 A（36 针）和 B（32 针）。

8. 检查 RF 单元 3 针连接器 3 号端子和车身搭铁之间是否导通，如图 6-37 所示。

是否导通？

是—转至步骤 9。

否—修理线束中的断路或搭铁不良（G651）。

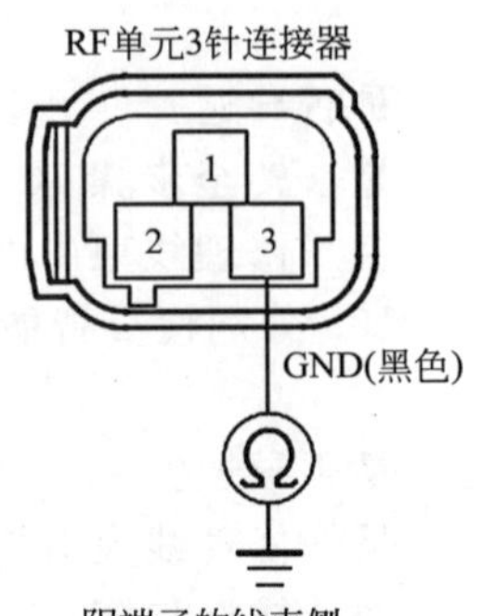

图 6-37　检查 RF 3 号端子和车身搭铁之间是否导通

9. 检查 RF 单元 3 针连接器 2 号端子和智能 ECU 连接器 A（36 针）17 号端子之间，RF 单元 3 针连接器 1 号端子和智能

ECU 连接器 B（32 针）3 号端子之间是否导通，如图 6-38 所示。

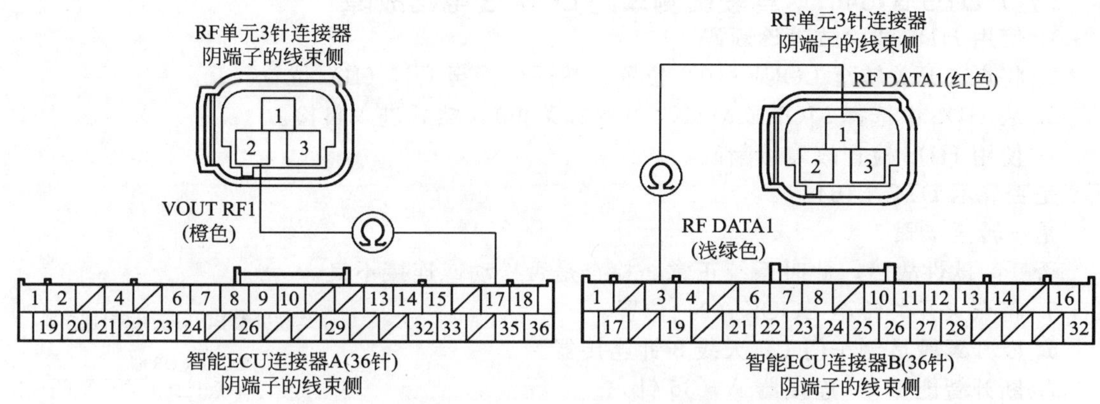

图 6-38 检查智能 ECU 连接器相关端子的导通性

是否导通？

是—转至步骤 10。

否—修理线束中的断路。

10. 将点火开关转至 LOCK（0）位置。

11. 断开 RF 单元 3 针连接器。

12. 断开智能 ECU 连接器 A（36 针）和 B（32 针）。

13. 分别检查 RF 单元 3 针连接器 1 号和 2 号端子与车身搭铁之间是否导通，如图 6-39 所示。

是否导通？

是—修理线束对搭铁的短路。

否—转至步骤 14。

14. 在 RF 单元 3 针连接器 2 号端子和车身搭铁之间连接电压表，如图 6-40 所示。

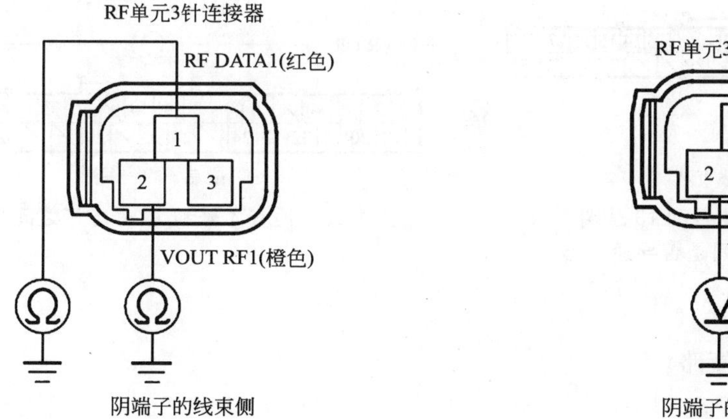

图 6-39 分别检查 1 号和 2 号端子与车身搭铁之间是否导通

图 6-40 在 2 号端子和车身搭铁之间连接电压表

15. 从 HDS 中选择 FUNCTION TEST（功能测试），并执行 RF1 RXVCC DRIVING。

电压是否从 0V 变化到蓄电池电压？

是—检查智能 ECU 和 RF 单元之间是否松动或连接不良。如果连接正常，更换智能 ECU。

否—检查智能 ECU 和 RF 单元之间是否松动或连接不良。如果连接正常，更换 RF 单元。

（五）DTC B1646： 驾驶员侧车门 LF 天线电路故障

1. 使用 HDS 清除故障诊断码。
2. 将点火开关转至 LOCK（0）位置，然后转回至 ON（II）位置。
3. 从 HDS 中选择 MODE MENU（模式菜单），然后进入自检。
4. 使用 HDS 检查故障诊断码。

是否显示 DTC B1646?

是—转至步骤 5。

否—间歇性故障，此时系统正常。检查是否松动或连接不良。

5. 将点火开关转至 LOCK（0）位置。
6. 断开驾驶员侧车门 LF 天线 8 针连接器。
7. 断开智能 ECU 连接器 A（36 针）。
8. 用跨接线将驾驶员侧车门 LF 天线 8 针连接器 3 号和 7 号端子连接到车身搭铁上，如图 6-41 所示。
9. 分别检查智能 ECU 连接器 A（36 针）4 号和 15 号端子与车身搭铁之间是否导通，如图 6-42 所示。

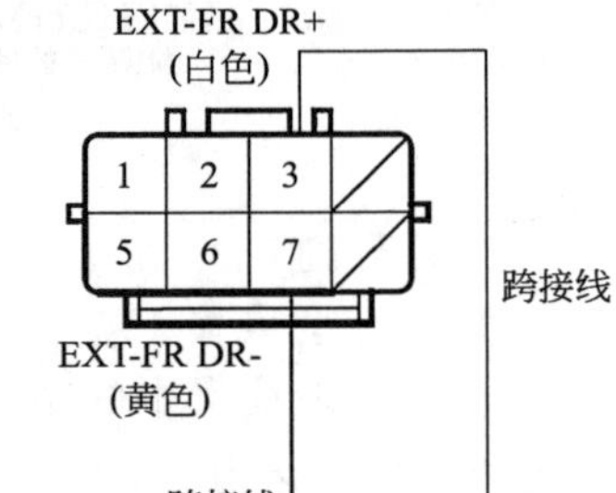

图 6-41 用跨接线将 3 号和 7 号端子连接到车身搭铁上

是否导通?

是—转至步骤 10。

否—修理线束中的断路。

10. 拆下跨接线。
11. 检查智能 ECU 连接器 A（36 针）4 号和 15 号端子之间是否导通，如图 6-43 所示。

图 6-42 分别检查 4 号和 15 号端子与车身搭铁之间是否导通

图 6-43 检查 4 号和 15 号端子之间是否导通

是否导通?

是—修理线束中的短路。

否—转至步骤 12。

12. 重新连接驾驶员侧车门 LF 天线 8 针连接器。
13. 测量智能 ECU 连接器 A（36 针）4 号和 15 号端子之间的电阻。

是否约为 1～5Ω?

是—更换智能 ECU。

否—更换驾驶员侧车门 LF 天线。

（六）DTC B1648： 前排乘客侧车门 LF 天线电路故障

1. 使用 HDS 清除故障诊断码。

2. 将点火开关转至 LOCK（0）位置，然后转回至 ON（II）位置。

3. 从 HDS 中选择 MODE MENU（模式菜单），然后进入自检。

4. 使用 HDS 检查故障诊断码。

是否显示 DTC B1648?

是—转至步骤 5。

否—间歇性故障，此时系统正常。检查是否松动或连接不良。

5. 将点火开关转至 LOCK（0）位置。

6. 断开前排乘客侧车门 LF 天线 8 针连接器。

7. 断开智能 ECU 连接器 A（36 针）。

8. 用跨接线将前排乘客侧车门 LF 天线 8 针连接器 3 号和 7 号端子连接到车身搭铁上，如图 6-44 所示。

9. 分别检查智能 ECU 连接器 A（36 针）2 号和 14 号端子与车身搭铁之间是否导通，如图 6-45 所示。

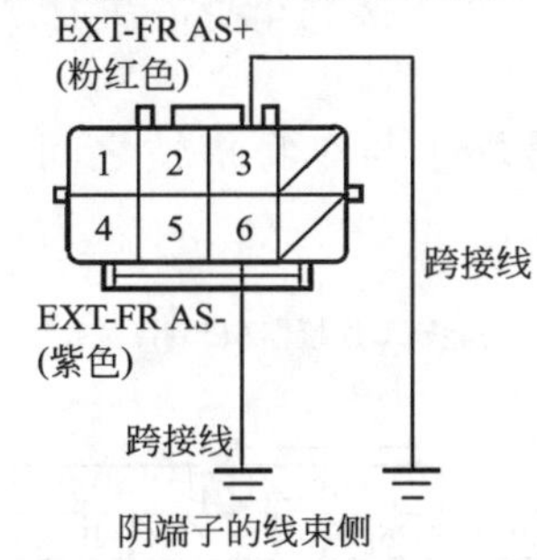

图 6-44 用跨接线将 3 号和 7 号端子连接到车身搭铁上

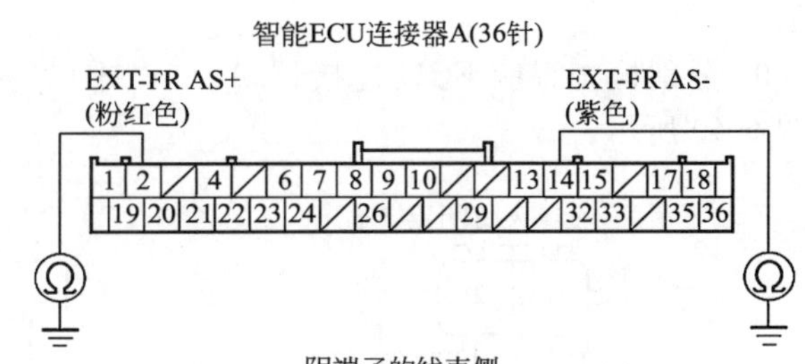

图 6-45 分别检查 2 号和 14 号端子与车身搭铁之间是否导通

是否导通?

是—转至步骤 10。

否—修理线束中的断路。

10. 拆下跨接线。

11. 检查智能 ECU 连接器 A（36 针）2 号和 14 号端子之间是否导通，如图 6-46 所示。

是否导通?

是—修理线束中的短路。

否—转至步骤 12。

12. 重新连接前排乘客侧车门 LF 天线 8 针连接器。

13. 测量智能 ECU 连接器 A（36 针）2 号和 14 号端子之间的电阻，如图 6-47 所示。

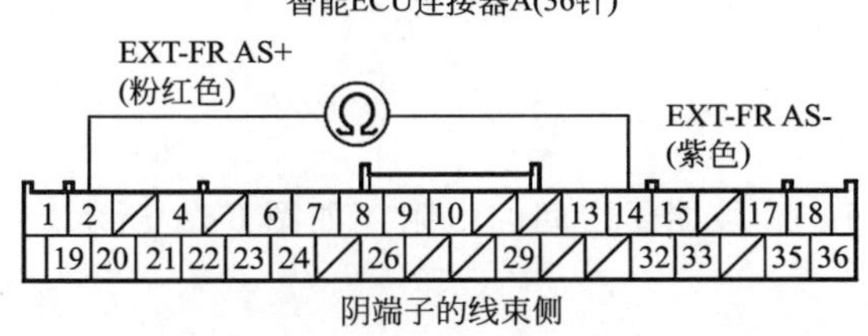

图 6-46 检查 2 号和 14 号端子之间是否导通

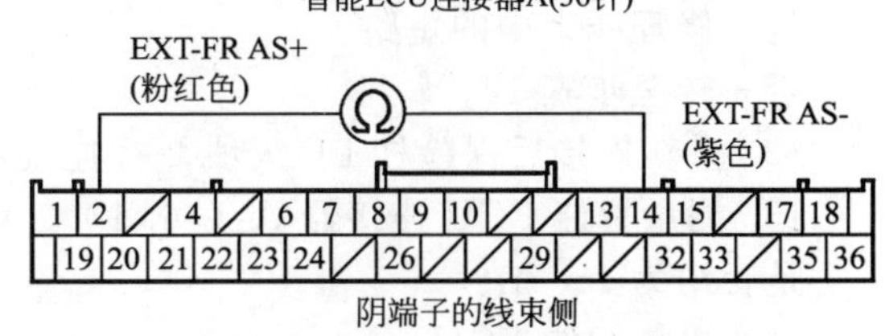

图 6-47 测量 2 号和 14 号端子之间的电阻

是否约为 1～5Ω？

是—更换智能 ECU。

否—更换前排乘客侧车门 LF 天线。

（七）DTC B1658：后保险杠 LF 天线电路故障

1. 使用 HDS 清除故障诊断码。
2. 将点火开关转至 LOCK（0）位置，然后转回至 ON（II）位置。
3. 从 HDS 中选择 MODE MENU（模式菜单），然后进入自检。
4. 使用 HDS 检查故障诊断码。

是否显示 DTC B1658？

是—转至步骤 5。

否—间歇性故障，此时系统正常。检查是否松动或连接不良。

5. 将点火开关转至 LOCK（0）位置。
6. 断开后保险杠 LF 天线 2 针连接器。
7. 断开智能 ECU 连接器 A（36 针）。
8. 用跨接线将后保险杠 LF 天线 2 针连接器 1 号和 2 号端子连接到车身搭铁上，如图 6-48 所示。
9. 分别检查智能 ECU 连接器 A（36 针）1 号和 19 号端子与车身搭铁之间是否导通，如图 6-49 所示。

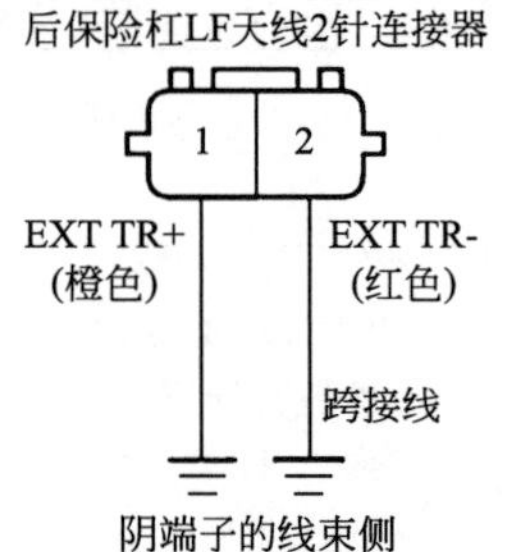

图 6-48　用跨接线将 1 号和 2 号端子连接到车身搭铁上

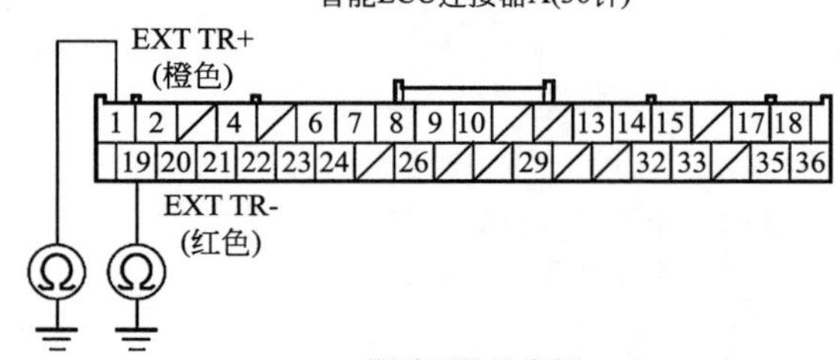

图 6-49　分别检查 1 号和 19 号端子与车身搭铁之间是否导通

是否导通？

是—转至步骤 10。

否—修理线束中的断路。

10. 拆下跨接线。
11. 检查智能 ECU 连接器 A（36 针）1 号和 19 号端子之间是否导通，如图 6-50 所示。

是否导通？

是—修理线束中的短路。

否—转至步骤 12。

12. 重新连接后保险杠 LF 天线 2 针连接器。
13. 测量智能 ECU 连接器 A（36 针）1 号和 19 号端子之间的电阻，如图 6-51 所示。

是否约为 1～5Ω？

是—更换智能 ECU。

否—更换后保险杠 LF 天线。

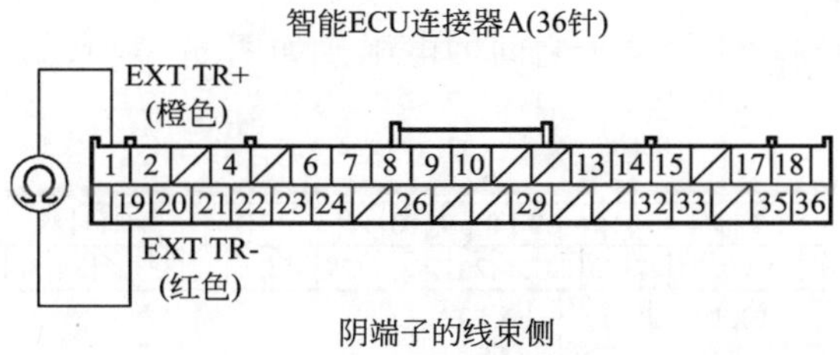

智能ECU连接器A(36针)
EXT TR+
(橙色)
EXT TR-
(红色)
阴端子的线束侧

图 6-50 检查 1 号和 19 号端子之间是否导通

智能ECU连接器A(36针)
EXT TR+
(橙色)
EXT TR-
(红色)
阴端子的线束侧

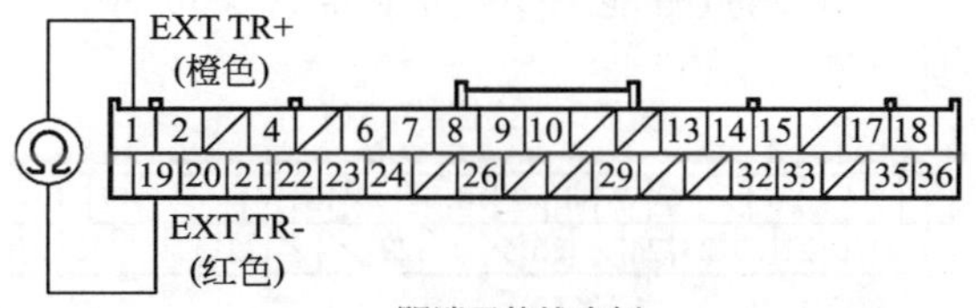

图 6-51 测量 1 号和 19 号端子之间的电阻

（八）DTC B1660： 车内前部 LF 天线电路故障

1. 使用 HDS 清除故障诊断码。

2. 将点火开关转至 LOCK（0）位置，然后转回至 ON（II）位置。

3. 从 HDS 中选择 MODE MENU（模式菜单），然后进入自检。

4. 使用 HDS 检查故障诊断码。

是否显示 DTC B1660？

是—转至步骤 5。

否—间歇性故障，此时系统正常。检查是否松动或连接不良。

5. 将点火开关转至 LOCK（0）位置。

6. 断开车内前部 LF 天线 2 针连接器。

7. 断开智能 ECU 连接器 A（36 针）。

8. 用跨接线将车内前部 LF 天线 2 针连接器 1 号和 2 号端子连接到车身搭铁上，如图 6-52 所示。

9. 分别检查智能 ECU 连接器 A（36 针）22 号和 24 号端子与车身搭铁之间是否导通，如图 6-53 所示。

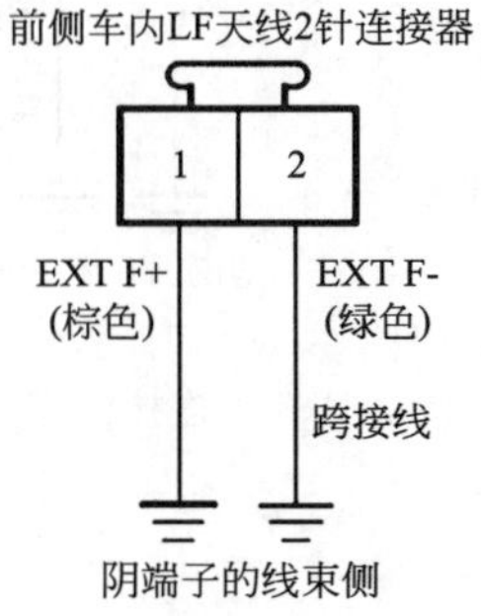

前侧车内LF天线2针连接器
1
2
EXT F+
(棕色)
EXT F-
(绿色)
跨接线
阴端子的线束侧

图 6-52 用跨接线将 1 号和 2 号端子连接到车身搭铁上

智能ECU连接器A(36针)
EXT F-
(绿色)
EXT F+
(棕色)
阴端子的线束侧

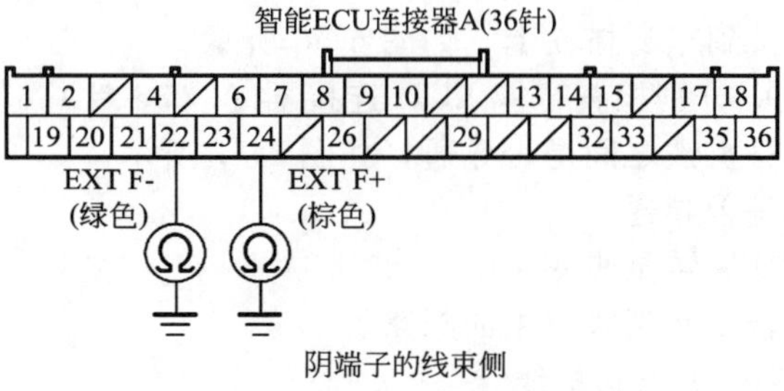

图 6-53 分别检查 22 号和 24 号端子与车身搭铁之间是否导通

是否导通？

是—转至步骤 10。

否—修理线束中的断路。

10. 拆下跨接线。

11. 检查智能 ECU 连接器 A（36 针）22 号和 24 号端子之间是否导通，如图 6-54 所示。

是否导通？

是—修理线束中的短路。

否—转至步骤 12。

12. 重新连接车内前部 LF 天线 2 针连接器。

13. 测量智能 ECU 连接器 A（36 针）22 号和 24 号端子之间的电阻，如图 6-55 所示。

智能ECU连接器A(36针)
EXT F-
(绿色)
EXT F+
(棕色)
阴端子的线束侧

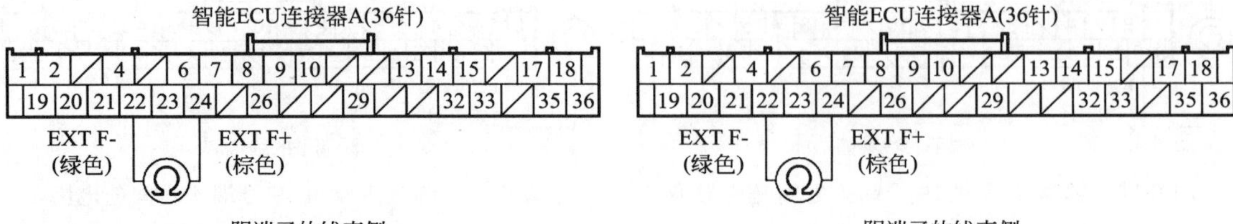

图 6-54 检查 22 号和 24 号端子之间是否导通

智能ECU连接器A(36针)
EXT F-
(绿色)
EXT F+
(棕色)
阴端子的线束侧

图 6-55 测量 22 号和 24 号端子之间的电阻

是否约为 1～5Ω？

是—更换智能 ECU。

否—更换车内前部 LF 天线。

（九）DTC B1664：车内后部 LF 天线电路故障

1. 使用 HDS 清除故障诊断码。

2. 将点火开关转至 LOCK（0）位置，然后转回至 ON（II）位置。

3. 从 HDS 中选择 MODE MENU（模式菜单），然后进入自检。

4. 使用 HDS 检查故障诊断码。

是否显示 DTC B1664？

是—转至步骤 5。

否—间歇性故障，此时系统正常。检查是否松动或连接不良。

5. 将点火开关转至 LOCK（0）位置。

6. 断开车内后部 LF 天线 2 针连接器。

7. 断开智能 ECU 连接器 A（36 针）。

8. 用跨接线将车内后部 LF 天线 2 针连接器 1 号和 2 号端子连接到车身搭铁上，如图 6-56 所示。

后侧车内LF天线2针连接器
1
2
EXT R+
(浅绿色)
EXT R-
(紫色)
跨接线
阴端子的线束侧

图 6-56 用跨接线将 1 号和 2 号端子连接到车身搭铁上

9. 分别检查智能 ECU 连接器 A（36 针）6 号和 21 号端子与车身搭铁之间是否导通，如图 6-57 所示。

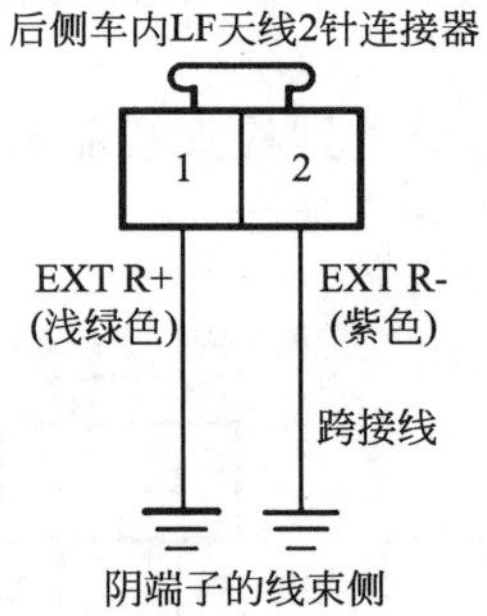

是否导通？

是—转至步骤 10。

否—修理线束中的断路。

10. 拆下跨接线。

11. 检查智能 ECU 连接器 A（36 针）6 号和 21 号端子之间是否导通，如图 6-58 所示。

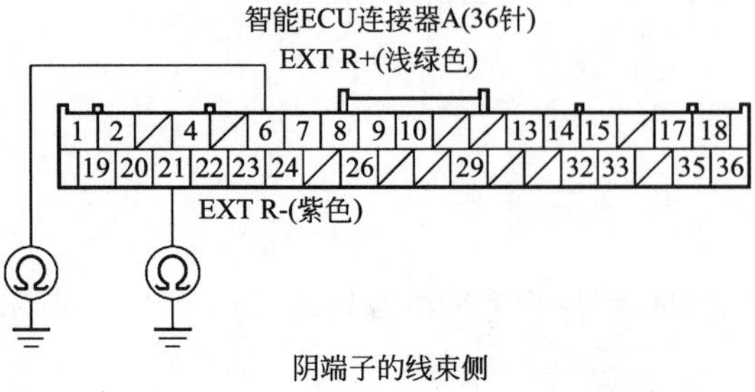

智能ECU连接器A(36针)
EXT R+(浅绿色)
EXT R-(紫色)
阴端子的线束侧

图 6-57 分别检查 6 号和 21 号端子与车身搭铁之间是否导通

智能ECU连接器A(36针)
EXT R+(浅绿色)
EXT R-(紫色)
阴端子的线束侧

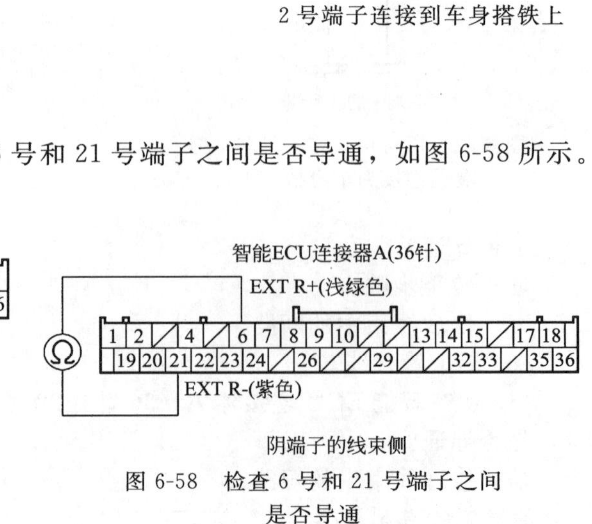

图 6-58 检查 6 号和 21 号端子之间是否导通

是否导通？

是—修理线束中的短路。

否—转至步骤 12。

12. 重新连接车内后部 LF 天线 2 针连接器。

13. 测量智能 ECU 连接器 A（36 针）6 号和 21 号端子之间的电阻。

是否约为 1～5Ω？

是—更换智能 ECU。

否—更换车内后部 LF 天线。

（十）DTC B1668：后窗台板 LF 天线电路故障

1. 使用 HDS 清除故障诊断码。

2. 将点火开关转至 LOCK（0）位置，然后转回至 ON（II）位置。

3. 从 HDS 中选择 MODE MENU（模式菜单），然后进入自检。

4. 使用 HDS 检查故障诊断码。

是否显示 DTC B1668？

是—转至步骤 5。

否—间歇性故障，此时系统正常。检查是否松动或连接不良。

5. 将点火开关转至 LOCK（0）位置。

6. 断开后窗台板 LF 天线 2 针连接器。

7. 断开智能 ECU 连接器 A（36 针）。

8. 用跨接线将后窗台板 LF 天线 2 针连接器 1 号和 2 号端子连接到车身搭铁上。

9. 分别检查智能 ECU 连接器 A（36 针）20 号和 23 号端子与车身搭铁之间是否导通，如图 6-59 所示。

是否导通？

是—转至步骤 10。

否—修理线束中的断路。

10. 拆下跨接线。

11. 检查智能 ECU 连接器 A（36 针）20 号和 23 号端子之间是否导通，如图 6-60 所示。

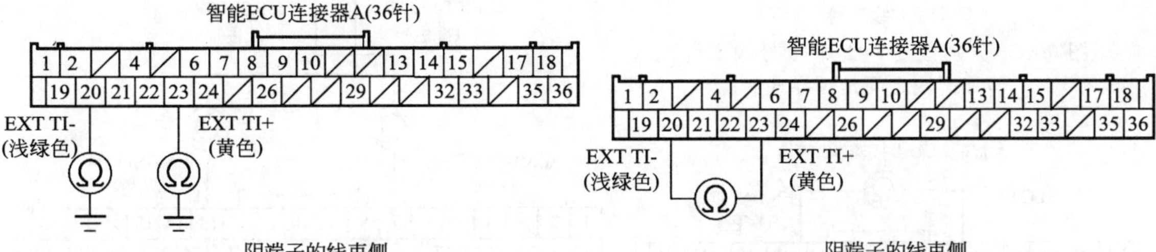

图 6-59 分别检查 20 号和 23 号端子与车身搭铁之间是否导通

图 6-60 检查 20 号和 23 号端子之间是否导通

是否导通？

是—修理线束中的短路。

否—转至步骤 12。

12. 重新连接后窗台板 LF 天线 2 针连接器。

13. 测量智能 ECU 连接器 A（36 针）20 号和 23 号端子之间的电阻。

是否约为 1～5Ω？

是—更换智能 ECU。

否—更换后窗台板 LF 天线。

（十一）DTC B1670：本田智能钥匙槽 LF 天线电路故障

1. 使用 HDS 清除故障诊断码。
2. 将点火开关转至 LOCK（0）位置，然后转回至 ON（II）位置。
3. 从 HDS 中选择 MODE MENU（模式菜单），然后进入自检。
4. 使用 HDS 检查故障诊断码。

是否显示 DTC B1670？

是—转至步骤 5。

否—间歇性故障，此时系统正常。检查是否松动或连接不良。

5. 将点火开关转至 LOCK（0）位置。
6. 断开钥匙槽 12 针连接器。
7. 断开智能 ECU 连接器 A（36 针）。
8. 分别检查智能 ECU 连接器 A（36 针）7 号和 13 号端子与车身搭铁之间是否导通，如图 6-61 所示。
9. 分别检查智能 ECU 连接器 A（36 针）7 号和 13 号端子与钥匙槽 12 针连接器 8 号和 9 号端子之间是否导通，如图 6-62 所示。

是否导通？

是—转至步骤 10。

否—修理线束中的断路。

10. 检查智能 ECU 连接器 A（36 针）7 号和 13 号端子之间是否导通，如图 6-63 所示。

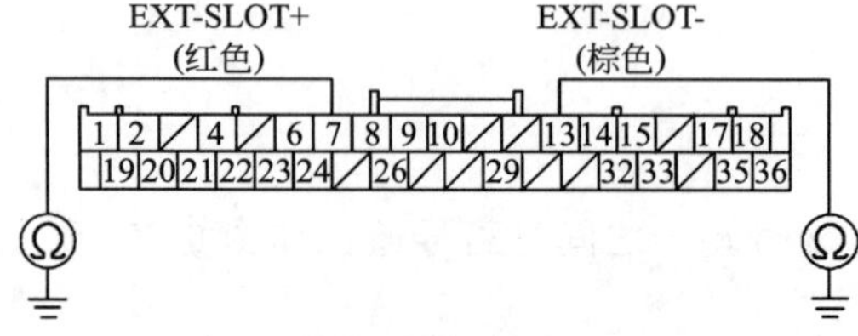

图 6-61　分别检查 7 号和 13 号端子与车身搭铁之间是否导通

图 6-63　检查 7 号和 13 号端子之间是否导通

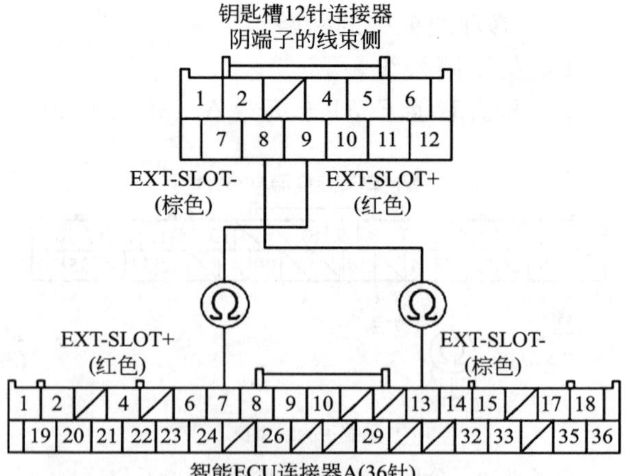

图 6-62　分别检查连接器 A7 号和 13 号端子与连接器 8 号和 9 号端子之间是否导通

是否导通？

是—修理线束中的短路。

否—转至步骤 11。

11. 重新连接钥匙槽 12 针连接器。

12. 测量智能 ECU 连接器 A（36 针）7 号和 13 号端子之间的电阻。

是否约为 1～5Ω？

是-更换智能 ECU。

否-更换本田智能钥匙槽。

（十二）DTC B1671：点火开关控制单元（KEY SW）电路断路

1. 使用 HDS 清除故障诊断码。
2. 将点火开关转至 LOCK（0）位置。
3. 将内置钥匙插入点火开关。
4. 用内置钥匙将点火开关转至 ON（II）和 LOCK（0）位置 10 次。
5. 使用 HDS 检查故障诊断码。

是否显示 DTC B1671？

是—转至步骤 6。

否—间歇性故障，此时系统正常。检查是否松动或连接不良。

6. 将点火开关转至 LOCK（0）位置。
7. 断开点火开关控制单元 10 针连接器。
8. 断开智能 ECU 连接器 B（32 针）。
9. 检查智能 ECU 连接器 B（32 针）14 号端子和点火开关控制单元 10 针连接器 3 号端子之间是否导通，如图 6-64 所示。

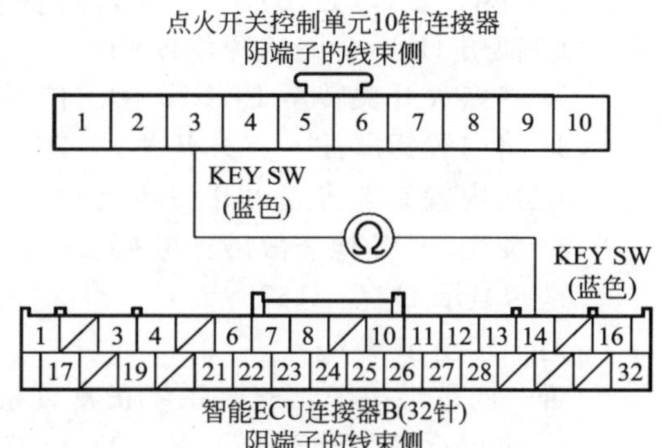

图 6-64 检查连接器 14 号端子和 10 针连接器 3 号端子之间是否导通

是否导通？

是—转至步骤 10。

否—修理线束中的断路。

10. 检查点火开关控制单元 10 针连接器 6 号端子与车身搭铁之间是否导通，如图 6-65 所示。

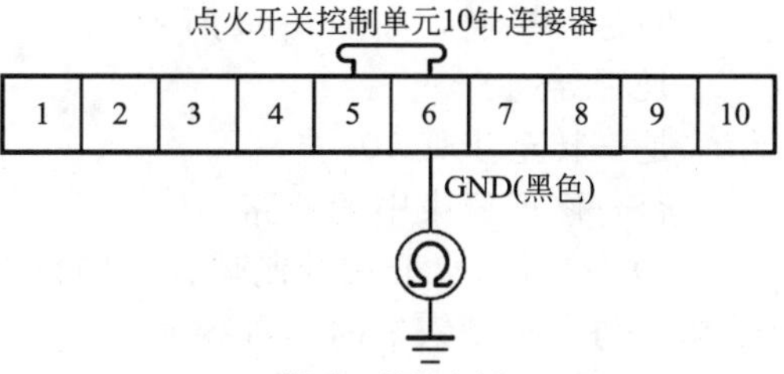

图 6-65 检查 6 号端子与车身搭铁之间是否导通

是否导通？

是—转至步骤 11。

否—修理线束中的断路或搭铁不良（G503）。

11. 插入内置钥匙，检查点火开关控制单元 10 针连接器 3 号和 6 号端子是否导通。

是否导通？

是—更换智能 ECU。

否—更换点火开关控制单元。

（十三）DTC B1672：点火开关控制单元（KNOB SW）电路短路

1. 使用 HDS 清除故障诊断码。
2. 将点火开关转至 LOCK（0）位置。
3. 将内置钥匙插入点火开关。
4. 用内置钥匙将点火开关转至 ON（II）和 LOCK（0）位置 10 次。
5. 使用 HDS 检查故障诊断码。

是否显示 DTC B1672？

是—转至步骤 6。

否—间歇性故障，此时系统正常。检查是否松动或连接不良。

6. 将点火开关转至 LOCK（0）位置。

7. 断开点火开关控制单元10针连接器。

8. 断开智能ECU连接器B（32针）。

9. 检查点火开关控制单元10针连接器7号端子与车身搭铁之间是否导通。

是否导通？

是—修理线束对搭铁的短路。

否—转至步骤10。

10. 将内置钥匙从点火开关上拔出。

11. 检查点火开关控制单元10针连接器6号和7号端子之间是否导通。

是否导通？

是—更换点火开关控制单元。

否—更换智能ECU。

（十四）DTC B1673：点火开关控制单元（KNOB SW）电路断路

1. 使用HDS清除故障诊断码。

2. 将点火开关转至LOCK（0）位置。

3. 将内置钥匙插入点火开关。

4. 用内置钥匙将点火开关转至ON（II）和LOCK（0）位置10次。

5. 使用HDS检查故障诊断码。

是否显示DTC B1673？

是—转至步骤6。

否—间歇性故障，此时系统正常。检查是否松动或连接不良。

6. 将点火开关转至LOCK（0）位置。

7. 断开点火开关控制单元10针连接器。

8. 断开智能ECU连接器B（32针）。

9. 检查智能ECU连接器B（32针）12号端子和点火开关控制单元10针连接器7号端子之间是否导通，如图6-66所示。

是否导通？

是—转至步骤10。

否—修理线束中的断路。

10. 检查点火开关控制单元10针连接器6号端子与车身搭铁之间是否导通。

是否导通？

是—转至步骤11。

否—修理线束中的断路或搭铁不良（G503）。

11. 将内置钥匙从点火开关上拔出。

12. 按下点火按钮，检查点火开关控制单元10针连接器7号和6号端子是否导通。

是否导通？

是—更换智能ECU。

否—更换点火开关控制单元。

图6-66　检查连接器B12号端子和10针连接器7号端子之间是否导通

（十五）DTC B1674：点火开关控制单元（ROTATE SW）电路短路

1. 使用HDS清除故障诊断码。

2. 将点火开关转至LOCK（0）位置。

3. 将内置钥匙插入点火开关。

4. 用内置钥匙将点火开关转至 ON（II）和 LOCK（0）位置 10 次。

5. 使用 HDS 检查故障诊断码。

是否显示 DTC B1674?

是—转至步骤 6。

否—间歇性故障，此时系统正常。检查是否松动或连接不良。

6. 将点火开关转至 LOCK（0）位置。

7. 断开点火开关控制单元 10 针连接器。

8. 断开智能 ECU 连接器 A（36 针）。

9. 检查点火开关控制单元 10 针连接器 8 号端子与车身搭铁之间是否导通。

是否导通?

是—修理线束对搭铁的短路。

否—转至步骤 10。

10. 将内置钥匙从点火开关上拔出。

11. 检查点火开关控制单元 10 针连接器 6 号和 8 号端子之间是否导通。

是否导通?

是—更换点火开关控制单元。

否—更换智能 ECU。

（十六）DTC B1675：点火开关控制单元（ROTATE SW）电路断路

1. 使用 HDS 清除故障诊断码。

2. 将点火开关转至 LOCK（0）位置。

3. 将内置钥匙插入点火开关。

4. 用内置钥匙将点火开关转至 ON（II）和 LOCK（0）位置 10 次。

5. 使用 HDS 检查故障诊断码。

是否显示 DTC B1675?

是—转至步骤 6。

否—间歇性故障，此时系统正常。检查是否松动或连接不良。

6. 将点火开关转至 LOCK（0）位置。

7. 断开点火开关控制单元 10 针连接器。

8. 断开智能 ECU 连接器 A（36 针）。

9. 检查智能 ECU 连接器 A（36 针）33 号端子和点火开关控制单元 10 针连接器 8 号端子之间是否导通，如图 6-67 所示。

是否导通?

是—转至步骤 10。

否—修理线束中的断路。

10. 检查点火开关控制单元 10 针连接器 6 号端子与车身搭铁之间是否导通。

是否导通?

是—转至步骤 11。

否—修理线束中的断路或搭铁不良（G503）。

11. 插入内置钥匙，检查点火开关控制单元 10 针连接器 8 号和 6 号端子是否导通。

是否导通?

是—更换智能 ECU。

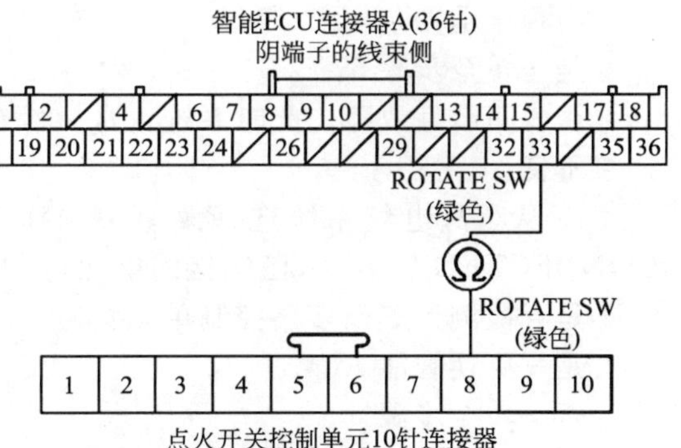

图 6-67 检查连接器 A33 号端子和 10 针连接器 8 号端子之间是否导通

否—更换点火开关控制单元。

（十七）DTC U0155：本田智能 ECU 与仪表控制单元失去通信

1. 使用 HDS 清除故障诊断码。
2. 将点火开关转至 LOCK（0）位置，然后转回至 ON（II）位置。
3. 等待 6s 或更长时间。
4. 使用 HDS 检查故障诊断码。

是否显示 DTC U0155？

是—转至步骤 5。

否—间歇性故障，此时系统正常。检查智能 ECU 和仪表控制单元之间是否松动或连接不良。

5. 从车身电气系统选择菜单中选择 UNIT INFORMATION（单元信息），然后选择 CONNECTED UNIT（已连接的单元）。

是否检测到仪表控制单元？

是—更换智能 ECU。

否—转至步骤 6。

6. 将点火开关转至 LOCK（0）位置。
7. 断开仪表控制单元 32 针连接器。
8. 断开智能 ECU 连接器 B（32 针）。
9. 分别检查仪表控制单元 32 针连接器 18 号和 19 号端子与智能 ECU 连接器 B（32 针）7 号和 8 号端子之间是否导通，如图 6-68 所示。

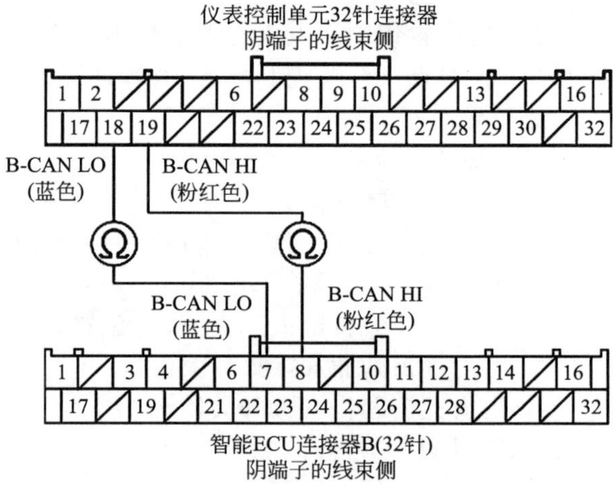

是否导通？

是—更换仪表控制单元。

否—仪表控制单元和智能 ECU 之间线束的断路。

仪表控制单元32针连接器
阴端子的线束侧
B-CAN LO
(蓝色)
B-CAN HI
(粉红色)
B-CAN LO
(蓝色)
B-CAN HI
(粉红色)
智能ECU连接器B(32针)
阴端子的线束侧

图 6-68　检查端子的导通情况

（十八）DTC U0199：本田智能 ECU 与车门多路控制单元失去通信

1. 使用 HDS 清除故障诊断码。
2. 将点火开关转至 LOCK（0）位置，然后转回至 ON（II）位置。
3. 等待 6s 或更长时间。
4. 使用 HDS 检查故障诊断码。

是否显示 DTC U0199？

是—转至步骤 5。

否—间歇性故障，此时系统正常。检查智能 ECU 和车门多路控制单元之间是否松动或连接不良。

5. 从车身电气系统选择菜单中选择 UNIT INFORMATION（单元信息），然后选择 CONNECTED UNIT（已连接的单元）。

是否检测到车门多路控制单元？

是—更换智能 ECU。

否—转至步骤 6。

6. 将点火开关转至 LOCK（0）位置。
7. 断开车门多路控制单元 37 针连接器。
8. 断开智能 ECU 连接器 B（32 针）。

9. 分别检查智能 ECU 连接器 B（32 针）7 号和 8 号端子与车门多路控制单元 37 针连接器 33 号和 35 号端子之间是否导通，如图 6-69 所示。

是否导通？

是—更换智能 ECU。

否—智能 ECU 和车门多路控制单元之间线束断路。

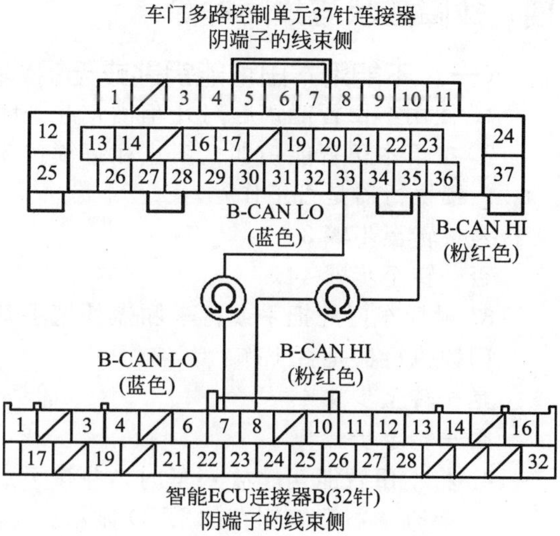

图 6-69 检查相关端子间导通性

（十九）DTC U1282：本田智能 ECU 与驾驶员侧 MICU 失去通信

1. 使用 HDS 清除故障诊断码。

2. 将点火开关转至 LOCK（0）位置，然后转回至 ON（II）位置。

3. 等待 6s 或更长时间。

4. 使用 HDS 检查故障诊断码。

是否显示 DTC U1282？

是—转至智能 ECU 输入测试。如果测试正常，更换智能 ECU。

否—间歇性故障，此时系统正常。检查智能 ECU 和相关单元之间是否松动或连接不良。

（二十）DTC U1283：本田智能 ECU 与乘客侧 MICU 失去通信

1. 使用 HDS 清除故障诊断码。

2. 将点火开关转至 LOCK（0）位置，然后转回至 ON（II）位置。

3. 等待 6s 或更长时间。

4. 使用 HDS 检查故障诊断码。

是否显示 DTC U1283？

是—转至步骤 5。

否—间歇性故障，此时系统正常。检查智能 EC 和乘客侧 MICU 之间是否松动或连接不良。

5. 从车身电气系统选择菜单中选择 UNIT INFORMATION（单元信息），然后选择 CONNECTED UNIT（已连接的单元）。

是否检测到乘客侧 MICU？

是—更换智能 ECU。

否—转至步骤 6。

6. 将点火开关转至 LOCK（0）位置。

7. 断开乘客侧仪表板下保险丝/继电器盒连接器 A（38 针）。

8. 断开智能 ECU 连接器 B（32 针）。

9. 分别检查智能 ECU 连接器 B（32 针）7 号和 8 号端子与乘客侧仪表板下保险丝/继电器盒连接器 A（38 针）11 号和 29 号端子之间是否导通，如图 6-70 所示。

是否导通？

是—更换智能 ECU。

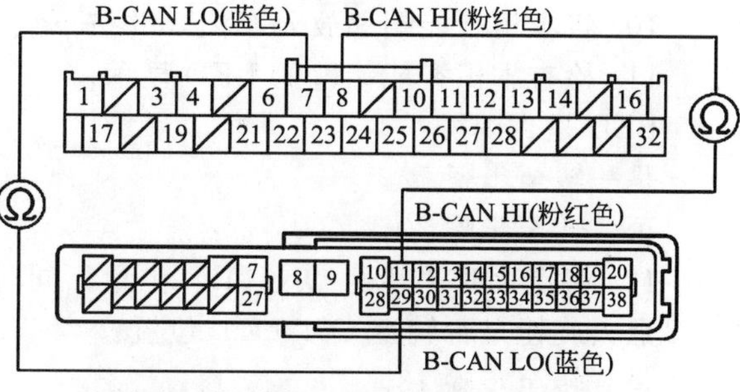

图 6-70 分别检查连接器 B7 号和 8 号端子与连接器 A11 号和 29 号端子之间是否导通

否—智能 ECU 和乘客侧 MICU 之间线束断路。

四、故障症状与故障排除

（一）不能用本田智能钥匙或无钥匙操作锁止/解锁车门，或点火开关按钮不工作

1. 使用本田智能钥匙离开车辆，并关闭所有车门。

2. 按下本田智能钥匙上锁止和解锁按钮各 10 次。

门锁执行器是否工作？

是—转至步骤 3。

否—转至步骤 44。

3. 触摸车门外把手或行李厢盖外把手开关锁止和解锁车门。

门锁执行器是否工作？

是—转至步骤 4。

否—转至步骤 10。

4. 将本田智能钥匙放入车内，并按下点火按钮。

5. 检查本田智能钥匙的 LED 显示。

LED 是否闪烁？

是—转至步骤 6。

否—转至步骤 28。

6. 将点火开关转至 ON（II）位置，同时将方向盘轻轻地右转和左转。

点火旋钮是否转至 ON（II）位置？

是—转至步骤 7。

否—转至步骤 34。

7. 检查发动机防盗锁止指示灯的点亮方式。

发动机防盗锁止指示灯是否点亮 2s，然后熄灭？

是—转至步骤 8。

否—转至步骤 43。

8. 将 HDS 连接到数据连接器上。

9. 从 HDS 中选择 HONDA SMART KEY（本田智能钥匙）。

是否显示 MODE MENU（模式菜单）？

是—使用 HDS 执行 SYSTEM CHECK 1（系统检查 1）和 SYSTEM CHECK 2（系统检查 2）。如果结果显示，对 SYSTEM CHECK（系统检查）表中相应的项目进行故障排除。

否—检查线束（IG1 线路）是否断路或短路。如果线束正常，更换点火开关控制单元。

10. 将本田智能钥匙放入车内，并按下点火按钮。

11. 检查本田智能钥匙的 LED 显示。

LED 是否闪烁？

是—转至步骤 12。

否—转至步骤 20。

12. 将点火开关转至 ON（II）位置，同时将方向盘轻轻地右转和左转。

点火旋钮是否转至 ON（II）位置？

是—转至步骤 13。

否—转至步骤 25。

13. 关闭所有车门。

14. 从“BODY ELECTRICAL（车身电气系统）”选项菜单中选择“DOOR LOCK（门

锁)”，然后进入“DATALIST（数据表)”。

15. 检查数据表中驾驶员侧车门门锁按钮开关（锁止）和驾驶员侧车门门锁按钮开关（解锁）的值。

门锁按钮开关置于LOCK位置时，驾驶员侧车门门锁按钮开关（锁止）信息是否显示ON，驾驶员侧车门门锁按钮开关（解锁）信息是否显示OFF?

门锁按钮开关置于UNLOCK位置时，驾驶员侧车门门锁按钮开关（锁止）信息是否显示OFF，驾驶员侧车门门锁按钮开关（解锁）信息是否显示ON?

是—转至步骤16。

否—转至门锁按钮开关测试。

16. 使用HDS从HONDA SMART KEY（本田智能钥匙）中选择HISTORY CLEAR（清除历史记录)，清除历史数据。

17. 使用HDS从HONDA SMART KEY（本田智能钥匙）中选择HISTORY DATA（历史数据)。

18. 触摸驾驶员侧外把手锁止或解锁驾驶员侧车门，并检查接触传感器的数据。

数据是否显示正常?

是—至步骤19。

否—检查驾驶员侧车门外把手开关电路。

19. 执行车门和行李箱LF天线测试。

这些LF天线是否正常?

是—更换智能ECU。

否—更换相应的LF天线。

20. 用发动机防盗锁止钥匙（内置钥匙）将点火开关转至ON（II）位置。

21. 使用HDS从HONDA SMART KEY（本田智能钥匙）中选择HISTORY CLEAR（清除历史记录)，清除历史数据。

22. 将点火开关转至LOCK（0）位置，并将钥匙从点火开关中拔出。

23. 按下点火旋钮。

24. 使用HDS从HONDA SMART KEY（本田智能钥匙）中选择HISTORY DATA（历史数据)，并检查点火开关控制单元中旋钮开关的数据。

数据是否显示正常?

是—测试所有的LF天线。如果LF天线正常，更换本田智能钥匙。

否—转至智能ECU输入测试并检查旋钮开关线路。

25. 用发动机防盗锁止钥匙（内置钥匙）将点火开关转至ON（II）位置。

智能钥匙系统是否有效?

是—转至步骤27。

否—转变为ON。

26. 使用HDS从HONDA SMART KEY（本田智能钥匙）中选择DATA LIST（数据表)。

27. 检查HONDA SMART KEY SYSTEM MODE SWITCH（本田智能钥匙系统模式开关）的值。

数据是否显示为ON?

是—注册本田智能钥匙并重新检查。如果故障仍然存在，更换本田智能钥匙。

否—转至智能ECU输入测试并检查本田智能钥匙系统模式开关线路。如果线束正常，更换本田智能钥匙系统模式开关。

28. 用发动机防盗锁止钥匙（内置钥匙）将点火开关转至ON（II）位置。

29. 使用HDS从HONDA SMART KEY（本田智能钥匙）中选择HISTORY CLEAR（清除历史记录），清除历史数据。

30. 将点火开关转至LOCK（0）位置，并将发动机防盗锁止钥匙（内置钥匙）从点火开关中拔出。

31. 按下点火旋钮。

32. 用发动机防盗锁止钥匙（内置钥匙）将点火开关转至ON（II）位置。

33. 使用HDS从HONDA SMART KEY（本田智能钥匙）中选择HISTORY DATA（历史数据），并检查点火开关控制单元中旋钮开关的数据。

数据是否显示正常？

是—测试所有的LF天线。如果LF天线正常，更换本田智能钥匙。

否—转至智能ECU输入测试并检查旋钮开关线路。

34. 用发动机防盗锁止钥匙（内置钥匙）将点火开关转至ON（II）位置。

35. 使用HDS从HONDA SMART KEY（本田智能钥匙）中选择SMART INFORMATION（智能信息），并使用HDS执行SYSTEM CHECK 1（系统检查1）和SYSTEMCHECK 2（系统检查2）。

是否显示N-1？

是—转至步骤36。

否—根据系统检查表对项目进行故障排除。

36. 将点火开关转至LOCK（0）位置。

37. 将10针连接器从点火开关控制单元上断开。

38. 用发动机防盗锁止钥匙（内置钥匙）将点火开关转至ON（II）位置。

39. 将电压表连接在点火开关控制单元10针连接器4号端子和车身搭铁之间。

是否约为5V？

是—转至步骤40。

否—修理橙色线束（IGNCONT线路）中的断路或短路。

40. 测量点火开关控制单元10针连接器5号端子和车身搭铁之间的电压。

是否为蓄电池电压？

是—转至步骤41。

否—修理黄色线束（IGNTRX线路）中的断路或短路。

41. 连接点火开关控制单元10针连接器5号端子和车身搭铁之间的电压表。

42. 使用HDS从HONDA SMART KEY（本田智能钥匙）中选择FUNCTION TEST（功能测试），并执行IGNTRXLINE DRIVING。

电压是否从约12V变化到0V？

是—更换点火开关控制单元。

否—更换智能ECU。

43. 检查发动机是否启动。

发动机是否启动？

是—此时系统正常。检查是否松动或连接不良。

否—检查PGM-FI系统和启动系统。

44. 按下本田智能钥匙的锁止按钮然后按下解锁按钮，并检查LED显示。

LED是否点亮？

是—转至步骤45。

否—更换本田智能钥匙的电池，并重新检查。如果仍然出现故障，更换本田智能钥匙。

45. 触摸车门外把手或行李箱盖外把手开关，锁止和解锁车门。

门锁执行器是否工作?

是—注册本田智能钥匙并重新检查。如果仍然出现故障，更换本田智能钥匙。

否—转至步骤46。

46. 关闭所有车门。

47. 使用门锁开关锁止和解锁车门。

门锁执行器是否工作?

是—转至步骤48。

否—使用HDS检查DTC。如果没有DTC，检查无钥匙/电动门锁系统。

48. 用发动机防盗锁止钥匙（内置钥匙）将点火开关转至ON（II）位置。

49. 使用HDS从HONDA SMART KEY（本田智能钥匙）中选择HISTORY CLEAR（清除历史记录），清除历史数据。

50. 将点火开关转至LOCK（0）位置，并将发动机防盗锁止钥匙（内置钥匙）从点火开关中拔出。

51. 按下点火旋钮。

52. 用发动机防盗锁止钥匙（内置钥匙）将点火开关转至ON（II）位置。

53. 使用HDS从HONDA SMART KEY（本田智能钥匙）中选择HISTORY DATA（历史数据），并检查点火开关控制单元中PUSH SWITCH（按钮开关）的数据。

数据是否显示正常?

是—转至步骤54。

否—如果旋钮开关的数据显示OK（正常），转至智能ECU输入测试，并检查智能ECU和点火开关控制单元之间的线束是否短路。如果线束正常，更换点火开关控制单元。如果旋钮开关的数据不显示OK（正常），转至智能ECU输入测试，并检查发动机盖下保险丝/继电器盒15号（10A）保险丝和智能ECU之间VBU线路的线束是否断路。如果保险丝和线束正常，更换点火开关控制单元。

54. 用发动机防盗锁止钥匙（内置钥匙）将点火开关转至ON（II）位置。

55. 使用HDS从HONDA SMART KEY（本田智能钥匙）中选择HISTORY CLEAR（清除历史记录），清除历史数据。

56. 将点火开关转至LOCK（0）位置，并将发动机防盗锁止钥匙（内置钥匙）从点火开关中拔出。

57. 按下点火旋钮。

58. 用发动机防盗锁止钥匙（内置钥匙）将点火开关转至ON（II）位置。

59. 使用HDS从HONDA SMART KEY（本田智能钥匙）中选择HISTORY DATA（历史数据），并检查点火开关控制单元中ROTATE SWITCH（旋钮开关）的数据。

数据是否显示正常?

是—转至步骤60。

否—执行智能ECU输入测试，并检查点火开关控制单元和智能ECU之间的线束是否短路。如果线束正常，更换点火开关控制单元。

60. 使用HDS从HONDA SMART KEY（本田智能钥匙）中选择DATA LIST（数据表），并检查SLOT SW（HALF）的值。

该值是否显示为OFF?

是—转至步骤65。

否—转至步骤61。

61. 将点火开关转至 LOCK（0）位置。

62. 将 12 针连接器从本田智能钥匙槽上断开。

63. 将点火开关转至 ON（II）位置。

64. 使用 HDS 从 HONDA SMART KEY（本田智能钥匙）中选择 DATA LIST（数据表），并检查 SLOT SW（FULL）的值。

该值是否显示为 ON？

是—修理本田智能钥匙槽和智能 ECU 之间线束的短路。

否—更换本田智能钥匙槽。

65. 使用 HDS 从 HONDA SMART KEY（本田智能钥匙）中选择 DATA LIST（数据表），并检查 SLOT SW（FULL）的值。

该值是否显示为 OFF？

是—转至步骤 70。

否—转至步骤 66。

66. 将点火开关转至 LOCK（0）位置。

67. 将 12 针连接器从本田智能钥匙槽上断开。

68. 将点火开关转至 ON（II）位置。

69. 使用 HDS 从 HONDA SMART KEY（本田智能钥匙）中选择 DATA LIST（数据表），并检查 SLOT SW（HALF）的值。

该值是否显示为 ON？

是—修理本田智能钥匙槽和智能 ECU 之间线束的短路。

否—更换本田智能钥匙槽。

70. 将点火开关转至 LOCK（0）位置。

71. 断开智能 ECU 连接器 B（32 针）。

72. 测量智能 ECU 连接器 B（32 针）17 号端子和车身搭铁之间的电压，如图 6-71 所示。

是否有电压？

是—检查线束是否短路。如果线束正常，更换点火开关控制单元。

否—转至步骤 73。

图 6-71 测量 17 号端子和车身搭铁之间的电压

73. 用发动机防盗锁止钥匙（内置钥匙）将点火开关转至 ON（II）位置。

74. 从车身电气系统选择菜单中选择 DOOR LOCK（门锁）。

75. 选择 KEYLESS CHECK（无钥匙检查），并检查发射器代码的接收状况。

是否接收到发射器代码？

是—更换智能 ECU。

否—使用 HDS 执行 SYSTEM CHECK 1（系统检查 1）和 SYSTEM CHECK 2（系统检查 2）。

（二）本田智能钥匙或无钥匙操作部分不能工作（点火开关旋钮可工作）。

1. 使用 HDS 从 HONDA SMART KEY（本田智能钥匙）中选择 HISTORY CLEAR（清除历史记录），清除历史数据。

2. 使用 HDS 从 HONDA SMART KEY（本田智能钥匙）中选择 HISTORY DATA

（历史数据）。

3. 触摸车门外把手接触传感器来锁止和解锁驾驶员侧车门，并检查接触传感器的数据。

数据是否显示正常？

是—转至步骤 4。

否—检查车门外把手接触传感器电路。

4. 拔出钥匙，并关闭所有车门。

5. 按下本田智能钥匙解锁按钮 10 次。

门锁执行器是否工作？

是—转至步骤 6。

否—转至步骤 11。

6. 按下本田智能钥匙锁止按钮 10 次。

门锁执行器是否工作？

是—间歇性故障，此时系统正常。检查是否松动或连接不良。

否—转至步骤 7。

7. 按下本田智能钥匙锁止和解锁按钮，并检查本田智能钥匙上的 LED 显示。

LED 是否闪烁？

是—转至步骤 8。

否—更换本田智能钥匙电池并重新检查。如果仍然出现故障，更换本田智能钥匙。

8. 关闭所有车门。

9. 从车身电气系统选择菜单中选择 DOOR LOCKS（门锁）。

10. 从 DOOR LOCKS（门锁）中选择 DATA LIST（数据表），并检查每个车门开关的值。

是否显示为 CLOSE（关闭）？

是—转至无钥匙/电动门锁系统输入测试，并检查每一门锁按钮开关线路。

否—转至驾驶员侧 MICU 输入测试和乘客侧 MICU 输入测试，并检查每一车门开关线路。

11. 按下本田智能钥匙锁止按钮 10 次。

门锁执行器是否工作？

是—转至步骤 12。

否—转至“无法用本田智能钥匙或无钥匙操作锁止/解锁车门，或点火开关旋钮不工作”。

12. 按下本田智能钥匙锁止和解锁按钮，并检查本田智能钥匙上的 LED 显示。

LED 是否闪烁？

是—更换智能 ECU。

否—更换本田智能钥匙电池并重新检查。如果仍然出现故障，更换本田智能钥匙。

（三）本田智能钥匙系统指示灯不点亮，或不熄灭。

1. 将点火开关转至 LOCK（0）位置。

2. 将点火开关转至 ON（II）位置，并检查本田智能钥匙系统指示灯。

指示灯是否点亮？

是—转至步骤 3。

否—执行仪表控制单元自诊断功能，并检查指示灯。

3. 将点火开关转至 LOCK（0）位置。

4. 将点火开关转至 ON（II）位置，并检查本田智能钥匙系统指示灯。

指示灯是否点亮 2s，然后熄灭？

是—间歇性故障，此时系统正常。检查是否松动或连接不良。

否—转至步骤 5。

5. 将点火开关转至 LOCK（0）位置。

6. 将 HDS 连接到数据连接器上。

7. 将点火开关转至 ON（II）位置。

8. 选择 HONDA SMART KEY（本田智能钥匙），并使用 HDS 检查是否有 DTC。

是否显示 DTC?

是—转至显示 DTC 的故障排除。

否—转至步骤 9。

9. 将点火开关转至 LOCK（0）位置。

10. 断开智能 ECU 连接器 B（32 针）。

11. 等待 30s 或更长时间。

12. 检查本田智能钥匙系统指示灯。

指示灯是否熄灭?

是—更换仪表控制单元。

否—更换智能 ECU。

（四）发动机防盗锁止指示灯不点亮，或不熄灭

1. 将点火开关转至 LOCK（0）位置。

2. 将点火开关转至 ON（II）位置，并检查发动机防盗锁止指示灯。

指示灯是否点亮?

是—转至步骤 3。

否—执行仪表控制单元自诊断功能，并检查指示灯。

3. 将点火开关转至 LOCK（0）位置。

4. 将点火开关转至 ON（II）位置，并检查发动机防盗锁止指示灯。

指示灯是否先点亮，然后熄灭?

是—转至步骤 5。

否—转至步骤 14。

5. 将点火开关转至 LOCK（0）位置。

6. 用发动机防盗锁止钥匙（内置钥匙）将点火开关转至 ON（II）位置。

7. 检查发动机防盗锁止指示灯。

指示灯是否点亮 2s，然后熄灭?

是—间歇性故障，此时系统正常。检查是否松动或连接不良。

否—转至步骤 8。

8. 将点火开关转至 LOCK（0）位置。

9. 将 HDS 连接到数据连接器上。

10. 将点火开关转至 ON（II）位置。

11. 使用 HDS 从 IMMOBILIZER（发动机防盗锁止）中选择 IMMOBILIZER INFORMATION（发动机防盗锁止信息），然后执行 SYSTEM CHECK（系统检查）。

是否显示 N-1?

是—更换仪表控制单元。

否—根据系统检查表对项目进行故障排除。

12. 将点火开关转至 LOCK（0）位置。

13. 检查故障指示灯（MIL）。

MIL是否点亮并保持点亮？

是—检查PGM-FI系统。

否—更换仪表控制单元。

14. 将点火开关转至LOCK（0）位置。

15. 将HDS连接到数据连接器上。

16. 将点火开关转至ON（Ⅱ）位置。

17. 使用HDS从HONDA SMART KEY（本田智能钥匙）中选择SMART INFORMATION（智能信息），并执行SYSTEM CHECK 1（系统检查1）和SYSTEM CHECK2（系统检查2）。

是否显示N-1？

是—更换仪表控制单元。

否—根据系统检查表对项目进行故障排除。

（五）用发动机防盗锁止钥匙（内置钥匙）无法启动发动机，但使用本田智能钥匙可使发动机启动。

1. 将点火开关转至LOCK（0）位置。

2. 用发动机防盗锁止钥匙（内置钥匙）将点火开关转至ON（Ⅱ）位置。

3. 检查发动机防盗锁止指示灯。

指示灯是否点亮2s，然后熄灭？

是—转至步骤4。

否—转至步骤14。

4. 将点火开关转至LOCK（0）位置。

5. 将HDS连接到数据连接器上。

6. 将点火开关转至ON（Ⅱ）位置。

7. 使用HDS从IMMOBILIZER（发动机防盗锁止）中选择IMMOBILIZER INFORMATION（发动机防盗锁止信息），然后执行SYSTEM CHECK（系统检查）。

是否显示发动机防盗锁止菜单？

是—根据系统检查表对项目进行故障排除。

否—转至步骤8。

8. 将点火开关转至LOCK（0）位置。

9. 断开发动机防盗锁止无钥匙控制单元8针连接器。

10. 将点火开关转至ON（Ⅱ）位置。

11. 测量发动机防盗锁止无钥匙控制单元8针连接器2号端子与车身搭铁之间的电压，如图6-72所示。

是否为蓄电池电压？

是—转至步骤12。

否—修理线束（IG1线路）中的断路。

12. 将点火开关转至LOCK（0）位置。

13. 检查发动机防盗锁止无钥匙控制单元8针连接器1号端子与车身搭铁之间是否导通。

是否导通？

是—检查发动机防盗锁止无钥匙控制单元是否松动或连接不良。如果正常，更换发动机防盗锁止无钥匙控制单元。

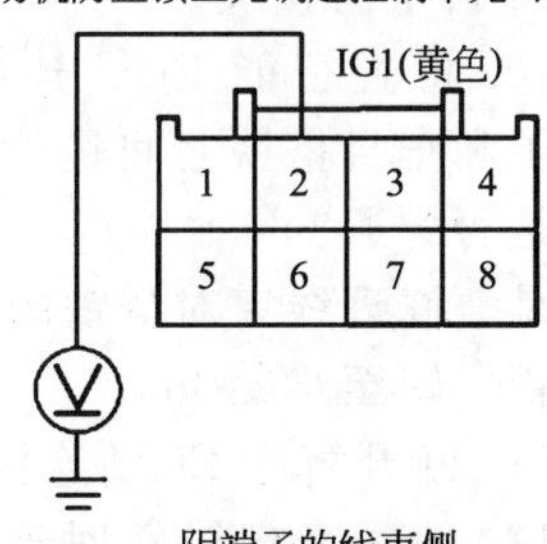

图6-72 测量2号端子与车身搭铁之间的电压

否—修理线束（LG 线路）中的断路。

14. 检查启动机的工作情况。

启动机是否运行？

是—转至步骤 15。

否—检查启动系统。

15. 尝试启动发动机。

发动机是否启动？

是—转至步骤 16。

否—检查 PGM-FI 系统。

16. 检查发动机的状态。

发动机是否失速？

是—检查 PGM-FI 系统。

否—间歇性故障，此时系统正常。检查是否松动或连接不良。

（六）无钥匙蜂鸣器未鸣响，或危险警告灯不闪烁

注意：进行故障排除前，检查转向信号/危险警告灯系统。

1. 将 HDS 连接到数据连接器上。

2. 将点火开关转至 ON（Ⅱ）位置。

3. 将点火开关转至 LOCK（0）位置。

4. 断开无钥匙蜂鸣器 2 针连接器。

5. 检查无钥匙蜂鸣器 2 针连接器 2 号端子和车身搭铁之间是否导通，如图 6-73 所示。

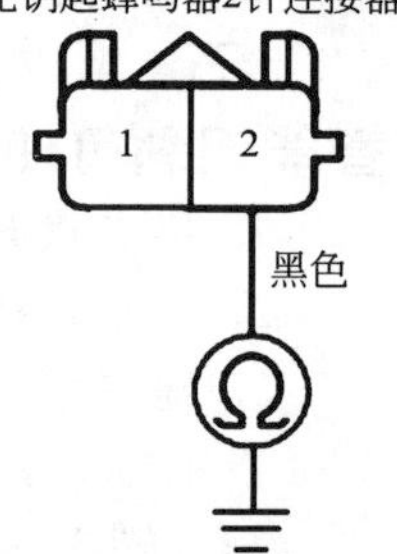

图 6-73　检查 2 号端子和车身搭铁之间是否导通

是否导通？

是—转至步骤 6。

否—修理线束中的断路或搭铁不良（G602）。

6. 断开智能 ECU 连接器 A（36 针）。

7. 用跨接线将无钥匙蜂鸣器 2 针连接器 1 号端子连接到车身搭铁上。

8. 检查智能 ECU 连接器 A（36 针）8 号端子和车身搭铁之间是否导通，如图 6-74 所示。

智能ECU连接器A(36针)

BUZZ(橙色)

阴端子的线束侧

图 6-74　检查 8 号端子和车身搭铁之间是否导通

是否导通？

是—转至步骤 9。

否—修理线束中的断路。

9. 拆下跨接线。

10. 检查智能 ECU 连接器 A（36 针）8 号端子和车身搭铁之间是否导通。

是否导通？

是—修理线束对搭铁的短路。

否—转至步骤 11。

11. 断开智能 ECU 连接器 B（32 针）。

12. 使用跨接线暂时连接智能 ECU 连接器 A（36 针）8 号端子和智能 ECU 连接器 B（32 针）1 号端子，如图 6-75 所示。

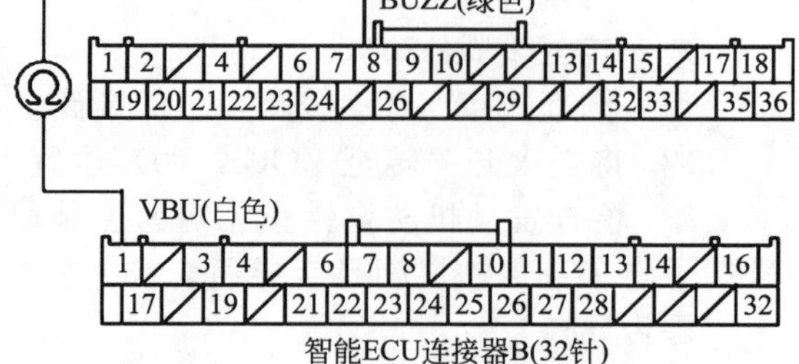

图 6-75　使用跨接线暂时连接连接器 A8 号端子和连接器 B（32 针）1 号端子

无钥匙蜂鸣器是否鸣响?

是—更换智能 ECU。

否—更换无钥匙蜂鸣器。

(七) 钥匙插入提醒灯不工作

1. 确保将顶灯开关置于“DOOR”位置。

2. 将车门打开，检查顶灯的状态。

顶灯是否点亮?

是—转至步骤 3。

否—检查上车照明灯系统。

3. 执行仪表控制单元自诊断功能，并检查蜂鸣器的工作情况。

蜂鸣器是否鸣响?

是—转至步骤 4。

否—更换仪表控制单元。

4. 将点火开关转至 LOCK (0) 位置，并打开驾驶员侧车门。

5. 断开智能 ECU 连接器 A (36 针)。

6. 使用跨接线连接车身搭铁和智能 ECU 连接器 A (36 针) 10 号端子，如图 6-76 所示

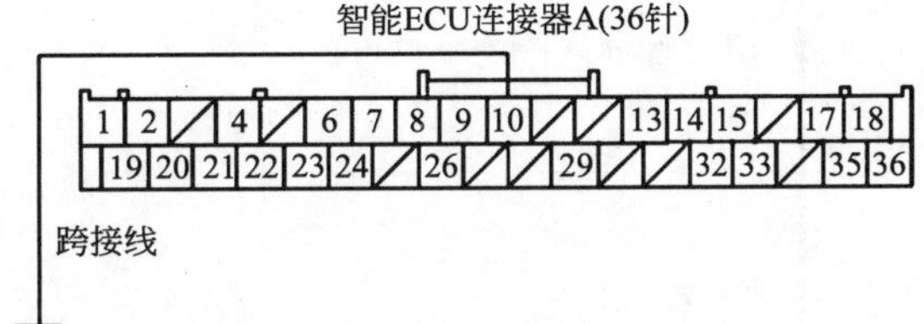

图 6-76 使用跨接线连接车身搭铁和连接器 A (36 针) 10 号端子

蜂鸣器是否鸣响?

是—更换智能 ECU。

否—转至步骤 7。

7. 将点火开关转至 LOCK (0) 位置。

8. 断开智能 ECU 连接器 A (36 针)。

9. 检查智能 ECU 连接器 A (36 针) 10 号端子和驾驶员侧仪表板下保险丝/继电器盒连接器 Q (20 针) 18 号端子之间是否导通。

是否导通?

是—更换驾驶员侧仪表板下保险丝/继电器盒。

否—修理线束中的断路。

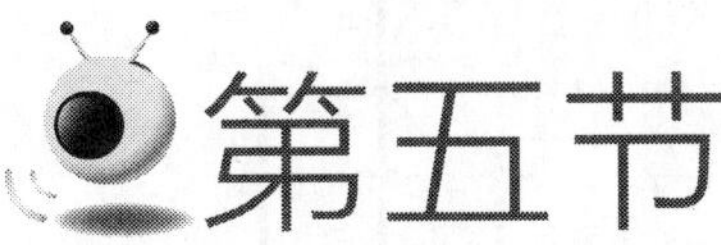

第五节 广州本田雅阁车系发动机防盗锁止电控系统故障检修 (08 款)

一、发动机防盗锁止电控系统电路

如图 6-77 所示。

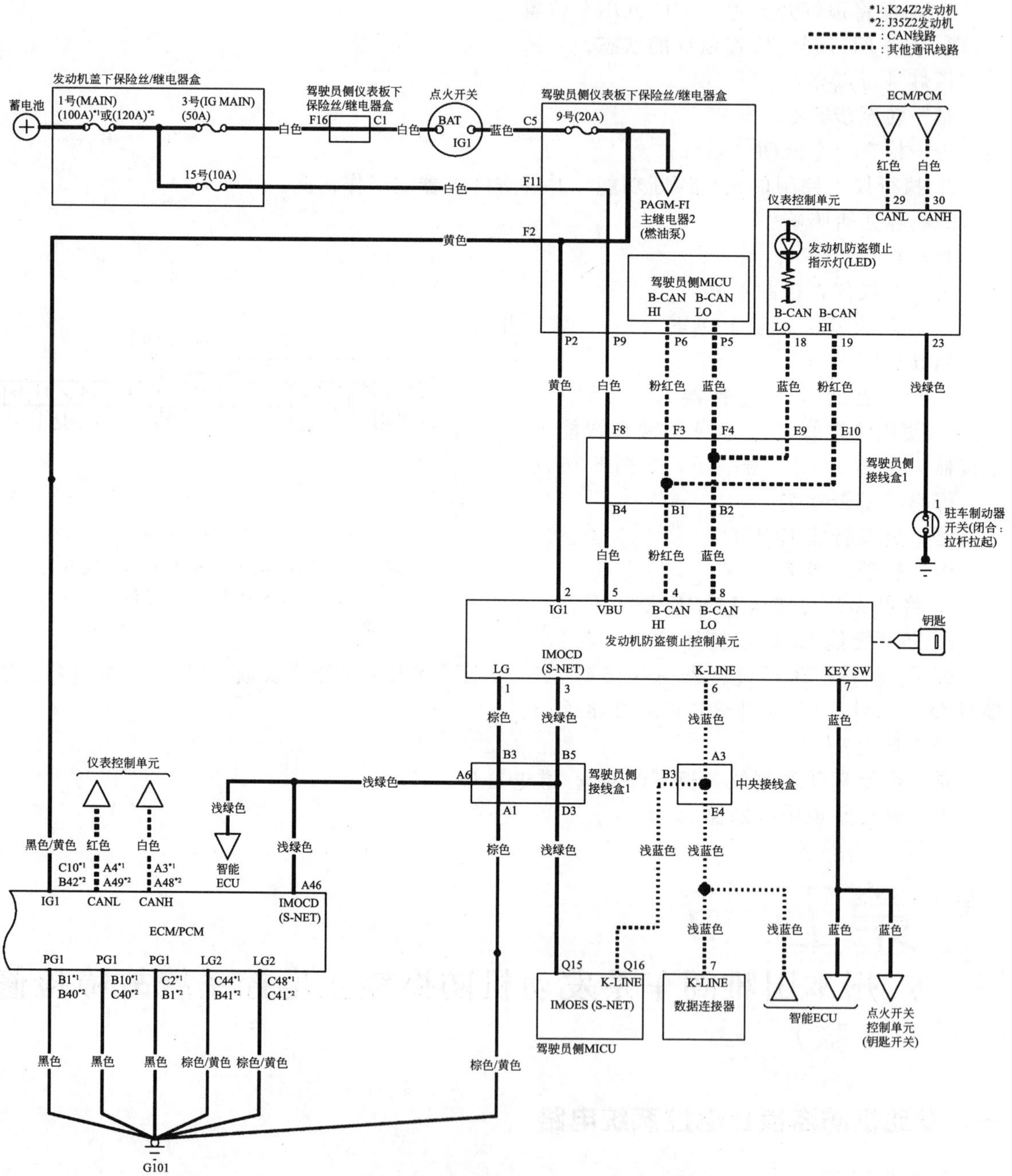

图 6-77　发动机防盗锁止电控系统电路

二、发动机防盗锁止电控系统症状故障排除信息

（一）故障排除前的常规检查

开始发动机防盗锁止系统的故障排除前，如果可行，检查下列常规项目并解决出现的问题：

- 蓄电池电压低；将蓄电池充满，然后进行发动机防盗锁止系统的故障排除。
- 点火钥匙为非正品的本田零件；使用本田完全认可的钥匙，注册钥匙，然后进行发动机防盗锁止系统的故障排除。
- 使用了钥匙圈、钥匙或钥匙套；将钥匙取下，仅用钥匙进行发动机防盗锁止系统的故障排除。
- 安装了配件市场选购的电气零件；将其拆下，然后进行发动机防盗锁止系统的故障排除。

使用发动机防盗锁止指示灯照明模式进行症状故障排除

发动机防盗锁止指示灯的模式可以帮助排除发动机防盗锁止系统故障。这是 4 种可能模式的说明。

正常操作

如果识别出发动机防盗锁止代码，将点火开关转至 ON（II）位置时发动机防盗锁止指示灯快速闪烁一次。

点火开关转至 LOCK（0）位置时，发动机防盗锁止指示灯不点亮。

未识别出发动机防盗锁止代码

如果未识别出发动机防盗锁止系统代码，发动机防盗锁止指示灯将快速闪烁一次，然后将会闪烁直到点火开关转至 LOCK（0）位置。点火开关转至 LOCK（0）位置时，指示灯将闪烁 10 次，然后熄灭。

可通过使用 HDS，执行系统检查，检查发动机防盗锁止系统钥匙注册和 IMOCD 线路的状态。

发动机防盗锁止指示灯不点亮

将点火开关转至 ON（II）位置后，如果发动机防盗锁止指示灯不点亮，则在 ECM/PCM 和仪表控制单元之间的 F-CAN 线路断路或短路。观察故障指示灯（MIL）。如果 MIL 保持点亮，转至 PGM-FI 系统故障排除。

发动机防盗锁止指示灯不熄灭

将点火开关转至 ON（II）位置后，如果发动机防盗锁止指示灯不熄灭，执行仪表控制单元自诊断功能。如果指示灯驱动电路正常，用 HDS 执行系统检查。

（二）使用故障电路功能，对症状进行故障排除

如果故障出现在发动机防盗锁止系统电路中，使用此表根据故障条件找出应检查的线路（具体如表 6-10、表 6-11 所示）。

表 6-10 故障条件和应查线路（带本田智能钥匙系统）

功能		发动机防盗锁止指示灯	发动机启动	钥匙注册	检测仪通信
线路故障					
端子编号（导线颜色）	故障原因				
5(白色)	VBU 线路断路或短路	点亮，然后熄灭。	可能	不可能	可能
2(黄色)	IG1 线路断路或短路	闪烁	不可能	不可能	不可能

续表

功能		发动机防盗锁止指示灯	发动机启动	钥匙注册	检测仪通信
线路故障					
端子编号（导线颜色）	故障原因				
8（蓝色）	B-CAN LO 线路断路或短路	点亮，然后熄灭。	可能	可能	可能
4（粉红色）	B-CAN HI 线路断路或短路	点亮，然后熄灭。	可能	可能	可能
6（浅蓝色）	K-LINE 线路断路或短路	点亮，然后熄灭。	可能	不可能	不可能
3（浅绿色）	IMOCD(S-NET)线路断路或短路	闪烁	不可能	可能	可能
1（棕色）	GND(LG)线路断路	闪烁	不可能	不可能	不可能
7（蓝色）	KEY SW 线路断路	点亮，然后熄灭。	本田智能钥匙：可能 发动机防盗锁止：不可能	可能	可能
7（蓝色）	KEY SW 线路短路	点亮，然后熄灭。	本田智能钥匙：不可能 发动机防盗锁止：可能	可能	可能

表 6-11　故障条件和应查线路（不带本田智能钥匙系统）

功能		发动机防盗锁止指示灯	发动机启动	钥匙注册	检测仪通信
线路故障					
端子编号（导线颜色）	故障原因				
1（白色）	VBU 线路断路或短路	点亮，然后熄灭	可能	不可能	可能
2（黄色）	IG1 线路断路或短路	闪烁	不可能	不可能	不可能
3（蓝色）	B-CAN LO 线路断路或短路	点亮，然后熄灭	可能	可能	可能
4（粉红色）	B-CAN HI 线路断路或短路	点亮，然后熄灭	可能	可能	可能
5（浅蓝色）	K-LINE 线路断路或短路	点亮，然后熄灭	可能	不可能	不可能
6（浅绿色）	IMOCD(S-NET)线路断路或短路	闪烁	不可能	可能	可能
7（棕色）	GND(LG)线路断路	闪烁	不可能	不可能	不可能

三、发动机防盗锁止电控系统症状故障排除

（一）发动机防盗锁止指示灯闪烁

1. 将点火开关转至 LOCK（0）位置。

2. 连接 HDS，然后将点火开关转至 ON（II）位置。

3. 从主菜单上选择 IMMOBILIZER（发动机防盗锁止），然后选择 IMMOBILIZER SETUP（发动机防盗锁止设置）。

4. 选择 SYSTEM CHECK（系统检查）。

是否显示“SYSTEM CHECK（系统检查）”?

是—根据系统检查的结果，对发动机防盗锁止系统进行故障排除。

否—转至步骤 5。

5. 将点火开关转至 LOCK（0）位置。

6. 进入车辆，并将点火钥匙从点火开关上拔出，然后关闭所有车门。

7. 在车辆中操作发射器锁止和解锁多次。

门锁执行器是否工作正常?

是—转至步骤 8。

否—检查发动机防盗锁止无钥匙控制单元 8 针连接器 1 号端子与车身搭铁（G101）之间的线束是否搭铁不良/断路。

8. 将点火开关转至 ON（II）位置。

9. 背面检测和测量发动机防盗锁止无钥匙控制单元 8 针连接器 2 号端子与车身搭铁之间的电压，如图 6-78 所示。

是否为蓄电池电压?

是—转至步骤 10。

否—检查驾驶员侧仪表板下保险丝/继电器盒中的 9 号（20A）保险丝是否熔断。如果保险丝正常，则修理驾驶员侧仪表板下保险丝/继电器盒与发动机防盗锁止无钥匙控制单元之间黄色线束的断路。

10. 背面检测和测量发动机防盗锁止无钥匙控制单元 8 针连接器 1 号端子与车身搭铁之间的电压，如图 6-79 所示。

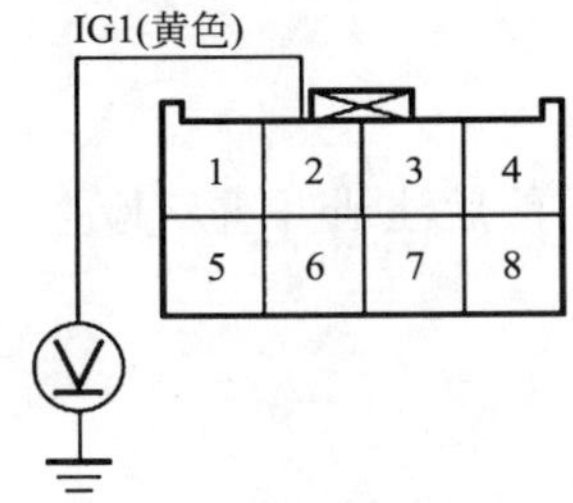

图 6-78　检测和测量 2 号端子与车身搭铁之间的电压

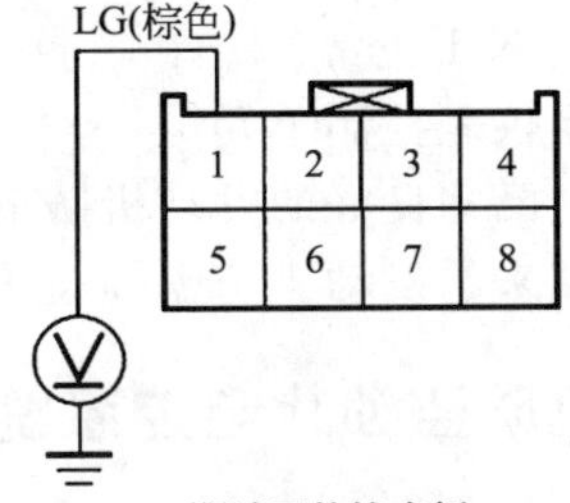

图 6-79　检测和测量 1 号端子与车身搭铁之间的电压

是否为 0.5V 或更高?

是—修理发动机防盗锁止无钥匙控制单元 8 针连接器 1 号端子与 G101 之间的连接不良或断路。

否—更换发动机防盗锁止无钥匙控制单元。

（二）发动机防盗锁止钥匙不能启动发动机

1. 尝试启动发动机。

发动机是否启动?

是—间歇性故障，此时车辆正常。

否—转至步骤 2。

2. 将点火开关转至 LOCK（0）位置。

3. 将点火开关转至 ON（II）位置，并检查发动机防盗锁止指示灯。

指示灯是否点亮 2s，然后熄灭？

是—转至步骤 4。

否—转至发动机防盗锁止指示灯闪烁故障排除。

4. 将点火开关转至 START（III）位置。

启动机电机是否运转？

是—转至步骤 5。

否—检查启动系统。

5. 尝试使用发动机防盗锁止系统钥匙启动发动机。

发动机是否启动？

是—转至步骤 6。

否—检查 PGM-FI 系统症状。

6. 发动机运转时等待几分钟。

发动机是否停止运转？

是—检查 PGM-FI 系统症状。

否—此时系统正常。

（三）发动机防盗锁止指示灯不熄灭

1. 将点火开关转至 LOCK（0）位置。

2. 将 HDS 连接到数据连接器上。

3. 将点火开关转至 ON（II）位置。

4. 进入“IMMOBILIZER（发动机防盗锁止）”，然后选择“IMMOBILIZER INFORMATION（发动机防盗锁止信息）”。

5. 使用 HDS 进行系统检查。

是否显示 N-1 正常？

是—更换仪表控制单元。

否—换上已知良好的发动机防盗锁止无钥匙控制单元，然后注册并重新检查。如果症状消失，更换原来的发动机防盗锁止无钥匙控制单元。

四、发动机防盗锁止电控系统检查

（一）系统检查

1. 将 HDS 连接到数据连接器上。

2. 将点火开关转至 ON（II）位置。

3. 用 HDS 监视发动机防盗锁止信息中的系统检查。

4. 如果 HDS 显示“正常 N-1”，则此时发动机防盗锁止系统正常。如果 HDS 显示其他信息，检查表 6-12 各项。

表 6-12 各连接器检测

系统检查编号	系统检查	可能原因
A-1	钥匙未注册	• 钥匙未在发动机防盗锁止无钥匙控制单元中注册。尝试使用 HDS 注册钥匙 • 受金属(比如钥匙链/钥匙圈/其他钥匙)干扰，天线和发动机防盗锁止钥匙之间没有通信 • 电池电压过低

续表

系统检查编号	系统检查	可能原因
A-2	钥匙和发动机防盗锁止单元之间通信故障	• 收发器和发动机防盗锁止无钥匙控制单元之间间歇性中断 • 发动机防盗锁止钥匙类型是错误的非本田钥匙 • 钥匙故障(收发器故障) • 受金属(比如钥匙链/钥匙圈/其他钥匙)干扰,天线和发动机防盗锁止钥匙之间没有通信 • 电池电压过低
A-3	钥匙和发动机防盗锁止单元之间没有通信	• 用非发动机防盗锁止钥匙,将点火开关转至ON(II)位置 • 发动机防盗锁止钥匙类型是错误的非本田钥匙 • 钥匙故障(收发器故障) • 受金属(比如钥匙链/钥匙圈/其他钥匙)干扰,天线和发动机防盗锁止钥匙之间没有通信 • 电池电压过低 • 发动机防盗锁止无钥匙控制单元故障
B-1	ECM/PCM未注册	• ECM/PCM未注册。尝试使用HDS注册ECM/PCM • 由于电池电压过低,ECM/PCM和发动机防盗锁止无钥匙控制单元之间没有通信 • 由于干扰,发动机防盗锁止无钥匙控制单元和ECM/PCM之间没有通信 • IG1线路断路
B-2	ECM/PCM中的通信格式错误	• ECM/PCM未注册。尝试使用HDS注册ECM/PCM • 由于电池电压过低,ECM/PCM和发动机防盗锁止无钥匙控制单元之间没有通信 • 由于干扰,发动机防盗锁止无钥匙控制单元和ECM/PCM之间没有通信
C-1	IMOES单元未注册	• IMOES单元未注册 • 由于电池电压过低,IMOES单元和发动机防盗锁止无钥匙控制单元之间没有通信 • 由于干扰,IMOES单元和发动机防盗锁止无钥匙控制单元之间没有通信
C-2	IMOES单元中的通信格式错误	• IMOES单元未注册 • 由于电池电压过低,IMOES单元和发动机防盗锁止无钥匙控制单元之间没有通信 • 由于干扰,IMOES单元和发动机防盗锁止无钥匙控制单元之间没有通信
D-1	S-net线路短路	• 从ECM/PCM到发动机防盗锁止无钥匙控制单元的线束短路[IMOCD(S-net)线路短路] • 由于电池电压过低,ECM/PCM和发动机防盗锁止无钥匙控制单元之间没有通信 • 由于干扰,发动机防盗锁止无钥匙控制单元和ECM/PCM之间没有通信 • 发动机防盗锁止无钥匙控制单元故障 • ECM/PCM故障
D-2	IMOES单元和发动机防盗锁止单元之间没有通信	• 保险丝熔断 • 从IMOES单元到发动机防盗锁止无钥匙控制单元的线束断路[IMOCD(S-net)线路断路] • 由于电池电压过低,IMOES单元和发动机防盗锁止无钥匙控制单元之间没有通信 • 由于干扰,IMOES单元和发动机防盗锁止无钥匙控制单元之间没有通信 • 发动机防盗锁止无钥匙控制单元故障 • IMOES单元故障
D-3	ECM/PCM和发动机防盗锁止单元之间没有通信	• 保险丝熔断 • 从ECM/PCM到发动机防盗锁止无钥匙控制单元的线束断路 • 由于电池电压过低,ECM/PCM和发动机防盗锁止无钥匙控制单元之间没有通信 • 由于干扰,发动机防盗锁止无钥匙控制单元和ECM/PCM之间没有通信 • 发动机防盗锁止无钥匙控制单元故障 • ECM/PCM故障

续表

系统检查编号	系统检查	可能原因
E-1	发动机防盗锁止单元的初始注册未完成	发动机防盗锁止无钥匙控制单元未被注册。尝试使用 HDS 注册发动机防盗锁止无钥匙控制单元
E-2		
E-3		
E-4		
E-5		
F-1	特殊模式	用已注册的钥匙将点火开关转至 ON(II)位置和 LOCK(0)位置
F-2		
F-3		
F-4		
F-5		

（二）发动机防盗锁止无钥匙控制单元输入测试

带本田智能钥匙系统

1. 拆下驾驶员侧仪表板下盖。

2. 拆下转向柱盖。

3. 将 8 针连接器（A）从发动机防盗锁止无钥匙控制单元（B）上断开，如图 6-80 所示。

4. 检查连接器和插座端子确保它们都连接良好。

- 如果端子弯曲、松动或受到腐蚀，按需要对其进行修理并重新检查系统。
- 如果端子看起来正常，转至步骤 5。

5. 在连接器仍旧是断开的情况下，进行以下连接器输入测试具体如表 6-13 所示。

- 如果测试指示出有问题，找到并排除故障，然后重新检查系统。
- 如果所有的输入测试正常，转至步骤 6。

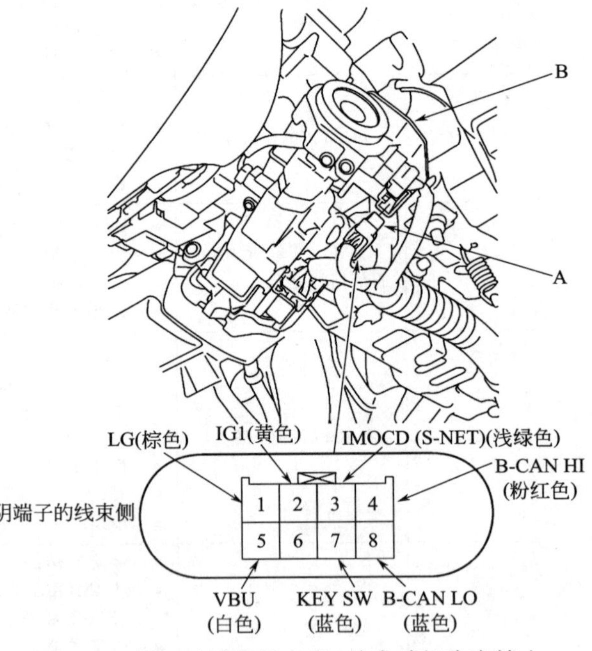

图 6-80　将 8 针连接器（A）从发动机防盗锁止无钥匙控制单元（B）上断开

表 6-13　连接器的输入测试

插孔	导线颜色	端子名称	测试条件	测试:期望结果	未能达到期望结果的可能原因
8	蓝色	B-CAN LO	断开仪表控制单元 32 针连接器	检查端子和仪表控制单元 32 针连接器 18 号端子之间是否导通:应导通	线束断路

续表

插孔	导线颜色	端子名称	测 试 条 件	测试:期望结果	未能达到期望结果的可能原因
8	蓝色	B-CAN LO	断开驾驶员侧仪表板下保险丝/继电器盒连接器 P(20 针)	检查端子与驾驶员侧仪表板下保险丝/继电器盒连接器 P(20 针)5 号端子之间是否导通:应导通	线束断路
4	粉红色	B-CAN HI	断开仪表控制单元 32 针连接器	检查端子和仪表控制单元 32 针连接器 19 号端子之间是否导通:应导通	线束断路
			断开驾驶员侧仪表板下保险丝/继电器盒连接器 P(20 针)	检查端子与驾驶员侧仪表板下保险丝/继电器盒连接器 P(20 针)6 号端子之间是否导通:应导通	线束断路
3	浅绿色	IMOCD (S-NET)	点火开关置于 ON(II)位置，断开 ECM/PCM 连接器 A(49 针)①	测量对搭铁的电压:应约为 5V	• 线束对搭铁短路 • 线束断路
			断开蓄电池负极端子	测量端子与车身搭铁之间的电阻:应超过 50kΩ	• IMOES 单元故障 • 驾驶员侧仪表板下保险丝/继电器盒故障 • 线束断路
			断开 ECM/PCM 连接器 A(49 针)①	检查端子和 ECM/PCM 连接器 A(49 针)46 号端子之间是否导通:应导通	线束断路
7	蓝色	KEY SW	断开智能 ECU 连接器 B(32 针)	检查端子和智能 ECU 连接器 B(32 针)14 号端子之间是否导通:应导通	线束断路

① 断开 ECM/PCM 连接器前，将点火开关转至 LOCK(0)位置，然后使用 HDS 跨接 SCS 线路。

6. 将连接器重新连接至发动机防盗锁止无钥匙控制单元，然后对连接器进行以下输入测试具体如表 6-14 所示。

- 如果测试指示出有问题，找到并排除故障，然后重新检查系统。
- 如果所有输入测试都正常，更换发动机防盗锁止无钥匙控制单元。

表 6-14 连接器的输入测试

插孔	导线颜色	端子名称	测 试 条 件	测试:期望结果	未能达到期望结果的可能原因
5	白色	VBU	所有情况下	测量对搭铁的电压:应为蓄电池电压	• 发动机盖下保险丝/继电器盒中的 15 号(10A)保险丝熔断 • 线束断路
2	黄色	IG1	点火开关转至 ON(II)位置	测量对搭铁的电压:应为蓄电池电压	• 驾驶员侧仪表板下保险丝/继电器盒中 9 号(20A)保险丝熔断 • 线束断路
1	棕色	LG	所有情况下	测量对搭铁的电压:应低于 0.5V	• 搭铁(G101)不良 • 线束断路

注意：更换发动机防盗锁止无钥匙控制单元后，进行发动机防盗锁止无钥匙控制单元

注册。

五、发动机防盗锁止钥匙注册

（一）更换所有的钥匙

注意：如果任一注册的钥匙丢失，执行以下程序以删除丢失的注册钥匙。

1. 至少有一把原始钥匙，所有其他要注册的钥匙以及发动机防盗锁止 ECM/PCM 代码。
2. 将 HDS 连接到数据连接器上。
3. 将点火开关转至 ON（II）位置。
4. 从 SYSTEM SELECTION（系统选项）菜单中选择 IMMOBILIZER（发动机防盗锁止）。
5. 从 IMMOBILIZER（发动机防盗锁止）菜单中选择 KEYS（钥匙），然后选择 REWRITE KEYS（重写钥匙）。
6. 从 KEYS（钥匙）中选择 REWRITE KEYS（重写钥匙）。
7. 根据 HDS 界面的指示执行注册操作。
8. 检查发动机是否能用所有已注册的钥匙启动。

（二）所有钥匙丢失

1. 准备所有新的钥匙并已有发动机防盗锁止 ECM/PCM 代码。
2. 将 HDS 连接到数据连接器上。
3. 将点火开关转至 ON（II）位置。
4. 从 SYSTEM SELECTION（系统选项）菜单中选择 IMMOBILIZER（发动机防盗锁止）。
5. 从 IMMOBILIZER（发动机防盗锁止）菜单中选择 KEYS（钥匙），然后选择 REWRITE KEYS（重写钥匙）。
6. 从 KEYS（钥匙）中选择 ALL KEYS LOST（所有钥匙丢失）。
7. 根据 HDS 界面的指示执行注册操作。
8. 检查发动机是否能用所有已注册的钥匙启动。

（三）发动机防盗锁止无钥匙控制单元注册

1. 用发动机防盗锁止钥匙（内置钥匙）将点火开关转至 ON（II）位置。
2. 将 HDS 连接到数据连接器上。
3. 从 SYSTEM SELECT（系统选项）菜单中选择 IMMOBILIZER（发动机防盗锁止）。
4. 从 MODE（模式）菜单中选择 IMMOBILIZER SETUP（发动机防盗锁止设置），然后从 IMMOBILIZER（发动机防盗锁止）菜单中选择 REPLACE IMM UNIT（更换 IMM 单元）。
5. 根据 HDS 屏幕的指示执行注册操作。
6. 检查是否能用注册的发动机防盗锁止无钥匙控制单元启动发动机。

（四）发动机防盗锁止无钥匙控制单元更换

1. 拆下驾驶员侧仪表板下盖。
2. 拆下转向柱盖。
3. 将 8 针（或 7 针）连接器从发动机防盗锁止无钥匙控制单元上断开。
4. 拆下两个螺钉和发动机防盗锁止无钥匙控制单元。
5. 按照与拆卸相反的顺序安装发动机防盗锁止无钥匙控制单元。
6. 更换后，注册发动机防盗锁止无钥匙控制单元，确保发动机防盗锁止系统正常工作。
7. 对客户所有的本田智能钥匙编程或者钥匙/无钥匙发射器。

第七章

东风日产车系防盗系统和中控门锁电控系统故障检修

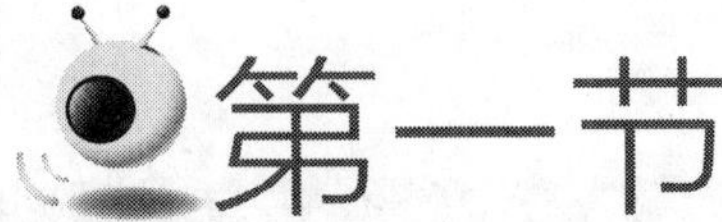

第一节 东风日产轩逸车系车门遥控开关电控系统故障检修（06 款）

一、车门遥控开关电控系统电路

如图 7-1 所示。

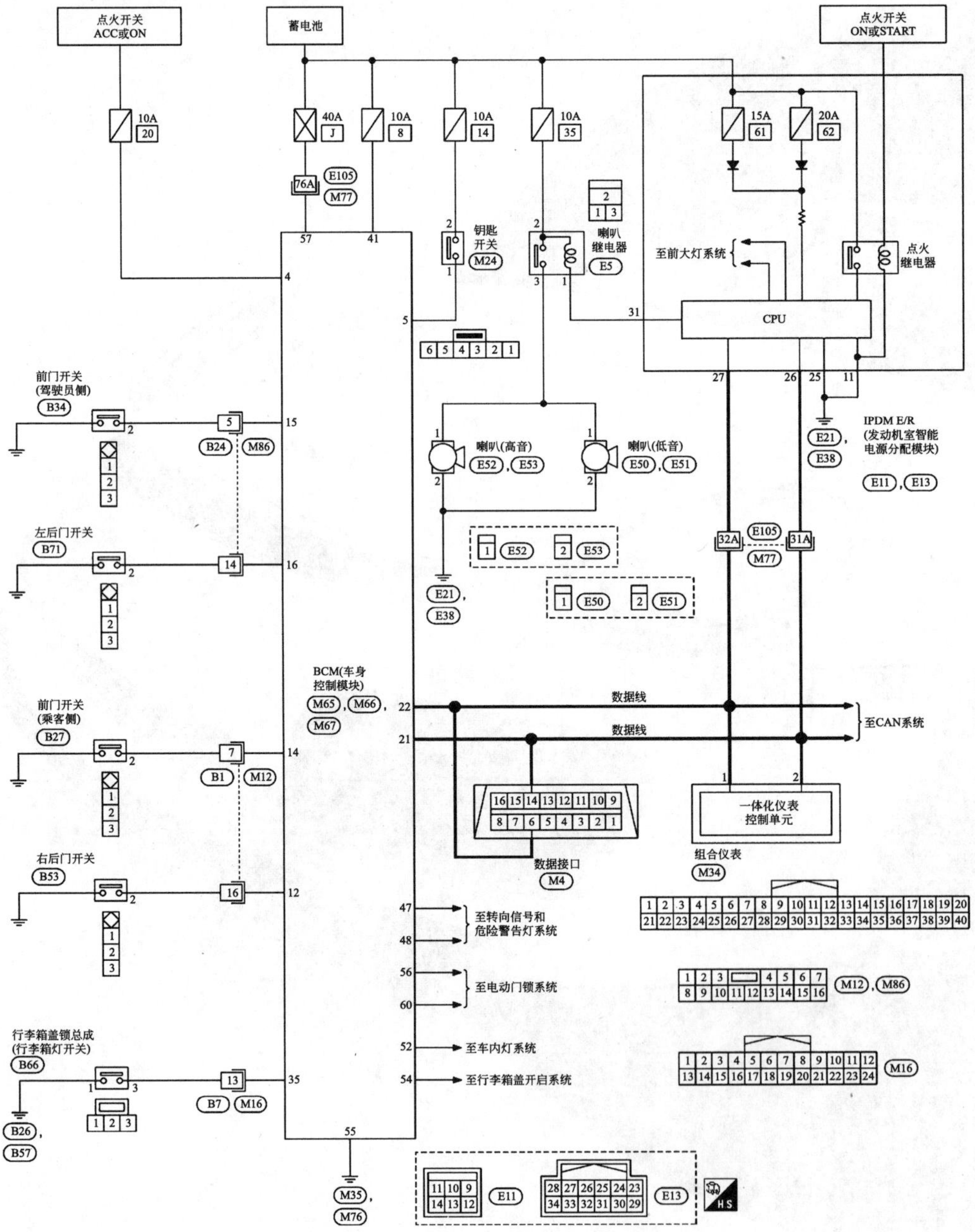

图 7-1 车门遥控开关电控系统电路

二、车门遥控开关电控系统端子功能

如表 7-1 所示。

表 7-1 车门遥控开关电控系统端子功能

端子	电线颜色	项目	信号输入/输出	状态		电压/V（近似值）
4	L	点火开关 ACC 电源（ACC 或 ON）	输入	点火开关（ACC 或 ON 位置）		蓄电池电压
5	G	钥匙开关信号	输入	钥匙	插入	蓄电池电压
					拔出	0
12	V	右后车门开关信号	输入	右后车门	ON（打开）	0
					OFF（关闭）	蓄电池电压
14	O	前车门开关（乘客侧）信号	输入	前车门（乘客侧）	ON（打开）	0
					OFF（关闭）	蓄电池电压
15	P	前车门开关（驾驶员侧）信号	输入	前车门（驾驶员侧）	ON（打开）	0
					OFF（关闭）	蓄电池电压
16	BR	左后车门开关信号	输入	左后车门	ON（打开）	0
					OFF（关闭）	蓄电池电压
21	P	CAN-L	输入/输出	—		—
22	L	CAN-H	输入/输出	—		—
35	P	行李箱开关信号	输入	行李箱盖	ON（打开）	0
					OFF（关闭）	蓄电池电压
41	Y	电源（保险丝）	输入	—		蓄电池电压
55	B	接地	—	—		0
57	Y	电源（熔断线）	输入	—		蓄电池电压

三、车门遥控开关电控系统症状故障

如表 7-2 所示。

表 7-2 车门遥控开关电控系统症状故障

症状	诊断/维修步骤
车门遥控开关系统的所有功能都不工作	1. 检查钥匙开关
	2. 检查遥控器电池和功能
	3. 检查车门遥控接收器
	4. 请参阅 ID 代码输入步骤 注：如果使用 CONSULT-II 诊断仪检查遥控器功能正常，则遥控器没有故障
	5. 更换 BCM

续表

症　　状	诊断/维修步骤
无法输入遥控器的新 ID。	1. 检查遥控器电池和功能
	2. 检查钥匙开关
	3. 检查车门开关
	4. 检查 ACC 开关
	5. 更换遥控器。请参阅 ID 代码输入步骤 注：如果使用 CONSULT-II 诊断仪检查遥控器功能正常，则遥控器没有故障
	6. 更换 BCM
用遥控器无法操纵车门闭锁（电动门锁系统正常）	1. 检查遥控器功能（闭锁）
	2. 更换遥控器。请参阅 ID 代码输入步骤 注：如果使用 CONSULT-II 诊断仪检查遥控器功能正常，则遥控器没有故障
	3. 检查车门开关
	4. 更换 BCM
用遥控器无法操纵车门开锁（电动门锁系统开启）	1. 检查遥控器功能（开锁）
	2. 更换遥控器。请参阅 ID 代码输入步骤 注：如果使用 CONSULT-II 诊断仪检查遥控器功能正常，则遥控器没有故障
	3. 更换 BCM
当按下遥控器闭锁或开锁按钮时，不能正确启动危险提示器	1. 检查危险提示器模式 首先检查危险提示器设置
	2. 检查危险提示功能
	3. 更换 BCM
当持续按下应急报警按钮时，应急报警不启动	1. 检查应急报警模式 首先检查应急报警设置
	2. 检查遥控器电池和功能
	3. 检查喇叭功能
	4. 检查钥匙开关
	5. 更换遥控器。请参阅 ID 代码输入步骤 注：如果使用 CONSULT-II 诊断仪检查遥控器功能正常，则遥控器没有故障
	6. 更换 BCM
自动车门闭锁操作不能正确启动（所有其他的车门遥控开关系统功能正常）	1. 检查自动车门闭锁操作模式 首先检查自动车门闭锁操作设置
	2. 更换 BCM
地图灯和点火钥匙孔照明操作不能正确启动	1. 检查地图灯和点火钥匙孔照明操作
	2. 更换 BCM

注：

- 确保其他使用下列系统信号的系统工作正常。
- 在更换遥控器之前要检查遥控器电池。

四、车门遥控开关电控系统 ID 代码输入步骤

注：

• 如果遥控器丢失，必须清除丢失遥控器的 ID 代码，以防止被盗用。用 CONSULT-II 诊断仪可清除特定的 ID 代码。然而，当不知道丢失遥控器的 ID 代码时，应清除所有控制器的 ID 代码。清除所有 ID 代码后，必须重新注册所有余留的和新的遥控器的 ID 代码。

• 当注册一个附加的遥控器时，可能会清除存储器中现有的 ID 代码。如果存储器中储存了 5 个 ID 代码，当注册一个附加代码时，只清除最旧的代码。如果存储器中储存的 ID 代码少于 5 个，当注册一个附加 ID 代码时，将会添加新的 ID 代码，并且不会清除现有 ID 代码。

• 最多允许输入 5 个 ID 代码。当输入的 ID 代码超过 5 个时，将清除最旧的 ID 代码。

• 如果输入存储器已有的 ID 代码，可输入相同的 ID 代码。新代码将被认为是附加的代码。

用 CONSULT-II 诊断仪设置遥控器 ID 代码

注意：

如果使用的 CONSULT-II 诊断仪没有连接 CONSULT-II 转换器，根据执行 CAN 通信的控制单元的不同，自诊断时可能会检测到故障。

1. 将点火开关转到“OFF”位置。

2. 将“CONSULT-II 诊断仪”和“CONSULT-II 转换器”连接到数据接口上，如图 7-2 所示。

3. 将点火开关转到 ON 位置。

4. 触摸“START（NISSAN BASED VHCL)”，如图 7-3 所示。

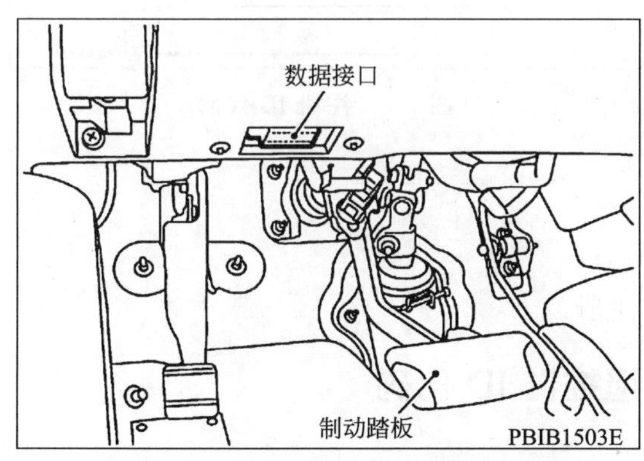

图 7-2 将“CONSULT-II 诊断仪”和“CONSULT-II 转换器”连接到数据接口上

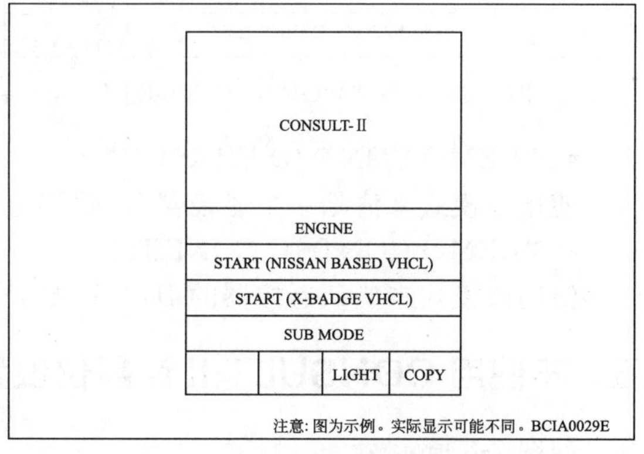

图 7-3 触摸“START（NISSAN BASED VHCL)”

5. 触摸“BCM”，如图 7-4 所示。

6. 触摸“MULTI REMOTE ENT”，如图 7-5 所示。

7. 触摸“WORK SUPPORT”，如图 7-6 所示。

8. 可设置图中显示的项目，如图 7-7 所示。

• “REMO CONT ID REGIST”

使用该模式来注册一个遥控器 ID 代码。

注：

当更换遥控器或 BCM 或需要一个附加的遥控器时，注册 ID 代码。

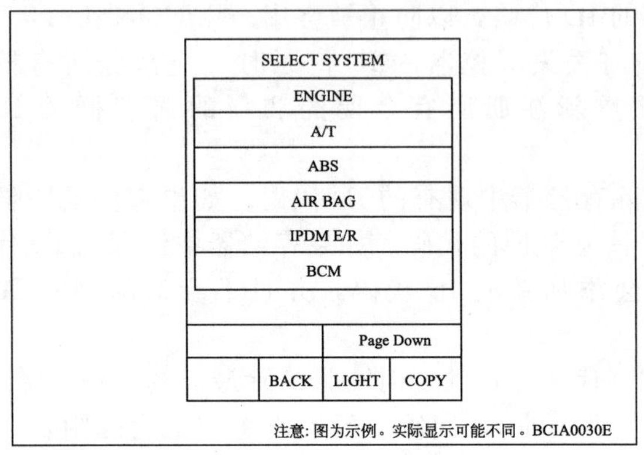

图 7-4　触摸“BCM”

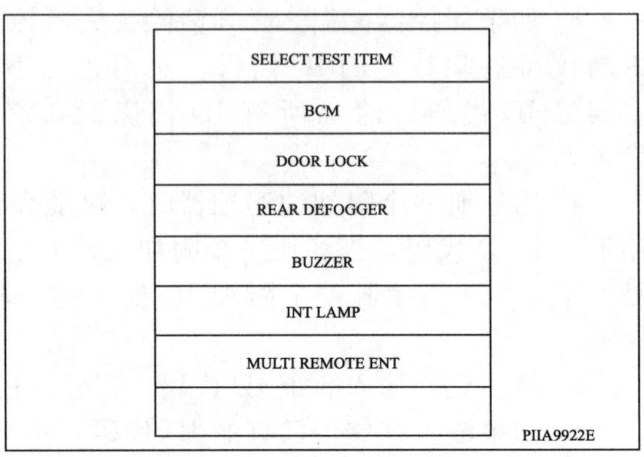

图 7-5　触摸“MULTI REMOTE ENT”

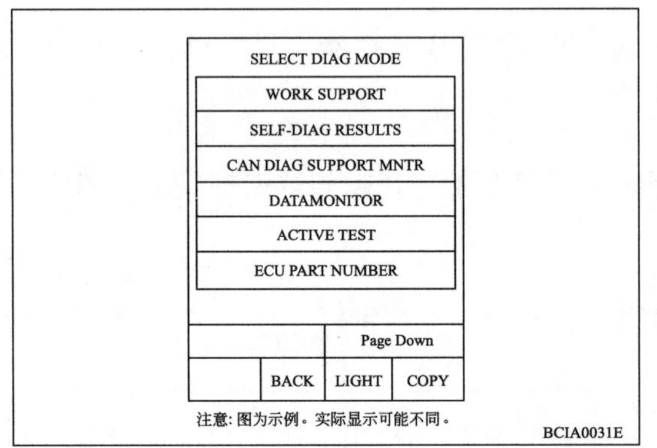

图 7-6　触摸“WORK SUPPORT”

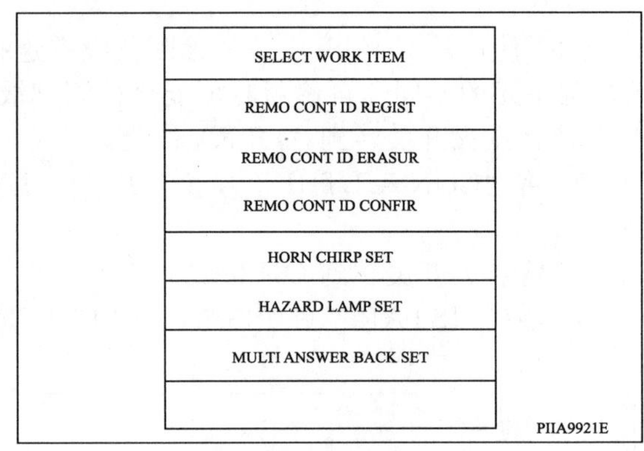

图 7-7　注册 ID 代码

- “REMO CONT ID ERASUR”

使用该模式来清除一个遥控器 ID 代码。

- “REMO CONT ID CONFIR”

使用该模式来确认遥控器的 ID 代码是否被注册。

五、不使用 CONSULT-II 诊断仪设置遥控器 ID 代码

如图 7-8 所示。

注：

- 要清除存储器中所有的 ID 代码，需要注册一个 ID 代码（遥控器）5 次。清除所有 ID 代码后，必须重新注册所有余留的和新的遥控器的 ID 代码。
- 如果需要激活两个以上附加的新遥控器时，则对每个新遥控器重复“增加 ID 代码输入”的步骤。

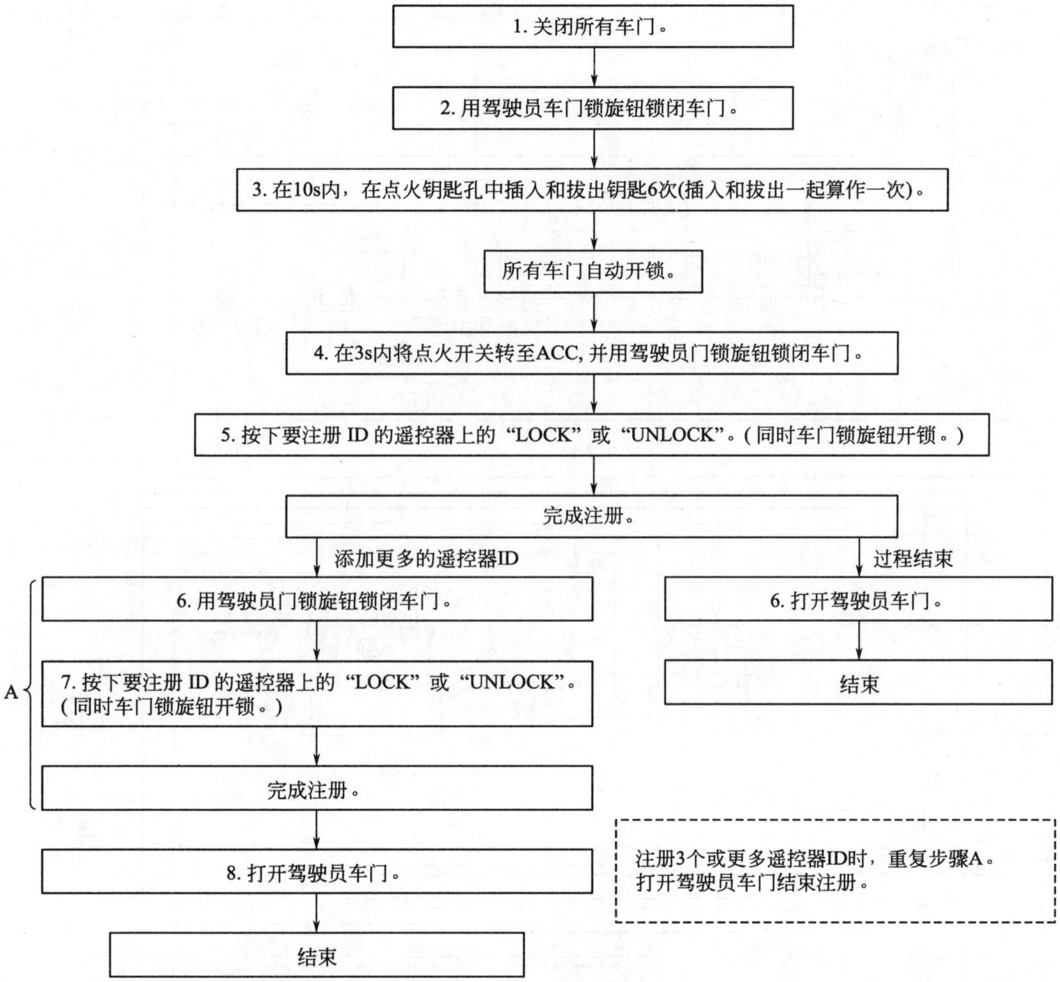

1. 关闭所有车门。

2. 用驾驶员车门锁旋钮锁闭车门。

3. 在10s内，在点火钥匙孔中插入和拔出钥匙6次(插入和拔出一起算作一次)。

所有车门自动开锁。

4. 在3s内将点火开关转至ACC, 并用驾驶员门锁旋钮锁闭车门。

5. 按下要注册 ID 的遥控器上的 “LOCK” 或 “UNLOCK”。(同时车门锁旋钮开锁。)

完成注册。

添加更多的遥控器ID

A
6. 用驾驶员门锁旋钮锁闭车门。
7. 按下要注册 ID 的遥控器上的 “LOCK” 或 “UNLOCK”。(同时车门锁旋钮开锁。)
完成注册。

8. 打开驾驶员车门。

结束

过程结束

6. 打开驾驶员车门。

结束

注册3个或更多遥控器ID时，重复步骤A。
打开驾驶员车门结束注册。

图 7-8 注册遥控器 ID

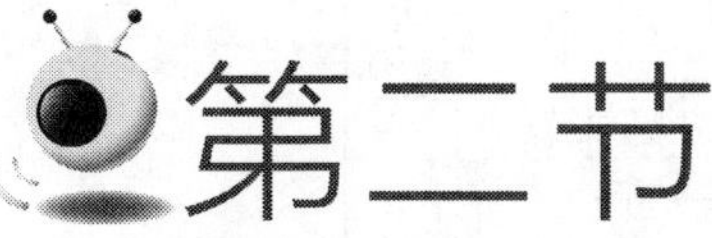

第二节 东风日产轩逸车系智能钥匙电控系统故障检修(06 款)

一、智能钥匙电控系统电路

如图 7-9 所示。

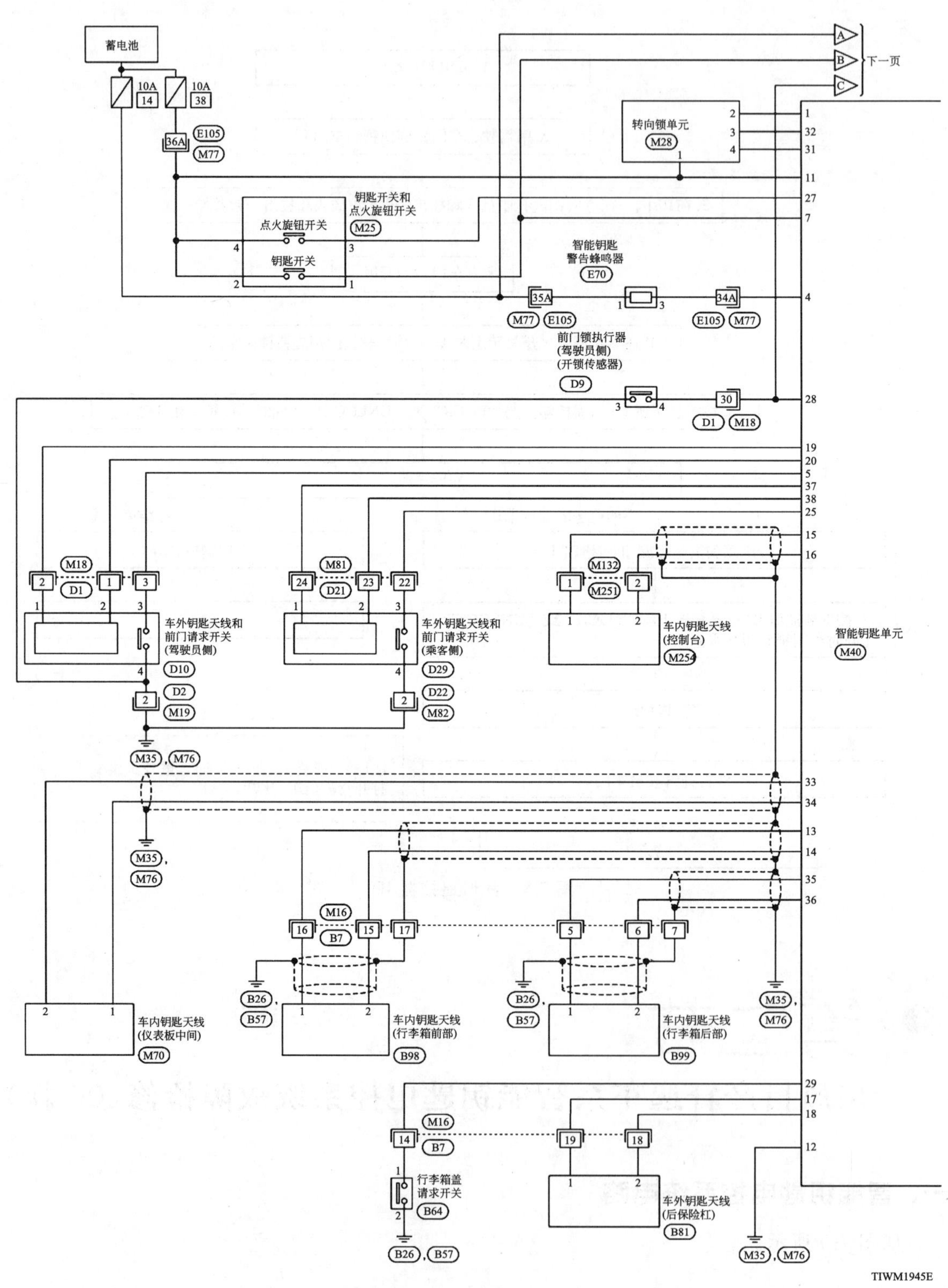

(a) 智能钥匙电控系统电路(1/2)

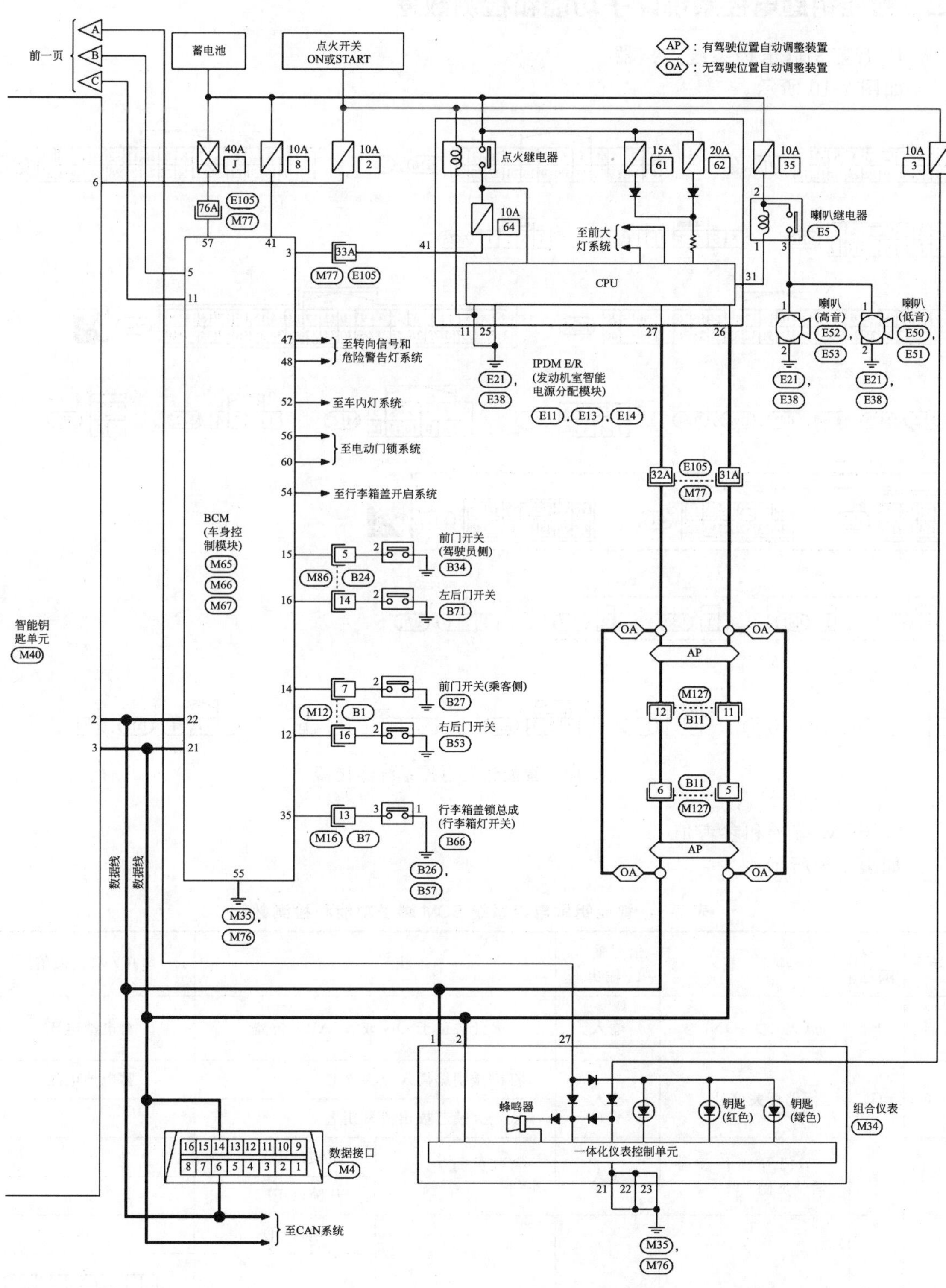

(b) 智能钥匙电控系统电路(2/2)

图 7-9　智能钥匙电控系统电路

二、智能钥匙电控系统端子功能和检测数据

1. 智能钥匙电控系统连接器

如图 7-10 所示。

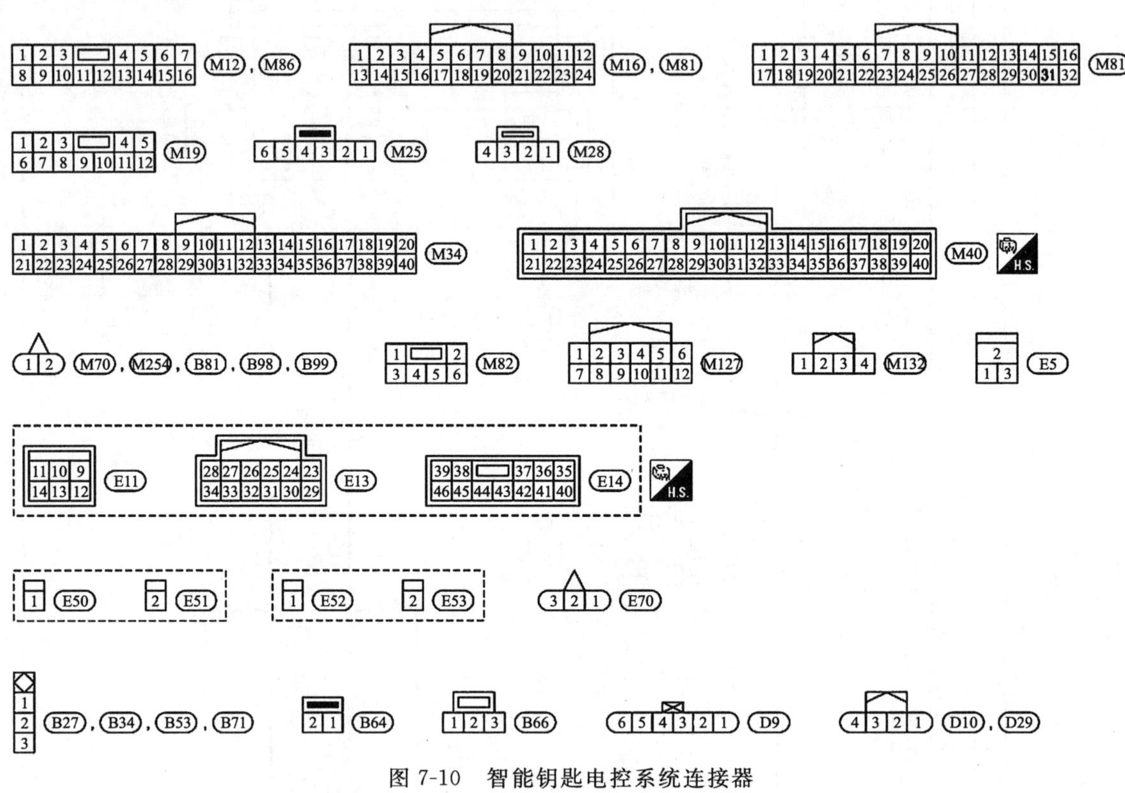

图 7-10　智能钥匙电控系统连接器

2. BCM 端子和参考值

如表 7-3 所示。

表 7-3　智能钥匙电控系统 BCM 端子功能和检测数据

端子	电线颜色	项　　目	信号输入/输出	状　　态		电压/V(近似值)
3	P	点火开关(ON)	输入	点火开关位于 ON 或 START 位置		蓄电池电压
5	G	钥匙开关信号	输入	将机械钥匙插入点火锁芯		蓄电池电压
				从点火锁芯拔出机械钥匙		0
11	Y	车门开锁传感器(驾驶员侧)	输入	驾驶员侧车门	闭锁(ON)	5
					开锁(OFF)	0
12	V	右后车门开关	输入	右后车门	闭锁(ON)	0
					开锁(OFF)	/V 15 10 5 0 10ms

续表

端子	电线颜色	项　　目	信号输入/输出	状　　态		电压/V(近似值)
14	O	前车门开关(乘客侧)	输入	乘客侧车门	闭锁(ON)	0
					开锁(OFF)	/V 15 10 5 0 10ms
15	P	前车门开关(驾驶员侧)	输入	驾驶员侧车门	闭锁(ON)	0
					开锁(OFF)	蓄电池电压
16	BR	左后车门开关	输入	左后车门	闭锁(ON)	0
					开锁(OFF)	/V 15 10 5 0 10ms
21	P	CAN-L	输入/输出	—		—
22	L	CAN-H	输入/输出	—		—
35	P	行李箱灯开关	输入	行李箱盖	打开(ON)	0
					关闭(OFF)	/V 15 10 5 0 10ms
41	P	蓄电池电源(保险丝)	输入	—		蓄电池电压
55	B	接地	—	—		0
57	Y	蓄电池电源(熔丝线)	输入	—		蓄电池电压

3. 智能钥匙单元的端子和参考值

如表 7-4 所示。

表 7-4　智能钥匙单元的端子功能和检测数据

端子	电线颜色	项　　目	信号输入/输出	状　　态			电压/V(近似值)
				点火开关位置	操作或状态		
2	L	CAN-H	输入/输出	—	—		—
3	P	CAN-L	输入/输出	—	—		—
4	BR	智能钥匙警告蜂鸣器	输出	闭锁	操作车门请求开关	蜂鸣器关闭	蓄电池电压
						蜂鸣器响起	0
5	GR	前车门请求开关信号(驾驶员侧)	输入	闭锁	前车门请求开关(驾驶员侧)	按下(ON)	5
						除上述情况以外	0

续表

端子	电线颜色	项目	信号输入/输出	状态			电压/V（近似值）
				点火开关位置	操作或状态		
6	O	点火开关(ON)	输入	ON	—		蓄电池电压
7	G	钥匙开关信号	输入	闭锁	将机械钥匙插入点火锁芯		蓄电池电压
					从点火锁芯拔出机械钥匙		0
11	O	电源(保险丝)	输入	—	—		蓄电池电压
12	B/R	接地	—	ON	—		0
13	R	内部钥匙天线(＋)信号(行李箱前部)	输出	闭锁	任意车门打开→所有车门关闭 按下点火旋钮开关：ON(点火旋钮开关)		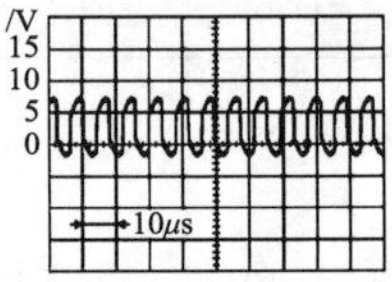
14	G	内部钥匙天线(－)信号(行李箱前部)		闭锁	任意车门打开→所有车门关闭 按下点火旋钮开关：ON(点火旋钮开关)		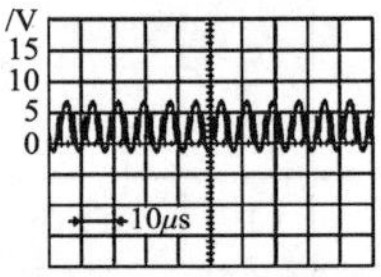
15	L	内部钥匙天线(＋)信号(控制台)	输出	闭锁	任意车门打开→所有车门关闭 按下点火旋钮开关：ON(点火旋钮开关)		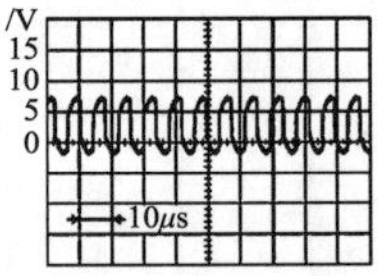
16	R	内部钥匙天线(－)信号(控制台)		闭锁	任意车门打开→所有车门关闭 按下点火旋钮开关：ON(点火旋钮开关)		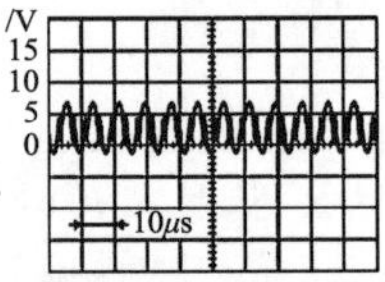
17	W	外部钥匙天线(＋)信号(后保险杠)	输出	闭锁	按下行李箱开启器请求开关		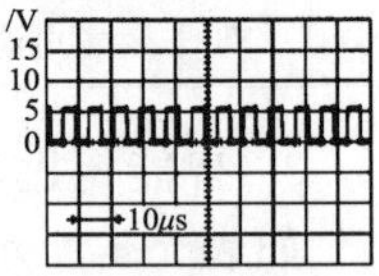
18	GR	外部钥匙天线(－)信号(后保险杠)					
19	V	外部钥匙天线(＋)信号(驾驶员侧)	输出	闭锁	按下车门请求开关(驾驶员侧)		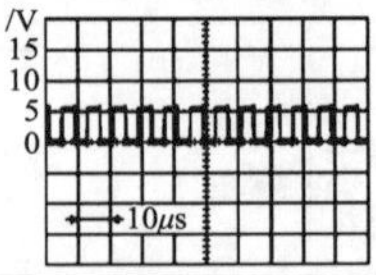
20	P	外部钥匙天线(－)信号(驾驶员侧)					
25	L	前车门请求开关信号(乘客侧)	输入	闭锁	前车门请求开关(乘客侧)	按下	0
						除上述情况以外	5
27	W	点火旋钮开关	输入	—	按下点火开关		蓄电池电压
					将点火开关回复到LOCK位置		0
28	Y	前车门请求开关信号(驾驶员侧)	输入	闭锁	前车门请求开关(驾驶员侧)	按下	0
						除上述情况以外	5

续表

端子	电线颜色	项目	信号输入/输出	状态		电压/V（近似值）
				点火开关位置	操作或状态	
29	L	行李箱盖请求开关	输入	—	按下后车门请求开关	0
					除上述情况以外	5
33	V	内部钥匙天线(＋)信号(仪表中间)	输出	闭锁	任意车门打开→所有车门关闭 按下点火旋钮开关：ON(点火旋钮开关)	/V 15 10 5 0 ←→10μs
34	LG	内部钥匙天线(－)信号(仪表中间)	输出	闭锁	任意车门打开→所有车门关闭 按下点火旋钮开关：ON(点火旋钮开关)	/V 15 10 5 0 ←→10μs
35	W	内部钥匙天线(＋)信号(行李箱后部)	输出	闭锁	任意车门打开→所有车门关闭 按下点火旋钮开关：ON(点火旋钮开关)	/V 15 10 5 0 ←→10μs
36	B	内部钥匙天线(－)信号(行李箱后部)	输出	闭锁	任意车门打开→所有车门关闭 按下点火旋钮开关：ON(点火旋钮开关)	/V 15 10 5 0 ←→10μs
37	BR	外部钥匙天线(＋)信号(乘客侧)	输出	闭锁	按下车门请求开关(乘客侧)	/V 15 10 5 0 ←→10μs
38	Y	外部钥匙天线(－)信号(乘客侧)				

三、智能钥匙电控系统故障检修

1. CONSULT-II 诊断仪功能（智能钥匙）

如表 7-5 所示。

表 7-5 自诊断项目及检测条件

DTC	自诊断项目（CONSULT-II 诊断仪指示）	DTC 检测条件
NO DTC	NO DTC	—
U1000	CAN COMM CIRCUIT	当智能钥匙单元在 2 秒以上的时间内没有发送或接收 CAN 通信信号时
U1010	CONTROL UNIT(CAN)	当智能钥匙单元的 CAN 控制器初始诊断中检测到错误时
B2013①	STRG COMM CLRCUIT	当检测到与转向锁单元的通信故障时
B2552①	INTELLIGENT KEY	当智能钥匙单元中检测到内部故障时
B2590①	DISCORD BCM-I-KEY	当智能钥匙单元和 BCM 之间的 ID 验证结果异常时

① 只有使用发动机防盗锁止系统的程序卡才可以显示。

2. 初步检查

（1）了解症状

听取客户维修要求（了解症状）。

注：如果客户报告出现“无法启动”的情况，要求客户将所有智能钥匙都带到经销商那里，防止出现智能钥匙系统故障这种情况。

（2）用智能钥匙启动发动机

检查是否所有注册的智能钥匙都可以启动发动机。

某些智能钥匙不能启动发动机，智能钥匙电池电量不足或有故障；

所有智能钥匙都不能启动发动机，转到3；

所有智能钥匙都可以启动发动机，转到4。

（3）检查“KEY”警告灯是否点亮

当按下点火开关时，检查组合仪表中的“KEY”警告灯是否点亮。

KEY警告灯以绿色点亮，“钥匙警告灯（绿色）点亮”。

KEY警告灯以红色点亮，“钥匙警告灯（红色）点亮”。

无法点亮，“钥匙警告灯不点亮”。

（4）用机械钥匙启动发动机

检查是否所有注册的机械钥匙都可以启动发动机。

某些机械钥匙不能启动发动机，注册机械钥匙。

所有机械钥匙都不能启动发动机，转到“工作流程”。

所有机械钥匙都可以启动发动机，转到5。

（5）进行自诊断

① 携带智能钥匙将点火开关转到ON位置。

② 用CONSULT-II诊断仪对智能钥匙系统进行自诊断。

检测到故障，转到“自诊断结果”；

未检测到故障，转到“工作流程”。

3. 工作流程

在进入此工作流程前，先进行初步检查。

（1）检查智能钥匙系统的功能

检查与智能钥匙系统相关的功能是否正常。

智能钥匙系统的所有功能都不正常，转到“智能钥匙系统的所有功能都不正常”；

智能钥匙系统的某些功能不正常，转到2。

（2）检查电动门锁的操作

检查能否用车门闭锁与开锁开关来完成车门闭锁/开锁。

若正常，转到3；

若异常，转到“电动门锁系统”。

（3）检查车门请求开关的操作

检查能否用请求开关操作车门闭锁/开锁。

若正常，转到4。

若异常，转到“车门闭锁/开锁功能故障”。

（4）检查遥控车门开关功能

检查下列功能是否响应智能钥匙按钮的操作。

- 车门闭锁/开锁功能
- 应急报警功能

若正常，转到5；

若异常，转到“遥控车门开关功能故障”。

(5) 检查危险和蜂鸣器的提示功能

检查危险和蜂鸣器提示功能是否响应下列开关的操作。

- 车门请求开关
- 智能钥匙按钮

若正常，转到6；

若异常，转到“危险和蜂鸣器提示功能故障”。

(6) 检查警告蜂鸣器功能

根据系统说明检查警告蜂鸣器是否正常。

若正常，转到7；

若异常，转到“警告蜂鸣器功能故障”。

(7) 检查警告灯功能

根据系统说明检查警告灯是否正常点亮。

若正常，检查结束；

若异常，转到“警告灯功能故障”。

4. 故障诊断症状表

(1) 钥匙警告灯（绿色）点亮

注：

- 在开始诊断以前，要保证车辆在“车辆状态”说明的状态下，然后检查各个症状。
- 如果检测到下列“症状”，按照此顺序检查“诊断/维修步骤”栏所显示的系统。

车辆的状态（操作条件）

- 智能钥匙已注册。
- 钥匙没有插入点火开关。
- 车内有1把以上已注册的智能钥匙。

症　状	诊断/维修步骤
智能钥匙无法打开点火开关[KEY警告灯(绿色)点亮]	1. 检查转向锁装置
	2. 更换智能钥匙单元

(2) 钥匙警告灯（红色）点亮

注：

- 在开始诊断以前，要保证车辆在“车辆状态”说明的状态下，然后检查各个症状。
- 如果检测到下列“症状”，按照此顺序检查“诊断/维修步骤”栏所显示的系统。

车辆的状态（操作条件）

- 智能钥匙已注册。
- 钥匙没有插入点火开关。
- 车内有1把以上已注册的智能钥匙。

症　状	诊断/维修步骤
智能钥匙无法打开点火开关[KEY警告灯(红色)点亮]	1. 检查内部钥匙天线
	2. 更换智能钥匙单元

(3) 车辆的状态(操作条件)

- 智能钥匙已注册。
- 机械钥匙在点火开关之外。
- 车内有1把以上已注册的智能钥匙。

症　　状	诊断/维修步骤
智能钥匙无法打开点火开关[KEY警告灯不点亮]	1. 检查智能钥匙单元的电源和接地电路
	2. 检查点火旋钮开关
	3. 检查钥匙开关
	4. 更换智能钥匙单元

(4) 车辆的状态(操作条件)

- 当在CONSULT-II诊断仪上设置时,“ENGINE START BY I-KEY”和“LOCK/UNLOCK BY I-KEY”为ON。
- 机械钥匙在点火开关之外。
- 点火开关没有按下。
- 所有的车门都关闭。
- 智能钥匙已注册。

症　　状	诊断/维修步骤
智能钥匙系统的所有功能不正常	1. 检查智能钥匙单元的电源和接地电路
	2. 检查智能钥匙电池
	3. 更换智能钥匙单元

(5) 车辆的状态(操作条件)

- 在用CONSULT-II诊断仪设定时,“LOCK/UNLOCK BY I-KEY”为ON。
- 机械钥匙在点火开关之外。
- 点火开关没有按下。
- 所有的车门都关闭。
- 智能钥匙已注册。

症　　状	诊断/维修步骤
所有请求开关都不能操作车门闭锁/开锁	1. 检查车门开关
	2. 检查后车门/行李箱灯开关
	3. 检查钥匙开关
	4. 检查点火旋钮开关
	5. 更换智能钥匙单元
用请求开关(驾驶员侧)不能进行车门闭锁/开锁操作	1. 检查车门请求开关(驾驶员侧)
	2. 检查外部钥匙天线(驾驶员侧)
	3. 更换智能钥匙单元
用请求开关(乘客侧)不能进行车门闭锁/开锁操作	1. 检查车门请求开关(乘客侧)
	2. 检查外部钥匙天线(乘客侧)
	3. 更换智能钥匙单元

续表

症　状	诊断/维修步骤
后车门/行李箱盖请求开关不能进行车门闭锁/开锁操作	1. 检查后车门/行李箱盖请求开关
	2. 检查外部钥匙天线(后保险杠位置)
	3. 更换智能钥匙单元
自动闭锁功能不起作用	1. 在“WORK SUPPORT”中检查“AUTO RELOCK TIMER”设置
	2. 更换智能钥匙单元
钥匙提示功能不起作用	1. 检查车门开关
	2. 检查后车门/行李箱灯开关
	3. 检查内部钥匙天线
	4. 检查开锁传感器
	5. 检查智能钥匙电池
	6. 更换智能钥匙单元

(6) 车辆的状态（操作条件）

- 点火开关没有按下。
- 所有的车门都关闭。

症　状	诊断/维修步骤
所有遥控车门开关功能不起作用	1. 检查智能钥匙电池
	2. 更换智能钥匙单元
自动闭锁功能不起作用	1. 在“WORK SUPPORT”中检查“AUTO RELOCK TIMER”设置
	2. 更换智能钥匙单元
钥匙提示功能不起作用	1. 检查车门开关
	2. 检查行李箱灯开关
	3. 检查内部钥匙天线
	4. 检查开锁传感器
	5. 检查智能钥匙电池
	6. 更换智能钥匙单元
应急报警功能不起作用	1. 在“WORK SUPPORT”中检查“PANIC ALARM DELAY”设置
	2. 检查智能钥匙电池
	3. 检查喇叭功能
	4. 检查前大灯功能
	5. 检查钥匙开关
	6. 检查点火旋钮开关
	7. 更换智能钥匙单元

(7) 车辆的状态(操作条件)

- 点火开关没有按下。
- 所有的车门都关闭。

<table>
<tr><th colspan="2">症　　状</th><th>诊断/维修步骤</th></tr>
<tr><td colspan="2" rowspan="3">通过请求开关无法操作危险提示器(蜂鸣器提示器工作)</td><td>1. 在“WORK SUPPORT”中检查“HAZARD ANSWER BACK”设置</td></tr>
<tr><td>2. 用危险警告开关检查危险提示功能</td></tr>
<tr><td>3. 更换智能钥匙单元</td></tr>
<tr><td rowspan="4">通过请求开关无法操作蜂鸣器提示器(危险提示器工作)</td><td rowspan="3">所有智能钥匙警告蜂鸣器不起作用</td><td>1. 在“WORK SUPPORT”中检查“ANSER BACK WITH I-KEY-LOCK”或“ANSER BACK WITH I-KEY UNLOCK”设置</td></tr>
<tr><td>2. 检查智能钥匙警告蜂鸣器电路</td></tr>
<tr><td>3. 更换智能钥匙单元</td></tr>
<tr><td>智能钥匙警告蜂鸣器(驾驶员侧或行李箱)不起作用</td><td>检查智能钥匙警告蜂鸣器(驾驶员侧或行李箱)</td></tr>
<tr><td colspan="2" rowspan="3">智能钥匙(车门闭锁/开锁按钮)不能操作危险提示器(蜂鸣器提示器工作正常)</td><td>1. 在“WORK SUPPORT”中检查“HAZARD ANSWER BACK”设置</td></tr>
<tr><td>2. 用危险警告开关检查危险提示功能</td></tr>
<tr><td>3. 更换智能钥匙</td></tr>
<tr><td rowspan="4">智能钥匙(车门闭锁/开锁按钮)不能操作蜂鸣器提示器(危险提示器工作)</td><td rowspan="3">所有智能钥匙警告蜂鸣器不起作用</td><td>1. 在“WORK SUPPORT”中检查“HORN WITH KEYLESSLOCK”设置</td></tr>
<tr><td>2. 检查智能钥匙警告蜂鸣器电路</td></tr>
<tr><td>3. 更换智能钥匙单元</td></tr>
<tr><td>智能钥匙警告蜂鸣器(驾驶员侧或行李箱)不起作用</td><td>检查智能钥匙警告蜂鸣器(驾驶员侧或行李箱)</td></tr>
</table>

(8) 警告蜂鸣器功能故障

注:

- 在开始诊断以前，要保证车辆在“车辆状态”说明的状态下，然后检查各个症状。
- 如果检测到下列“症状”，按照此顺序检查“诊断/维修步骤”栏所显示的系统。

车辆的状态(操作条件)

警告蜂鸣器功能工作条件非常复杂，在工作确认期间，为了确保正常操作，重新确认上面列表两次。

<table>
<tr><th>症　　状</th><th>诊断/维修步骤</th></tr>
<tr><td rowspan="5">点火开关警告蜂鸣器不工作</td><td>1. 检查点火旋钮开关</td></tr>
<tr><td>2. 检查车门开关</td></tr>
<tr><td>3. 检查钥匙开关</td></tr>
<tr><td>4. 检查智能钥匙警告蜂鸣器</td></tr>
<tr><td>5. 更换智能钥匙单元</td></tr>
</table>

续表

症状		诊断/维修步骤
点火钥匙警告蜂鸣器不工作(当使用机械钥匙时)		1. 检查钥匙开关(智能钥匙单元输入)
		2. 检查钥匙开关(BCM 输入)
		3. 检查车门开关
		4. 检查警告蜂鸣器系统
		5. 更换智能钥匙单元
OFF 位置警告蜂鸣器(内部)不起作用		1. 检查点火开关位置
		2. 检查点火旋钮开关
		3. 检查钥匙开关
		4. 检查组合仪表蜂鸣器
		5. 更换智能钥匙单元
OFF 位置警告蜂鸣器(外部)不起作用	所有智能钥匙警告蜂鸣器不起作用	1. 检查点火开关位置
		2. 检查点火旋钮开关
		3. 检查钥匙开关
		4. 检查智能钥匙警告蜂鸣器电路
		5. 更换智能钥匙单元
	智能钥匙警告蜂鸣器(驾驶员侧或行李箱)不起作用	检查智能钥匙警告蜂鸣器(驾驶员侧或行李箱)
拆下不起作用的警告蜂鸣器(车门打开到关闭)	所有智能钥匙警告蜂鸣器不起作用	1. 检查车门开关
		2. 检查内部钥匙天线
		3. 检查钥匙开关
		4. 检查智能钥匙警告蜂鸣器电路
		5. 更换智能钥匙单元
	智能钥匙警告蜂鸣器(驾驶员侧或行李箱)不起作用	检查智能钥匙警告蜂鸣器(驾驶员侧或行李箱)
拆下不起作用的警告蜂鸣器(通过车窗)		1. 在“WORK SUPPORT”中检查“TAKE OUT FROM WINDOW WARN”设置
		2. 检查内部钥匙天线
		3. 检查钥匙开关
		4. 检查智能钥匙电池
		5. 检查组合仪表蜂鸣器
		6. 更换智能钥匙单元

续表

症　　状		诊断/维修步骤
车门闭锁操作警告蜂鸣器不起作用	所有智能钥匙警告蜂鸣器不起作用	1. 检查车门开关
		2. 检查后车门/行李箱灯开关
		3. 检查点火旋钮开关
		4. 检查车门请求开关
		5. 检查后车门/行李箱盖请求开关
		6. 检查外部钥匙天线(驾驶员侧与乘客侧)
		7. 检查外部钥匙天线(后保险杠位置)
		8. 检查内部钥匙天线
		9. 检查智能钥匙警告蜂鸣器电路
		10. 更换智能钥匙单元
	智能钥匙警告蜂鸣器(驾驶员侧或行李箱)不起作用	检查智能钥匙警告蜂鸣器(驾驶员侧或行李箱)

(9) 警告灯功能故障

注：如果检测到下列“症状”，按照此顺序检查“诊断/维修步骤”栏所显示的系统。

症　　状	诊断/维修步骤
当智能钥匙电池电量低警告工作时，“KEY”警告灯(绿色)不点亮	1. 在“WORK SUPPORT”中检查“LOW BAT OF KEY FOB WARN”设置
	2. 检查智能钥匙电池
	3. 检查警告灯
	4. 更换智能钥匙单元
当取走警告蜂鸣器工作时，“KEY”警告灯(红色)不点亮	1. 检查警告灯
	2. 更换智能钥匙单元
当 OFF 位置警告工作时，“LOCK”警告灯不点亮	1. 检查警告灯
	2. 更换智能钥匙单元

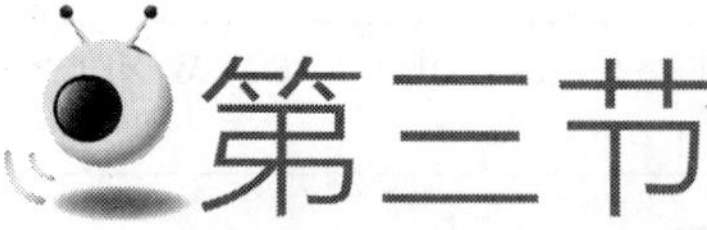

第三节 东风日产轩逸车系防盗电控系统(NATS)故障检修(06 款)

一、防盗电控系统（NATS）电路

如图 7-11 所示。

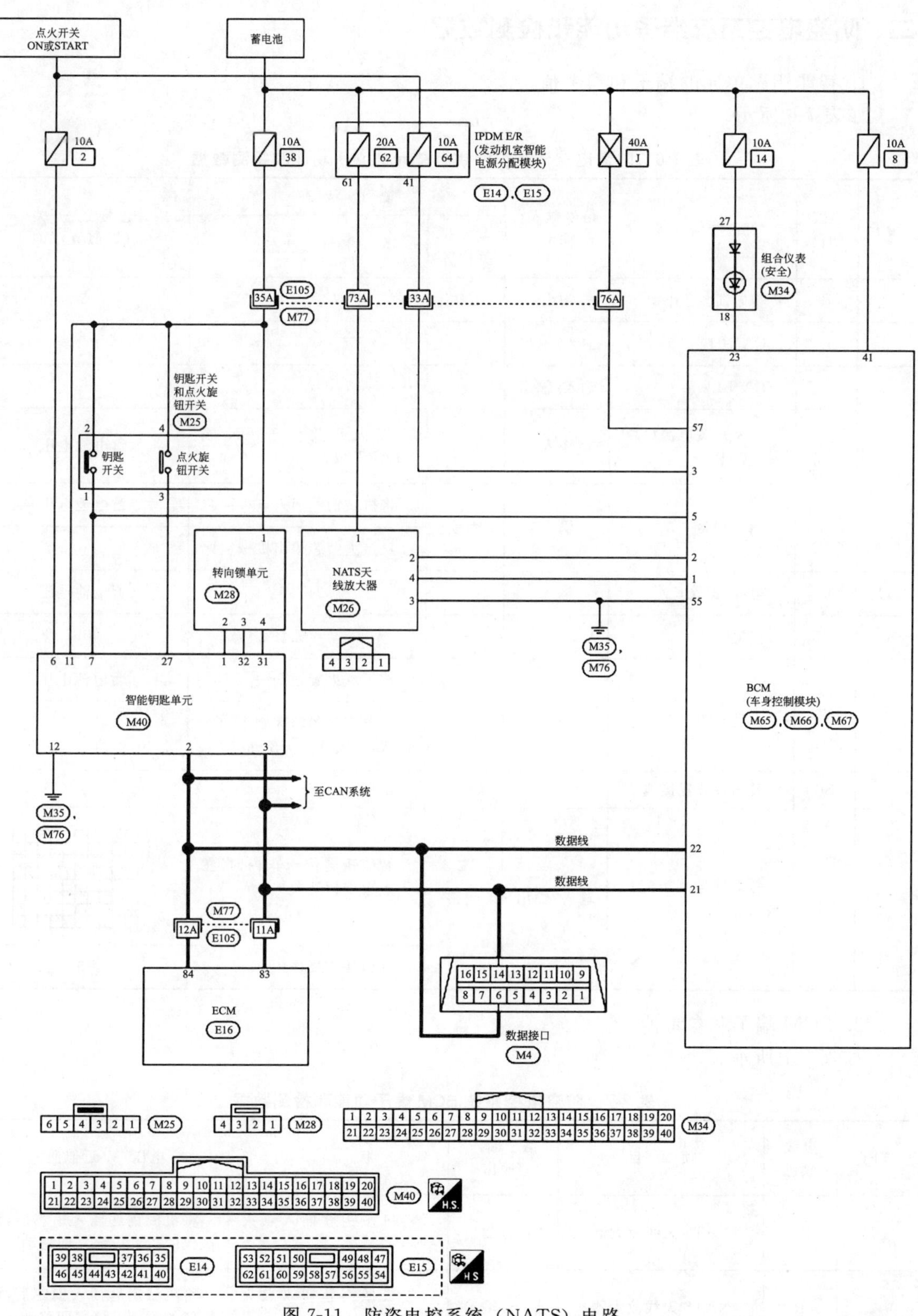

图 7-11 防盗电控系统（NATS）电路

二、防盗电控系统端子功能和检测数据

1. 智能钥匙单元的端子和参考值

如表 7-6 所示。

表 7-6 防盗电控系统智能钥匙单元的端子功能和检测数据

端子	电线颜色	信号名称	信号输入/输出	测量状态		电压点火开关（近似值）/V
				点火开关位置	操作或状态	
1	R	转向锁装置电源	输出	闭锁	—	5
2	L	CAN-H	输入/输出	—	—	—
3	P	CAN-L	输入/输出	—	—	—
6	O	点火开关电源（ON 或 START）	输入	ON	点火开关位于 ON 或 START 位置	蓄电池电压
7	G	钥匙开关	输入	闭锁	将机械钥匙插入点火锁芯	蓄电池电压
					从点火锁芯拔出机械钥匙	0
11	O	电源（保险丝）	输入	—	—	蓄电池电压
12	B/R	接地	—	—	—	0
27	W	点火旋钮开关	输入	—	按下点火旋钮开关	蓄电池电压
					将点火开关转回到 LOCK 位置，并松开点火旋钮	0
31	SB	转向锁装置接地	—	—	—	0
32	GR	转向锁控制单元通信信号	输入/输出	闭锁	智能钥匙位于车内时，按下点火旋钮开关	/V 15 10 5 0 100ms
					其他任何操作	5

2. BCM 端子和参考值

如表 7-7 所示。

表 7-7 防盗电控系统 BCM 端子功能和检测数据

端子	电线颜色	项目	信号输入/输出	状态	电压/V（近似值）
1	LG	NATS 天线放大器	输入/输出	将机械钥匙插入点火锁芯	将机械钥匙插入锁芯后，测试仪的指针应该立即移动
2	R	NATS 天线放大器	输入/输出	将机械钥匙插入点火锁芯	将机械钥匙插入锁芯后，测试仪的指针应该立即移动

续表

端子	电线颜色	项 目	信号输入/输出	状 态	电压/V(近似值)
3	P	点火开关(ON)	输入	点火开关位于 ON 或 START 位置	蓄电池电压
5	G	钥匙开关信号	输入	将机械钥匙插入点火锁芯	蓄电池电压
				从点火锁芯拔出机械钥匙	0
21	P	CAN-L	输入/输出	—	—
22	L	CAN-H	输入/输出	—	—
23	V	安全指示灯输出	输出	关闭→点亮(每 2.4s)	蓄电池电压→0
41	P	蓄电池电源(保险丝)	输入	—	蓄电池电压
55	B	接地	—	—	0
57	Y	蓄电池电源(熔丝线)	输入	—	蓄电池电压

3. 转向锁单元的端子和参考值

如表 7-8 所示。

表 7-8 防盗电控系统转向锁单元的端子功能和检测数据

端子	电线颜色	信 号 名 称	信号输入/输出	测量状态		电压/V(近似值)
				点火开关位置	操作或状态	
1	O	电源(保险丝)	输入	—	—	蓄电池电压
2	R	转向锁装置电源	输入	闭锁	—	5
3	GR	转向锁控制单元通信信号	输入/输出	闭锁	智能钥匙位于车内时,按下点火旋钮	/V 15 10 5 0 100ms
					其他任何操作	5
4	SB	转向锁装置接地	—	—	—	0

三、防盗电控系统(NATS)故障检修

1. 初步检查

(1) 了解症状

听取客户维修要求(了解症状)。

注:

如果客户报告出现“无法启动”的情况,要求客户将所有智能钥匙都带到经销商那里,防止出现智能钥匙系统故障这种情况。

故障，转到2。

(2) 用智能钥匙启动发动机

检查是否所有注册的智能钥匙都可以启动发动机。

若某些智能钥匙不能启动发动机，智能钥匙电池电量不足或有故障；

若所有智能钥匙都不能启动发动机，转到3；

若所有智能钥匙都可以启动发动机，转到4。

(3) 检查“KEY”警告灯是否点亮

当按下点火开关时，检查组合仪表中的“KEY”警告灯是否点亮；

若KEY警告灯以绿色点亮，转到“钥匙警告灯（绿色）点亮”；

若KEY警告灯以红色点亮，转到“钥匙警告灯（红色）点亮”；

若无法点亮，转到“钥匙警告灯不点亮”。

(4) 用机械钥匙启动发动机

检查是否所有注册的机械钥匙都可以启动发动机。

若某些机械钥匙不能启动发动机，注册机械钥匙。

若所有机械钥匙都不能启动发动机，“工作流程”

若所有机械钥匙都可以启动发动机，转到5。

(5) 进行自诊断

① 用智能钥匙将点火开关转到ON位置。

② 用CONSULT-II诊断仪对智能钥匙系统进行自诊断。

若检测到故障，转到“自诊断结果”；

若未检测到故障，转到“工作流程”。

2. 工作流程

(1) 启动发动机

将机械钥匙插入到点火锁芯并操作点火开关，检查能否启动发动机。

若正常，系统正常；

若异常，转到2。

(2) 进行自诊断

使用CONSULT-II诊断仪进行自诊断“NATS V5.0”。

注：

NATS程序卡应该显示“SELF-DIAGNOSIS”。

若未检测到故障，重新检查启动发动机部分，转到1。

若检测到与NATS相关的故障，转到3；

若检测到与“DONT ERASE BEFORE CHECKING ENG DIAG”以及NATS相关的故障，转到7。

(3) 确认NATS故障

自诊断结果指向NATS，但是在CONSULT-II诊断仪上没有显示任何有关发动机自诊断结果的信息。

(4) NATS故障诊断

修理NATS（如果有必要，用CONSULT-II诊断仪执行“C/U INITIALZATIN”）。

(5) 清除自诊断

使用CONSULT-II诊断仪清除“SELF-DIAGNOSIS”记录。

(6) 启动发动机

将机械钥匙插入到点火锁芯并操作点火开关，检查能否启动发动机。

若异常，转到 2；

若正常，检查结束。

（7）确认 NATS 和发动机控制故障

在 CONSULT-Ⅱ诊断仪屏幕上显示 NATS 故障以及“DON′T ERASE BEFORE CHECKING ENG DIAG”。

注：

这说明 NATS 以及发动机控制系统中检测到故障。

（8）NATS 故障诊断

根据有关 NATS 的自诊断结果修理 NATS（如果有必要，用 CONSULT-Ⅱ诊断仪进行“C/U INITIALZATIN”）。

注：

请勿使用 CONSULT-Ⅱ诊断仪清除“SELF-DIAGNOSIS”。

（9）确认发动机控制故障

用一般的程序卡代替 NATS 程序卡来检查发动机“SELF-DIAGNOSIS”记录。

（10）发动机控制系统故障诊断

如果检测到发动机相关的故障，修理发动机控制系统。

注：

如果只显示“NATS MALFUNCTION”，则清除自诊断结果。

（11）启动发动机

将机械钥匙插入到点火锁芯并操作点火开关，检查能否启动发动机。

若正常，转到 12；

若异常，转到 2。

（12）清除自诊断

使用 CONSULT-Ⅱ NATS 程序卡以及一般程序卡清除 NATS 以及发动机“SELF-DIAGNOSIS”记录。

（13）确认

使用 CONSULT-Ⅱ诊断仪在发动机“SELF-DIAGNOSIS”模式下进行运转测试。

若显示“NO DTC”，检查结束；

若显示故障信息，转到 2。

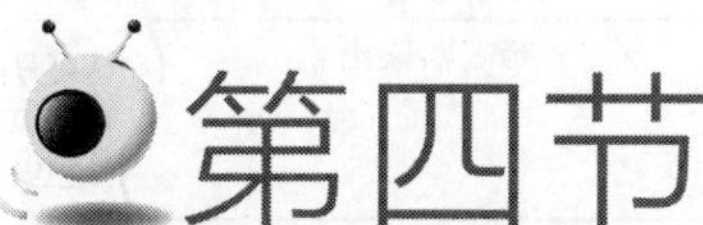

第四节 东风日产颐达、骐达车系智能钥匙系统故障检修（08 款）

一、智能钥匙系统电控电路

如图 7-12 所示。

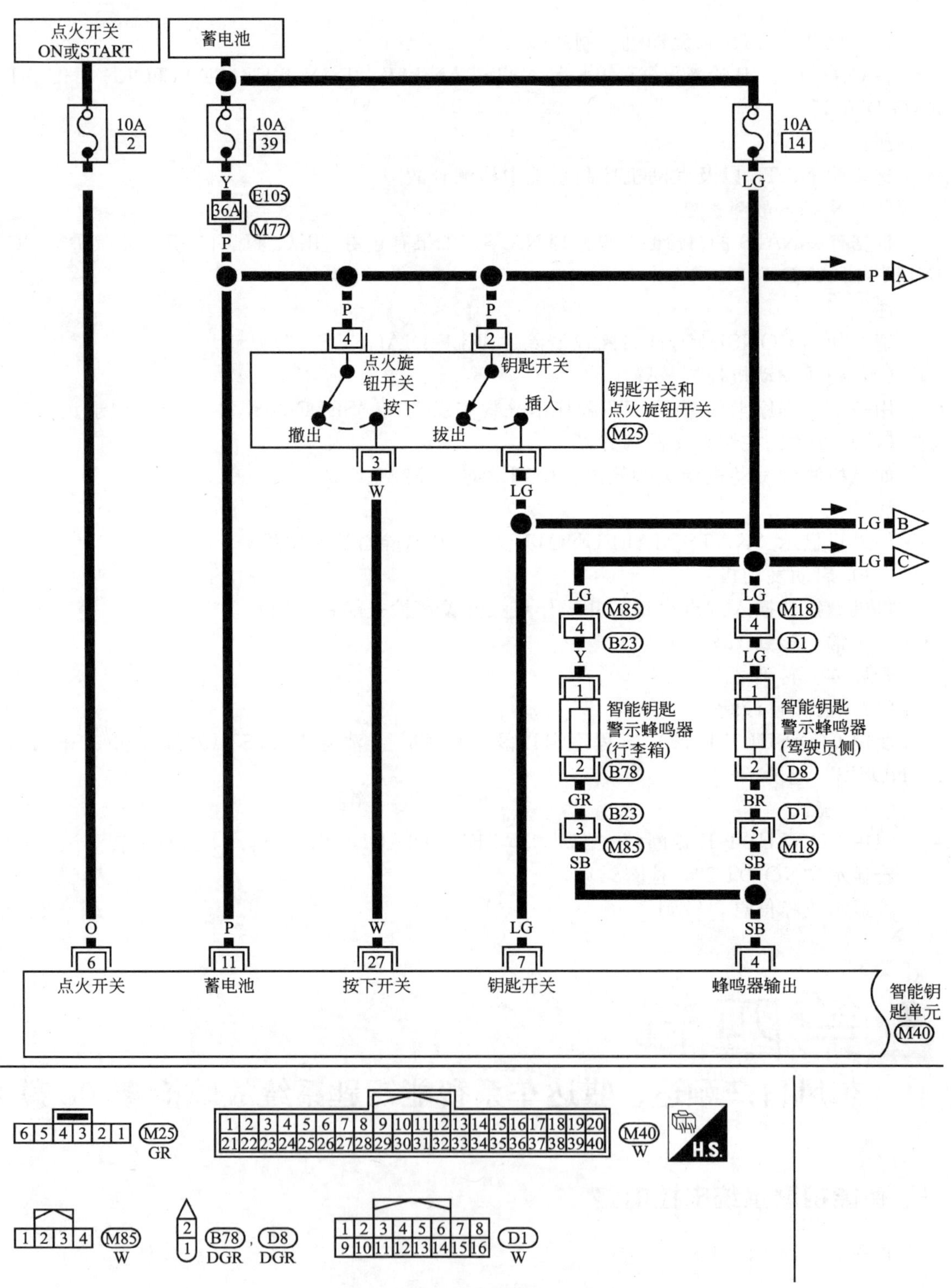

(a) 智能钥匙系统电控电路(1/9)

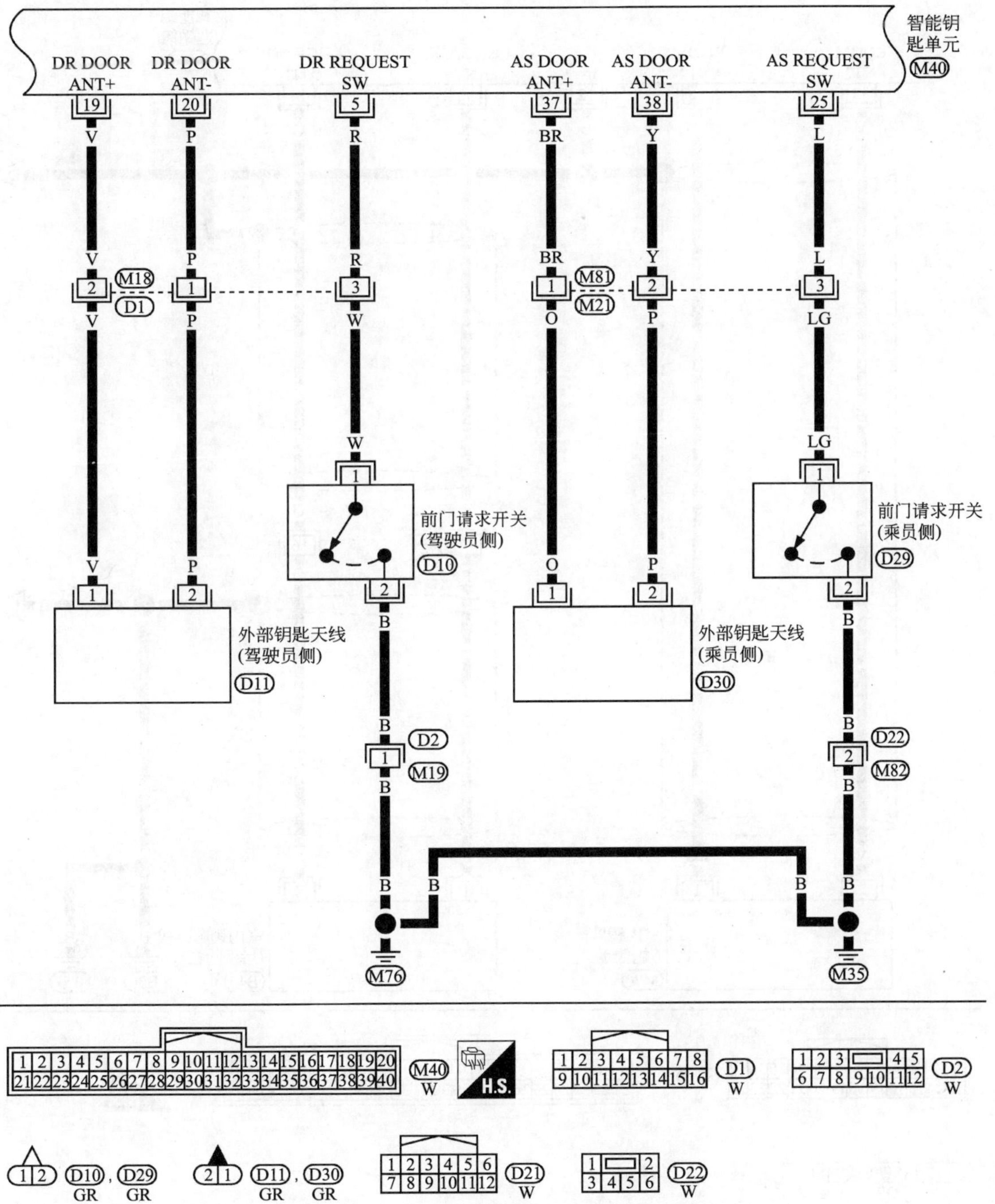

(b) 智能钥匙系统电控电路(2/9)

图 7-12

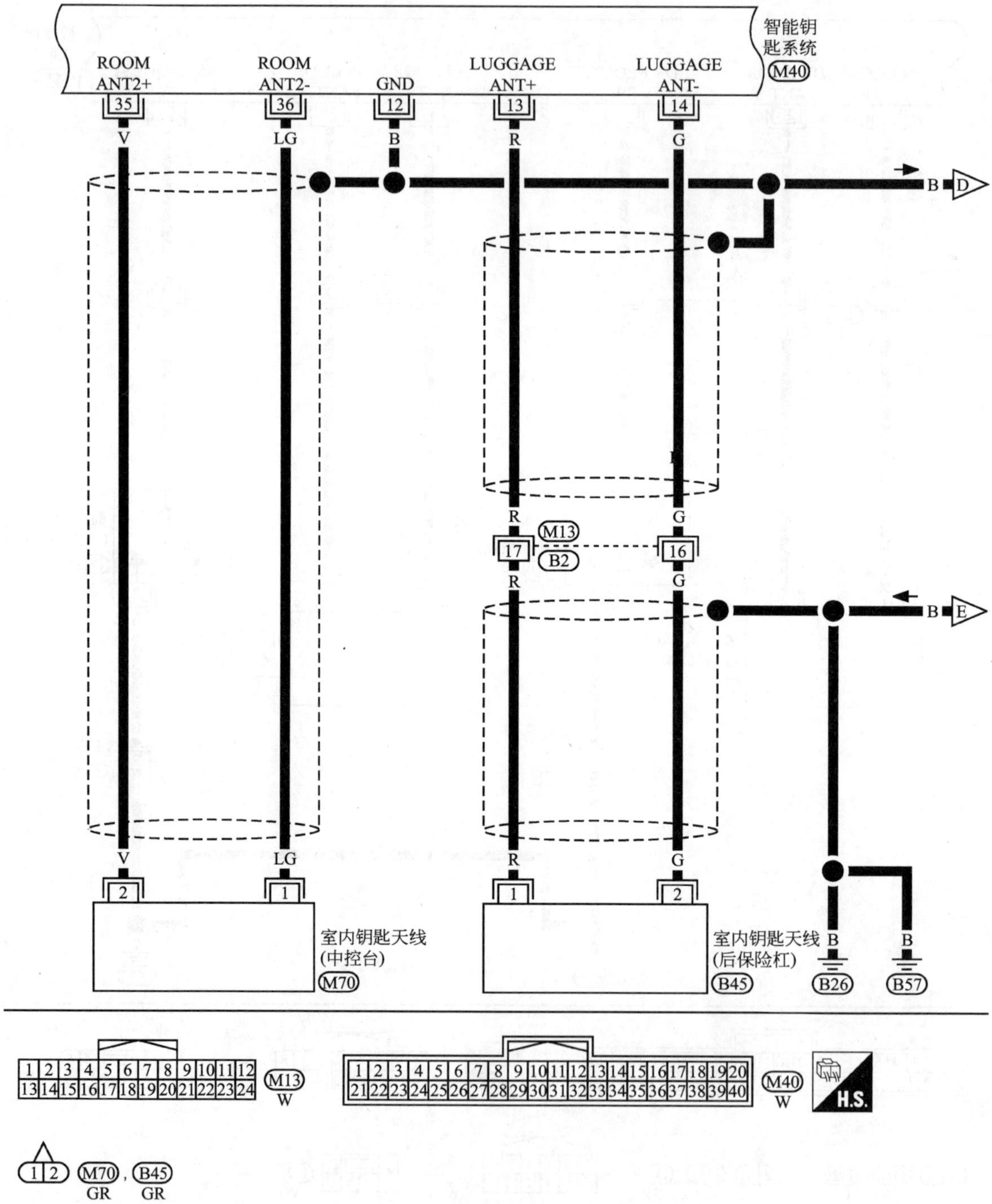

智能钥匙系统 (M40)

ROOM ANT2+ 35 V

ROOM ANT2- 36 LG

GND 12 B

LUGGAGE ANT+ 13 R

LUGGAGE ANT- 14 G

B D

R (M13) 17 (B2) 16 G

R G

B E

V LG R G

2 1 1 2

室内钥匙天线(中控台) (M70)

室内钥匙天线(后保险杠) (B45)

B (B26)

B (B57)

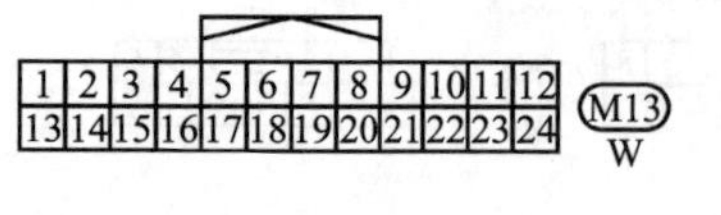

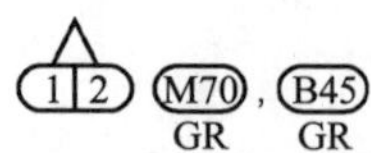

(c) 智能钥匙系统电控电路(3/9)

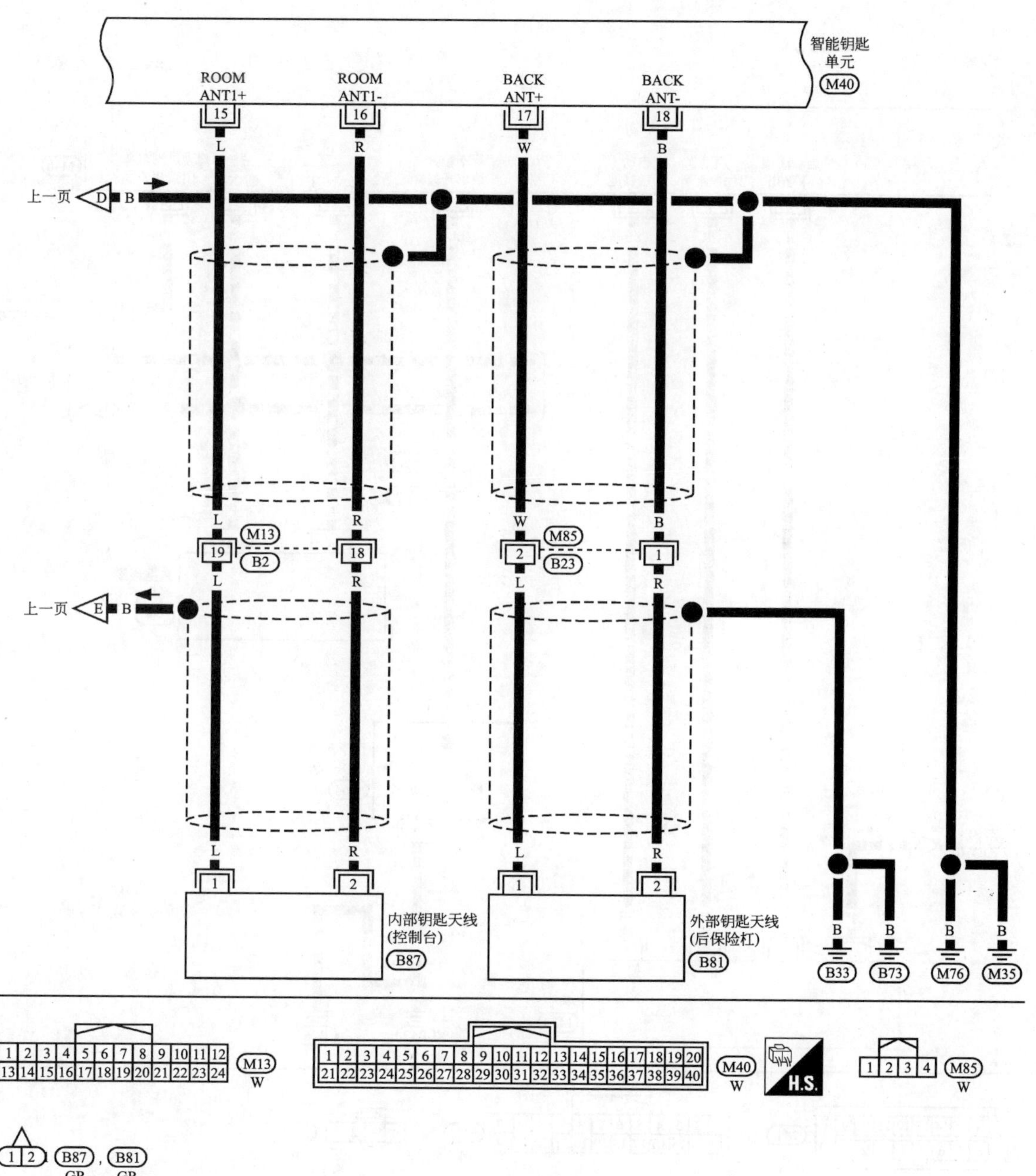

(d) 智能钥匙系统电控电路(4/9)

图 7-12

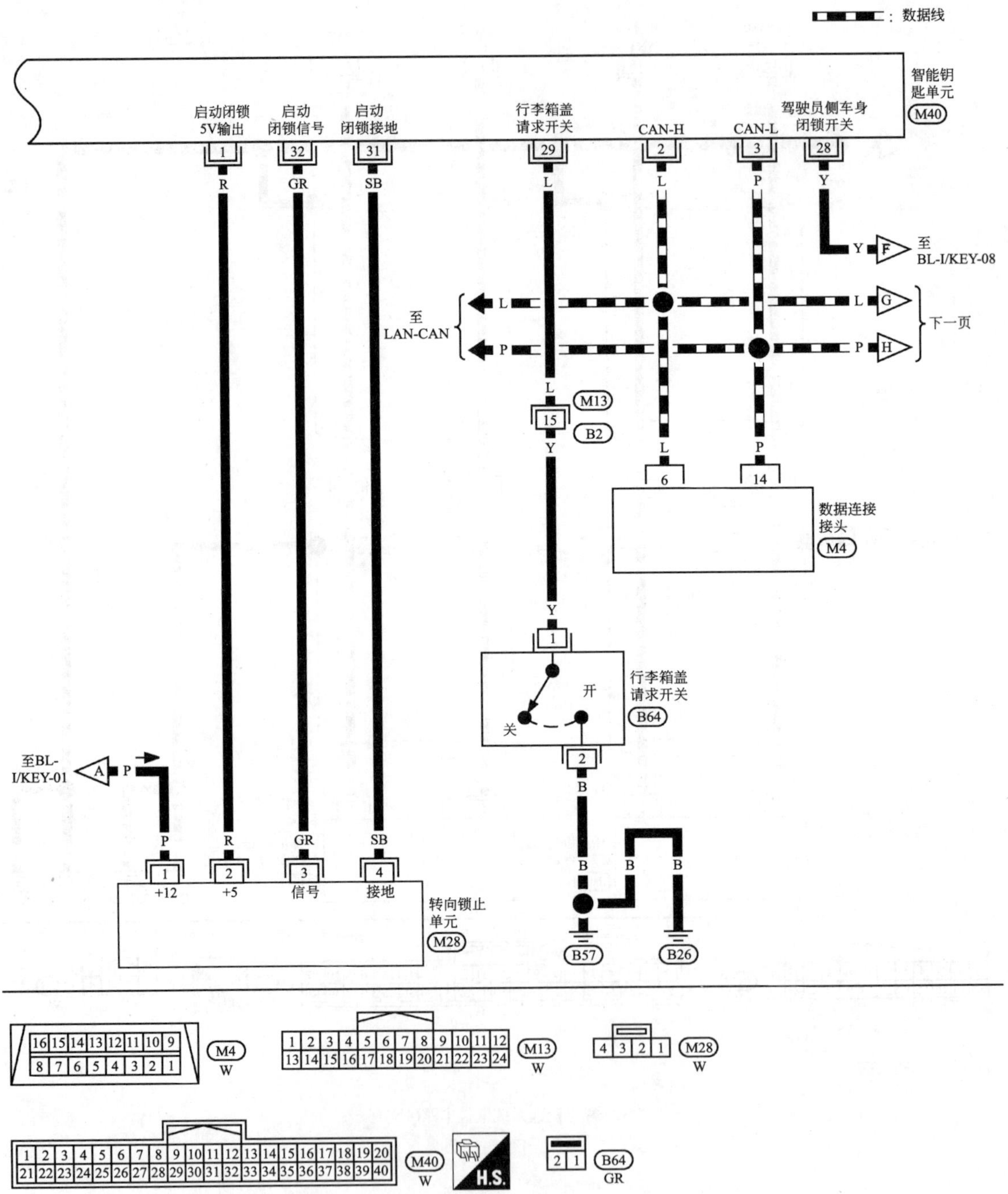

(e) 智能钥匙系统电控电路(5/9)

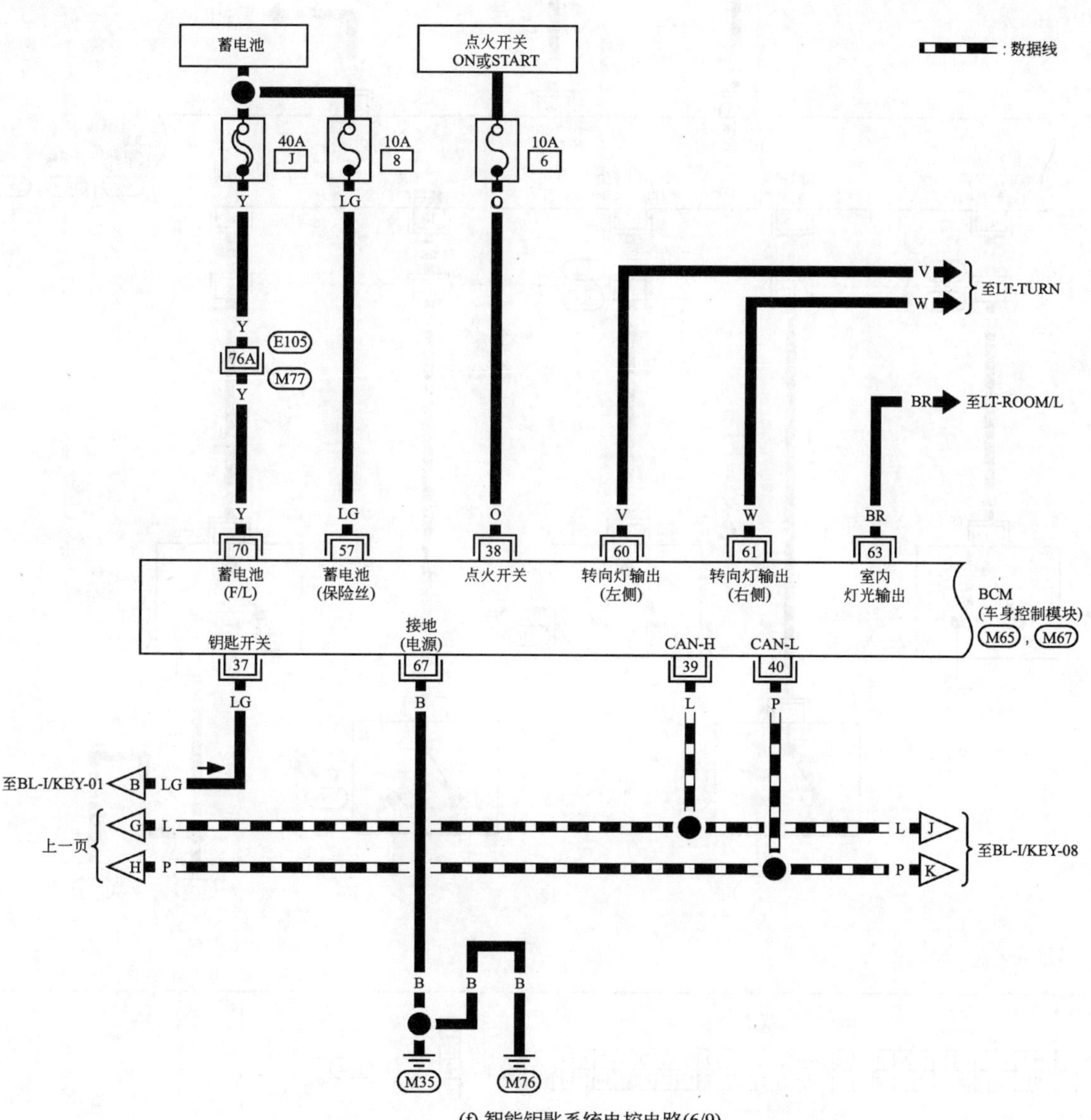

(f) 智能钥匙系统电控电路(6/9)

图 7-12

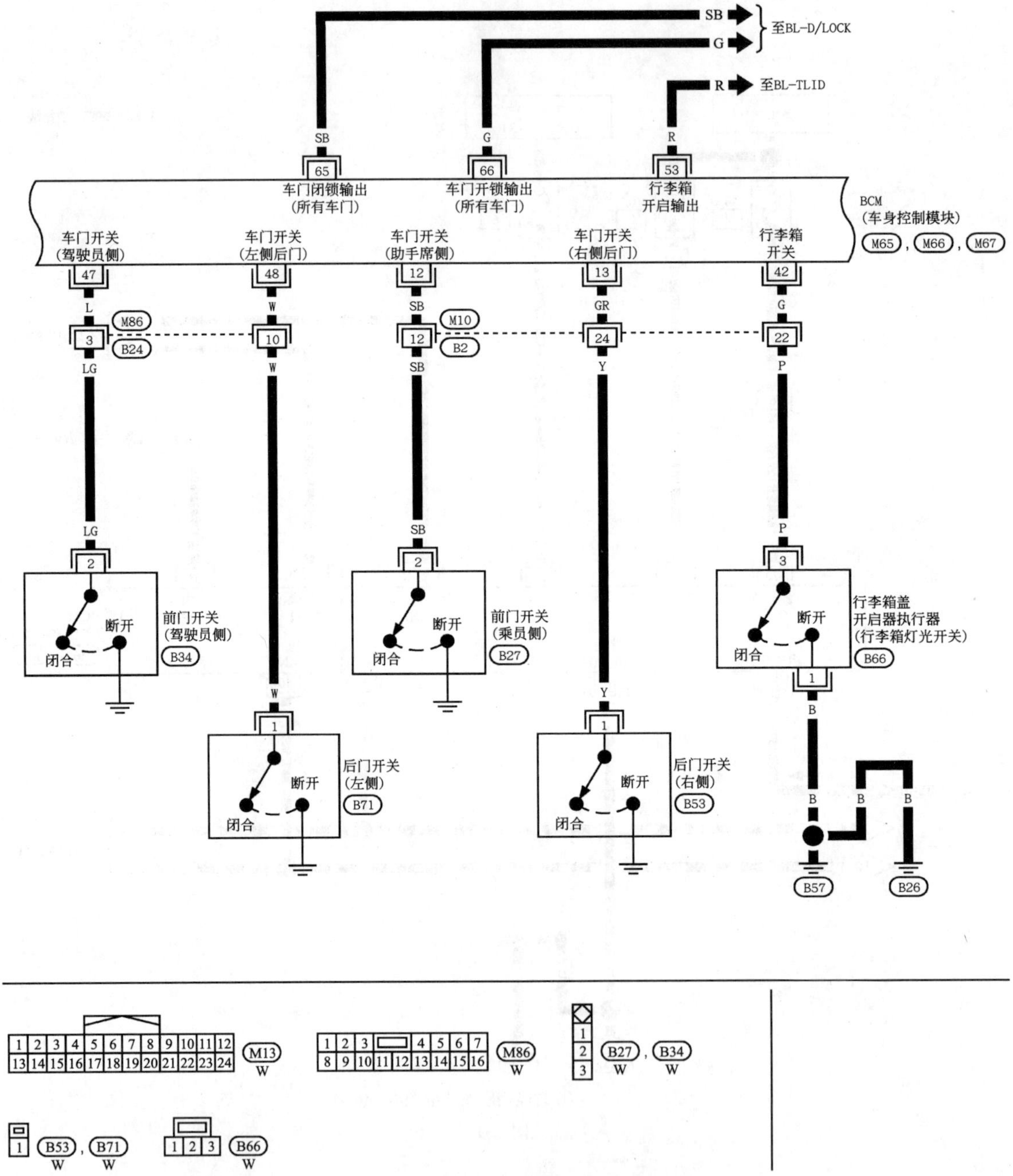

SB 至BL-D/LOCK
G
R 至BL-TLID

65 车门闭锁输出（所有车门）
66 车门开锁输出（所有车门）
53 行李箱开启输出

BCM（车身控制模块）M65，M66，M67

47 车门开关（驾驶员侧）
48 车门开关（左侧后门）
12 车门开关（助手席侧）
13 车门开关（右侧后门）
42 行李箱开关

L W SB GR G
M86 3 B24 10 M10 12 B2 24 22
LG W SB Y P

前门开关（驾驶员侧）B34 2 断开 闭合
后门开关（左侧）B71 1 断开 闭合
前门开关（乘员侧）B27 2 断开 闭合
后门开关（右侧）B53 1 断开 闭合
行李箱盖开启器执行器（行李箱灯光开关）B66 3 1 断开 闭合

B B B B57 B26

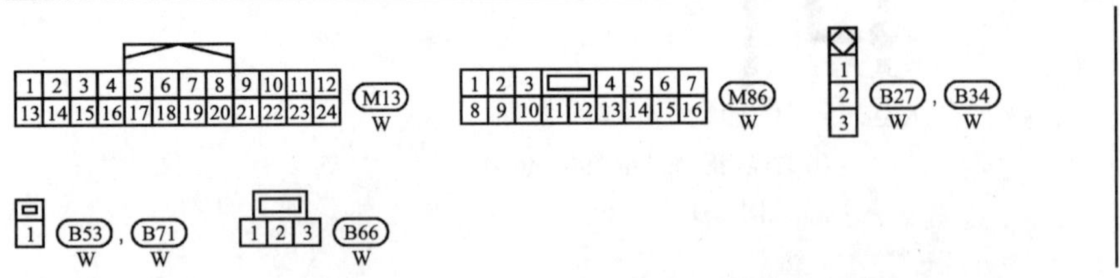

(g) 智能钥匙系统电控电路(7/9)

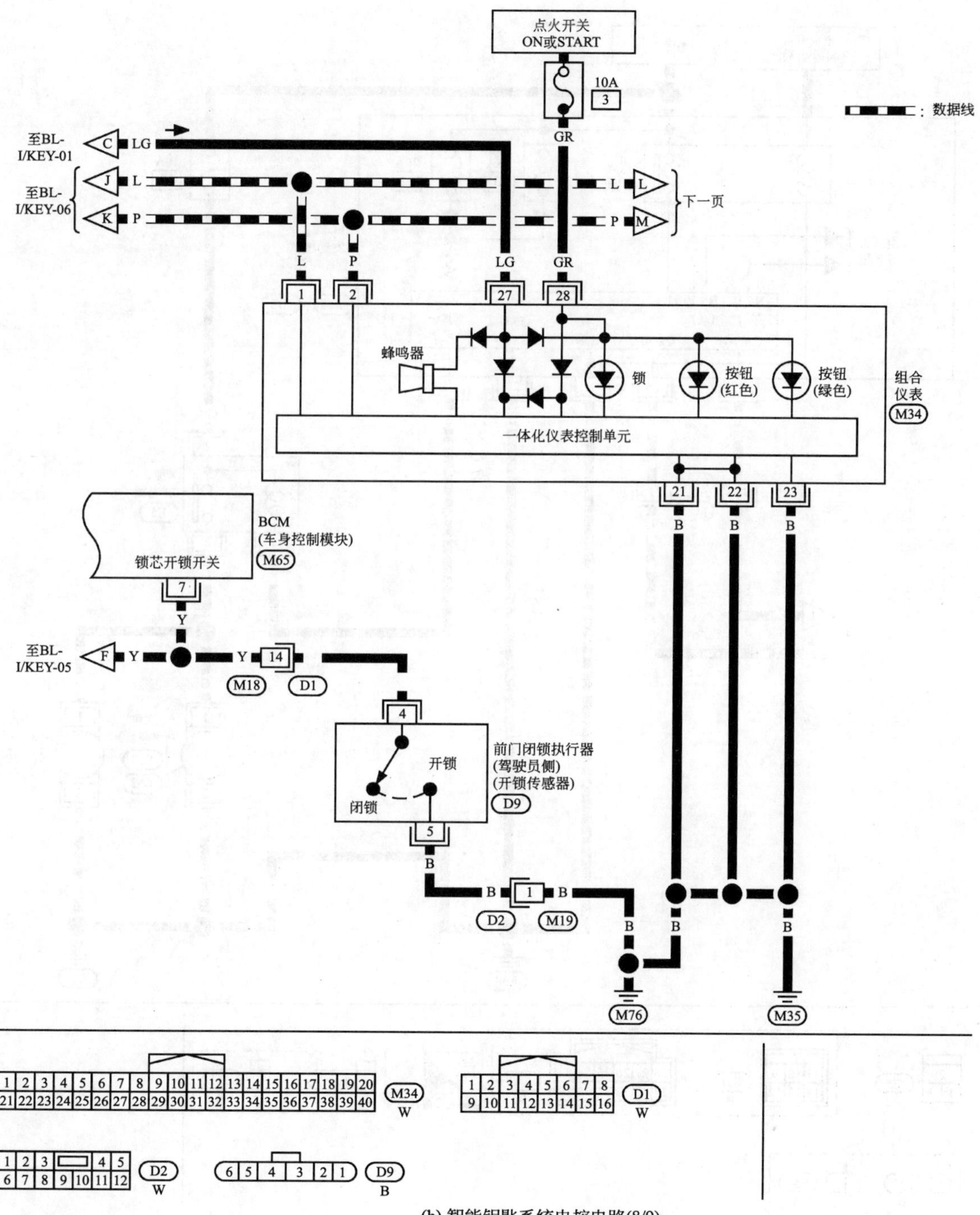

(h) 智能钥匙系统电控电路(8/9)

图 7-12

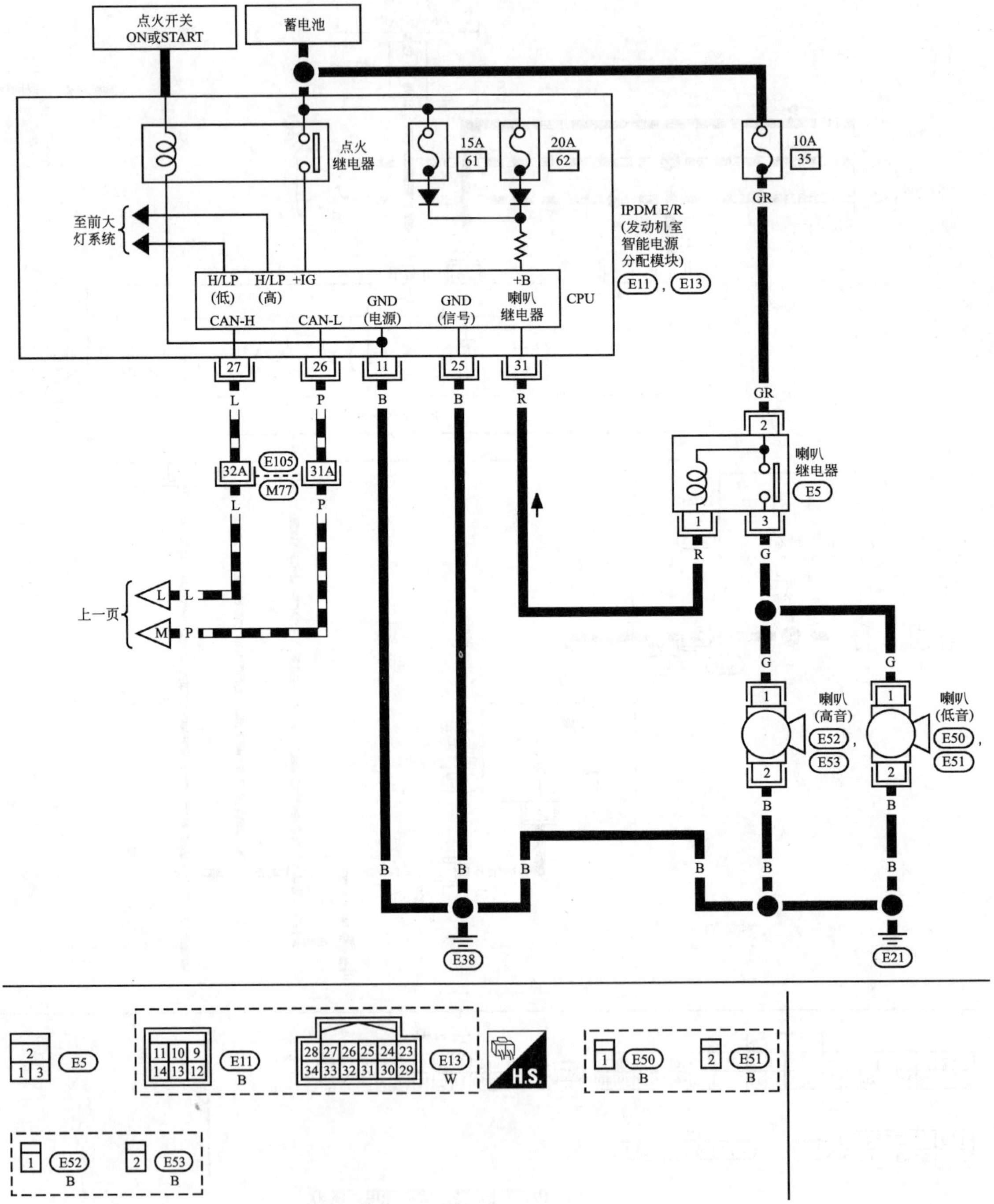

点火开关 ON或START
蓄电池
点火继电器
15A 61
20A 62
10A 35
GR
至前大灯系统
IPDM E/R (发动机室智能电源分配模块) E11, E13
H/LP (低)
H/LP (高)
+IG
+B 喇叭继电器
CPU
CAN-H
CAN-L
GND (电源)
GND (信号)
27 26 11 25 31
L P B B R
32A E105 M77 31A
上一页
喇叭继电器 E5
喇叭 (高音) E52, E53
喇叭 (低音) E50, E51
E38
E21
E5
E11 B
E13 W
H.S.
E50 B
E51 B
E52 B
E53 B

(i) 智能钥匙系统电控电路(9/9)

图 7-12 智能钥匙系统电控电路

二、智能钥匙系统端子功能和检测数据

1. 智能钥匙单元端子

智能钥匙系统端子功能和检测数据如表 7-9 所示。

表 7-9 智能钥匙系统端子功能和检测数据

端口	电线颜色	项目	状态：点火开关位置	状态：操作或状态		电压近似值/V
1	R	转向锁装置电源	闭锁	—		5
2	L	CAN-H	—	—		—
3	P	CAN-L	—	—		—
4	SB	智能钥匙警告蜂鸣器	闭锁	操作车门请求开关	蜂鸣器关闭	蓄电池电压
					声音蜂鸣器	0
5	R	车门请求开关(驾驶员侧)	—	按下车门请求开关(驾驶员侧)。		0
				除上述以外		5
6	O	点火开关(ON)	ON	—		蓄电池电压
7	LG	钥匙开关	闭锁	将机械钥匙插入点火开关		蓄电池电压
				从点火开关拔出机械钥匙		0
11	P	电源(保险丝)	—	—		蓄电池电压
12	B	接地	—	—		0
13	R	内部钥匙天线(+)信号(行李箱)	闭锁	• 任意车门打开→所有车门关闭 • 按下点火旋钮开关：ON(点火旋钮开关)		/V 15 10 5 0 10μs
14	G	内部钥匙天线(−)信号(行李箱)				
15	L	内部钥匙天线(+)信号(控制台)	闭锁	• 任意车门打开→所有车门关闭 • 按下点火旋钮开关：ON(点火旋钮开关)		/V 15 10 5 0 10μs
16	R	内部钥匙天线(−)信号(控制台)				
17	W	外部钥匙天线(+)信号(后保险杠)	闭锁	按下行李箱盖请求开关		/V 15 10 5 0 10μs
18	B	外部钥匙天线(−)信号(后保险杠)				
19	V	外部钥匙天线(+)信号(驾驶员侧)	闭锁	按下行李箱盖请求开关		/V 15 10 5 0 10μs
20	P	外部钥匙天线(−)信号(驾驶员侧)				
25	L	车门请求开关(乘客侧)	—	按下车门请求开关(乘客侧)		0
				除上述以外		5
27	W	点火旋钮开关	—	按下点火开关		蓄电池电压
				将点火旋钮回复到 LOCK 位置		0

续表

端口	电线颜色	项　目	状　态		电压近似值/V
			点火开关位置	操作或状态	
28	Y	开锁传感器(驾驶员侧)	—	车门(驾驶员侧)锁上	5
				车门(驾驶员侧)开锁	0
29	L	行李箱盖请求开关	—	按下行李箱打开请求开关	0
				除上述以外	5
31	SB	转向锁单元接地	—	—	0
32	GR	转向锁控制单元通讯信号	闭锁	当智能钥匙在车内时,按下点火旋钮开关	
				除上述以外	5
35	V	内部钥匙天线(+)信号(仪表中间)	闭锁	• 任意车门打开→所有车门关闭 • 按下点火旋钮开关:ON(点火旋钮开关)	
36	LG	内部钥匙天线(—)信号(仪表中间)			
37	BR	外部钥匙天线(+)信号(乘客侧)	闭锁	按下车门请求开关(乘客侧)	
38	Y	外部钥匙天线(—)信号(乘客侧)			

2. 转向锁单元的端口和检测数据

转向锁单元的端子功能和检测数据如表 7-10 所示。

表 7-10　转向锁单元的端子功能和检测数据

端口	电线颜色	项　目	状　态		电压近似值/V
			点火开关位置	操作或状态	
1	P	畜电池电源	闭锁	—	畜电池电压
2	R	转向锁装置电源	闭锁	—	5
3	GR	转向锁控制单元通讯信号	闭锁	当智能钥匙在车内时,按下点火旋钮开关	
				其他任何操作	5
4	SB	转向锁单元接地	—	—	0

3. BCM 端口和检测数据

BCM 端子功能和检测数据如表 7-11 所示。

表 7-11 BCM 端子功能和检测数据

端口	电线颜色	项目	状态	电压近似值/V
7	Y	开锁传感器(驾驶员侧)	车门(驾驶员侧)锁上	5
			车门(驾驶员侧)开锁	0
12	SB	乘客侧前门开关	车门打开(ON)→关闭(OFF)	0→蓄电池电压
13	GR	后车门开关(右侧)	车门打开(ON)→关闭(OFF)	0→蓄电池电压
37	LG	钥匙开关	将机械钥匙插入点火开关	蓄电池电压
			从点火开关拔出机械钥匙	0
38	O	点火开关(ON)	点火开关处于 ON 或 START 位置	蓄电池电压
39	L	CAN-H	—	—
40	P	CAN-L	—	—
42	G	行李箱灯开关	行李箱盖打开(ON)→关闭(OFF)	0→蓄电池电压
47	L	前车门开关(驾驶员侧)	车门打开(ON)→关闭(OFF)	0→蓄电池电压
48	W	后车门开关(左侧)	车门打开(ON)→关闭(OFF)	0→蓄电池电压
57	LG	蓄电池电源(保险丝)	—	蓄电池电压
67	B	接地	—	0
70	Y	蓄电池电源(熔丝线)	—	蓄电池电压

三、重要部件和单元电路的检修

1. 电源和接地电路检查

(1) 检查电源电路

① 将点火开关转至 OFF 位置。

② 断开智能钥匙单元接头。

③ 如下表所示检查智能钥匙单元线束接头和接地之间的电压。

端口			电压近似值/V
(+)		(－)	
智能钥匙单元接头	端口		
M40	11	接地	蓄电池电压

若正常，转至 (2)；

若异常，修理或更换智能钥匙电源电路。

(2) 检查接地电路

如下表所示检查智能钥匙单元线束接头和接地之间的导通性。

智能钥匙单元接头	端口	接地	导通
M40	12		是

若正常，电源和接地电路正常；

若异常，修理或更换智能钥匙单元接地电路。

2. 钥匙开关检查（智能钥匙单元输入）

（1）检查钥匙开关输入信号

使用 CONSULT-II 诊断仪

用 CONSULT-II 诊断仪的“DATA MONITOR”模式检查点火钥匙开关（“KEY SW”），如下表所示。

监 控 项 目	状 态
KEY SW	将机械钥匙插入点火开关:ON
	从点火开关拔出机械钥匙:OFF

不使用 CONSULT-II 诊断仪

① 将点火开关转至 OFF 位置。

② 断开智能钥匙单元接头。

③ 如下表检查智能钥匙单元接头和接地之间的电压。

端口			钥匙开关状态	电压近似值/V
（+）		（—）		
智能钥匙单元接头	端口			
M40	7	接地	将机械钥匙插入点火开关	蓄电池电压
			从点火开关中拔出机械钥匙	0

若正常，钥匙开关电路正常；若异常，转至（2）。

（2）检查钥匙开关电源电路。

① 从点火开关拔出机械钥匙。

② 断开钥匙开关和点火旋钮开关接头。

③ 如下表检查钥匙开关与点火旋钮开关以及接地之间的电压。

端口			电压近似值/V
（+）		（—）	
钥匙开关和点火旋钮开关接头	端口		
M25	2	接地	蓄电池电压

若正常，转至（3）；

若异常，修理或更换钥匙开关和点火旋钮开关电源电路。

（3）检查钥匙开关

检查钥匙开关和点火旋钮开关之间的导通性，如下表所示。

钥匙开关状态		钥匙开关状态	导通
钥匙开关和点火旋钮开关接头			
1	2	将机械钥匙插入点火开关	是
		从点火开关中拔出机械钥匙	否

若正常，转至（4）。

若异常，更换钥匙芯总成（内置钥匙开关）。

（4）检查钥匙开关电路

① 断开智能钥匙单元接头。

② 如下表检查智能钥匙单元和钥匙开关以及点火旋钮开关之间的导通性。

A		B		导通
智能钥匙单元接头	端口	钥匙开关和点火旋钮开关接头	端口	
M40	7	M25	1	是

若正常，检查线束和线束接头的状况；

若异常，修理或更换智能钥匙单元和钥匙开关以及点火旋钮开关之间的线束。

3. 钥匙开关检查（BCM 输入）

（1）检查钥匙开关电源电路

① 从点火开关拔出机械钥匙。

② 断开钥匙开关和点火旋钮开关接头。

③ 如下表检查钥匙开关与点火旋钮开关以及接地之间的电压。

端口			电压近似值/V
(+)		(—)	
钥匙开关和点火旋钮开关接头	端口		
M25	2	接地	蓄电池电压

若正常，转至（2）；

若异常，检查钥匙开关与点火旋钮开关以及保险丝之间的线束。

（2）检查钥匙开关的工作情况

检查钥匙开关和点火旋钮开关之间的导通性，如下表所示。

钥匙开关状态		钥匙开关状态	导通
钥匙开关和点火旋钮开关接头			
1	2	将机械钥匙插入点火开关	是
		从点火开关中拔出机械钥匙	否

若正常，转至（3）；

若异常，更换钥匙芯总成（内置钥匙开关）。

（3）检查钥匙开关电路

① 断开 BCM 接头。

② 如下表检查 BCM 和钥匙开关及点火旋钮开关之间的导通性。

A		B		导通
BCM 接头	端口	钥匙开关和点火旋钮开关接头	端口	
M65	37	M25	1	是

③ 如下表检查 BCM 和接地之间的导通性。

A		接地	导通
BCM 接头	端口		
M65	37		否

若正常，钥匙开关（BCM 输入）电路正常；

若异常，修理或更换钥匙开关与点火旋钮开关以及 BCM 之间的线束。

4. 点火旋钮开关检查

（1）检查点火旋钮开关输入信号

使用 CONSULT-II 诊断仪

用“DATA MONITOR”屏幕上显示“PUSH SW”，检查 ON/OFF 显示是否和点火旋钮操作连接。

不使用 CONSULT-II 诊断仪

① 将点火开关转至 OFF 位置。

② 断开智能钥匙单元接头。

③ 如下表检查智能钥匙单元接头和接地之间的电压。

<table>
<tr><th colspan="3">端口</th><th rowspan="3">钥匙开关状态</th><th rowspan="3">电压近似值/V</th></tr>
<tr><th colspan="2">(+)</th><th rowspan="2">(—)</th></tr>
<tr><th>智能钥匙单元接头</th><th>端口</th></tr>
<tr><td rowspan="2">M40</td><td rowspan="2">27</td><td rowspan="2">接地</td><td>按下点火开关</td><td>蓄电池电压</td></tr>
<tr><td>按开点火开关</td><td>0</td></tr>
</table>

若正常，点火旋钮开关电路正常；

若异常，转至（2）。

（2）检查点火旋钮开关电源电路

① 将点火开关转至 OFF 位置。

② 断开钥匙开关和点火旋钮开关接头。

③ 如下表检查钥匙开关与点火旋钮开关以及接地之间的电压。

<table>
<tr><th colspan="3">端口</th><th rowspan="3">电压近似值/V</th></tr>
<tr><th colspan="2">(+)</th><th rowspan="2">(—)</th></tr>
<tr><th>钥匙开关和点火旋钮开关接头</th><th>端口</th></tr>
<tr><td>M25</td><td>2</td><td>接地</td><td>蓄电池电压</td></tr>
</table>

若正常，转至（3）；

若异常，修理或更换钥匙开关和点火旋钮开关电源电路。

（3）检查点火旋钮开关

检查点火旋钮开关的导通性，如下表所示。

<table>
<tr><th colspan="2">钥匙开关状态</th><th rowspan="2">钥匙开关状态</th><th rowspan="2">导通</th></tr>
<tr><th colspan="2">钥匙开关和点火旋钮开关接头</th></tr>
<tr><td rowspan="2">3</td><td rowspan="2">4</td><td>按下点火开关</td><td>是</td></tr>
<tr><td>按开点火开关</td><td>否</td></tr>
</table>

若正常，转至（4）；

若异常，更换钥匙开关和点火旋钮开关。

（4）检查点火旋钮开关电路

① 断开智能钥匙单元接头。

② 如下表检查智能钥匙单元和钥匙开关以及点火旋钮开关之间的导通性。

<table>
<tr><th colspan="2">A</th><th colspan="2">B</th><th rowspan="2">导通</th></tr>
<tr><th>钥匙单元接头</th><th>端口</th><th>钥匙开关和点火旋钮开关接头</th><th>端口</th></tr>
<tr><td>M40</td><td>27</td><td>M25</td><td>3</td><td>是</td></tr>
</table>

③ 如下表检查智能钥匙单元接头和接地之间的导通性。

A		接地	导通
智能钥匙单元接头	端口		
M40	27		否

若正常，检查线束和线束接头的状况；

若异常，修理或更换智能钥匙单元和钥匙开关以及点火旋钮开关之间的线束。

5. 车门开关检查

(1) 检查车门开关输入信号

使用 CONSULT-II 诊断仪

使用 CONSULT-II 诊断仪检查“DATA MONITOR”模式下车门开关(“DOOR SW-DR”,“DOOR SW-AS”,“DOOR SW-RL”和“DOOR SW-RR”)，如下表所示。

监控项目	状态	监控项目	状态
DOOR SW-DR	关闭→打开:OFF→ON	DOOR SW-AS	关闭→打开:OFF→ON
DOOR SW-RL		DOOR SW-RR	

不使用 CONSULT-II 诊断仪

① 将点火开关转至 OFF 位置。

② 检查 BCM 接头和接地之间的电压，如下表所示。

端口			车门状态		电压近似值/V
(+)		(−)			
BCM 接头	端口				
M65	12	接地	乘客侧	打开	0
				关闭	蓄电池电压
	13		右后侧	打开	0
				关闭	蓄电池电压
M66	47		驾驶员侧	打开	0
				关闭	蓄电池电压
	48		左右侧	打开	0
				关闭	蓄电池电压

若正常，车门开关电路正常；

若异常，转至 (2)。

(2) 检查车门开关

① 将点火开关转至 OFF 位置。

② 断开车门开关接头。

③ 检查车门开关，如下表所示。

端口			车门开关	导通
车门开关				
驾驶员侧	2	车门开关接地部分	按下	否
乘客侧			松开	是
后车门	1		按下	否
			松开	是

若正常，转至（3）；

若异常，更换有故障的车门开关。

（3）检查车门开关电路

① 断开 BCM 接头。

② 检查 BCM 接头与车门开关接头之间是否导通如下表所示。

A		B		导通
BCM 接头	端口	车门开关接头	端口	
M65	12	M27	2	是
	13	M53	1	
M66	47	M34	2	
	48	M71	1	

③ 如下表检查 BCM 接头和接地之间是否导通。

A			导通
BCM 接头	端口		
M65	12	接地	否
	13		
M66	47		
	48		

若正常，转至（4）；

若异常，修理或更换 BCM 和车门开关之间的线束。

（4）检查 BCM 输出信号

① 连接 BCM 接头。

② 如下表检查 BCM 接头和接地之间的电压。

端口			电压近似值/V
（+）		（—）	
BCM 接头	端口		
M65	12	接地	蓄电池电压
	13		
M66	47		
	48		

若正常，检查线束和接头的状况；

若异常，更换 BCM。

6. 行李箱灯开关检查

(1) 检查行李箱灯开关输入信号

使用 CONSULT-II 诊断仪

使用 CONSULT-II 诊断仪检查“DATA MONITOR”模式检查（“TRUNK SW”），如下表所示。

监控项目	状态
TRUNK SW	打开:ON
	关闭:OFF

不使用 CONSULT-II 诊断仪

① 将点火开关转至 OFF 位置。

② 如下表检查 BCM 接头和接地之间的电压。

端口			行李箱状态	电压近似值/V
(+)		(—)		
BCM 接头	端口			
M66	42	接地	打开	0
			关闭	蓄电池电压

若正常，行李箱灯开关线路正常；

若异常，转至（2）。

(2) 检查行李箱灯开关

① 将点火开关转至 OFF 位置。

② 断开行李箱开启器执行器（行李箱灯开关）接头。

③ 检查行李箱灯开关如下表。

端口		行李箱状态	导通
行李箱灯开关			
1	3	打开	是
		关闭	否

若正常，转至（3）；

若异常，更换行李箱开启器执行器（行李箱灯开关）。

(3) 检查行李箱灯开关电路

① 断开 BCM 接头。

② 如下表检查 BCM 接头与行李箱开启器执行器（行李箱灯开关）接头之间是否导通。

A		B		导通
BCM 接头	端口	行李箱锁总成接头	端口	
M66	42	B66	3	是

③ 如下表检查 BCM 接头和接地之间是否导通。

A		接地	导通
BCM 接头	端口		
M66	42		否

若正常，转至（4）；

若异常，修理或更换 BCM 与行李箱灯开关之间的线束。

（4）检查行李箱灯开关接地电路

检查行李箱开启器执行器（行李箱灯开关）接头与接地之间的导通性，如下表所示。

A		接地	导通
行李箱开启器执行器(行李箱开关)	端口		
M66	1		是

若正常，转至（5）；

若异常，修理或更换行李箱灯开关接地电路。

（5）检查 BCM 输出信号

① 连接 BCM 接头。

② 如下表检查 BCM 接头和接地之间的电压。

端口			电压近似值/V
(+)		(−)	
BCM 接头	端口		
M66	42		蓄电池电压

若正常，检查线束和接头的状况；

若异常，更换 BCM。

7. 车门请求开关检查

（1）检查车门请求开关

使用 CONSULT-II 诊断仪

在“DATA MONITOR”中检查车门请求开关（“DR REQ SW”或“AS REQ SW”），如下表所示。

监 控 项 目	状 态
DR REQ SW AS REQ SW	按下车门请求开关:ON
	按开车门请求开关:OFF

不使用 CONSULT-II 诊断仪

① 将点火开关转至 OFF 位置。

② 如下表检查智能钥匙单元线束接头和接地之间的电压。

端口			(一)	开车门请求开关状态	电压近似值/V
(+)					
智能钥匙接头		端口			
M65	车门请求开关(驾驶员侧)	5	接地	按下	0
				松开	5
	车门请求开关(乘客侧)	25		按下	0
				松开	5

若正常，车门开关电路正常；

若异常，转至（2）。

（2）检查车门请求开关电路

① 断开智能钥匙单元以及前门请求开关接头。

② 如下表检查智能钥匙单元接头以及前门请求开关接头之间的导通性。

A		B			导通
智能钥匙单元接头	端口	行李箱锁总成接头		端口	
M40	5	驾驶员侧		D10	是
	25	乘客侧		D29	

③ 如下表检查智能钥匙单元接头和接地之间的导通性。

A		接地	导通
智能钥匙单元接头	端口		
M40	5		否
	25		

若正常，转至（3）；

若异常，修理或更换智能钥匙单元和前车门请求开关之间的线束。

（3）检查车门请求开关的操作

检查前车门请求开关，如下表所示。

端　口		车门请求开关状态	导　通
前门外侧手柄			
1	2	按下	是
		松开	否

若正常，转至（4）；

若异常，更换有故障的前车门请求开关。

（4）检查车门请求开关接地电路

检查前车门请求开关接头与接地之间的导通性，如下表所示。

前门外侧手柄接头		端口	接地	导通
驾驶员侧	D10	2		是
乘客侧	D29			

若正常，转至（5）；

若异常，修理或更换前车门请求开关接地电路。

（5）检查智能钥匙单元输出信号

① 连接智能钥匙单元接头。

② 如下表检查智能钥匙单元接头和接地之间的电压。

端口			电压近似值/V
（+）		（—）	
智能钥匙单元接头	端口		
M40	5	接地	5
	25		

若正常，检查线束和接头的状况；

若异常，更换智能钥匙单元。

8. 行李箱盖请求开关检查

（1）检查行李箱盖请求开关

使用 CONSULT-II 诊断仪

在“DATA MONITOR”模式中检查行李箱开启请求开关（“BD/TR REQ SW”）

监 控 项 目	状 态
BD/TR REQ SW	按下行李箱盖请求开关:ON
	松开行李箱盖请求开关:OFF

不使用 CONSULT-II 诊断仪

① 将点火开关转至 OFF 位置。

② 如下表 检查智能钥匙单元接头和接地之间的电压。

端口			行李箱盖请求开关状态	电压近似值/V
（+）		（—）		
智能钥匙接头	端口			
M40	29	接地	按下	0
			松开	5

若正常，行李箱盖请求开关电路正常；

若异常，转至（2）。

（2）检查行李箱盖请求开关电路

① 断开智能钥匙单元以及行李箱盖请求开关接头。

② 如下表检查智能钥匙单元接头与行李箱盖请求开关接头之间的导通性。

A		B		导通
智能钥匙单元接头	端口	行李箱锁总成接头	端口	
M40	29	B64	1	是

③ 如下表检查智能钥匙单元接头和接地之间的导通性。

A		接地	导通
智能钥匙单元接头	端口		
M40	29		否

若正常，转至（3）；

若异常，修理或更换智能钥匙单元和行李箱盖请求开关之间的线束。

（3）检查行李箱盖请求开关的操作

检查行李箱盖请求开关，如下表所示。

端　口		行李箱盖请求开关状态	导　通
行李箱盖请求开关			
1	2	按下	是
		松开	否

若正常，转至（4）；

若异常，更换行李箱盖请求开关。

（4）检查行李箱盖请求开关接地电路

检查行李箱盖请求开关接头与接地之间的导通性，如下表所示。

行李箱盖请求开关状态	端口	接地	导通
B64	2		是

若正常，转至（5）；

若异常，修理或更换行李箱盖请求开关接地电路。

（5）检查智能钥匙单元输出信号

① 连接智能钥匙单元接头。

② 如下表检查智能钥匙单元接头和接地之间的电压。

端口			电压近似值/V
（+）		（—）	
智能钥匙接头	端口		
M40	29	接地	5

若正常，检查线束和接头的状况；

若异常，更换智能钥匙单元。

9．开锁传感器检查

（1）检查开锁传感器输入信号

使用CONSULT-II诊断仪

在“DATA MONITOR”模式中检查开锁传感器（“DOOR STAT SW”），如下表所示。

监 控 项 目	状　态
DOOR STAT SW	前车门锁（驾驶员侧）LOCK：ON
	前车门锁（驾驶员侧）UNLOCK：OFF

不使用 CONSULT-II 诊断仪

如下表检查智能钥匙单元接头和接地之间的电压。

<table>
<tr><th colspan="3">端口</th><th rowspan="3">前车门锁(驾驶员侧)状态</th><th rowspan="3">电压近似值/V</th></tr>
<tr><th colspan="2">(+)</th><th rowspan="2">(—)</th></tr>
<tr><th>智能钥匙接头</th><th>端口</th></tr>
<tr><td rowspan="2">M40</td><td rowspan="2">28</td><td rowspan="2">接地</td><td>闭锁</td><td>5</td></tr>
<tr><td>开锁</td><td>0</td></tr>
</table>

若正常，开锁传感器电路正常；

若异常，转至（2）。

（2）检查开锁传感器电路

① 将点火开关转至 OFF 位置。

② 断开智能钥匙单元与前车门作动器（驾驶员侧）接头。

③ 如下表检查智能钥匙单元接头与前车门作动器（驾驶员侧）接头之间的导通性。

<table>
<tr><th colspan="2">A</th><th colspan="2">B</th><th rowspan="2">导通</th></tr>
<tr><th>智能钥匙单元接头</th><th>端口</th><th>前车门锁(驾驶员侧)接头</th><th>端口</th></tr>
<tr><td>M40</td><td>29</td><td>D9</td><td>1</td><td>是</td></tr>
</table>

④ 如下表检查智能钥匙单元接头和接地之间的导通性。

<table>
<tr><th colspan="2">A</th><th rowspan="3">接地</th><th>导通</th></tr>
<tr><th>智能钥匙单元接头</th><th>端口</th><td rowspan="2">否</td></tr>
<tr><td>M40</td><td>29</td></tr>
</table>

若正常，转至（3）；

若异常，修理或更换智能钥匙单元和前车门作动器（驾驶员侧）之间的线束。

（3）检查开锁传感器操作

检查开锁传感器，如下表所示。

<table>
<tr><th colspan="2">端　　口</th><th rowspan="2">驾驶员侧车门状态</th><th rowspan="2">导　　通</th></tr>
<tr><th colspan="2">开锁传感器</th></tr>
<tr><td rowspan="2">4</td><td rowspan="2">5</td><td>闭锁</td><td>否</td></tr>
<tr><td>开锁</td><td>是</td></tr>
</table>

若正常，转至（4）；

若异常，更换开锁传感器。

（4）检查开锁传感器接地电路

检查前车门作动器（驾驶员侧）接头与接地之间的导通性，如下表所示。

<table>
<tr><th>前车门作动器(驾驶员侧)接头</th><th>端口</th><th rowspan="2">接地</th><th>导通</th></tr>
<tr><td>D9</td><td>5</td><td>是</td></tr>
</table>

若正常，转至（5）；

若异常，修理或更换线束。

（5）检查智能钥匙单元输出信号

① 连接智能钥匙单元线束接头。

② 如下表所示检查智能钥匙单元接头和接地之间的电压。

端口			电压近似值/V
（+）		（—）	
智能钥匙接头	端口		
M40	28	接地	5

若正常，更换前车门作动器（驾驶员侧）；

若异常，更换智能钥匙单元。

10. 智能钥匙警告蜂鸣器电路检查

（1）检查智能钥匙警告蜂鸣器电源线路

① 将点火开关转至 OFF 位置。

② 断开智能钥匙警告蜂鸣器接头。

③如下表所示检查智能钥匙单元接头和接地之间的电压。

端口			电压近似值/V
（+）		（—）	
智能钥匙警告蜂鸣器接头	端口		
D8	1	接地	蓄电池电压

若正常，转至（2）；

若异常，检查以下内容：

- 10A 保险丝［14 号，位于保险丝盒内（J/B）］；
- 智能钥匙警告蜂鸣器与保险丝之的导通性。

（2）检查智能钥匙警告蜂鸣器电路

① 断开智能钥匙单元接头。

② 如下表所示检查智能钥匙单元接头与智能钥匙警告蜂鸣器接头之间的导通性。

A		B		导　通
智能钥匙单元接头	端口	前车门锁(驾驶员侧)接头	端口	
M40	4	D8	2	是

③ 如下表所示检查智能钥匙单元接头和接地之间的导通性。

智能钥匙单元接头	端口	接地	导通
M40	4		否

若正常，智能钥匙警告蜂鸣器电路正常；

若异常，修理或更换智能钥匙单元与智能钥匙警告蜂鸣器之间的线束。

11. 智能钥匙警告蜂鸣器检查

(1) 检查智能钥匙警告蜂鸣器电源线路

① 断开智能钥匙警告蜂鸣器（驾驶员侧或行李箱）接头。

② 如下表所示检查智能钥匙警告蜂鸣器（驾驶员侧或行李箱）接头与接地之间的电压。

端口				电压近似值/V
(+)			(−)	
智能钥匙警告蜂鸣器接头		端口		
驾驶员侧	D8	1	接地	蓄电池电压
行李箱	B78			

若正常，转至（2）；

若异常，修理或更换智能钥匙警告蜂鸣器（驾驶员侧或行李箱）电源电路。

(2) 检查智能钥匙警告蜂鸣器电路

① 断开智能钥匙单元接头。

② 如下表所示检查智能钥匙单元接头与智能钥匙警告蜂鸣器（驾驶员侧或行李箱）接头之间的导通性。

A		B			导　通
智能钥匙单元接头	端口	行李箱锁总成接头		端口	
M40	4	驾驶员侧	D8	2	是
		行李箱	B78		

③ 如下表所示检查智能钥匙单元接头和接地之间的导通性。

若正常，转至（3）；

若异常，修理或更换智能钥匙单元与智能钥匙警告蜂鸣器（驾驶员侧或行李箱）之间的线束。

(3) 检查智能钥匙警告蜂鸣器操作

将蓄电池电源连接到智能钥匙警告蜂鸣器（驾驶员侧或行李箱）端口 1 和 2，并检查其作用。

1（电池正极）—2（电池负极）：蜂鸣器鸣响是否正常？

若正常，检查智能钥匙警告蜂鸣器（驾驶员侧或行李箱）正常；

若异常，更换智能钥匙警告蜂鸣器（驾驶员侧或行李箱）。

12. 外部钥匙天线检查（驾驶员侧与乘客侧）

(1) 检查外部钥匙天线功能

使用 CONSULT-II 诊断仪

① 使用主动测试中的（“ANTENNA”）检查操作。

② 触摸画面上的“DRIVER ANT”和“ASSIST ANT”。

③ 将智能钥匙放到天线检测区域中，如下表所示。

测试项目	相应的天线
DRIVER ANT	外部钥匙天线(驾驶员侧)
ASSIST ANT	外部钥匙天线(乘客侧)

危险警示灯是否闪烁？

若是，外部钥匙天线（驾驶员侧或乘客侧）正常；

否则，转至（2）。

（2）检查外部钥匙天线输入信号 1

① 将点火开关转至 OFF 位置。

② 用示波器检查智能钥匙单元接头和接地之间的信号如下表所示。

端口				状态	信号(参考值)
(+)			(—)		
智能钥匙单元接头		端口			
M40	驾驶员侧	19	接地	按下门请求开关	/V 15 10 5 0 10μs
	乘客侧	37			

若正常，外部钥匙天线正常；

若异常，转至（3）。

（3）检查外部钥匙天线电路

① 断开智能钥匙单元和外部钥匙天线接头。

② 如下表所示检查智能钥匙单元接头和外部钥匙天线接头之间的导通性。

A		B		导通
智能钥匙单元接头	端口	外部钥匙天线接头	端口	
M40	19	D11	1	是
	20		2	
	37	D30	1	
	38		2	

③ 检查智能钥匙单元接头和接地之间的导通性，如下表所示。

A			导通
智能钥匙单元接头	端口		
M40	19	接地	否
	20		
	37		
	38		

若正常，转至（4）；

若异常，修理或更换智能钥匙单元和外部钥匙天线之间的线束。

（4）检查外部钥匙天线输入信号 2

① 更换外部钥匙天线（新天线或其他天线）。

② 连接智能钥匙单元和外部钥匙天线接头。

③ 如下表所示用示波器检查智能钥匙单元接头和接地之间的信号。

端口				状态	信号(参考值)
(+)			(—)		
智能钥匙单元接头		端口			
M40	驾驶员侧	19	接地	按下门请求开关	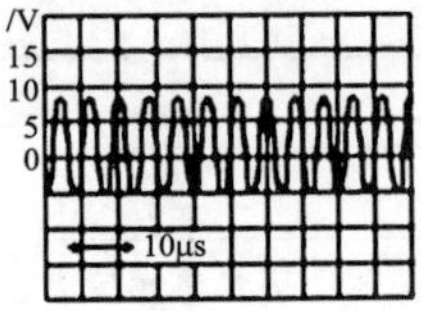
	乘客侧	37			

若正常，更换有故障的外部钥匙天线；

若异常，更换智能钥匙单元。

13. 外部钥匙天线检查（后保险杠位置）

（1）检查外部钥匙天线功能

使用 CONSULT-II 诊断仪

① 使用主动测试中的（“ANTENNA”）检查操作。

② 触摸画面上的“BD/TR ANT”。

③ 如下表所示将智能钥匙放到天线检测区域中。

测 试 项 目	相应的天线
BK DOOR ANT	外部钥匙天线(后保险杠位置)

危险警示灯是否闪烁？

若是，外部钥匙天线（后保险杠位置）正常；

否则，转至（2）。

（2）检查外部钥匙天线输入信号 1

① 将点火开关转至 OFF 位置。

② 如下表所示用示波器检查智能钥匙单元接头和接地之间的信号。

端口			状态	信号(参考值)
(+)		(—)		
智能钥匙单元接头	端口			
M40	17	接地	按下行李箱盖请求开关	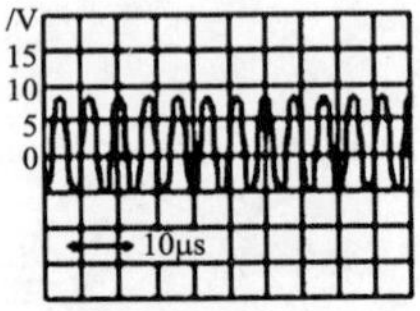

若正常，外部钥匙天线（后保险杠位置）正常；

若异常，转至（3）。

（3）检查外部钥匙天线电路

① 断开智能钥匙单元和外部钥匙天线（后保险杠处）接头。

② 如下表所示 检查智能钥匙单元接头和外部钥匙天线（后保险杠位置）接头之间的导通性。

A		B		导通
智能钥匙单元接头	端口	外部钥匙天线(后保险杠位置)接头	端口	
M40	17	B81	1	是
	18		2	

③ 检查智能钥匙单元接头和接地之间的导通性如下表所示。

A			导通
智能钥匙单元接头	端口	接地	
M40	17		否
	18		

若正常，转至（4）；

若异常，修理或更换智能钥匙单元和外部钥匙天线（后保险杠位置）之间的线束。

（4）检查外部钥匙天线输入信号 2

① 更换外部钥匙天线（新天线或其他天线）。

② 断开智能钥匙单元和外部钥匙天线（后保险杠位置）接头。

③ 如下表所示用示波器检查智能钥匙单元接头和接地之间的信号。

端口			状态	信号(参考值)
(+)		(−)		
智能钥匙单元接头	端口			
M40	17	接地	按下行李箱盖请求开关	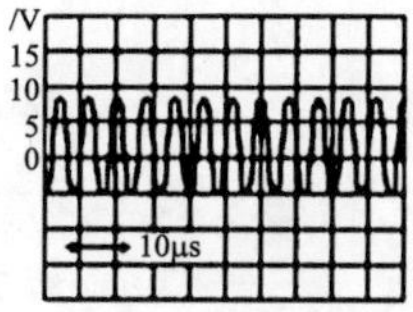

若正常，更换外部钥匙天线（后保险杠位置）；

若异常，更换智能钥匙单元。

14. 内部钥匙天线检查

（1）检查内部钥匙天线输入信号 1

① 将点火开关转至 OFF 位置。

② 如下表所示用示波器检查智能钥匙单元接头和接地之间的信号。

端口				状态	信号(参考值)
(+)			(—)		
智能钥匙单元接头		端口			
M40	仪表中间	35	接地	任意车门打开→关闭	
	控制台	15			
	行李箱	13			

若正常，检查线束和接头的状况；

若异常，转至（2）。

（2）检查内部钥匙天线电路

① 断开智能钥匙单元和内部钥匙天线接头。

② 如下表所示检查智能钥匙单元接头和内部钥匙天线接头之间的导通性。

A		B			导通
智能钥匙单元接头	端口	外部钥匙天线(后保险杠位置)接头		端口	
M40	35	M70	仪表中间	2	是
	36			1	
	15	M87	控制台	1	
	16			2	
	13	B45	行李箱	1	
	14			2	

③ 检查智能钥匙单元接头和接地之间的导通性如下表所示。

A				导通
智能钥匙单元接头		端口		
M40	仪表中间	35	接地	否
		36		
	控制台	15		
		16		
	行李箱	13		
		14		

若正常，转至（3）；

若异常，修理或更换智能钥匙单元和内部钥匙天线之间的线束。

（3）检查内部钥匙天线输入信号 2

① 更换内部钥匙天线（新天线或其他天线）。

② 连接智能钥匙单元和内部钥匙天线接头。

③ 如下表所示 用示波器检查智能钥匙单元接头和接地之间的信号。

端口				状态	信号(参考值)
(+)			(—)		
智能钥匙单元接头		端口			
M40	仪表中间	35	接地	任意车门打开→关闭	
	控制台	15			
	行李箱	13			

若正常，更换有故障的内部钥匙天线；

若异常，更换智能钥匙单元。

15. 转向锁装置检查

(1) 检查转向锁装置的电源

① 将点火开关转至 OFF 位置。

② 断开转向锁装置接头。

③ 如下表所示检查转向锁装置与接地之间的电压。

端口			电压近似值/V
(+)		(—)	
转向锁单元	端口		
M28	1	接地	蓄电池电压

若正常，转至 (2)；

若异常，修理或更换转向锁装置的电源电路。

(2) 检查转向锁装置的接地电路

检查转向锁装置与接地之间的导通性如下表所示。

转向锁单元接头	端口	接地	导通
M28	4		是

若正常，转至 (3)；

若异常，转至 (6)。

(3) 检查智能钥匙单元输出信号

① 连接转向锁装置的接头。

② 如下表所示检查智能钥匙单元接头和接地之间的电压。

端口			电压近似值/V
(+)		(—)	
智能钥匙单元接头	端口		
M40	1	接地	5

若正常，转至 (4)；

若异常，更换智能钥匙单元。

（4）检查转向锁通讯信号

用示波器检查智能钥匙单元和接地之间的信号，如下表所示。

端口			状态	信号（参考值）
（＋）		（－）		
智能钥匙单元接头	端口			
M40	32	接地	当智能钥匙在车内时，按下点火开关。	
			除上述以外	5

若正常，转至（5）；

若异常，更换智能钥匙单元。

（5）初步检查转向锁装置的通讯电路

① 断开智能钥匙单元和转向锁装置的接头。

② 如下表所示检查智能钥匙单元和转向锁装置之间的导通性。

A		B		导通
智能钥匙单元接头	端口	转向锁单元接头	端口	
M40	1	M28	2	是
	31		4	
	32		3	

③ 如下表所示检查转向锁装置与接地之间的导通性。

A		接地	导通
智能钥匙单元接头	端口		
M40	35		否
	36		
	15		

若正常，更换转向锁装置；

若异常，修理或者更换转向锁装置和智能钥匙单元之间的线束。

（6）检查转向锁装置的通讯电路

① 断开智能钥匙单元接头。

② 如下表所示检查智能钥匙单元和转向锁装置之间的导通性。

A		B		导通
智能钥匙单元接头	端口	转向锁单元接头	端口	
M40	31	M28	4	是

③ 如下表所示检查转向锁装置与接地之间的导通性。

<table>
<tr><td colspan="2">A</td><td rowspan="3">接地</td><td>导通</td></tr>
<tr><td>智能钥匙单元接头</td><td>端口</td><td rowspan="2">否</td></tr>
<tr><td>M40</td><td>31</td></tr>
</table>

若正常，检查以下内容；

- 智能钥匙单元接地电路；
- 智能钥匙单元。

若异常，修理或者更换转向锁装置和智能钥匙单元之间的线束。

16. 点火开关位置检查

(1) 检查点火开关电源

检查智能钥匙单元接头和接地之间的电压如下表所示。

<table>
<tr><td colspan="3">端口</td><td colspan="3" rowspan="2">点火开关位置</td></tr>
<tr><td colspan="2">(+)</td><td rowspan="2">(—)</td></tr>
<tr><td>智能钥匙单元接头</td><td>端口</td><td>OFF</td><td>ACC</td><td>ON</td></tr>
<tr><td>M40</td><td>31</td><td></td><td>0</td><td>0</td><td>蓄电池电压</td></tr>
</table>

若正常，点火开关电源正常；

若异常，检查以下内容：

- 智能钥匙单元电源电路；
- 10A 保险丝 [6 号，位于保险丝盒内 (J/B)]。

17. 警告灯检查

(1) 检查警告蜂鸣器操作

使用 CONSULT-II 诊断仪

- 利用 CONSULT-II 诊断仪的“ACTIVE TEST”模式检查“COOLINGFAN”。
- 选择“BLUE ON”、“RED ON”或“KNOB ON”。

每个警告灯是否都点亮？

若正常，检测结束

若异常，检测警告灯。

18. 组合仪表内的警告蜂鸣器检查

(1) 检查警告蜂鸣器操作

使用 CONSULT-II 诊断仪

- 使用 CONSULT-II 诊断仪的“ACTIVE TEST”模式检查“INSIDEBUZZER”。
- 在“ACTIVE TEST”画面上触摸“TAKE OUT”、“KNOB”或“KEY”。

若正常，检测结束；

若异常，转至 (2)。

(2) 检查其他警告蜂鸣器操作

使用组合仪表检查所有其他警告蜂鸣器的操作。

组合仪表中的警告蜂鸣器是否鸣响？

若正常，检测结束；

若异常，检测警告蜂鸣器。

19. 危险提示功能检查

(1) 检查危险警告灯

危险开关的危险警告灯闪烁吗?

若是,危险警告灯电路正常;

否则,检查危险警告灯电路。

20. 喇叭功能检查

首先使用 CONSULT-II 诊断仪执行“BCM”中的“SELF-DIAG RESULTS”接着执行“BCM”中的“SELF-DIAGRESULTS”。

(1) 检查喇叭的工作

检查用喇叭开关能否让喇叭鸣响。

喇叭是否鸣响?

若是,转至(2);

否则,检查喇叭电路。

(2) 检查 IPDM E/R 输入信号

如下表所示检查 IPDM E/R 接头和接地之间的电压。

端口			电压近似值/V
(+)		(—)	
IPDM E/R 接头	端口		
E13	31	接地	蓄电池电压

若正常,喇叭电路正常;

若异常,转至(3)。

(3) 检查喇叭继电器电路

① 将点火开关转至 OFF 位置。

② 断开 IPDM E/R 和喇叭继电器接头。

③ 如下表所示检查 IPDM E/R 接头和喇叭继电器接头之间的导通性。

A		B		导通
IPDM E/R 接头	端口	喇叭继电器接头	端口	
E13	31	E5	1	是

若正常,检查线束和接头的状况;

若异常,修理或更换线束。

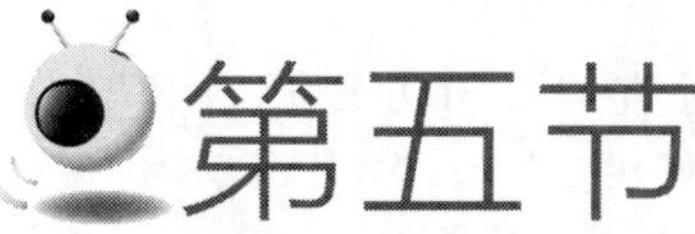

第五节 东风日产颐达、骐达车系车门、门锁和安全系统故障检修(08 款)

一、车门、门锁和安全电控系统电路

如图 7-13 所示。

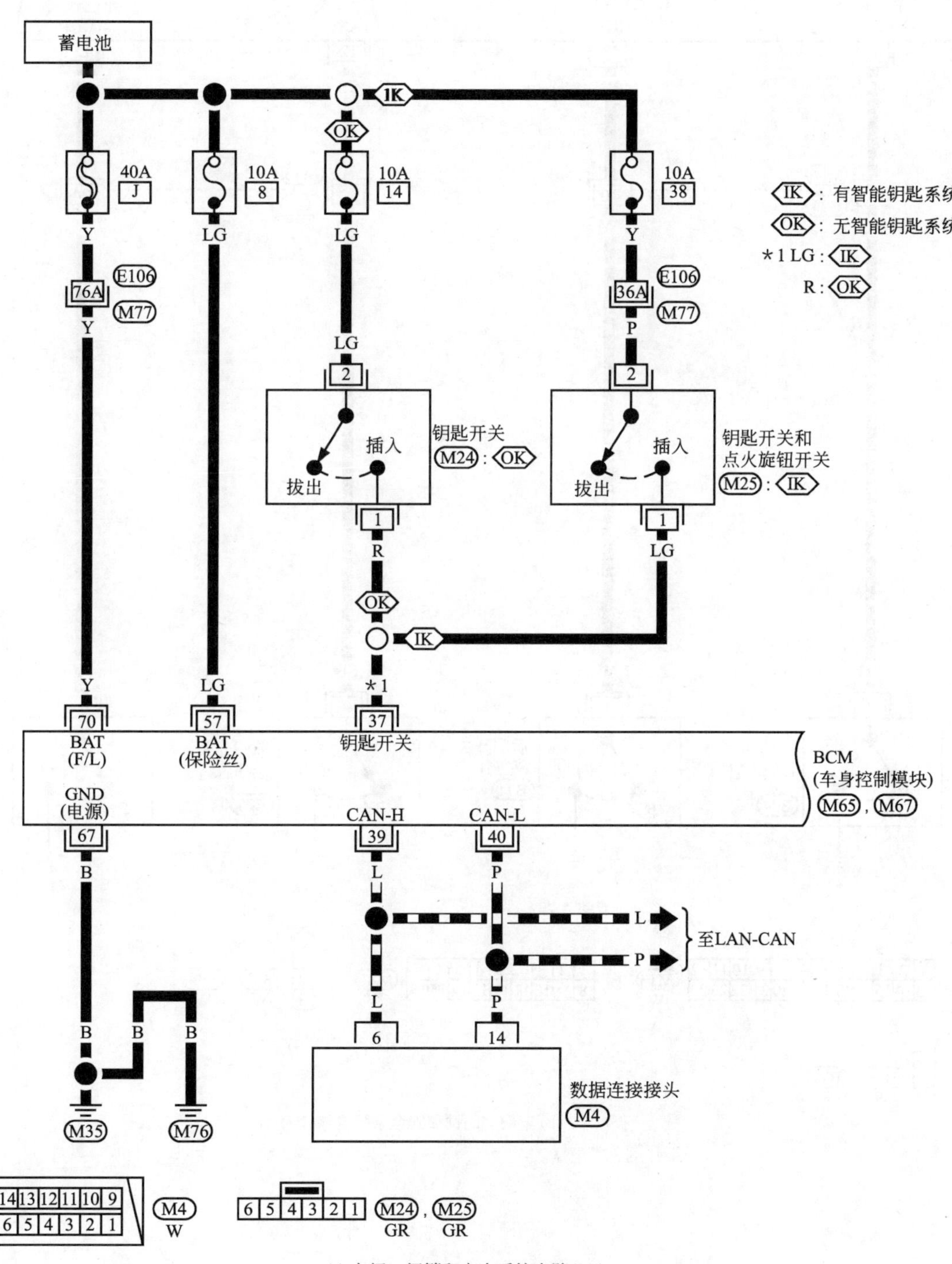

(a) 车门、门锁和安全系统电路(1/4)

图 7-13

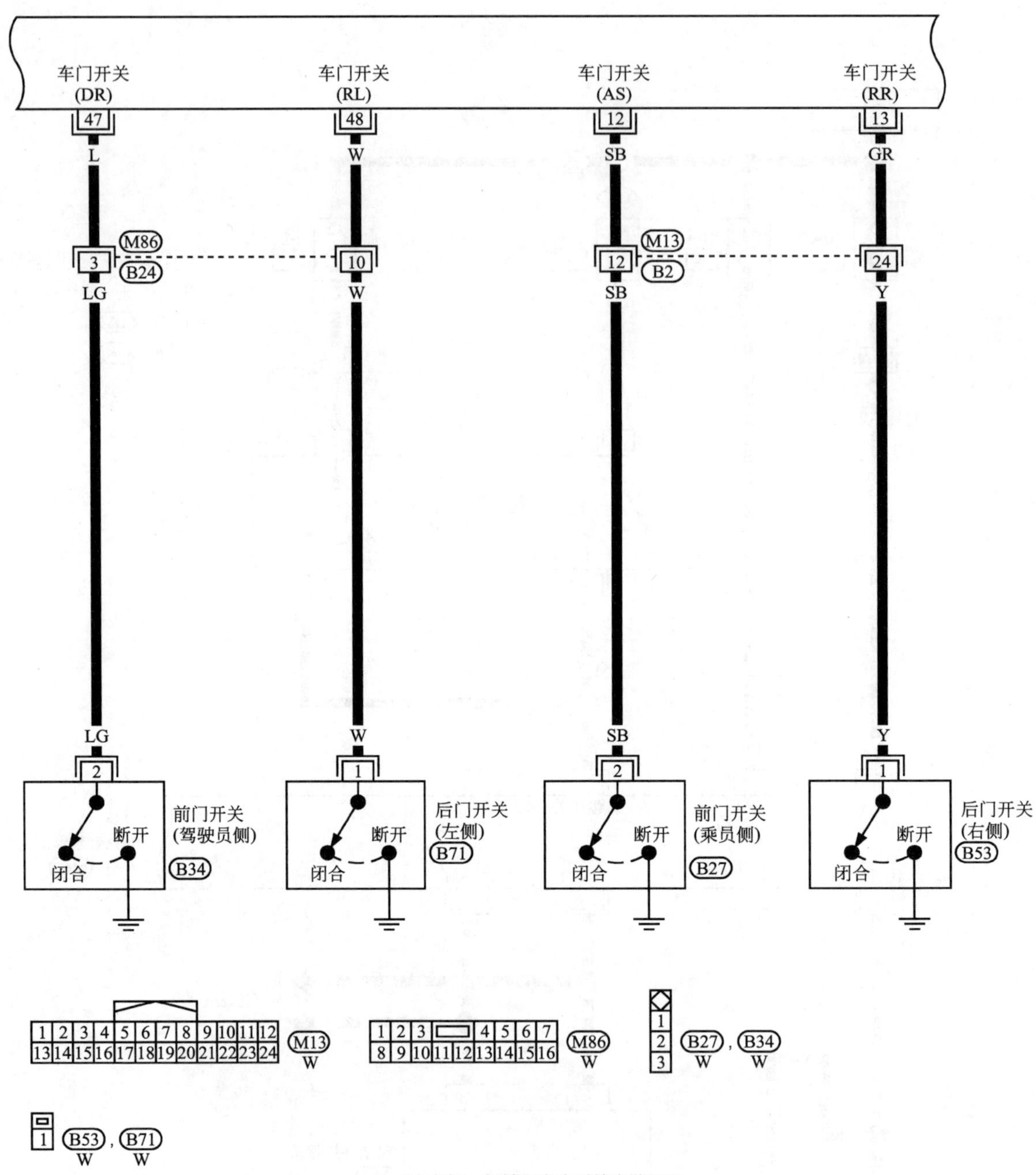

(b) 车门、门锁和安全系统电路(2/4)

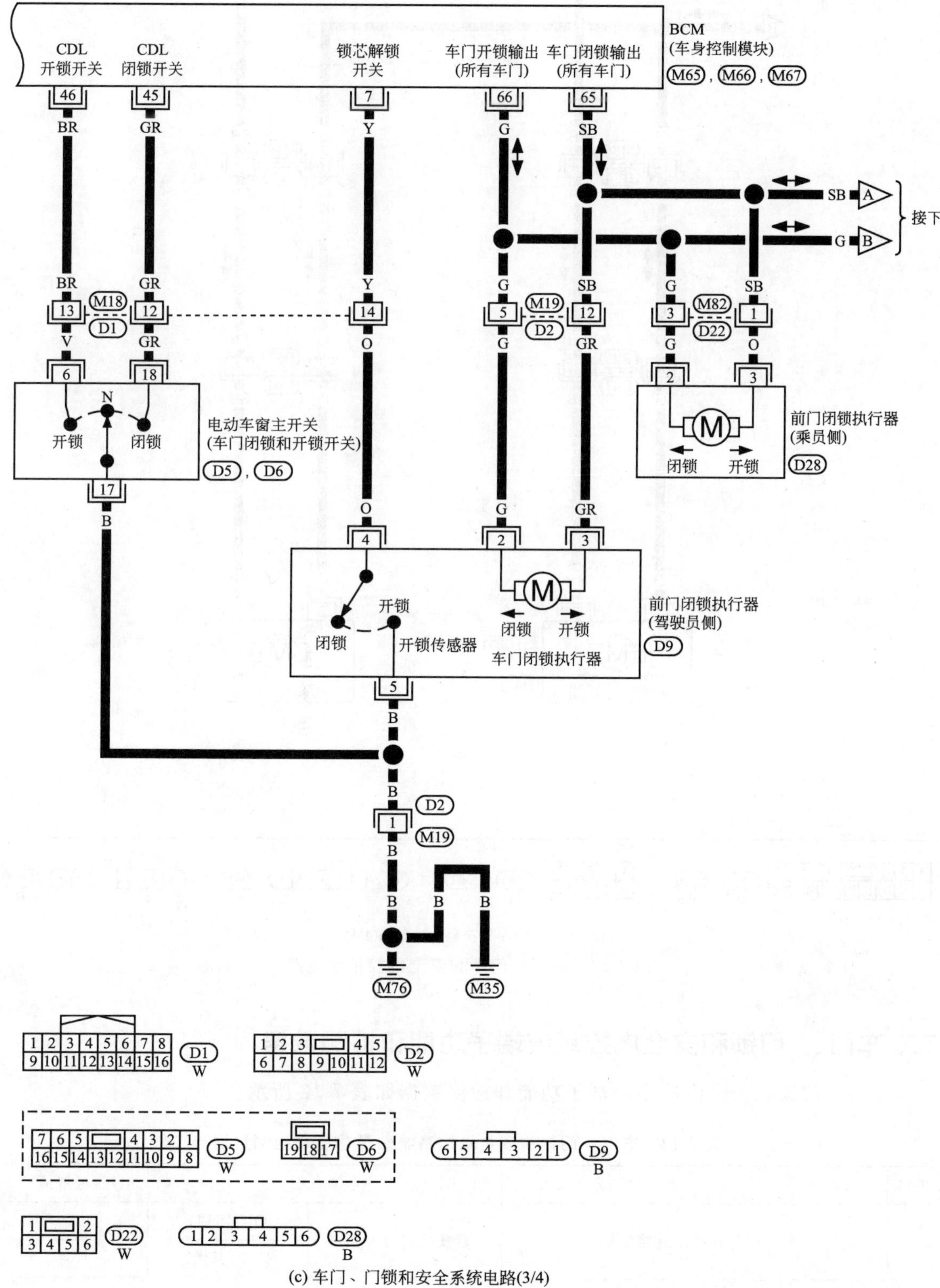

(c) 车门、门锁和安全系统电路(3/4)

图 7-13

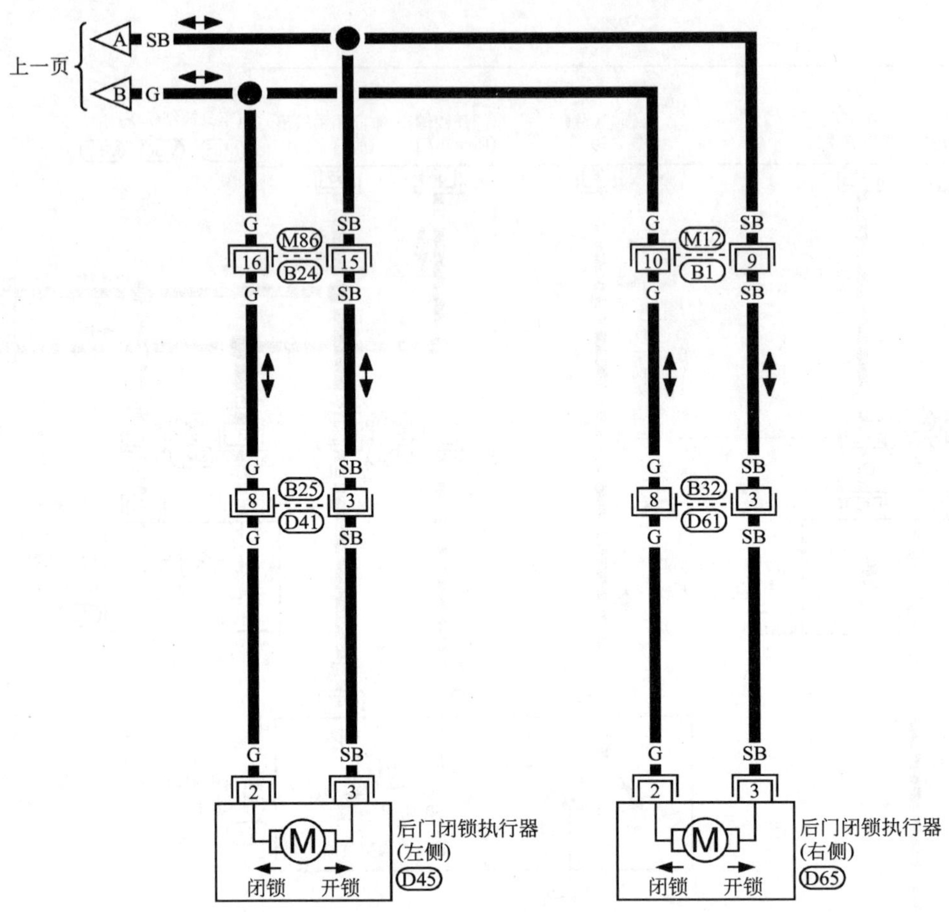

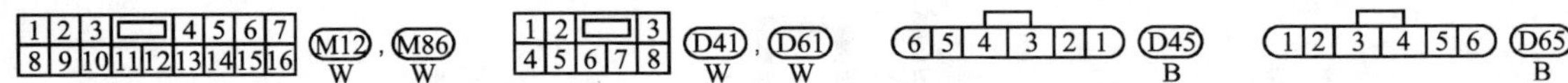

(d) 车门、门锁和安全系统电路(4/4)

图 7-13 车门、门锁和安全电控系统电路

二、车门、门锁和安全电控系统端子功能和检测数据

车门、门锁和安全电控系统端子功能和检测数据如表 7-12 所示。

表 7-12 车门、门锁和安全电控系统端子功能和检测数据

端口	电线颜色	项 目	状 态		电压(近似值)/V
7	Y	车门开锁传感器信号	驾驶员侧门锁旋钮	ON(闭锁)	5
				OFF(开锁)	0
12	SB	前车门开关(乘客侧)信号	前车门(乘客侧)	ON(打开)	0
				OFF(关闭)	蓄电池电压

续表

端口	电线颜色	项目	状态		电压(近似值)/V
13	GR	后车门开关(右侧)信号	后车门(右侧)	ON(打开)	0
				OFF(关闭)	蓄电池电压
37	R(LG)	钥匙开关信号	钥匙	插入	蓄电池电压
				拔出	0
39	L	CAN-H	—		—
40	P	CAN-L	—		—
45	GR	车门闭锁开锁开关 LOCK 信号	车门闭锁开锁开关	闭锁	0
				除上述以外	蓄电池电压
46	BR	车门闭锁开锁开关 UNLOCK 信号	车门闭锁开锁开关	开锁	0
				除上述以外	蓄电池电压
47	L	前车门开关(驾驶员侧)信号	前车门(驾驶员侧)	ON(打开)	0
				OFF(关闭)	蓄电池电压
48	W	后车门开关(左侧)信号	后车门(左侧)	ON(打开)	0
				OFF(关闭)	蓄电池电压
57	LG	电源(保险丝)	—		蓄电池电压
65	SB	车门作动器 LOCK 输出信号	车门闭锁开锁开关(解除→闭锁)		0→蓄电池电压→0
66	G	车门作动器 UNLOCK 输出信号	车门闭锁开锁开关(解除→开锁)		0→蓄电池电压→0
67	B	接地	—		0
70	Y	电源(熔断线)	—		蓄电池电压

三、车门、门锁和安全电控系统重要部件和单元电路的检修

1. BCM 电源和接地电路检查

(1) 检查保险丝

- 检查 10A 保险丝 [8 号，位于保险丝盒内 (J/B)]。
- 检查 40A 熔断线 (标有字母 J，位于保险丝和熔断线盒内)。

若正常，转至 2；

若异常，如果保险丝被熔断，在安装新的保险丝前请确定排除故障原因。

(2) 检查电源电路

① 将点火开关转至 OFF 位置。

② 如下表所示检查 BCM 接头和接地之间的电压。

端口			电压近似值/V
(+)		(-)	
BCM 接头	端口		
M67	57	接地	蓄电池电压
	70		

若正常，转至（3）；

若异常，修理或更换 BCM 电源电路。

（3）检查接地电路

① 断开 BCM 接头。

② 检查 BCM 接头和接地之间的导通性如下表所示。

<table>
<tr><th>智能钥匙单元接头</th><th>端口</th><th rowspan="2">接地</th><th>导通</th></tr>
<tr><td>M67</td><td>67</td><td>是</td></tr>
</table>

若正常，电源和接地电路正常；

若异常，修理或更换 BCM 接地电路。

2. 车门开关检查

（1）检查车门开关输入信号

使用 CONSULT-II 诊断仪

使用 CONSULT-II 诊断仪检查“DATA MONITOR”模式下车门开关（“DOOR SW-DR”，“DOOR SW-AS”，“DOOR SW-RL”和“DOOR SW-RR”），如下表所示。

<table>
<tr><th>监 控 项 目</th><th>状　态</th></tr>
<tr><td>DOOR SW-DR</td><td rowspan="4">CLOSE→OPEN：OFF→ON</td></tr>
<tr><td>DOOR SW-AS</td></tr>
<tr><td>DOOR SW-RL</td></tr>
<tr><td>DOOR SW-RR</td></tr>
</table>

不使用 CONSULT-II 诊断仪

检查 BCM 接头和接地之间的电压，如下表所示。

<table>
<tr><th colspan="3">端口</th><th colspan="2" rowspan="3">车门状态</th><th rowspan="3">电压近似值/V</th></tr>
<tr><th colspan="2">（+）</th><th rowspan="2">（—）</th></tr>
<tr><th>BCM 接头</th><th>端口</th></tr>
<tr><td rowspan="4">M65</td><td rowspan="2">12</td><td rowspan="8">接地</td><td rowspan="2">前面乘客侧</td><td>打开</td><td>0</td></tr>
<tr><td>关闭</td><td>蓄电池电压</td></tr>
<tr><td rowspan="2">13</td><td rowspan="2">右后侧</td><td>打开</td><td>0</td></tr>
<tr><td>关闭</td><td>蓄电池电压</td></tr>
<tr><td rowspan="4">M66</td><td rowspan="2">47</td><td rowspan="2">驾驶员侧</td><td>打开</td><td>0</td></tr>
<tr><td>关闭</td><td>蓄电池电压</td></tr>
<tr><td rowspan="2">48</td><td rowspan="2">左右侧</td><td>打开</td><td>0</td></tr>
<tr><td>关闭</td><td>蓄电池电压</td></tr>
</table>

若正常，车门开关电路正常；

若异常，转至（2）。

（2）检查车门开关电路

① 将点火开关转至 OFF 位置。

② 断开 BCM 与车门开关接头。

③ 检查 BCM 接头与车门开关接头之间是否导通，如下表所示。

A		B		导通
BCM 接头	端口	车门开关接头	端口	
M65	12	B27	2	是
	13	B53	1	
M66	47	B34	2	
	48	B71	1	

④ 检查 BCM 接头和接地之间的导通性，如下表所示。

A			导通
BCM 接头	端口		
M65	12	接地	否
	13		
M66	47		
	48		

若正常，转至（3）；

若异常，修理或更换线束。

（3）检查车门开关

检查车门开关，如下表所示。

端口		车门请求开关状态	导通
车门开关			
1(后门)或 2(前面)	车门开关接地部分	按下	否
		松开	是

若正常，转至（4）；

若异常，更换有故障的车门开关。

（4）检查 BCM 输出信号

① 连接 BCM 接头。

② 检查 BCM 接头和接地之间的电压，如下表所示。

端口			电压(近似值)/V
(+)		(—)	
BCM 接头	端口		
M65	12	接地	蓄电池电压
	13		
M66	47		
	48		

若正常，检查线束和接头的状态；

若异常，更换BCM。

3. 钥匙开关检查

(1) 检查钥匙开关输入信号

使用CONSULT-II诊断仪

用CONSULT-II诊断仪检查“DATA MONITOR”模式下的点火钥匙开关“KEY ON SW”，如下表所示。

测 试 项 目	状 态
KEY ON SW	插入钥匙:ON
	拔出钥匙:OFF

不使用CONSULT-II诊断仪

检查BCM接头和接地之间的电压，如下表所示。

端口			状态		电压(近似值)/V
(+)		(—)			
BCM接头	端口				
M65	37	接地	钥匙	插入	蓄电池电压
				拔出	0

若正常，钥匙开关电路正常；

若异常1，转至(2)(有智能钥匙)；

若异常2，转至(3)(无智能钥匙)。

(2) 检查钥匙开关(有智能钥匙)

① 将点火开关转至OFF位置。

② 断开钥匙开关和点火旋钮开关接头。

③ 检查点火旋钮开关钥匙开关与点火旋钮钥匙开关，如下表所示。

端 口		状 态		导 通
钥匙开关与点火旋钮钥匙开关				
1	2	钥匙	插入	是
			拔出	否

若正常，检查以下内容：

- 10A保险丝(38号，位于保险丝和熔断线盒内)；
- 钥匙开关和钥匙旋钮开关以及保险丝之间线束是否开路或短路；
- BCM与钥匙开关以及点火旋钮开关之间线束是否开路或短路。

若异常，更换钥匙开关和点火旋钮开关。

(3) 检查钥匙开关(无智能钥匙)

① 将点火开关转至OFF位置。

② 断开钥匙开关接头。

③ 检查钥匙开关，如下表所示。

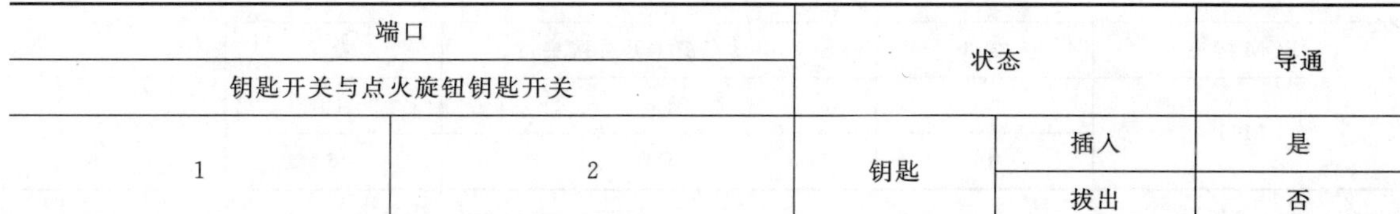

端口		状态		导通
钥匙开关与点火旋钮钥匙开关				
1	2	钥匙	插入	是
			拔出	否

若正常，检查以下内容：

- 10A 保险丝［14 号，位于保险丝盒内（J/B）］；
- 钥匙开关和保险丝之间的线束是否有开路或短路；
- BCM 和钥匙开关之间的线束是否有开路或短路。

若异常，更换钥匙开关。

4. 车门闭锁开锁开关检查

（1）检查车门闭锁开锁输入信号

使用 CONSULT-II 诊断仪

使用 CONSULT-II 诊断仪在数据监控模式下检查车门闭锁开锁开关（“CDL LOCK SW”和“CDL UNLOCKSW”），如下表所示。

测 试 项 目	状 态
CDL LOCK SW	车门闭锁开锁开关变成 LOCK：ON
	除上述以外：OFF
CDL UNLOCK SW	车门闭锁开锁开关变成 UNLOCK：ON
	除上述以外：OFF

不使用 CONSULT-II 诊断仪

检查 BCM 接头和接地之间的电压，如下表所示。

端口			车门闭锁开锁开关状态	电压(近似值)/V
(+)		(—)		
BCM 接头	端口			
M66	45	接地	闭锁	0
			中间/开锁	蓄电池电压
	46		开锁	0
			中间/开锁	蓄电池电压

若正常，车门闭锁开锁开关正常；

若异常，转至（2）。

（2）检查线束导通性

① 将点火开关转至 OFF 位置。

② 断开 BCM 与电动车窗主开关接头。

③ 检查 BCM 接头与电动车窗主开关接头之间是否导通，如下表所示。

A		B		导通
BCM 接头	端口	电动车窗主开关接头	端口	
M66	45	D6	18	是
	46	D5	6	

④ 检查 BCM 接头和接地之间的导通性，如下表所示。

A		接地	导通
BCM 接头	端口		
M66	45		否
	46		

若正常，转至（3）；

若异常，修改或更换 BCM 与电动车窗主开关之间的线束。

（3）检查车门闭锁开锁开关接地情况

检查电动车窗主开关接头与接地之间是否导通，如下表所示。

电动车窗主开关接头	端口	接地	导通
D6	17		是

若正常，转至（4）；

若异常，修理或更换线束。

（4）检查车门闭锁开锁开关

检查电动车窗主开关（车门闭锁开锁开关），如下表所示。

端口		车门闭锁开锁开关	导通
电动车窗主开关			
6	17	开锁	是
		中间/开锁	否
18		闭锁	是
		中间/开锁	否

若正常，转至（5）；

若异常，更换电动车窗主开关。

（5）检查 BCM 输出信号

① 连接 BCM 接头。

② 检查 BCM 接头和接地之间的电压如下表所示。

端口			电压（近似值）/V
（+）		（－）	
BCM 接头	端口		
M66	45	接地	蓄电池电压
	46		

若正常，检查线束和接头的状态；
若异常，更换 BCM。
5. 车门作动器输出信号检查
(1) 检查车门作动器输出信号
使用 CONSULT-II 诊断仪
利用主动测试中的 (“DOOR LOCK”)检查操作。
车门锁是否正常操作?
不使用 CONSULT-II 诊断仪
如下表所示检查 BCM 接头和接地之间的电压

<table>
<tr><th colspan="3">端口</th><th rowspan="3">车门闭锁开锁开关状态</th><th rowspan="3">电压(近似值)/V</th></tr>
<tr><th colspan="2">(＋)</th><th rowspan="2">(—)</th></tr>
<tr><th>BCM 接头</th><th>端口</th></tr>
<tr><td rowspan="4">M67</td><td rowspan="2">65</td><td rowspan="4">接地</td><td>闭锁</td><td>0→蓄电池电压→0</td></tr>
<tr><td>中间/开锁</td><td>0</td></tr>
<tr><td rowspan="2">66</td><td>开锁</td><td>0→蓄电池电压→0</td></tr>
<tr><td>中间/开锁</td><td>0</td></tr>
</table>

若正常，转至 (2)；
若异常，更换 BCM。
(2) 检查线束导通性
① 将点火开关转至 OFF 位置。
② 断开 BCM 和前车门作动器 (驾驶员侧) 接头。
③ 检查 BCM 接头和前车门作动器 (驾驶员侧) 接头之间的导通性，如下表所示。

<table>
<tr><th colspan="2">A</th><th colspan="2">B</th><th rowspan="2">导通</th></tr>
<tr><th>BCM 接头</th><th>端口</th><th>前车门作动器(驾驶员侧)接头</th><th>端口</th></tr>
<tr><td rowspan="2">M67</td><td>65</td><td rowspan="2">D9</td><td>3</td><td rowspan="2">是</td></tr>
<tr><td>66</td><td>2</td></tr>
</table>

④ 检查 BCM 接头和接地之间的导通性，如下表所示。

<table>
<tr><th colspan="2">A</th><th rowspan="4">接地</th><th rowspan="2">导通</th></tr>
<tr><th>BCM 接头</th><th>端口</th></tr>
<tr><td rowspan="2">M67</td><td>65</td><td rowspan="2">否</td></tr>
<tr><td>66</td></tr>
</table>

若正常，检查线束和接头的状态；
若异常，修理或更换线束。

6. 车门作动器电路检查（驾驶员侧和左后侧）

(1) 检查车门作动器输入信号

① 将点火开关转至 OFF 位置。

② 断开车门作动器（驾驶员侧或左后侧）接头。

③ 检查车门作动器接头和接地之间的电压，如下表所示。

<table>
<tr><th colspan="3">端口</th><th rowspan="3">车门闭锁开锁开关状态</th><th rowspan="3">电压(近似值)/V</th></tr>
<tr><th colspan="2">(+)</th><th rowspan="2">(−)</th></tr>
<tr><th>车门作动器接头</th><th>端口</th></tr>
<tr><td rowspan="4">D9
(驾驶员侧)
D45
(左后侧)</td><td rowspan="2">2</td><td rowspan="4">接地</td><td>开锁</td><td>0→蓄电池电压→0</td></tr>
<tr><td>中间/开锁</td><td>0</td></tr>
<tr><td rowspan="2">3</td><td>闭锁</td><td>0→蓄电池电压→0</td></tr>
<tr><td>中间/开锁</td><td>0</td></tr>
</table>

若正常，更换故障车门作动器；

若异常，转至（2）。

(2) 检查线束导通性

① 断开 BCM 接头。

② 检查 BCM 接头与车门作动器接头之间是否导通，如下表所示。

<table>
<tr><th colspan="2">A</th><th colspan="2">B</th><th rowspan="2">导通</th></tr>
<tr><th>BCM 接头</th><th>端口</th><th>车门作动器接头</th><th>端口</th></tr>
<tr><td rowspan="2">M67</td><td>65</td><td rowspan="2">D9
(驾驶员侧)
D45
(左后侧)</td><td>3</td><td rowspan="2">是</td></tr>
<tr><td>66</td><td>2</td></tr>
</table>

③ 检查 BCM 接头和接地之间的导通性，如下表所示。

<table>
<tr><th colspan="2">A</th><th rowspan="3">接地</th><th rowspan="2">导通</th></tr>
<tr><th>BCM 接头</th><th>端口</th></tr>
<tr><td rowspan="2">M67</td><td>65</td><td rowspan="2">否</td></tr>
<tr><td>66</td></tr>
</table>

若正常，检查线束和接头的状态。

若异常，修理或更换 BCM 和车门作动器之间的线束。

7. 车门作动器电路检查（乘客侧和右后侧）

(1) 检查车门作动器输入信号

① 将点火开关转至 OFF 位置。

② 断开车门作动器（乘客侧或右后侧）接头。

③ 检查车门作动器接头和接地之间的电压，如下表所示。

端口			车门闭锁开锁开关状态	电压(近似值)/V
(+)		(—)		
车门作动器接头	端口			
D28 (乘客侧) D65 (右后侧)	2	接地	开锁	0→蓄电池电压→0
			中间/开锁	0
	3		闭锁	0→蓄电池电压→0
			中间/开锁	0

若正常，更换故障车门作动器；

若异常，转至（2）。

（2）检查线束导通性

① 断开 BCM 接头。

② 检查 BCM 接头与车门作动器接头之间是否导通，如下表所示。

A		B		导通
BCM 接头	端口	车门作动器接头	端口	
M67	65	D28 (乘客侧) D65 (右后侧)	3	是
	66		2	

③ 检查 BCM 接头和接地之间的导通性，如下表所示。

A		接地	导通
BCM 接头	端口		
M67	65		否
	66		

若正常，检查线束和接头的状态；

若异常，修理或更换 BCM 和车门作动器之间的线束。

第八章

东风悦达起亚赛拉图车系防盗电控系统和中控门锁系统故障检修（08款）

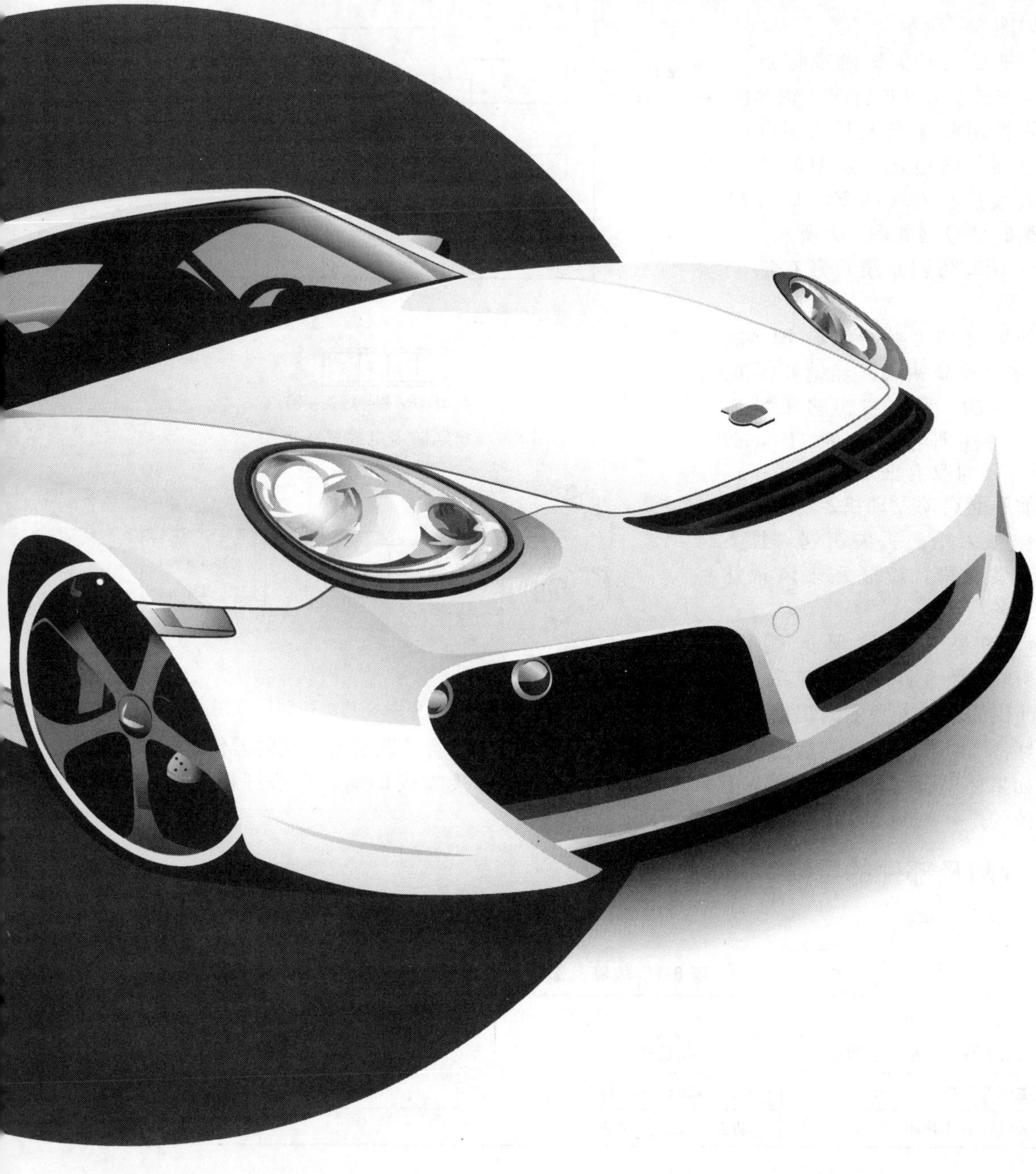

一、概述

本车辆配备了钥匙防盗系统，除非使用适当的点火开关钥匙，否则钥匙防盗系统将控制相关车辆不能启动。此系统包含位于点火开关钥匙内的发射器、钥匙防盗天线控制模块（SMARTRA）、指示灯和 ECM/PCM。SMARTRA 控制模块包含集成式感应天线和点火开关附近的电控装置。SMARTRA 经专用的通信线与 BCM（发动机控制模块）进行通信。发动机控制系统可控制发动机，达到防盗目的，它是 SMARTRA 控制最合适的控制模块。

二、系统电路

如图 8-1 所示。

当把点火开关钥匙插进点火开关内并转至 ON 位置时，钥匙防盗天线控制模块点火开关钥匙内的发射器传送电源，发射器通过防盗天线控制模块向 ECM/PCM 发送编码信号（如图 8-2 所示）。

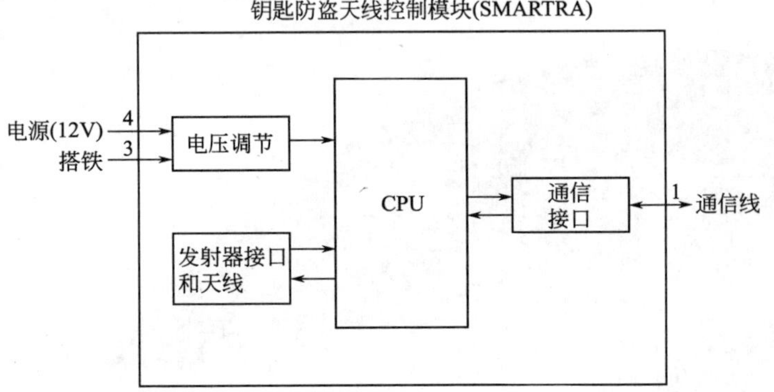

图 8-1　钥匙防盗电控系统电路

• 钥匙防盗系统可贮存四个钥匙代码。

如果有必要重新注册 ECM/PCM 来注册新钥匙。经销商需要用户的车辆、所有主钥匙和配备钥匙防盗注册程序卡的 Hi-scan (pro)。任何没有注册的钥匙在注册之前不能启动发动机。

• 如果用户丢失钥匙，且不能启动发动机，应联系东风悦达起亚服务店。

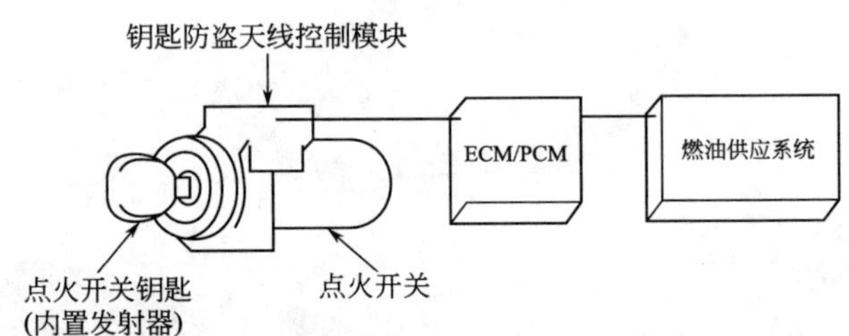

图 8-2　钥匙防盗系统基本控制原理图

• 如果使用注册的钥匙，ECM/PCM 将允许燃油供应系统进行燃油供位。仪表盘上的钥匙防盗指示灯将同时亮约 2s，然后熄灭，这表明防盗天线控制模块已经识别出由发射器传送的代码。

如果使用没有注册的钥匙，代码不能被 ECM/PCM 接收或识别，指示灯将亮约 2s，然后持续闪烁，直到点火开关转至 OFF 为止。

三、故障及部件的更换

如表 8-1 所示。

表 8-1　故障及部件的更换

故　障	部 件 套 件	需要 Hi-scan(pro)吗？
主钥匙丢失或需要额外主钥匙	没有注册的钥匙	是
所有主钥匙丢失	没有注册的钥匙(4)	是
防盗天线控制模块不工作	防盗天线控制模块	否

续表

故　　障	部 件 套 件	需要 Hi-scan(pro)吗?
ECM/PCM 不工作	ECM/PCM	是
点火开关不工作	配备防盗天线控制模块的点火开关 主钥匙	是
不能辨认车辆识别代码	配备防盗天线控制模块的点火开关 主钥匙　　ECM/PCM	是

四、部件工作

车辆上的钥匙防盗系统包含 ECM/PCM、防盗天线控制模块（SMARTRA）和内置在点火开关钥匙内的发射器。

部　　件	功　　能
ECM	ECM 以特有的对点火开关钥匙进行代码检测，此计算规则同时存贮在发射器和 ECM 中。仅当代码相符时，才启动发动机。ECM 中储存所有有效的发射器代码
SMARTRA	SMARTRA 与点火开关内的发射器进行通信，以 RF(125kHz 接收器频率)信号进行无线通信。SMARTRA 固定在靠近线圈天线的点火开关上，以便传送和接收 RF 信号。线圈天线接收发射器发射的 RF 信号，此信号通过 SMARTRA 转变为连续的通信信号。从 ECM 接收的信号转变为 RF 信号，并通过天线向发射器发送。如果 SMARTRA 不对发射器进行代码确认或不确定计算规则，说明此设备仅是一个先进的连接装置它将发射器的 RF 信号转换为到 ECM 的连续通信。反过来也是一样
发射器 （内置在点火开关钥匙内）	发射器有先进的计算规则。在钥匙注册过程中，发射器将记录车辆识别代码。车辆识别代码贮存在发射器的记忆器里。贮存程序是唯一的，所有永远不要修改或变换发射器内贮存的信息

五、注册程序

更换不良的 ECM（电控模块）或新配钥匙后，必须进行钥匙注册。

这个程序是从 ECM 通过检验仪请求车辆识别代码开始的。“初始”状态的 ECM 输入车辆识别代码后，比较“记忆状态”的 ECM 所储存的代码和从检验仪输入的车辆识别代码，如果正确，启动钥匙注册程序（相关信息参考下面“初始”和“记忆”部分）。

如果错误的车辆识别代码输入到 ECM 三次，ECM 将会在 1h 内拒绝接受钥匙注意和要求。

参考：即使关闭电源或进行其他工作，也不能减少这段时间。在这段时间内分离并重新连接蓄电池后，时钟重新计时 1h。

用钥匙和检测仪输入点火开关 ON 学习命令，进行钥匙注册。ECM 在 EEPROM 和发射器中存储相关数据。然后 ECM 验证注册过程是否有效，通过把信息发送给检测仪来证实注册程序是否成功。

参考：KIA 建议在最初售车时，设定用户口令。

六、配备钥匙

- 如果 ECM 识别了钥匙已经注册成功，系统将会鉴别。并且 EEPROM 的数据被更新，发射器内容没有变化。
- 已经注册的钥匙如果通过同一种方式进行注册，会被 ECM 识别，拒绝接受钥匙，并把这个信息发送给检测仪。

- ECM 拒绝注册无效的钥匙。钥匙无效可能是因为发射器故障或其他原因，如注册程序的失败等。一旦 ECM 检测到 ECM 和发射器存在差异，将拒绝注册钥匙。
- 注册钥匙最多 4 个。
- 如果在钥匙防盗系统工作期间发生故障，ECM 状态保持不变，并记录特定故障代码。
- 在钥匙注册过程中，如果 ECM 状态和钥匙状态不符，注册程序将会停止，ECM 记录特定故障代码。

用户口令注册程序

为使失效保护系统工作，应在维修服务站注册用户口令，车主可以用四个数字组成一组号码口令。

用户口令的注册仅被“记忆”状态的 ECM 接收。

“初始”与“记忆”

注册程序前，用户口令状态为“初始”。一旦注册成功后，用户口令状态可由“初始”状态改变为“记忆”状态。

点火开关 ON，注册程序开始起动。通过检测仪输入用户口令。注册成功后，用户口令状态由“初始”状态改变为“记忆”状态。

记忆状态中的用户口令可以改变。如果用户口令状态为“记忆”，且检测仪发送存取验证信号或发送旧的用户口令或车辆识别代码时，可以改变“记忆”状态中的用户口令。经过录入正确后，ECM 要求输入新的用户口令。此状态保持在“记忆”状态中。执行下次失效保护模式功能时，新用户口令有效。

如果错误的车辆识别代码或错误的用户口令发送到 ECM 三次，锁定注册程序 1h。

参考：即使关闭电源或进行其他操作，也不能减少这段时间。在这段时间内分离并重新连接蓄电池后，时钟重新计时 1h。

七、用户口令状态

1. 尚未检查

根据 EEPROM 内储存状态，当电路上没有错误代码时，ECM 不进行检查，ECM 发送 00。

2. 已知

密码已成功注册在 ECM。

3. 初始化

它是向顾客交货之前，ECM 生产线终端状态。

4. 锁定时间

ECM 连续接收错误的代码 3 次后，ECM 将锁定注册程序 1h，在此期间不接收任何输入。

5. 不接收注册

ECM 设定为中和状态。

八、失效保护功能

如图 8-3 所示。

1. 通过检测仪进行失效保护

如果 ECM 检测出 SMARTRA 或发射器故障，ECM 将允许发挥钥匙防盗系统的失效保护功能。用户口令发送到ECM之前，可以进行失效保持模式。在维修站，车主可以自己选择用户口令（4位）并由经销商编制在ECM内，用户口令经专用检测仪菜单发送到ECM中。

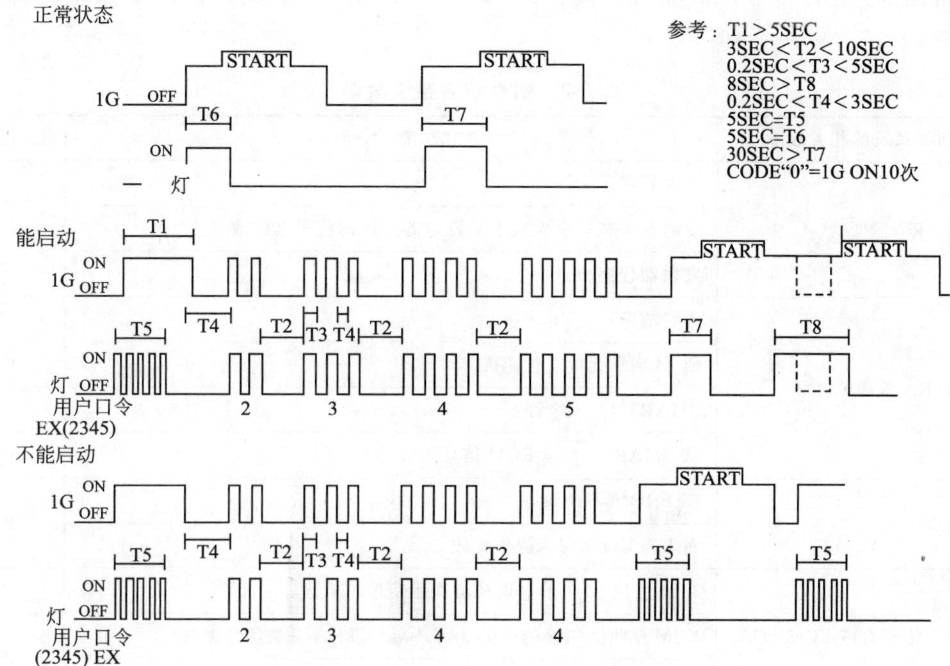

图 8-3　失效保护功能波形及数据

启动发动机（启动车辆前，读取下列信息）。仅当ECM处于“记忆状态”且“记忆状态”的用户口令正确时，才能启动车辆。

- 当处于“记忆状态”的用户口令正确时，ECM将在30s内解除锁定。只有在这段时间内才可以启动发动机。这段时间过后，不能启动发动机。
- 如果发送用户口令，ECM锁定失效保护功能1h。

参考：即使关闭电源或进行其他操作，也不能减少这段时间。在这段时间内分离并重新连接蓄电池后，时钟重新计时1h。

2. 用点火开关钥匙实现失效保护

通过点火开关钥匙也可以启动失效保护模式。通过点火开关ON/OFF操作，将用户口令输入到ECM内。

只有在“记忆状态”的用户口令正确时，ECM在30s内解除锁定。只有在这段时间内才可以启动发动机。这段时间过后，不能启动发动机。

参考：新用户口令输入后，时钟重新开始计时（30s）。

点火开关OFF后，经过了8s，ECM再次锁定。下次启动时，要求重新输入用户口令。

参考：KIA建议在最初售车时，设定用户口令。但是因为设定的用户口令并不十分安全，存在失效保护故障的情况，因此车辆很容易被盗。

九、钥匙防盗器故障诊断

— ECM和SMARTRA之间通信。

一　SMARTRA 和发射器的功能。

一　代码（储存在 ECM 中）与钥匙防盗系统功能有关。

钥匙防盗系统分为 4 种不同的区域故障。每个故障划分为 4 个不同的类型（电路故障、电路范围/功能异常、低输入、高输入）。表 8-2 列举了有关钥匙防盗系统每种故障的每个类型。

表 8-2　钥匙防盗系统故障

钥匙防盗系统的相关故障	故障类型	故障代码
发射器故障	发射器代码无效	P1693
	发射器不在口令模式下或发射器传送的代码已经改变	
	发射器程序故障	
SMARTRA 故障	天线故障	P1691
	ECM 请求无效或代码破坏	P1694
	SMARTRA 无应答	P1690
	从 SMARTRA 至 ECM 信息无效	P1690
EEPROM	EEPROM 不一致	P1695
	对 EEPROM 写入操作无效	
钥匙防盗指示灯或 ECM 故障	存储在 ECM 内的钥匙防盗指示程序不合理	P1695
	ECM 接收到错误的代码 3 次,SMARTRA 发送信息无效	P1695
	检测仪信息无效或检测仪意外请求	
钥匙防盗警告灯故障	钥匙防盗警告灯故障(仪表盘)	P1692
检验仪请求无效	检测仪信息无效或检测仪意外请求(例如超过注册的最大极限值)	P1697
钥匙 IDE 无效	钥匙无效或钥匙无注册	P1698

更换 ECM

如果 ECM 故障，必须用“初始状态”或“中和状态”ECM 进行更换。所有钥匙必须重新注册到新的 ECM 中，这些钥匙对新的 ECM 是无效的（参考注册方式）。

参考：用于发射器的唯一的车辆识别代码必须不变。

更换 SMARTRA

如果 SMARTRA 故障，不需要特别过程，用新的 SMARTRA 简单更换即可。SMARTRA 不储存发射器的相关数据。

ECM 中和

用检测仪可将 ECM 设定为“中和”状态。

插入有效点火开关钥匙，钥匙 ON 状态被识别后，ECM 需要从检测仪申请车辆识别代码。成功收到代码后，ECM 中和。

此时 ECM 保留锁定，ECM 即不接收失效保护模式，也不接收“2 次 ON”功能。

钥匙注册要遵循“初始”ECM 程序。用于发射器的唯一的车辆识别代码必须不变。如果代码改变，需要配有一个初始发射器的新钥匙。

十、故障代码表

如表 8-3 所示。

表 8-3　故障代码

DTC	检 查 项 目	备　注
P1690	SMARTRA 无应答 从 SMARTRA 至 ECM 信息无效	汽油
P1691	SMARTRA 天线故障	
P1693	发射器发出的代码破坏 磁场内不止一个代码破坏或磁场内无代码	
P1694	ECM 请求无效或代码破坏	
P1695	EEPROM 代码不一致 EEPROM 写入操作无效	
P1696	ECM 接收到错误的代码 3 次，SMARTRA 发送信息无效 检测仪信息无效或检测仪意外请求	

十一、故障代码检测条件

（一）DTC　P1690 SMARTRA 无应答、从 SMARTRA 至 ECM 信息无效

检查程序如下。

1. 故障验证

（1）在自诊断连接上连接 Hi-scan（pro）。

（2）点火开关转至 ON，确认显示故障代码“P1690”。

（3）用 Hi-scan（pro）删除故障代码“P1690”，然后再次监测。

显示相同的故障代码吗？

若是，应如图 8-4 所示检查发动机控制继电器；

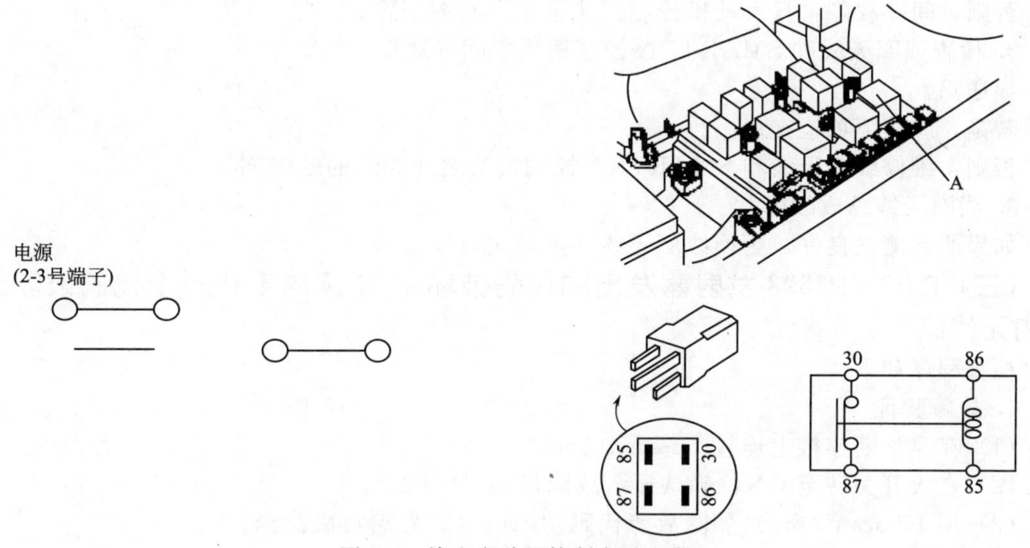

图 8-4　检查发动机控制主继电器

否则，间歇故障，且发动机控制模块记忆没有被删除。

若不良，更换发动机主继电器；

若良好，应按下项检查。

2. 检查 SMARTRA 的电源电压

(1) 点火开关转至 ON。

(2) SMARTRA 线束导线连接器的端子 4 和车身搭铁之间的 SMARTRA 的输入电压。

- 规定值：约 B+ (12V)

若是，应按下项检查；

否则，检查此故障：

- 发动机室继电器与保险丝盒内的 ECU (20A) 或传感器保险丝 (10A) 熔断；
- 发动机控制主继电器和 SMARTRA 控制模块之间的导线断路或短路。

3. 检查线圈天线、SMARTRA 控制模块和 ECM 之间的线束和导线连接器

检查 SMARTRA 线束导线连接器端子 1 和 ECM 线束导线连接器端子 47 (汽油) /11 (柴油) 之间的导通性。

导通吗?

若是，应按下项检查；

否则，维修 SMARTRA 控制模块和 ECM 之间导线的断路部分。

4. SMARTRA 故障

如果所有测试良好，更换 SMARTRA 控制模块并重新进行检查。

(二) DTC P1691 SMARTRA 天线故障

检查程序如下。

1. 故障验证

(1) 在自诊断连接上连接 Hi-scan (pro)。

(2) 点火开关转至 ON，确认显示故障代码 “P1691”。

(3) 用 Hi-scan (pro) 删除故障代码 “P1691”，然后再次监测。

显示相同的故障代码吗?

若是，应按下项检查；

否则，间歇故障，且发动机控制模块记忆没有被删除。

2. 检查线圈天线和 SMARTRA 控制模块之间导通性

导通吗?

若是，应按下项检查；

否则，维修线圈天线和 SMARTRA 控制模块之间导线的断路部分。

3. 线圈天线总成故障

如果所有测试良好，更换线圈天线并重新进行检查。

(三) DTC P1693 发射器发出的代码破坏、磁场内不止一个代码破坏或磁场内无代码

检查程序如下。

1. 故障验证

(1) 在自诊断连接上连接 Hi-scan (pro)。

(2) 点火开关转至 ON，确认显示故障代码 “P1693”。

(3) 用 Hi-scan (pro) 删除故障代码 “P1693”，然后再次监测。

显示相同的故障代码吗?

若是，应按下项检查；

否则，间歇故障，且发动机控制模块记忆没有被删除。

2. 钥匙注册程序

(1) 更换故障 ECM 或车主配新钥匙时，进行钥匙注册。

（2）在自诊断连接上连接 Hi-scan（pro）。

（3）点火开关转至 ON，在 Hi-scan（pro）上选择钥匙防盗系统的“注册”模式。

（4）输入由 6 位数字的车辆识别代码。

参考：因为识别代码是安全代码，应让 KIA 维修站知道此识别代码。

（5）如果错误的识别代码连续输入 3 次，ECM 将锁上注册功能 1 小时。

（6）如果代码正确，完成钥匙注册。

钥匙注册完成了吗？

若是，应按下项检查；

否则，检查这些故障：

- 发射器内储存的代码无效；
- 发射器种类不同；
- 钥匙内无发射器。

3. 检查故障代码“P1693”是否再次显示

（1）在自诊断连接上连接 Hi-scan（pro）。

（2）点火开关转至 ON，确认显示故障代码“P1693”。

显示相同的故障代码吗？

若是，应按下项检查。

4. 发射器钥匙故障

更换钥匙组件总成，进行钥匙注册。

（四）P1694 ECM 请求无效或代码破坏

检查程序如下。

1. 故障验证

（1）在自诊断连接上连接 Hi-scan（pro）。

（2）点火开关转至 ON，确认显示故障代码“P1694”。

（3）用 Hi-scan（pro）删除故障代码“P1694”，然后再次监测。

显示相同的故障代码吗？

若是，应按下项检查；

否则，间歇故障，且发动机控制模块记忆没有被删除。

2. 检查 SMARTRA 控制模块和 ECM 之间的线束和导线连接器

检查 SMARTRA 线束导线连接器端子 1 和 ECM 线束导线连接器端子 47（汽油）/11（柴油）之间的导通性。

导通吗？

若是，应按下项检查；

否则，维修 SMARTRA 控制模块和 ECM 之间导线的断路部分。

3. SMARTRA 或 ECM 故障

如果所有测试良好，更换 SMARTRA 控制模块或 ECM，并重新进行检查。

（五）P1695 EEPROM 代码不一致、 EEPROM 写入操作无效

检查程序如下。

1. 故障验证

（1）在自诊断连接上连接 Hi-scan（pro）。

（2）点火开关转至 ON，确认显示故障代码“P1695”。

（3）用 Hi-scan（pro）删除故障代码“P1695”，然后再次监测。

显示相同的故障代码吗？

若是，应按下项检查；

否则，间歇故障，且发动机控制模块记忆没有被删除。

2. 钥匙注册程序

(1) 在自诊断连接上连接 Hi-scan (pro)。

(2) 点火开关转至 ON，在 Hi-scan (pro) 上选择钥匙防盗系统的“注册”模式。

(3) 输入由 6 位数字的车辆识别代码。

参考：因为识别代码是安全代码，应让 KIA 维修站知道此识别代码。

(4) 如果代码正确，完成钥匙注册。

钥匙注册完成了吗？

若是，应按下项检查；

否则，检查这些故障：

- 发射器内储存的代码无效；
- 发射器种类不同；
- 钥匙内无发射器。

3. 检查故障代码“P1695”是否再次显示

(1) 在自诊断连接上连接 Hi-scan (pro)。

(2) 用 Hi-scan (pro) 清除故障代码。

(3) 检查故障代码“P1695”是否再次显示。

显示相同的故障代码吗？

若是，应按下项检查。

4. SMARTRA 或 ECM 故障

如果所有测试良好，更换 SMARTRA 控制模块或 ECM，并重新进行检查。

(六) P1696　ECM 接收到错误的代码 3 次，SMARTRA 发送信息无效。检测仪信息无效或检测仪意外请求

检查程序如下。

1. 故障验证

(1) 在自诊断连接上连接 Hi-scan (pro)。

(2) 点火开关转至 ON，确认显示故障代码“P1696”。

(3) 用 Hi-scan (pro) 删除故障代码“P1696”，然后再次监测。

显示相同的故障代码吗？

若是，应按下项检查；

否则，故障是 ECM 接收到错误的用户口令或车辆识别码 3 次。

2. 检查线圈天线和 SMARTRA 控制模块之间导通性

导通吗？

若是，应按下项检查；

否则，维修线圈天线和 SMARTRA 控制模块之间导线的断路部分。

3. 线圈天线总成故障

如果所有测试良好，更换线圈天线并重新进行检查。

(七) P1692　钥匙防盗警告灯故障

检查程序如下。

1. 故障验证

(1) 在自诊断连接上连接 Hi-scan (pro)。

(2) 点火开关转至 ON，确认显示故障代码“P1692”。

(3) 用 Hi-scan (pro) 删除故障代码“P1692”，然后再次监测。

显示相同的故障代码吗?

若是，应按下项检查；

否则，间歇故障，且发动机控制模块记忆没有被删除。

2. 检查仪表盘和 ECM 连接器

彻底地检查连接器是否有松动、不良连接、弯曲、腐蚀、污染、变质或损坏情况。

所有连接器状态良好吗?

若是，应按下项检查；

否则，维修或更换它。

3. 检查电路是否断路

(1) 点火开关转至 OFF，分离仪表盘和 ECM 连接器。

(2) 测量仪表盘线束导线连接器端子 B15 和 ECM 线束导线连接器端子 17 之间的电阻。

- 规定值：低于 1Ω

每个电阻值都表明导通吗?

若是，应按下项检查；

否则，维修或更换它。

4. 更换仪表盘

(1) 暂时安装一个良好的仪表盘。

钥匙防盗警告灯工作吗?

若是，更换仪表盘；

否则，继续进行 ECM 故障程序。

(八) P1697 检测仪请求无效

检查程序如下。

1. 故障验证

(1) 在自诊断连接上连接 Hi-scan (pro)。

(2) 点火开关转至 ON，确认显示故障代码“P1697”。

(3) 用 Hi-scan (pro) 删除故障代码“P1697”，然后再次监测。

显示相同的故障代码吗?

若是，应按下项检查；

否则，间歇故障，且发动机控制模块记忆没有被删除。

2. 更换检测仪 (HI-SCAN)

(1) 暂时连接一个良好的检测仪。

(2) 改编检测仪程序。

福特车系防盗系统和中控门锁系统故障检修

第一节 福特翼虎车系防盗系统 PATS 故障检修（05～08 款）

一、被动式防盗系统（PATS）故障码（DTC）

如表 9-1 所示。

表 9-1 被动式防盗系统（PATS）故障码

诊断故障代码	说　明	故障原因	操　作
B1213	被动式防盗系统编程钥匙的数量不足	动力系统控制模块	转到定点测试 F
B2431	钥匙程序失效(钥匙或收发器损坏)	动力系统控制模块	验证所用的被动式防盗系统钥匙是否正确。如果钥匙损坏,换用新钥匙
B1342	电子控制单元损坏	动力系统控制模块	换装新的动力系统控制模块
B2103	未连接天线	动力系统控制模块	转到定点测试 A
B1600	被动式防盗系统点火钥匙发射应答器信号没有收到	动力系统控制模块	转到定点测试 B
B1601	被动式防盗系统收到点火钥匙发射应答器错误的编码	动力系统控制模块	转到定点测试 C
B1602	被动式防盗系统接收的由点火钥匙发射应答器传送的钥匙号码格式不对	动力系统控制模块	转到定点测试 D
B1681	未接收到被动式防盗系统收发器模块信号	动力系统控制模块	转到定点测试 E
—	所有其他的 DTC	动力系统控制模块	

二、被动式防盗系统（PATS）故障现象

如表 9-2 所示。

表 9-2 被动式防盗系统故障现象

故障现象	可能的故障原因	操　作
• 防盗指示灯一直点亮/一直熄灭-防盗灯没有点亮 3s	• 线路 • 防盗系统发光二极管 • 动力系统控制模块(PCM)	• 转到定点测试 G
• 车辆不启动	• 启动机继电器 • 动力系统控制模块(PCM) • 线路 • 编码的点火钥匙 • 点火钥匙发射应答器钥匙号码 • 点火钥匙发射应答器钥匙号码格式	• 转到定点测试 H

三、被动式防盗系统（PATS）——定点测试

1. 定点测试 A：未检测到天线

检修步骤如下：

A1 检查天线是否安装正确或是否损坏

- 点火钥匙设于 OFF 位置。
- 验证被动式防盗系统收发器是否安装正确。
- 在诊断工具上进入下面的诊断模式：清除持续性诊断故障代码。
- 点火钥匙设于 OFF 位置。
- 点火钥匙设于 ON 位置。
- 在诊断工具上进入下面的诊断模式：Retrieve The PCM ContinuousDTCs.（读取动力系统控制模块持续性诊断故障代码）。
- 是否读取诊断故障代码 B2103?

是，换装新的被动式防盗系统收发器模块。重新进行自检。将点火钥匙设于 OFF 位置然后返回 RUN。

否，系统正常。

2. 定点测试 B：被动式防盗系统点火钥匙发射应答器信号没有收到

检修步骤如下：

B1 读取诊断故障代码（DTCS）

- 在诊断工具上进入下面的诊断模式：清除持续性诊断故障代码。
- 点火钥匙设于 OFF 位置。
- 点火钥匙设于 ON 位置。
- 在诊断工具上进入下面的诊断模式：读取动力系统控制模块持续性诊断故障代码。
- 是否读取诊断故障代码 B1600?

是，转到 B2。

否，如果读取的诊断故障代码与被动式防盗系统无关，则动力控制/排放故障。

如果没有读取到被动式防盗系统的诊断故障代码，则说明被动式防盗系统工作正常。

B2 对新的编码钥匙进行编程

- 制作 1 把新的编码点火钥匙。
- 对这把新的编码点火钥匙进行编程。
- 在诊断工具上进入下面的诊断模式：清除持续性诊断故障代码。
- 点火钥匙设于 OFF 位置。
- 点火钥匙设于 ON 位置。
- 在诊断工具上进入下面的诊断模式：读取动力系统控制模块持续性诊断故障代码。
- 是否读取诊断故障代码 B1600?

是，转到 B3。

否，如果读取的诊断故障代码与被动式防盗系统无关，则动力控制/排放故障。

如果没有读取到被动式防盗系统的诊断故障代码，则说明被动式防盗系统工作正常。

B3 换装新的被动式防盗系统收发器

- 安装新的被动式防盗系统收发器。
- 点火钥匙设于 ON 位置。
- 在诊断工具上进入下面的诊断模式：读取动力系统控制模块持续性诊断故障代码。
- 点火钥匙设于 OFF 位置。
- 将用户正在使用的编码点火钥匙插入点火开关并拧至 RUN 位置。
- 在诊断工具上进入下面的诊断模式：读取动力系统控制模块持续性诊断故障代码。
- 是否读取诊断故障代码 B1600?

是，转到 B4。

否，系统正常。

B4 检查动力系统控制模块工作是否正常

- 断开动力系统控制模块的各个接头。
- 检查：
- 是否有腐蚀。
- 引脚脱出。
- 连接动力系统控制模块的各个接头，确认各个接头插接正确。
- 操作被动防盗系统，验证故障是否仍然存在。

故障是否仍然存在？

是，换装新的动力系统控制模块。对编码点火钥匙重新进行编程。清除诊断故障代码。重新进行自检。

否，被动防盗系统此时工作正常。故障可能是由接头松动或腐蚀引起的。清除诊断故障代码。重新进行自检。

3. 定点测试 C：被动式防盗系统收到点火钥匙发射应答器错误的编码

检修步骤如下：

C1 读取诊断故障代码（DTCS）

- 在诊断工具上进入下面的诊断模式：清除持续性诊断故障代码。
- 点火钥匙设于 OFF 位置。
- 点火钥匙设于 ON 位置。
- 在诊断工具上进入下面的诊断模式：读取动力系统控制模块持续性诊断故障代码
- 是否读取到了诊断故障代码 B1601？

是，转到 C2。

否，系统正常。逐一对用户的所有钥匙进行检查，看能否正常启动车辆，这样即可核实其他的编码点火钥匙是否已进行了编程。

C2 检查编码钥匙是否进行了编程—监控 PCM PID NUMKEYS（动力系统控制模块参数识别钥匙数量）

- 监控 PCM PID NUMKEYS（动力系统控制模块参数识别钥匙数量）。
- PCM PID NUMKEYS（动力系统控制模块参数识别钥匙数量）是否显示？

是，删除并重新编程钥匙识别码。清除诊断故障代码。重新进行自检。

否，转到 C3。

C3 检查已编程完毕的编码点火钥匙数量

- 核实已编程的编码点火钥匙数量是否至少有 2 把。
- 已编程的编码点火钥匙数量是否至少有 2 把？

是，转到 C4。

否，制作一把新的编码点火钥匙，使车辆至少有 2 把编码点火钥匙可用。对编码点火钥匙进行编程。转到 C5。

C4 核实 PCM PID SPARE _ KY（动力系统控制模块　参数识别备用钥匙）是否指示可以编程

- 在诊断工具上进入下面的诊断模式：监视 PCM PIDSPARE _ KY（动力系统控制模块参数识别　备用钥匙）。
- PCM PID SPARE _ KY（动力系统控制模块参数识别空白钥匙）是否指示 ENABLE（可以）？

是，可以对备用钥匙进行编程。清除诊断故障代码。重新进行自检。

否，启动 PCM PID SPARE _ KEY（动力系统控制模块参数识别备用钥匙）功能。重新进行自检。

C5 检查编码点火钥匙工作是否正常

- 点火钥匙设于 OFF 位置。
- 用第一把点火钥匙将点火开关拧至 RUN 位置并在该位置停留 3 秒钟。
- 将点火钥匙设于 ON 位置。
- 用第 2 把点火钥匙将点火开关拧至 RUN 位置并在该位置停留 3 秒钟。
- 用第 2 把编码点火钥匙启动车辆。
- 车辆是否启动?

是，系统正常。如果需要对其他的钥匙进行编程。

否，转到 C6。

C6 读取诊断故障代码—检查是否读取了诊断故障代码 B1601

- 在诊断工具上进入下面的诊断模式：清除持续性诊断故障代码。
- 将点火钥匙设于 OFF 位置。
- 将点火钥匙设于 ON 位置。
- 在诊断工具上进入下面的诊断模式：读取动力系统控制模块持续性诊断故障代码。
- 是否读取到了诊断故障代码 B1601?

是，转到 C7。

否，如果读取的诊断故障代码与被动式防盗系统无关，则动力控制/排放故障。如果没有读取到被动式防盗系统的诊断故障代码，则说明被动式防盗系统工作正常。

C7 检查动力系统控制模块工作是否正常

- 断开动力系统控制模块的各个接头。
- 检查是否有腐蚀、引脚脱出。
- 连接动力系统控制模块的各个接头，确认各个接头插接正确。
- 运行被动防盗系统，验证故障是否仍然存在。
- 故障是否仍然存在?

是，换装新的动力系统控制模块。清除诊断故障代码。重新进行自检。

否，被动防盗系统此时工作正常。故障可能是由接头松动或腐蚀引起的。清除诊断故障代码。重新进行自检。

4. 定点测试 D：被动式防盗系统接收到的由点火钥匙发射应答器传送的钥匙识别码格式不对

检修步骤如下：

D1 读取诊断故障代码（DTCS）

- 在诊断工具上进入下面的诊断模式：清除持续性诊断故障代码。
- 点火钥匙设于 OFF 位置。
- 点火钥匙设于 ON 位置。
- 在诊断工具上进入下面的诊断模式：读取动力系统控制模块持续性诊断故障代码
- 是否读取到了诊断故障代码 B1602?

是，转到 D2。

否，系统正常。逐一对用户的所有钥匙进行检查，看能否正常启动车辆。

D2 对新的编码钥匙进行编程

注意：检查并向用户确认新的编码点火钥匙是经过福特公司认可的被动防盗系统编码点火钥匙。未经认可的被动式防盗系统钥匙在温度发生变化时不能持续地保持工作正常。Rotunda

编码点火钥匙是唯一经认可的编码点火钥匙。

- 制作1把新的编码点火钥匙。
- 对这把新的编码点火钥匙进行编程。
- 点火钥匙设于OFF位置。
- 点火钥匙设于ON位置。
- 在诊断工具上进入下面的诊断模式：读取动力系统控制模块持续性诊断故障代码
- 是否读取到了诊断故障代码B1602?

是，转到D3。

否，如果读取的诊断故障代码与被动式防盗系统无关，则动力控制/排放故障。

如果没有读取到被动式防盗系统的诊断故障代码，则说明被动式防盗系统工作正常

D3 换装新的被动式防盗系统收发器

- 在诊断工具上进入下面的诊断模式：清除持续性诊断故障代码。
- 点火钥匙设于OFF位置。
- 安装新的被动式防盗系统收发器。

(PATS) 收发器。

- 点火钥匙设于ON位置。
- 在诊断工具上进入下面的诊断模式：读取动力系统控制模块持续性诊断故障代码。
- 点火钥匙设于OFF位置。
- 是否读取了被动式防盗系统诊断故障代码?

是，参见PCM故障码。

否，系统工作正常

5. 定点测试E：未接收到被动式防盗系统收发器模块信号

检修步骤如下：

E1 读取诊断故障代码（DTCS)

- 在诊断工具上进入下面的诊断模式：清除持续性诊断故障代码。
- 点火钥匙设于OFF位置。
- 点火钥匙设于ON位置。
- 在诊断工具上进入下面的诊断模式：读取动力系统控制模块持续性诊断故障代码。
- 是否读取到了诊断故障代码B1681?

是，转到E2。

否，系统正常。

E2 检查被动式防盗系统收发器电路1044（白/黄）

- 点火钥匙设于OFF位置。
- 断开：被动式防盗系统收发器C2007。
- 点火钥匙设于ON位置。
- 测量被动式防盗系统收发器C2007引脚1，电路1044（白/黄）线束侧与接地之间的电压，如图9-1所示。
- 电压是否大于10V?

是，转到E3。

否，维修线路。清除诊断故障代码。重新进行自检。

E3 检查被动式防盗系统收发器电路875（黑/浅蓝）接地电路

- 点火钥匙设于OFF位置。
- 从线束侧测量被动式防盗系统收发器C2007的2号引脚，即电路875（黑/浅蓝）与

接地之间的电阻。

● 测得的电阻值是否小于5Ω?

是，转到E4。

否，维修线路。清除诊断故障代码。重新进行自检。

E4 检查被动式防盗系统收发器信号接收电路1216（灰/橙）的电压，如图9-2所示。

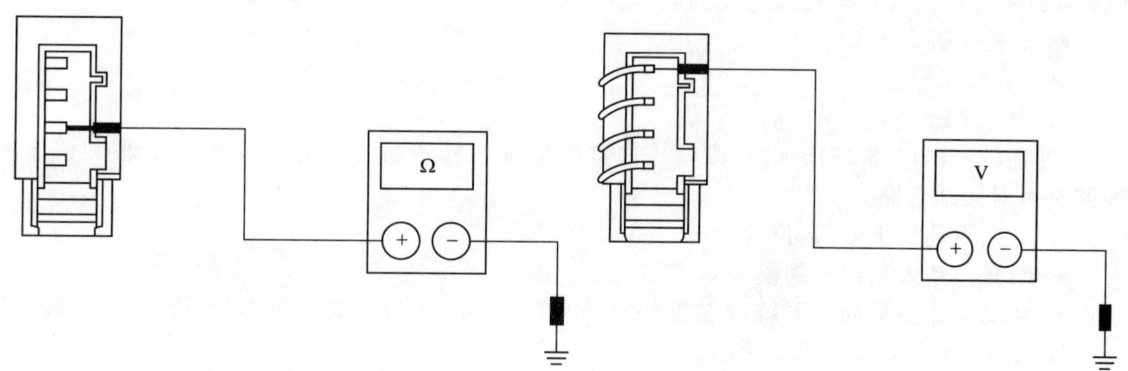

图9-1 测量C2007引脚1与接地间的电压　　图9-2 测量C2007引脚4线束侧与接地间的电压

● 连接：被动式防盗系统收发器C2007。

● 点火钥匙设于ON位置。

● 测量被动式防盗系统收发器C2007引脚4，电路1216（灰/橙）线束侧与接地之间的电压。

● 电压是否大于9V?

是，转到E6。

否，转到E5。

E5 检查被动式防盗系统收发器信号接收电路1216（灰/橙）是否对接地短路

● 点火钥匙设于OFF位置。

● 断开：被动式防盗系统收发器C2007。

● 点火钥匙设于ON位置。

● 测量被动式防盗系统收发器C2007引脚4，电路1216（灰/橙）线束侧与接地之间的电阻。

● 电阻是否大于10000Ω?

是，转到E3。

否，维修线路。清除诊断故障代码。重新进行自检。如果系统仍有故障，转到E13。

E6 检查电路1216（灰/橙）是否断路

● 点火钥匙设于OFF位置。

● 断开：被动式防盗系统收发器C2007。

● 断开：PCMC175b。

● 测量被动式防盗系统收发器C2007引脚42，电路1216（灰/橙）线束侧和PCM C175b引脚42，电路1216（灰/橙）线束侧之间的电阻，如图9-3所示。

● 电阻是否小于5Ω?

是，转到E7。

否，维修线路。清除诊断故障代码。测试系统是否工作正常。

E7 检查被动式防盗系统收发器信号传送电路1215（白/浅蓝）电压

- 点火钥匙设于 OFF 位置。
- 连接：被动式防盗系统收发器 C2007。
- 连接：PCMC175b。
- 点火钥匙设于 ON 位置。
- 从线束侧采用背后测量方式测量被动式防盗系统收发器接头 C2007 的 3 号引脚，即电路 1215（白/浅蓝）与接地之间的电压。
- 电压是否大于 9V？

是，转到 E11。

否，转到 E8。

E8 在收发器电路 1215（白/浅蓝）连接的情况下检查被动式防盗系统收发器信号传送线路是否对接地短路

- 点火钥匙设于 OFF 位置。
- 断开：动力系统控制模块 C175b。
- 从线束侧测量动力系统控制模块接头 C175b 的 43 号引脚，即电路 1215（白/浅蓝）与接地之间的电阻，如图 9-4 所示。

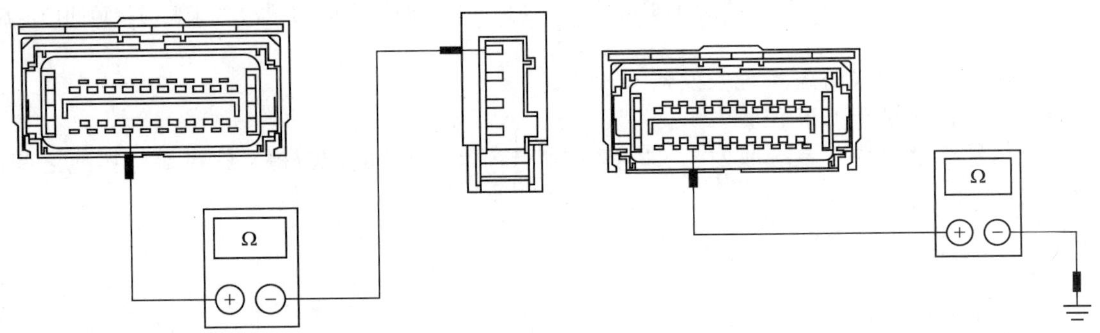

图 9-3　测量 C2007 引脚 4 与 C175b 引脚 42 间的电阻　图 9-4　测量 C175b 的 43 号引脚与接地间的电阻

- 测得的电阻值是否大于 10000Ω？

是，转到 E10。

否，转到 E9。

E9 在收发器电路 1215（白/浅蓝）断开的情况下检查被动式防盗系统收发器信号传送线路是否对接地短路

- 断开：被动式防盗系统收发器。
- 从线束侧测量被动式防盗系统收发器接头 C2007 的 3 号引脚，即电路 1215（白/浅蓝）与接地之间的电阻。
- 测得的电阻值是否大于 10000Ω？

是，换装新的被动式防盗系统收发器。清除诊断故障代码。重新进行自检。

否，维修线路。清除诊断故障代码。重新进行自检。

E10 检查被动式防盗系统收发器信号传送电路 1215（白/浅蓝）是否断路

注意：当换装新的动力系统控制模块时，编码点火钥匙必须重新进行编程。

- 测得的电阻值是否小于 5Ω？

是，转到 E13。

否，维修线路。清除诊断故障代码。重新进行自检。

- 断开：被动式防盗系统收发器。

• 从线束侧测量被动式防盗系统收发器接头 C2007 的 4 号引脚，即电路 1215（白/浅蓝）与动力系统控制模块接头 C175b 的 43 号引脚，即电路 1215（白/浅蓝）之间的电阻，如图 9-5 所示。

E11 检查被动式防盗系统收发器信号传送电路 1215（白/浅蓝）的电压

• 点火钥匙设于 ON 位置。

• 选择动力系统控制模块运行命令 TRANSMIT SIGNAL COMMAND（传送信号命令）。

• 触发 TRANSMIT（传输）至 ON（开启）状态。

• 从线束侧采用背后测量方式测量被动式防盗系统收发器接头 C2007 的 3 号引脚，即电路 1215（白/浅蓝）与接地之间的电压。

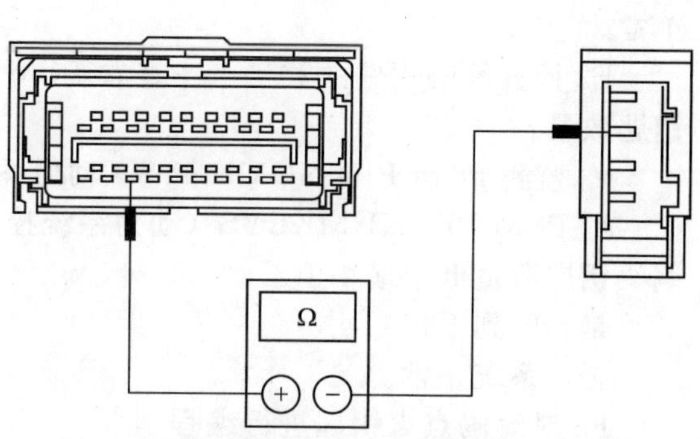

图 9-5 测量 C2007 的 4 号引脚与 C175b 的 43 号引脚间的电阻

• 测得的电压值是否低于 5V?

是，换装新的被动式防盗系统收发器。清除诊断故障代码。重新进行自检。

否，转到 E12。

E12 检查被动式防盗系统收发器信号传送电路 1215（白/浅蓝）是否对蓄电池短路

• 点火钥匙设于 OFF 位置。

• 断开：动力系统控制模块接头 C175b。

• 断开：被动式防盗系统收发器。

• 点火钥匙设于 ON 位置。

• 从线束侧测量被动式防盗系统收发器接头 C2007 的 3 号引脚，即电路 1215（白/浅蓝）与接地之间的电压。

• 是否有电压?

是，维修线路。清除诊断故障代码。重新进行自检。

否，转到 E13。

E13 检查动力系统控制模块工作是否正常

• 断开动力系统控制模块的各个接头。

• 检查是否有腐蚀、引脚脱出。

• 连接动力系统控制模块的各个接头，确认各个接头插接正确。

• 运行被动防盗系统，验证故障是否仍然存在。

• 故障是否仍然存在?

是，换装新的动力系统控制模块。清除诊断故障代码。重新进行自检。

否，被动防盗系统此时工作正常。故障可能是由接头松动或腐蚀引起的。清除诊断故障代码。重新进行自检。

6. 定点测试 F：被动式防盗系统编程钥匙的数量低于最小限量

检修步骤如下：

F1 读取诊断故障代码

• 清除持续性诊断故障代码。

• 点火钥匙设于 OFF 位置。

• 将点火钥匙设于 ON 位置。

• 读取动力系统控制模块持续性诊断故障代码。

• 是否读取了诊断故障代码 B1213?

是，转到 F2。

否，如果没有读取到被动式防盗系统的诊断故障代码，则说明被动式防盗系统工作正常。

F2 检查编码钥匙的数量——查看 PCM PID NUMKEYS（动力系统控制模块参数识别钥匙数量）

• 监测 PCM PID NUMKEYS（动力系统控制模块参数识别钥匙数量）。

• PCM PID NUMKEYS（动力系统控制模块参数识别　钥匙数量）是否显示已编程的编码钥匙数量低于最小值?

是，转到 F3。

否，系统正常。

F3 对编码点火钥匙进行编程

• 制作 1 把新的被动式防盗系统编码点火钥匙。

• 对这把新的编码点火钥匙进行编程。

• 防盗指示灯是否点亮 3s 然后熄灭?

是，清除诊断故障代码。将点火钥匙拧至 OFF 随即再拧回至 RUN 位置，验证所有的诊断故障代码是否已经清除。清除诊断故障代码。重新进行自检。

否，转到 F4。

F4 检查维修模块一监测 PCM PID SERV _ MOD（动力系统控制模块参数识别 维修模块）

• 查看 PCM PID SERV _ MOD（动力系统控制模块参数识别　维修模块）。

• PCM PID SERV _ MOD 是否指示 YES?

是，对编码点火钥匙进行编程。清除诊断故障代码。重新进行自检。

否，如果防盗系统发光二极管指示灯持续点亮，则使用 1 把新的编码点火钥匙再次执行步骤 F3 的操作。如果防盗系统发光二极管指示灯不停闪烁，则读取存储的动力系统控制模块诊断故障代码，检查被动式防盗系统是否出现新的故障。

7. 定点测试 G：防盗系统指示灯一直亮

检修步骤如下：

G1 检查防盗系统指示灯工作是否正常

• 点火钥匙设于 OFF 位置。

• 断开：动力系统控制模块接头 C175b。

• 在动力系统控制模块接头 C175b 的 9 号引脚，电路 1269（橙/红）线束侧与接地之间连接一根带熔断丝（15A）的跨接线，如图 9-6 所示。

• 防盗发光二极管指示灯是否亮?

是，转到 G4。

否，转到 G2。

G2 检查防盗系统指示灯电路 729（红/白）电压

• 断开：日光照度传感器 C286。

• 从线束侧测量日光照度传感器 C286 的 3 号引脚，即电路 729（红/白）和接地之间的电压。

• 电压是否大于 10V?

是，转到 G3。

否，维修供电电路。测试系统是否工作正常。

G3 检查动力控制模块和日光照度传感器之间电路 1269（白/浅蓝）是否断路

- 从线束侧测量动力控制模块接头 C175b 的 9 号引脚，即电路 1269（橙/红）与日光照度传感器 C286 的 4 号引脚，即电路 1269（橙/红）之间的电阻，如图 9-7 所示。

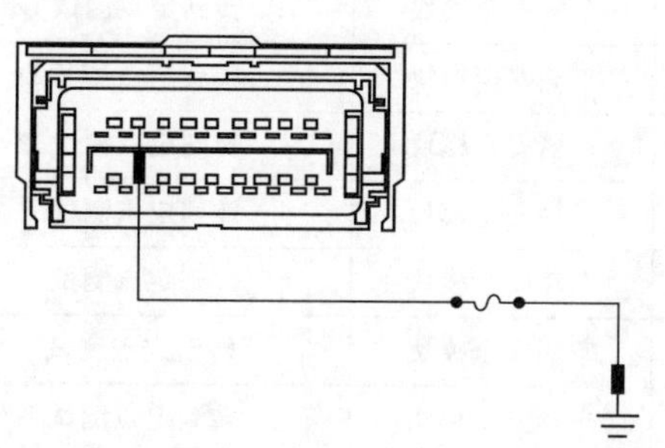

图 9-6　在接头 C175b 的引脚 9 与接地间跨接保险丝

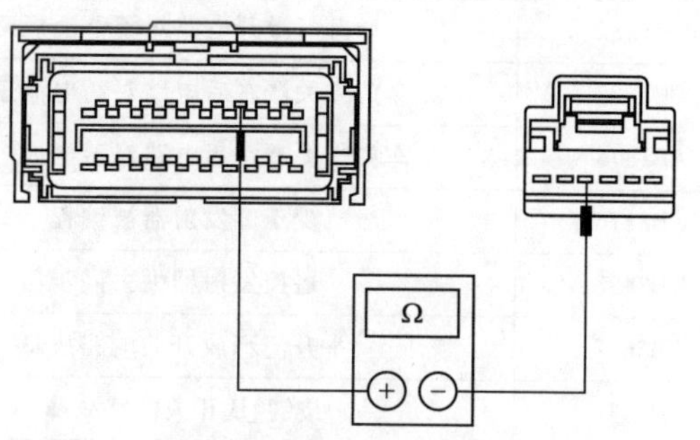

图 9-7　测量接头 C175b 的引脚 9 与 C286 的引脚 4 间的电阻

- 电压是否大于 10V?

是，安装一个新的日光照度传感器。

否，维修有问题的电路。测试系统是否工作正常。

G4 检查动力控制模块是否工作正常

- 断开动力系统控制模块的各个接头。
- 检查是否有腐蚀、引脚脱出。
- 连接动力系统控制模块的各个接头，确认各个接头插接正确。
- 运行被动防盗系统，验证故障是否仍然存在。
- 故障是否仍然存在?

是，换装新的动力系统控制模块。清除诊断故障代码。重新进行自检。

否，被动防盗系统此时工作正常。故障可能是由接头松动或腐蚀引起的。清除诊断故障代码。重新进行自检。

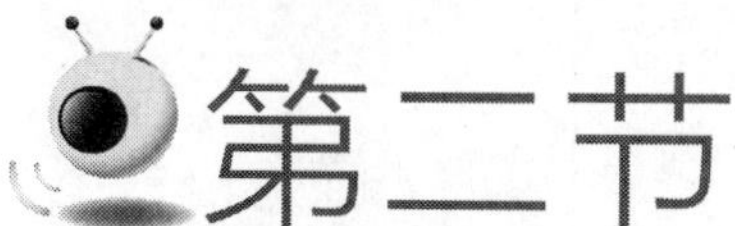

第二节 福特翼虎车系把手、锁、锁门和进入系统故障检修（05～08 款）

一、车辆安全模块故障码（DTC）

如表 9-3 所示。

表 9-3　车辆安全模块故障码（DTC）

DTC	说　明	来　源	措　施
B1300	电动门锁电路故障	车辆安全模块	转到定点测试 A
B1311	电动门开锁电路故障	车辆安全模块	转到定点测试 A
B1321	驾驶员车门未关严电路对蓄电池短路	车辆安全模块	转到定点测试 D

续表

DTC	说 明	来 源	措 施
B1329	乘客车门未关严电路对蓄电池短路	车辆安全模块	转到定点测试 D
B1333	举升门微开电路对蓄电池短路	车辆安全模块	转到定点测试 D
B1337	车门未关严右后电路对蓄电池短路	车辆安全模块	转到定点测试 D
B1573	车门未关严左后电路对蓄电池短路	车辆安全模块	转到定点测试 D
B2276	少于 2 发射器被编程	车辆安全模块	转到定点测试 E
B2425	遥控发射器失去同步	车辆安全模块	转到定点测试 E
B2667	举升门释放开关电路故障	车辆安全模块	转到定点测试 J
B2675	按键_B 开关电路故障	车辆安全模块	转到定点测试 B
B2676	按键_C 开关电路故障	车辆安全模块	转到定点测试 B
B2695	按键_A 开关电路故障	车辆安全模块	转到定点测试 B

二、故障现象表

如表 9-4 所示。

表 9-4 故障现象

故障现象	可能来源	措 施
• 一个/一个以上的车门锁不起作用	• 车门锁控制开关 • 车门锁执行器 • 车门锁金属件 • 电路 • 车辆安全模块	• 转到定点测试 A
• 使用遥控无钥匙按键不能打开/锁止车门锁	• 遥控无钥匙进入(RKE)按键 • RKE 发射器 • 车辆安全模块	• 转到定点测试 B
使用遥控无钥匙发射器不能打开/锁止车门锁	• 遥控无钥匙进入(RKE)发射器蓄电池 • RKE 发射器 • RKE 发射器编程 • 配件系统 • 高功率装置 • TV/无线发射塔 • 车辆安全模块	• 转到定点测试 C
• 自动锁止不正确操作	• 车门未关严开关 • 控制器区域网络(CAN) • 车辆安全模块	• 转到定点测试 D
• 遥控无钥匙进入发射器失去同步	• 遥控无钥匙进入(RKE)发射器 • 车辆范围以外按下了遥控无钥匙进入发射器按钮数次 • 车辆安全模块	• 转到定点测试 E
• 紧急警报功能不起作用/不正确操作	• 遥控无钥匙进入(RKE)发射器 • 电路 • 车辆安全模块	• 转到定点测试 F
• 遥控无钥匙进入键板照明不起作用	• 遥控无钥匙进入(RKE)按键 • RKE 发射器 • 车辆安全模块	• 转到定点测试 G

续表

故障现象	可能来源	措施
• 智能开锁不正确操作	• 车门锁控制开关 • 驾驶员车门未关严开关 • 控制器区域网络(CAN) • 车辆安全模块	• 转到定点测试 H
• 遥控无钥匙进入发射器发射范围不佳	• 配件系统 • 高功率装置 • TV/无线电发射塔 • 遥控无钥匙进入(RKE)发射器 • 车辆安全模块	• 转到定点测试 I
• 举升门车窗玻璃释放不起作用	• 举升门车窗玻璃开关 • 遥控无钥匙进入(RKE)发射器 • 举升门车窗玻璃释放执行器 • 车辆安全模块	• 转到定点测试 J

三、定点测试

1. 定点测试 A：一个/一个以上的车门锁不起作用

检修步骤如下：

A1 检查车门锁执行器操作

• 验证电动车门开锁抑制功能被停用。进入诊断工具上的以下诊断模式：Activate the door lock and unlock active commands.

• 所有车门是否正确地锁止和开锁？

是，转到 A2。

否，转到 A13。

A2 隔离驾驶员或乘客控制开关故障

• 使用驾驶员车门锁控制开关操作车门锁。

• 驾驶员车门锁控制开关是否能操作所有车门锁？

是，转到 A3。

否，转到 A8。

A3 检查电路 57（黑）

• 断开：乘客车门锁控制开关 C605（Expedition）/C632（Navigator）。

• 对于 Expedition，测量乘客车门锁控制开关 C605 引脚 4，电路 57（黑），线束侧与接地之间的电阻，如图 9-8 所示。

• 对于 Navigator，测量乘客车门锁控制开关 C632 引脚 4，电路 57（黑），线束侧与接地之间的电阻，如图 9-9 所示。

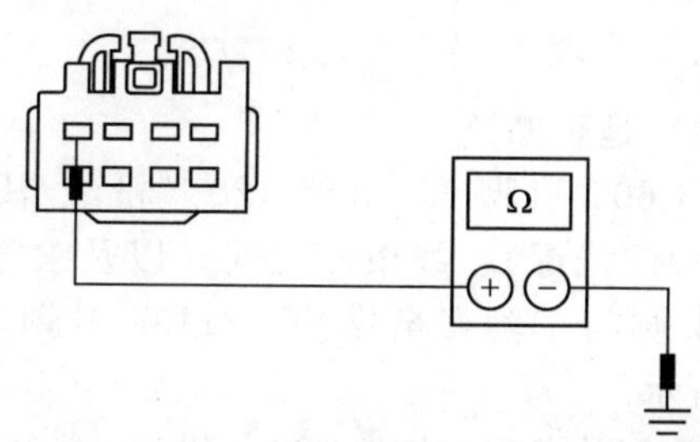

图 9-8　测量 C605 引脚 4 与接地间电阻

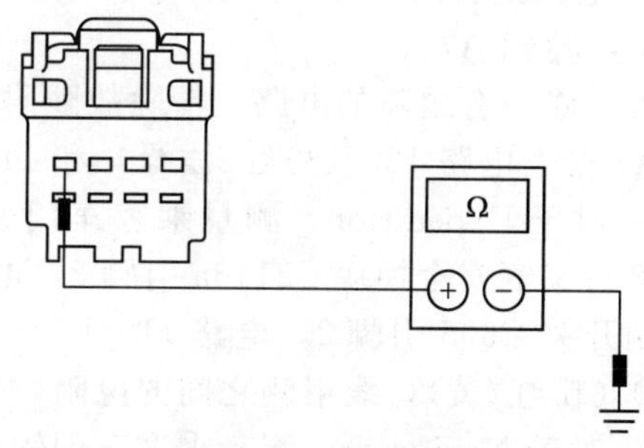

图 9-9　测量 C632 引脚 4 与接地间电阻

- 电阻是否低于 5Ω？

是，转到 A4。

否，修理电路。清除故障码。重复自检。

A4 检查至车辆安全模块的电路 120（粉红/浅绿）和 119（粉红/黄）

- 对于 Expedition，在乘客车门锁控制开关 C605 引脚 6，电路 120（粉红/浅绿），线束与接地之间；以及在乘客车门锁控制开关 C605 引脚 2，电路 119（粉红/黄），线束侧与接地之间连接一根熔断式（5A）跨接线。

- 对于 Navigator，在乘客车门锁控制开关 C632 引脚，电路 120（粉红/浅绿），线束侧与接地之间；以及在乘客车门锁控制开关 C632 引脚 3，电路 119（粉红/黄），线束侧与接地之间连接一根熔断式（5A）跨接线。

- 车门锁是否开锁和锁止？

是，安装一个新乘客车门锁控制开关。清除故障码。重复自检。

否，转到 A5。

A5 检查电路 120（粉红/浅绿）和 119（粉红/黄）是否对电压短路

- 点火钥匙在 OFF 位置。
- 断开：车辆安全模块 C2113a。

A5 检查电路 120（粉红/浅绿）和 119（粉红/黄）是否对电压短路（续）

- 对于 Expedition，测量乘客车门锁控制开关 C605 引脚 6，电路 120（粉红/浅绿），线束侧与接地之间以及乘客车门锁控制开关 C605 引脚 2，电路 119（粉红/黄），线束侧与接地之间的电压。

- 对于 Navigator，测量乘客车门锁控制开关 C632 引脚 7，电路 120（粉红/浅绿），线束侧与接地之间；以及在乘客车门锁控制开关 C632 引脚 3，电路 119（粉红/黄），线束侧与接地之间的电压。

- 电压是否高于 10V？

是，修理有故障的电路。清除故障码。重复自检。

否，转到 A6。

A6 检查电路 120（粉红/浅绿）和 119（粉红/黄）是否对接地短路

- 对于 Expedition，测量乘客车门锁控制开关 C605 引脚 6，电路 120（粉红/浅绿），线束侧与接地之间；以及乘客车门锁控制开关 C605 引脚 2，电路 119（粉红/黄），线束侧与接地之间的电阻。

- 对于 Navigator，测量乘客车门锁控制开关 C632 引脚 7，电路 120（粉红/浅绿），线束侧与接地之间；以及乘客车门锁控制开关 C632 引脚 3，电路 119（粉红/黄），线束侧与接地之间的电阻。

- 电阻是否高于 10000Ω？

是，转到 A7。

否，修理有故障的电路。清除故障码。重复自检。

A7 检查电路 120（粉红/浅绿）和 119（粉红/黄）是否断路

- 对于 Expedition，测量乘客车门锁控制开关 C605 引脚 6，电路 120（粉红/浅绿），线束侧与车辆安全模块 C2113a 引脚 2，电路 120（粉红/浅绿），线束侧之间；以及乘客车门锁控制开关 C605 引脚 2，电路 119（粉红/黄），线束侧与车辆安全模块 C2113a 引脚 3，电路 119（粉红/黄），线束侧之间的电阻，如图 9-10 所示。

- 对于 Navigator，测量乘客车门锁控制开关 C632 引脚 7，电路 120（粉红/浅绿），线束侧与车辆安全模块 C2113a 引脚 2，电路 120（粉红/浅绿），线束侧之间；以及乘客车门锁控制开关 C632 引脚 3，电路 119（粉红/黄），线束侧与车辆安全模块 C2113a 引脚 3，电路 119（粉红/黄），线束侧之间的电阻。

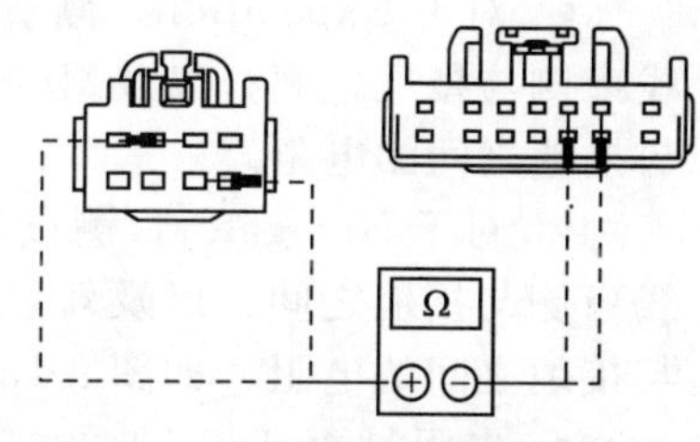

图 9-10 分别测量 C605 引脚 6 与 C2113a 引脚 2、3 间的电阻

- 电阻是否低于 5Ω?

是，转到 A16。

否，修理有故障的电路。清除故障码。重复自检。

A8 检查电路 57（黑）是否断路断开：驾驶员车门锁控制开关 C505（Expedition）/C541（Navigator）。

- 对于 Expedition，测量驾驶员车门锁控制开关 C505 引脚 4，电路 57（黑），线束侧与接地之间的电阻，如图 9-11 所示。

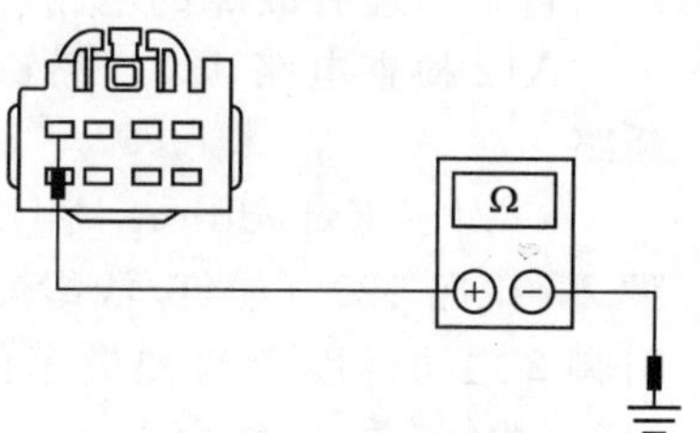

图 9-11 测量 C505 引脚 4 与接地间的电阻

- 对于 Navigator，测量驾驶员车门锁控制开关 C632 引脚 4，电路 57（黑），线束侧与接地之间的电阻，如图 9-12 所示。

- 电阻是否低于 5Ω?

是，转到 A9。

否，修理电路。清除故障码。重复自检。

A9 检查至车辆安全模块的电路 120（粉红/浅绿）和 119（粉红/黄）

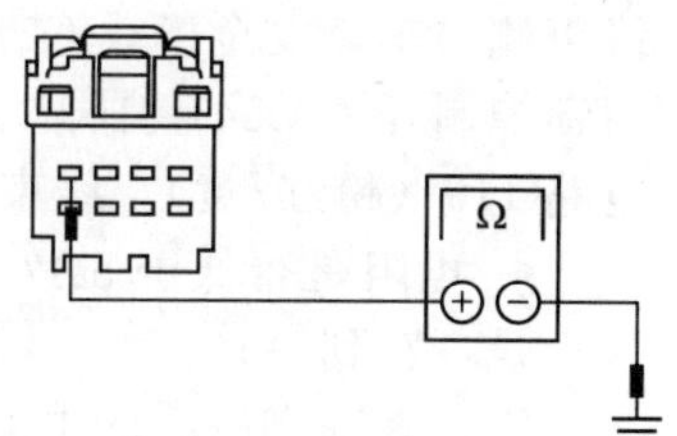

图 9-12 测量 C632 引脚 4 与接地间电阻

- 对于 Expedition，在驾驶员车门锁控制开关 C505 引脚 6，电路 120（粉红/浅绿），线束侧与接地之间；以及在驾驶员车门锁控制开关 C505 引脚 2，电路 119（粉红/黄），线束侧与接地之间连接一根熔断式（5A）跨接线。

- 对于 Navigator，在驾驶员车门锁控制开关 C541 引脚 7，电路 120（粉红/浅绿），线束侧与接地之间；以及在驾驶员车门锁控制开关 C541 引脚 3，电路 119（粉红/黄），线束侧与接地之间连接一根熔断式（5A）跨接线。

- 车门锁是否开锁和锁止?

是，安装一个新驾驶员车门锁控制开关。清除故障码。重复自检。

否，转到 A10。

A10 检查电路 120（粉红/浅绿）和 119（粉红/黄）是否对电压短路

- 断开：车辆安全模块 C2113a。

- 对于 Expedition，测量驾驶员车门锁控制开关 C505 引脚 6，电路 120（粉红/浅绿），线束侧与接地之间；以及驾驶员车门锁控制开关 C505 引脚 2，电路 119（粉红/黄），线束侧与接地之间的电压。

- 电压是否高于 10V?

检查电路 120（粉红/浅绿）和 119（粉红/黄）是否对接地短路

是，修理有故障的电路。清除故障码。重复自检。

否，转到 A11。

A11 检查电路 120（粉红/浅绿）和 119（粉红/黄）是否对接地短路

- 对于 Navigator，测量驾驶员车门锁控制开关 C541 引脚 7，电路 120（粉红/浅绿），线束侧与接地之间；以及驾驶员车门锁控制开关 C541 引脚 3，电路 119（粉红/黄），线束侧与接地之间的电压。

- 对于Expedition，测量驾驶员车门锁控制开关C505引脚6，电路120（粉红/浅绿），线束侧与接地之间；以及驾驶员车门锁控制开关C505引脚2，电路119（粉红/黄），线束侧与接地之间的电阻。
- 对于Navigator，测量驾驶员车门锁控制开关C541引脚7，电路120（粉红/浅绿），线束侧与接地之间；以及驾驶员车门锁控制开关C541引脚3，电路119（粉红/黄），线束侧与接地之间的电阻，如图9-13所示。
- 电阻是否高于10,000Ω？

是，转到A12。

否，修理有故障的电路。清除故障码。重复自检。

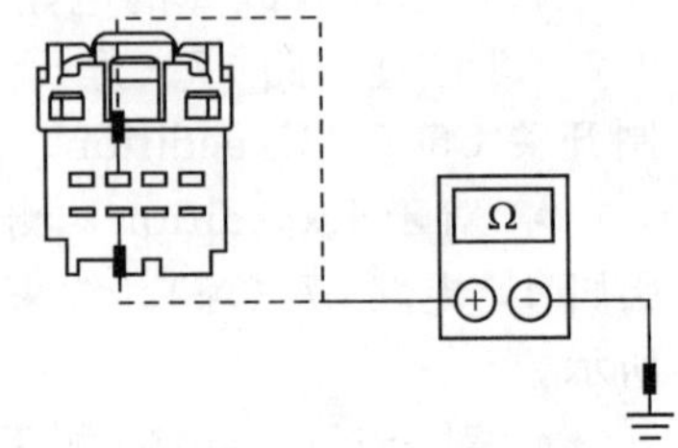
图9-13　分别测量C541引脚7、3的接地间电阻

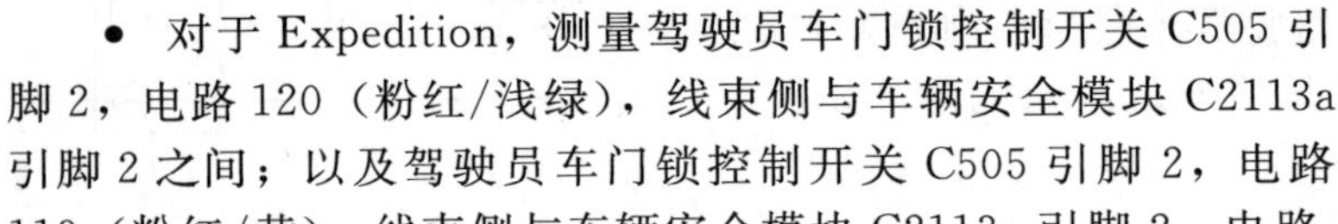

A12 检查电路120（粉红/浅绿）和119（粉红/黄）是否断路

- 对于Expedition，测量驾驶员车门锁控制开关C505引脚2，电路120（粉红/浅绿），线束侧与车辆安全模块C2113a引脚2之间；以及驾驶员车门锁控制开关C505引脚2，电路119（粉红/黄），线束侧与车辆安全模块C2113a引脚2，电路119（粉红/黄），线束侧之间的电阻。
- 对于Navigator，测量驾驶员车门锁控制开关C541引脚7，电路120（粉红/浅绿），线束侧与车辆安全模块C2113a引脚2，电路120（粉红/浅绿），线束侧之间；以及驾驶员车门锁控制开关C541引脚3，电路119（粉红/浅绿），线束侧与车辆安全模块C2113a引脚3，电路119（粉红/黄），线束侧之间的电阻。
- 电阻是否低于5Ω？

是，转到A16。

否，修理有故障的电路。清除故障码。重复自检。

A13 检查可疑门锁的手动操作

- 手动操作可疑的车门锁，检查是否有黏合或卡住的状况。
- 门锁是否卡住或黏合？

是，修理黏合的部件。清除故障码。重复自检。

否，转到A14。

A14 检查可疑门锁执行器

- 断开：可疑门锁执行器接头。
- 在可疑门锁执行器接头引脚1，部件侧与蓄电池正极接线柱之间；以及可疑门锁执行器接头引脚2，部件侧与接地之间连接一根熔断式（5A）跨接线，如图9-14所示。
- 在可疑门锁执行器接头引脚2，部件侧与蓄电池正极接线柱之间；以及可疑门锁执行器接头引脚1，部件侧与接地之间连接一根熔断式（5A）跨接线。
- 车门锁执行器是否正确操作？

是，转到A15。

否，安装一个新车门锁执行器。重复自检。

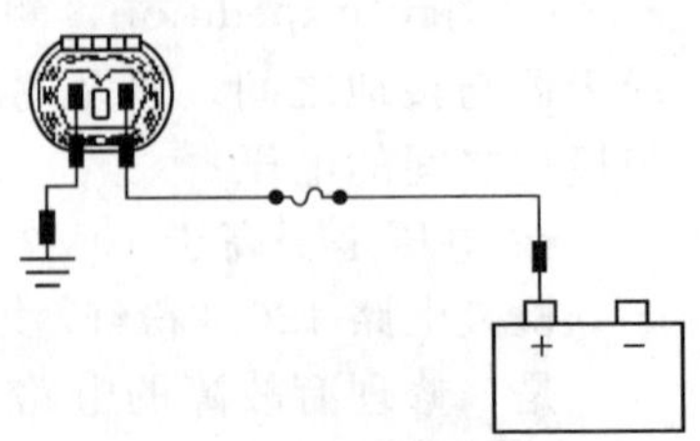
图9-14　连接保险丝

A15 检查车门锁执行器电路

- 断开：车辆安全模块C2113a。
- 如果驾驶员车门锁不起作用，在车辆安全模块C2113a引脚1，电路117（粉红/黑）线束侧与车辆安全模块C2113a引脚7，电路163（红/橙），线束侧之间连接一根熔断式（5A）跨接线，如图9-15所示。

● 如果驾驶员以外的任何车门锁不起作用，在车辆安全模块 C2113a 引脚 1，电路 117（粉红/黑）线束侧与车辆安全模块 C2113a 引脚 8，电路 118（粉红/橙），线束侧之间连接一根熔断式（15A）跨接线。

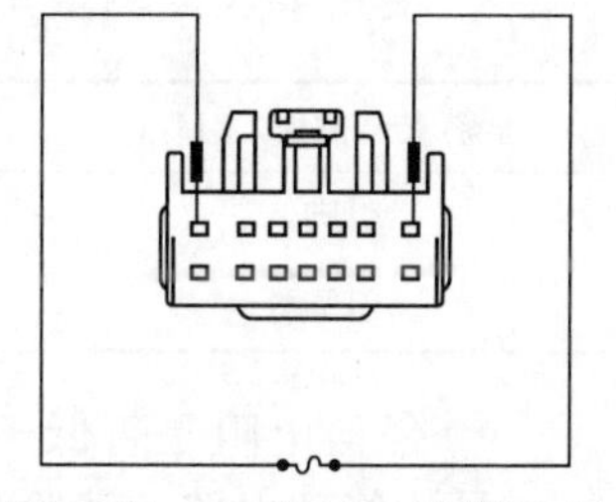
图 9-15 在 C2113a 引脚 1 与引脚 7 之间连接熔断丝

● 测量可疑车门锁执行器接头引脚 1 线束与可疑车门锁执行器接头引脚 2，电路 117（粉红/黑），线束侧之间的电阻，如图 9-16 所示。

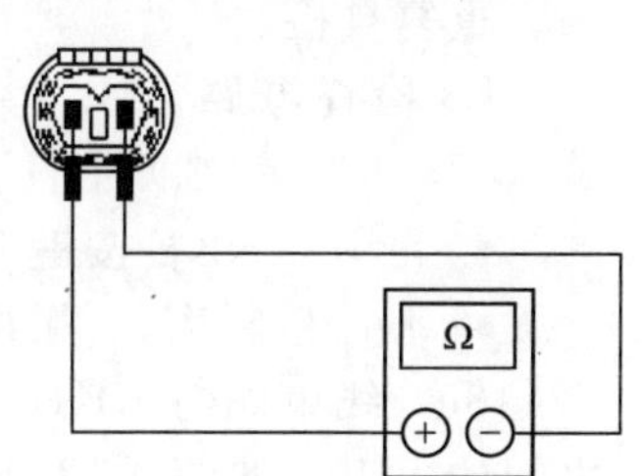

图 9-16 测量执行器引脚 1 与引脚 2 间的电阻

● 电阻是否低于 5Ω？

是，到 A16。

否，修理有故障的电路。清除故障码。重复自检。

A16 检查车辆安全模块操作是否正确

● 断开所有车辆安全模块接头。

● 检查是否有腐蚀、引脚凸出。

● 连接所有车辆安全模块接头并确保它们正确入位。

● 操作系统并验证故障是否依然存在。

● 故障是否依然存在？

是，安装一个新的车辆安全模块。清除故障码。重复自检。

否，此时系统操作正确。故障可能由松动或腐蚀的接头引起。清除故障码。重复自检。

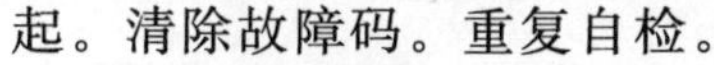

2. 定点测试 B：使用遥控无钥匙按键不能打开/锁止车门

检修步骤如下：

B1 检查车辆安全模块按键开关 PID

● 进入诊断工具上的以下诊断模式：Vehicle Security Module KEYPAD PIDS.（车辆安全模块 KEYPAD PID）

● 按下各遥控无钥匙进入（RKE）按键按钮，同时观察车辆安全模块 KEYPAD PID。

● PID 数值是否与 RKE 按键按钮位置相符？

是，转到 B5。

否，转到 B2。

B2 检查电路 78（浅蓝/黄）、79（浅绿/红）和 121（黄/黑）是否对接地有电阻

● 将点火开关设置在 OFF 位置。

● 断开：车辆安全模块 C2113c。使用下表，测量车辆安全模块 C2113c，线束侧与接地之间的电阻，如图 9-17 所示。

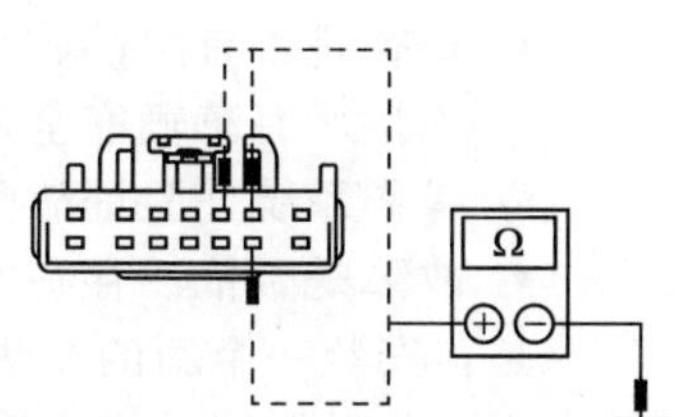

图 9-17 测量 C2113c 相关端子与接地间电阻

车辆安全模块 C2113c	电　路	车辆安全模块 C2113c	电　路
引脚 2	78(浅蓝/黄)	引脚 9	79(浅绿/红)
引脚 3	121(黄/黑)		

● 任何电阻是否低于 10,000Ω？

检查电路 78（浅蓝/黄）、79（浅绿/红）和 121（黄/黑）是否对接地短路

是，转到 B3。

否，转到 B4。

● 断开：RKE 按键 C500。

- 使用下表，测量车辆安全模块 C2113c，线束侧与接地之间的电阻：

车辆安全模块 C2113c	电　　路	车辆安全模块 C2113c	电　　路
引脚 2	78(浅蓝/黄)	引脚 9	79(浅绿/红)
引脚 3	121(黄/黑)		

- 任何电阻是否低于 10,000Ω?

是，修理电路。清除故障码。重复自检。

否，安装一个新 RKE 按键。清除故障码。重复自检。

B3 检查电路 121（黄/黑）、78（浅蓝/黄）、79（浅绿/红）和 124（棕）是否断路

- 断开：RKE 按键 C500。
- 使用下表，测量车辆安全模块 C2113c，线束侧与 RKE 按键 C500，线束侧之间的电阻，如图 9-18 所示。

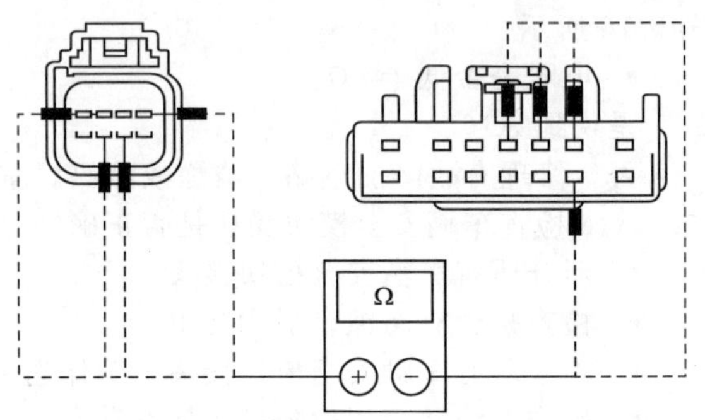

图 9-18　测量 C2113c 相关端子 C500 相关端子间电阻

车辆安全模块 C2113c	电　　路	RKE C500	车辆安全模块 C2113c	电　　路	RKE C500
引脚 2	78(浅蓝/黄)	引脚 1	引脚 4	124(红)	引脚 6
引脚 3	121(黄/黑)	引脚 7	引脚 9	79(浅绿/红)	引脚 3

- 电阻低于 5Ω 吗?

是，安装一个新 RKE 按键。清除故障码。重复自检。

否，修理电路。清除故障码。重复自检。

B4 检查车辆安全模块操作是否正确

- 断开所有车辆安全模块接头。
- 检查是否有腐蚀、引脚凸出。
- 连接所有车辆安全模块接头并确保它们正确入位。
- 操作系统并验证故障是否依然存在。
- 故障是否依然存在?

是，安装一个新的车辆安全模块。清除故障码。重复自检。

否，此时系统操作正确。故障可能由松动或腐蚀的接头引起。清除故障码。重复自检。

3. 定点测试 C：使用遥控无钥匙进入发射器不能打开/锁止车门

检修步骤如下：

C1 检查 RKE 发射器是否正确

- 检查用于车辆的 RKE 发射器是否正确。
- 确保可能安装在车上的 RKE 发射器是由 OEM 系统提供，而不是来自于配件系统，或者是经销商安装的系统。
- 所有正确的 RKE 发射器都在现场吗?

是，转到 C2。

否，无正确的 RKE 发射器时，不能测试系统。告知用户，进行系统诊断时，所有正确的 RKE 发射器都必须在场。

C2 点火钥匙在 OFF 位置情况下，RKE 发射器的操作

- 将点火开关设置在 OFF 位置。

- 检查 RKE 发射器的操作。
- 现在系统是否正确操作？

是，系统按设计操作。告知用户车辆正确操作。

否，转到 C3。

C3 检查电动门锁系统是否正确操作

- 通过操作驾驶员车门锁控制开关来验证车门锁止/开锁。
- 所有车门是否正确地锁止和开锁？

是，转到 C4。

否，为诊断不起作用的车门锁，转到定点测试 A。

C4 检查 RKE 发射器的完整功能性

- 检查所有 RKE 发射器按钮是否正确操作。
- 紧急按钮是否正确操作？

是，更换不起作用的 RKE 发射器。给所有 RKE 发射器编程。告知用户任何不在场的 RKE 发射器都需要被编程。测试系统是否正常工作。

否，转到 C5。

C5 确保正在接收 RKE 发射器信号

- 连接诊断工具。进入诊断工具上的以下诊断模式：Enter the vehicle security module function tests，transmitter test or program transmitter.（进入车辆安全模块功能测试，发射器测试或对发射器编程）过诊断工具菜单，监控 RKE 发射器识别代码（TIC）。
- 注意：使用诊断工具之前，车辆必须电子开锁（通过车门锁控制开关）。验证正在接收 RKE 发射器信号。使用诊断工具，按下 RKE 发射器上的按钮，同时观察诊断工具。
- 当按下按钮时，TIC 是否显示在诊断工具屏幕上？

是，转到 C6。

否，转到 C7。

C6 检查 RKE 发射器是否被编程

- 进入诊断工具上的以下诊断模式：Enter the vehicle security module function tests，transmitter test or program transmitter. 通过诊断工具菜单，监控 RKE 发射器 TIC/DATA 。
- 验证车辆的 RKE 发射器被编程。
- RKE 发射器下显示的 TIC 是否与存储在存储器的任何 TIC 相匹配？

是，转到 C8。

否，给所有 RKE 发射器编程。告知用户任何不在场的 RKE 发射器都需要被编程。测试系统是否正常操作。

C7 检查 RKE 发射器电池

- 使用一个薄硬币，打开 RKE 发射器。
- 不要清除电路板背面上电池端子上的任何油脂。
- 验证使用了正确的（CR2032）蓄电池。
- 拆下 RKE 发射器电池并测量电压。
- 电压是否高于 2.5V？

是，转到 C9。

否，安装一个新电池（确保电池正确落座）。不要对 RKE 发射器重新编程（有故障的或废电池不从存储器中擦除 TIC）。测试系统是否正常操作。

C8 用车辆安全模块检查 RKE 发射器是否失去同步

- 使用诊断工具之前，车辆必须电子开锁（通过车门锁控制开关）。
- 进入诊断工具上的以下诊断模式：Retrieve continuous DTC sthrough diagnostic tool.
- 车辆安全模块中是否存储了持续性 DTC B2425？

是，为诊断 RKE 发射器失去同步，转到定点测试 E。

否转到 C9。

C9 检查已知好的 RKE 发射器是否操作正常

- 进入诊断工具上的以下诊断模式：Enter the vehicle security module function tests，transmitter test or program transmitter. 过诊断工具菜单，监控 RKE 发射器 TIC/DATA。
- 使用用户的第二把 RKE 发射器或对于车辆来说是正确的已知好的 RKE 发射器并验证正在通过车辆安全模块接收 RKE 发射器信号。
- 按下 RKE 发射器上的按钮时，诊断工具上是否显示 TIC?

是，更换不起作用的 RKE 发射器。给所有 RKE 发射器重新编程。告知用户任何不在场的 RKE 发射器都需要被编程。测试系统是否正常操作。

否，转到 C10。

C10 检查车辆安全模块操作是否正确

- 断开所有车辆安全模块接头。
- 检查是否有腐蚀、引脚凸出。
- 连接所有车辆安全模块接头并确保它们正确落座。
- 操作系统并验证故障是否依然存在。故障是否依然存在?

是，安装一个新的车辆安全模块。告知用户任何不在场的 RKE 发射器都需要被编程。重复自检。

否，此时系统操作正确。故障可能由松动或腐蚀的接头引起。清除故障码。重复自检。

4. 定点测试 D：自动锁止不正确操作

检修步骤如下：

D1 验证自动锁止功能启用

- 验证自动锁止功能启用。
- 自动锁止/重新锁止功能是否启用?

是，转到 D2。

否，使用任何配置方式打开功能。测试系统是否正常操作。

D2 检查车门锁控制开关

- 断开：车门锁控制开关。
- 进行车门锁控制开关部件测试。部件测试参见电路图单元 149。
- 车门锁控制开关是否正常?

是，转到 D3。

否，安装一个新车门锁控制开关。清除故障码。重复自检。

D3 检查所有车辆安全模块车门未关严 PID 是否正确读取

点火钥匙在 ON 位置。

- 进入诊断工具上的以下诊断模式：

Monitor all vehicle security module door ajar PIDS while open ingand closing all doors。

- PID 数值是否与车门位置一致?

是，转到 D15。

否，如果举升门微开电路 PID 与举升门状态不匹配，则转到 D7。所有其他的，转到 D4。

D4 检查可疑车门未关严开关电路

- 点火钥匙在 OFF 位置。
- 断开：可疑车门未关严开关接头。
- 在可疑车门未关严开关的引脚之间连接一根跨接线。参见下表：

车　门	接　头	车　门	接　头
左前	C526	左后	C715
右前	C602	右后	C820

- 门控灯是否熄灭？

是，安装一个新车门未关严开关。重复自检。

否，转到 D5。

D5 检查可疑车门未关严开关电路 57（黑）是否断路

- 测量可疑车门未关严开关接头线束侧与接地之间的电阻。参见下表：

车门未关严开关	电　路	车门未关严开关	电　路
C526(左前)	57(黑)	C715(左后)	57(黑)
C602(右前)	57(黑)	C820(右后)	57(黑)

- 电阻是否低于 5Ω？

是，转到 D6。

否，修理有故障的电路。清除故障码。重复自检。

D6 检查车辆安全模块与可疑车门未关严开关之间的电路是否断路

- 断开：车辆安全模块 C2113a。
- 测量可疑车门未关严开关接头，线束侧与车辆安全模块 C2113a，线束侧之间的电阻。参见下表：

车门未关严开关	车辆安全模块	电　路	车门未关严开关	车辆安全模块	电　路
C526(左前)	C2113a-4	344(黑/黄)	C715(左后)	C2113a-11	346(黑/白)
C602(右前)	C2113a-5	345(黑/粉红)	C820(右后)	C2113a-6	346(黑/白)/ 363(黑/浅蓝)

- 电阻是否低于 5Ω？

是，转到 D15。

否，修理有故障的电路。清除故障码。重复自检。

D7 检查电路 700（白/紫）是否对电压短路

- 点火钥匙在 OFF 位置。
- 断开：车辆安全模块 C2113a。点火钥匙在 ON 位置。
- 测量车辆安全模块 C2113a 引脚 12，电路 700（白/紫），线束侧与接地之间的电压，如图 9-19 所示。
- 是否存在任何电压？

是，转到 D8。

否，转到 D10。

D8 隔离对电压的短路

- 点火钥匙在 OFF 位置。
- 断开：电动举升门模块 C4174d（如果装备有电动举升门）。
- 断开：举升门微开开关 C479（如果未装备电动举升门）。
- 点火钥匙在 ON 位置。
- 测量车辆安全模块 C2113a 引脚 12，电路 700（白/紫），线束侧与接地之间的电压，如图 9-20 所示。

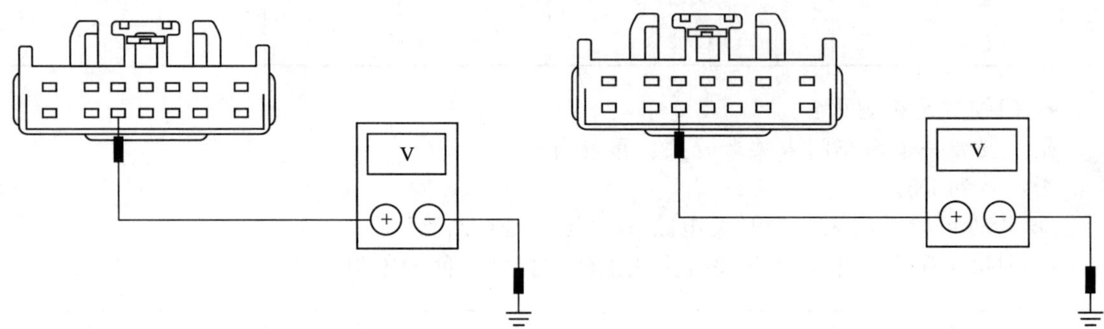

图 9-19 测量 C2113a 引脚 12 与接地间电压　　图 9-20 测量 C2113a 引脚 12 与接地间电压

- 是否存在任何电压？

是，修理电路。清除故障码。重复自检。

否，如果车辆装备有一个电动举升门，则安装一个新电动举升门模块。测试系统是否正常工作。如果车辆未装备电动举升门，转到 D9。

D9 检查举升门玻璃释放执行器是否对电压短路

- 点火钥匙在 OFF 位置。
- 连接：举升门微开关 C479。
- 断开：举升门玻璃释放执行器 C4040。
- 测量车辆安全模块 C2113a 引脚 12，电路 700（白/紫），线束侧与接地之间的电压。
- 是否存在任何电压？

是，修理电路 1961（蓝/浅蓝）。清除故障码。重复自检。

否，安装一个新举升门玻璃释放执行器。清除故障码。重复自检。

D10 检查电路 700（白/紫）是否断路

- 点火钥匙在 OFF 位置。
- 断开：电动举升门模块 C4174d（如果装备有电动上翻式车门）。
- 断开：举升门微开开关 C479（如果未装备电动举升门）。
- 如果车辆装备有一个电动举升门，测量车辆安全模块 C2113a 引脚 12，电路 700（白/紫），线束与电动举升门模块 C4174d 引脚 10，电路 700（白/紫），线束侧之间的电阻，如图 9-21 所示。
- 如果车辆未装备电动举升门，测量车辆安全模块 C2113a 引脚 12，电路 700（白/紫），线束侧与举升门微开开关 C479 引脚 B，电路 700（白/紫），线束侧之间的电阻，如图 9-22 所示。
- 电阻是否低于 5Ω？

是，转到 D11。

否，修理电路。清除故障码。重复自检。

D11 检查电路 1961（棕/浅蓝）是否断路

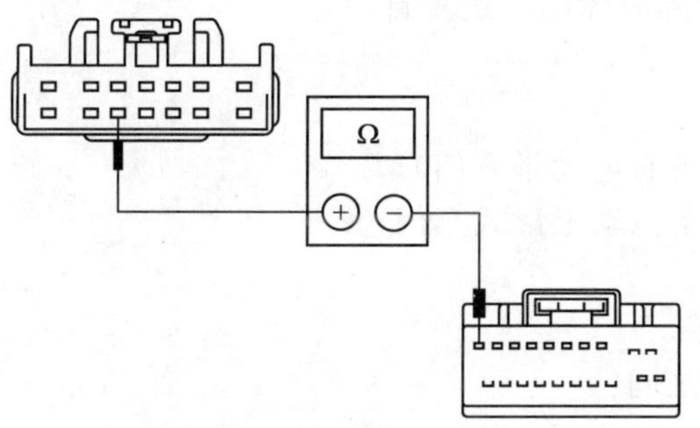

图 9-21 测量 C2113a 引脚 12 与 C4174d 引脚 10 之间的电阻

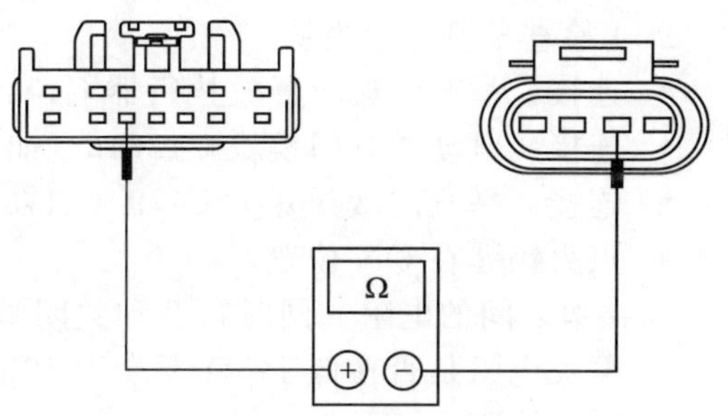

图 9-22 测量 C2113a 引脚 12 与 C479 引脚 B 之间的电阻

- 断开：举升门玻璃释放执行器 C4040。
- 如果车辆装备有电动举升门，测量电动举升门模块 C4174d 引脚 7，电路 1961（棕/浅蓝），线束侧与举升门释放执行器 C4040 引脚 1，电路 1961（棕/浅蓝），线束侧之间的电阻，如图 9-23 所示。
- 如果车辆未装备电动举升门，测量举升门微开开关 C479 引脚 C，电路 1961（蓝/浅蓝），线束侧与举升门玻璃执行器 C4040 引脚 1，电路 1961（棕/浅蓝），线束侧之间的电阻，如图 9-24 所示。

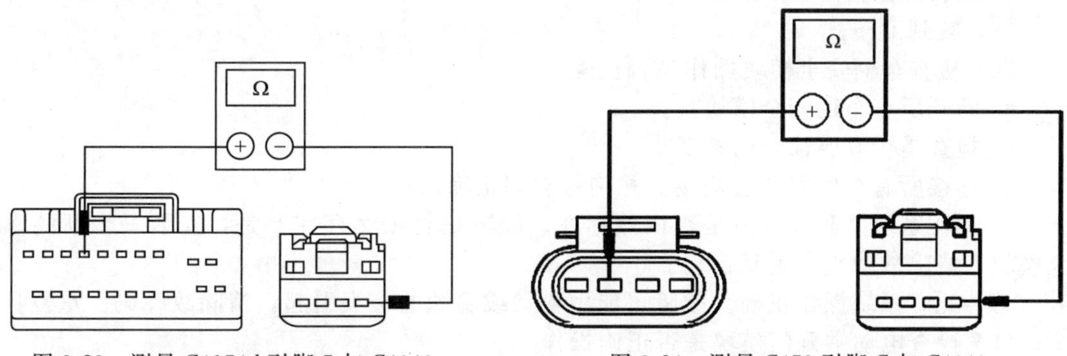

图 9-23 测量 C4174d 引脚 7 与 C4040 引脚 1 之间的电阻

图 9-24 测量 C479 引脚 C 与 C4040 引脚 1 之间的电阻

- 电阻是否低于 5Ω?

是，转到 D12。

否，修理电路。清除故障码。重复自检。

D12 检查电路 57（黑）是否断路

- 测量举升门玻璃释放执行器 C4040 引脚 3，电路 57（黑/浅蓝）线束侧与接地之间的电阻。
- 电阻是否低于 5Ω?

是，转到 D13。

否，修理电路。清除故障码。重复自检。

D13 检查举升门玻璃释放执行器

- 测量举升门玻璃释放执行器 C4040 引脚 1，部件侧与上翻式车门玻璃释放执行器 C4040 引脚 3，部件侧之间的电阻，同时打开和关闭举升门玻璃。
- 开关电阻是否在低于 5Ω 至高于 10000Ω 之间？

是，转到 D14。

否，安装一个新举升门玻璃释放执行器。清除故障码。重复自检。

D14 检查车辆安全模块

- 连接：举升门玻璃释放执行器 C4040。
- 连接：电动举升门模块 C4174d（如果装备有电动举升门）。
- 连接：举升门微开开关 C479（如果未装备电动上翻式车门）。
- 点火钥匙在 ON 位置。

与接地之间的电阻，同时打开和关闭举升门。

- 开关电阻是否在低于 5Ω 至高于 10000Ω 之间？

是，转到 D16。

否，如果车辆装备有电动举升门，转到 D17。如果车辆未装备有一个电动举升门，则安装一个新举升门微开开关。清除故障码。重复自检。

D15 检查 PCM、组合仪表和 ABS PID

- 进入诊断工具上的以下诊断模式：Monitor the PCM vehiclespeed PID. （监控 PCM 车辆速度 PID）
- 进入诊断工具上的以下诊断模式：Monitor the instrument clusterignition switch status PID. （监控组合仪表点火开关状态 PID）
- 进入诊断工具上的以下诊断模式：Monitor the anti-lock brakesystem （ABS） module brake ON/OFF PID. [监控防抱死制动系统（ABS）模块制动（ON/OFF PID）]
- 接收的数值是否正确？

是，转到 D16。

D16 检查车辆安全模块操作是否正确

- 断开所有车辆安全模块接头。
- 检查是否有腐蚀、引脚凸出。
- 连接所有车辆安全模块接头并确保它们正确入位。
- 操作系统并验证故障是否依然存在。故障是否依然存在？是，安装一个新的车辆安全模块。清除故障码。重复自检。

否，此时系统操作正确。故障可能由松动或腐蚀的接头引起。清除故障码。重复自检。

D17 检查电动举升门模块是否正确操作

- 断开所有电动举升门模块接头。
- 检查是否有腐蚀、引脚凸出。
- 连接所有电动举升门模块接头并确保它们正确入位。
- 操作系统并验证故障是否依然存在。故障是否依然存在？

是，安装一个新的电动举升门模块。清除故障码（DTC）。重复自检。

否，此时系统操作正确。故障可能由松动或腐蚀的接头引起。清除故障码。重复自检。

5. 定点测试 E：遥控无钥匙进入发射器失去同步

检修步骤如下：

E1 重新使不起作用的遥控无钥匙进入发射器同步

- 点火钥匙在 OFF 位置。
- 在 30s 内连续按下不起作用的 RKE 发射器上的任意按钮 4 次。
- 现在 RKE 发射器是否正确操作？

是，系统正常。清除故障码。重复自检。

否，转到 E2。

E2 检查第二个 RKE 发射器

- 检查操作车辆的另一个 RKE 发射器。
- 是否有其他 RKE 发射器操作车辆？

是，转到 E3。

否，转到 E4。

E3 使用第二个发射器重新使不起作用的 RKE 发射器同步

- 点火钥匙在 OFF 位置。
- 按下 RKE 发射器上的任意按钮。
- 在 30s 内按下不起作用的 RKE 发射器上的一个按钮。
- 检查不起作用的 RKE 发射器按钮是否正确操作。
- 现在不起作用 RKE 发射器是否操作？

是，系统正常。清除故障码。重复自检。

否，转到 E4。

E4 给不起作用的 RKE 发射器或所有 RKE 发射器编程

- 使用诊断工具单独给不起作用的 RKE 发射器编程，或者使用手动钥匙循环方法给所有 RKE 发射器编程。
- 现在不起作用 RKE 发射器是否操作？

是，系统正常。告知用户任何不在场的 RKE 发射器都需要被编程。清除故障码。重复自检。

否，为诊断不起作用的遥控发射器，转到定点测试 C。

6. 定点测试 F：紧急警报功能不起作用/不正确操作

检修步骤如下：

F1 验证喇叭的操作

- 点火钥匙在 ON 位置。
- 通过方向盘开关操作喇叭。
- 喇叭操作是否正确？

是，转到 F2。

F2 验证驻车灯操作

- 点火钥匙在 ON 位置。
- 使用大灯开关打开驻车灯。
- 驻车灯是否正确操作？

是，转到 F3。

F3 检查来自车辆安全模块的喇叭操作

- 点火钥匙在 ON 位置。
- 进入诊断工具上的以下诊断模式：Activate the horn active command for 1 second.（激活喇叭激活命令 1s）
- 喇叭是否操作？

是，转到 F4。

否，转到 F9。

F4 检查来自车辆安全模块的驻车灯操作

- 点火钥匙在 ON 位置。
- 进入诊断工具上的以下诊断模式：Activate the parking lamps active command for 5 seconds.（激活驻车灯激活命令 5s）
- 驻车灯是否操作？

是，转到 F5。

否，转到 F7。

F5 检查遥控无钥匙进入（RKE）发射器操作

- 将点火开关设置在 ON 位置。
- 使用 RKE 发射器打开车门锁和锁止车门。车门是否正确地锁止和开锁？

是，转到 F6。

否，转到定点测试 C。

F6 检查至车辆安全模块的 RKE 发射器信号

- 进入诊断工具上的以下诊断模式：Read the vehicle security module remote transmitter panic button PID while pressing the PANIC button. PID 数值是否正常？

是，转到 F10。

否，更换不起作用的 RKE 发射器。给所有 RKE 发射器重新编程。告知用户任何不在场的 RKE 发射器都需要被编程。测试系统是否正常操作。

F7 检查电路 195（茶/白）是否断路

- 断开：车辆安全模块 C2113b。
- 测量车辆安全模块 C2113b 引脚 8，电路 195（茶/白），线束侧与接地之间的电压。
- 电压是否高于 10V？

是，转到 F8。

否，修理电路。测试系统是否正常工作。

F8 检查电路 14（棕）是否断路

- 断开：车辆安全模块 C2113b。
- 断开：大灯开关 C205a。
- 测量车辆安全模块 C2113b 引脚 2，电路 14（棕），线束侧与大灯开关 C205a 引脚 12，电路 14（棕），线束侧之间的电阻，如图 9-25 所示。
- 电阻是否低于 5Ω？

是，转到 F10。

否，修理电路。测试系统是否正常工作。

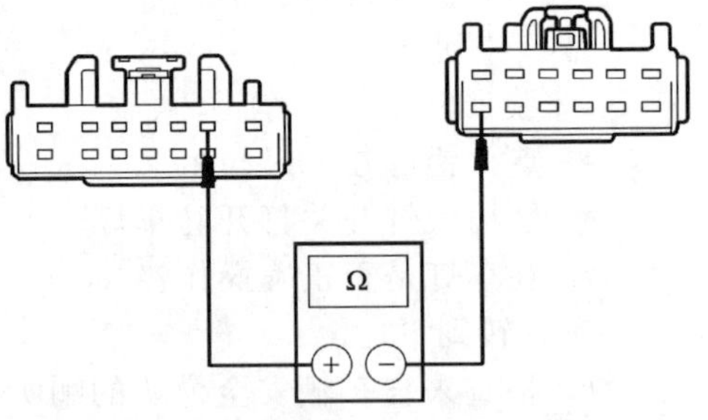

图 9-25　测量 C2113b 引脚 2 与 C205a 引脚 12 之间的电阻

F9 检查电路 1（深蓝）是否断路

- 断开：车辆安全模块 C2113b。
- 在车辆安全模块 C2113b 引脚 6，电路 1（深绿），线束侧与接地之间连接一根跨接线。
- 喇叭是否操作？

是，转到 F10。

否，修理电路。测试系统是否正常工作。

F10 检查车辆安全模块操作是否正确

- 断开所有车辆安全模块接头。
- 检查是否有腐蚀、引脚凸出。
- 连接所有车辆安全模块接头并确保它们正确入位。
- 操作系统并验证故障是否依然存在。故障是否依然存在？

是，安装一个新的车辆安全模块。清除故障码。重复自检。

否，此时系统操作正确。故障可能由松动或腐蚀的接头引起。测试系统是否正常工作。

7. 定点测试 G：遥控无钥匙进入键板照明不起作用

检修步骤如下：

G1 检查遥控无钥匙进入（RKE）按键开关 PID

- 进入诊断工具上的以下诊断模式：Vehicle Security Module KEYPAD PIDS.
- 按下各 RKE 按键按钮，同时观察车辆安全模块 KEYPAD PIDS。
- PID 数值是否与 RKE 按键按钮位置相符？

是，转到 G2。

否，转到定点测试 B。

G2 检查车辆安全模块输出功能

- 进入诊断工具上的以下诊断模式：Activate the RKE key pad back lighting ON and OFF active commands.
- 触发 LIGHT ON 然后 OFF。
- 命令时，RKE 按键背影灯是否点亮和熄灭。

是，转到 G5。

否，转到 G3。

G3 检查电路 57（BK）是否断路

- 点火钥匙在 OFF 位置。
- 断开：RKE 按键 C500。

G3 检查电路 57（黑）是否断路（续）

- 测量 RKE 按键 C500 引脚 4，电路 457（黑），线束侧与接地之间的电阻，如图 9-26 所示。
- 电阻是否低于 5Ω？

是，转到 G4。

否，修理电路。测试系统是否正常工作。

G4 检查电路 66（浅蓝）是否断路

- 点火钥匙在 OFF 位置。
- 断开：车辆安全模块 C2113c。测量 RKE 按键 C500 引脚 2，电路 66（浅蓝），线束侧与车辆安全模块 C2113c 引脚 6，电路 66（浅蓝），线束侧之间的电阻，如图 9-27 所示。

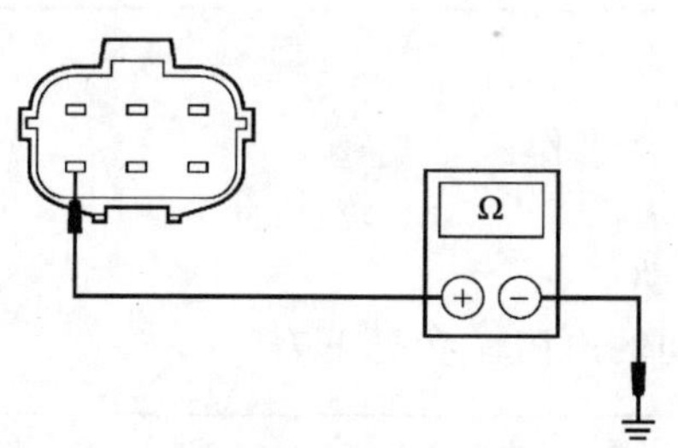

图 9-26 测量 C500 引脚 4 与接地间的电阻

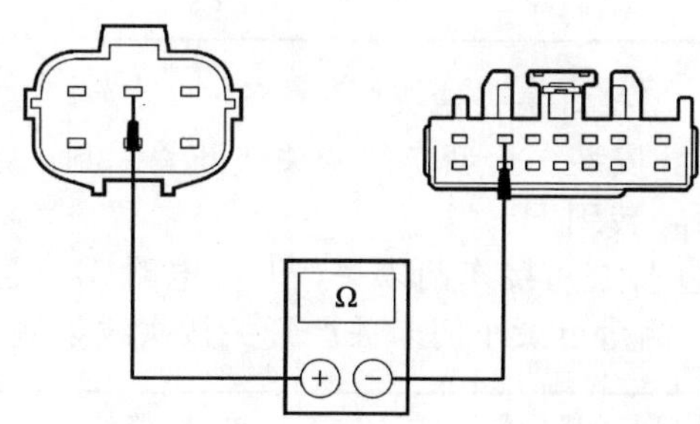

图 9-27 测量 C2113c 引脚 2 与 C2113c 引脚 6 间的电阻

G5 检查车辆安全模块操作是否正确

电阻是否低于 5Ω？

是，安装一个新 RKE 按键。测试系统是否正常操作。

否，修理电路。测试系统是否正常工作。

- 断开所有车辆安全模块接头。
- 检查是否有腐蚀、引脚凸出。
- 连接所有车辆安全模块接头并确保它们正确入位。
- 操作系统并验证故障是否依然存在。

- 故障是否依然存在?

是，安装一个新的车辆安全模块。重复自检。

否，此时系统操作正确。故障可能由松动或腐蚀的接头引起。测试系统是否正常工作。

8. 定点测试 H：智能开锁不正确操作

检修步骤如下：

H1 检查车门锁控制开关

- 断开：车门锁控制开关。
- 进行车门锁控制开关部件测试。部分测试参见电路图单元 149。
- 车门锁控制开关是否正常?

是，转到 H2。

否，安装一个新车门锁控制开关。测试系统是否正常工作。

H2 检查所有车辆安全模块车门未关严 PID 是否正确读取

- 点火钥匙在 ON 位置。
- 进入诊断工具上的以下诊断模式：

Monitor all vehicle security module door ajar PIDS while opening and closing all doors.

- PID 数值是否与车门位置一致?

是，转到 H11。

否，如果举升门微开电路 PID 与举升门状态不匹配，则转到 H6。所有其他的，转到 H3。

H3 检查可疑车门未关严开关电路

- 点火钥匙在 OFF 位置。
- 断开：可疑车门未关严开关接头。
- 在可疑车门未关严开关的引脚之间连接一根跨接线。参见下表：

车　　门	接　　头	车　　门	接　　头
左前	C526	左后	C715
右前	C602	右后	C820

- 门控灯是否熄灭?

是，安装一个新车门未关严开关。测试系统是否正常工作。

否，转到 H4。

H4 检查可疑车门未关严开关电路 57（黑）是否断路

- 测量可疑车门未关严开关接头线束侧与接地之间的电阻。参见下表：

车门未关严开关	电　　路	车门未关严开关	电　　路
C526(左前)	57(黑)	C715(左后)	57(黑)
C602(右前)	57(黑)	C820(右后)	57(黑)

- 电阻是否低于 5Ω?

是，转到 H5。

否，修理有故障的电路。测试系统是否正常工作。

H5 检查车辆安全模块与可疑车门未关严开关之间的电路是否断路

- 断开：车辆安全模块 C2113a。
- 测量可疑车门未关严开关接头，线束侧与车辆安全模块 C2113a，线束侧之间的电阻。参见下表：

车门未关严开关	车辆安全模块	电　路	车门未关严开关	车辆安全模块	电　路
C526(左前)	C2113a-4	344(黑/黄)	C715(左后)	C2113a-11	346(黑/白)/363(黑/浅蓝)
C602(右前)	C2113a-5	345(黑/粉红)	C820(右后)	C2113a-6	346(黑/白)

- 电阻是否低于 5Ω?

是，转到 H11。

否，修理有故障的电路。测试系统是否正常工作。

H6 检查电路 700（白/紫）是否断路

- 点火钥匙在 OFF 位置。
- 断开：电动举升门模块 C4174d（如果装备有电动举升门）。
- 断开：举升门微开开关 C479（如果未装备电动举升门）。
- 如果车辆装备有一个电动举升门，测量车辆安全模块 C2113a 引脚 12，电路 700（白/紫），线束与电动举升门模块 C4174d 引脚 10，电路 700（白/紫），线束侧之间的电阻，如图 9-28 所示。
- 如果车辆未装备电动举升门，测量车辆安全模块 C2113a 引脚 12，电路 700（白/紫），线束侧与举升门微开开关 C479 引脚 B，电路 700（白/紫），线束侧之间的电阻，如图 9-29 所示。

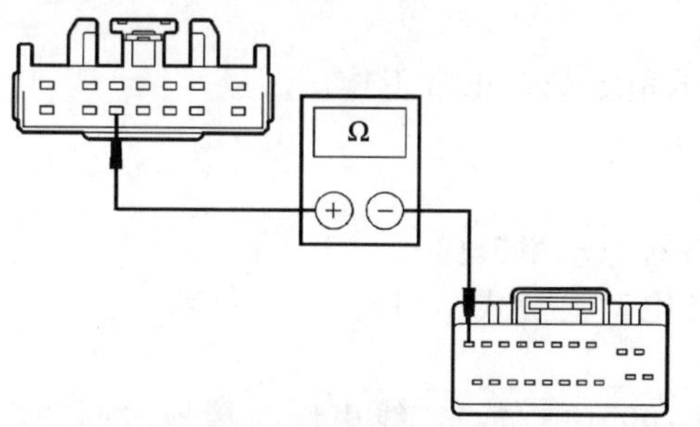

图 9-28　测量 C2113a 引脚 12 与 C4174d 引脚 10 之间的电阻

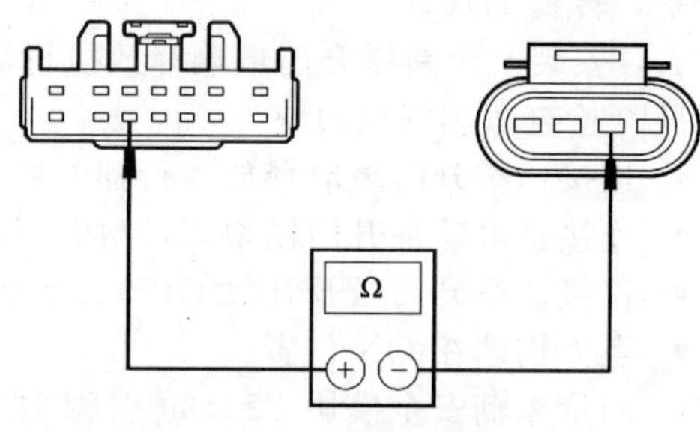

图 9-29　测量 C2113a 引脚 12 与 C479 引脚 B 之间的电阻

- 电阻是否低于 5Ω?

是，转到 H7。

否，修理电路。测试系统是否正常工作。

H7 检查电路 1961（棕/浅蓝）是否断路

- 断开：举升门玻璃释放执行器 C4040。
- 如果车辆装备有电动举升门，测量电动举升门模块 C4174d 引脚 7，电路 1961（棕/浅蓝），线束侧与举升门释放执行器 C4040 引脚 1，电路 1961（棕/浅蓝），线束侧之间的电阻，如图 9-30 所示。
- 如果车辆未装备电动举升门，测量举升门微开开关 C479 引脚 C，电路 1961（棕/浅蓝），线束侧与举升门玻璃执行器 C4040 引脚 1，电路 1961（棕/浅蓝），线束侧之间的电阻，如图 9-31 所示。
- 电阻是否低于 5Ω?

是，转到 H8。

否，修理电路。测试系统是否正常工作。

H8 检查电路 57（黑）是否断路

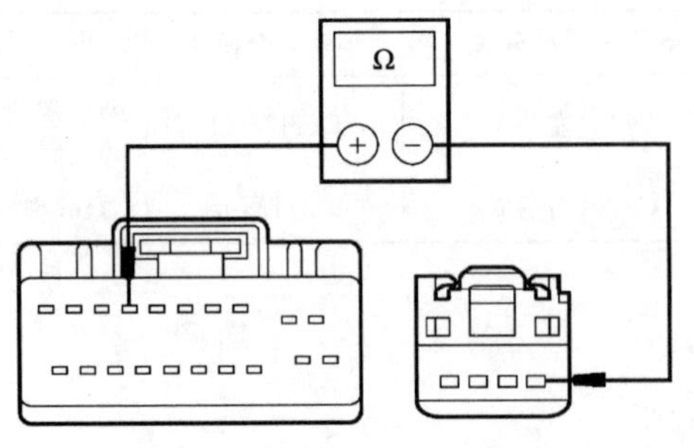

图 9-30 测量 C4174d 引脚 7 与 C4040 引脚 1 之间的电阻

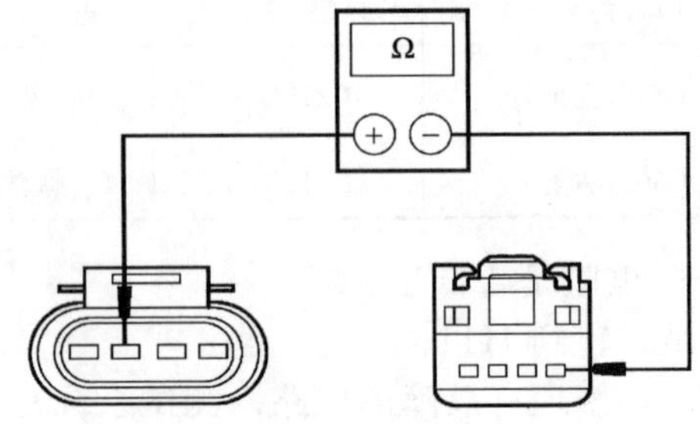

图 9-31 测量 C479 引脚 C 与 C4040 引脚 1 之间的电阻

- 测量举升门玻璃释放执行器 C4040 引脚 3，电路 57（黑/浅蓝）线束侧与接地之间的电阻。
- 电阻是否低于 5Ω?

是，转到 H9。

否，修理电路。测试系统是否正常工作。

H9 检查举升门玻璃释放执行器

- 测量举升门玻璃释放执行器 C4040 引脚 1，部件侧与举升门玻璃释放执行器 C4040 引脚 3，部件侧之间的电阻，同时打开和关闭举升门玻璃。
- 开关电阻是否在低于 5Ω 至高于 10000Ω 之间?

是，转到 H10。

否，安装一个新举升门玻璃释放执行器。测试系统是否正常工作。

H10 检查车辆安全模块

- 连接：举升门玻璃释放执行器 C4040。
- 连接：电动举升门模块 C4174d（如果装备有电动举升门）。
- 连接：举升门微开开关 C479（如果未装备电动上翻式车门）。
- 点火钥匙在 ON 位置。
- 测量车辆安全模块 C2113a 引脚 12，电路 700（白/紫），线束侧与接地之间的电阻，同时打开和关闭举升门。
- 开关电阻是否在低于 5Ω 至高于 10,000Ω 之间?

是，转到 H12。

否，如果车辆装备有电动举升门，转到 H13。如果车辆未装备有一个电动举升门，则安装一个新举升门微开开关。测试系统是否正常操作。

H11 检查 PCM、组合仪表和 ABS PID

- 进入诊断工具上的以下诊断模式：Monitor the PCM vehiclespeed PID.
- 进入诊断工具上的以下诊断模式：Monitor the instrument cluster ignition switch status PID.
- 进入诊断工具上的以下诊断模式：Monitor the anti-lock brake system（ABS）module brake ON/OFFPID.
- 接收的数值是否正确?

是，转到 H12。

H12 检查车辆安全模块操作是否正确

- 断开所有车辆安全模块接头。
- 检查是否有腐蚀、引脚凸出。
- 连接所有车辆安全模块接头并确保它们正确落座。

- 操作系统并验证故障是否依然存在。
- 故障是否依然存在？

是，安装一个新的车辆安全模块。重复自检。

否，此时系统操作正确。故障可能由松动或腐蚀的接头引起。测试系统是否正常工作。

H13 检查电动举升门模块是否正确操作

- 断开所有电动举升门模块接头。
- 检查是否有腐蚀、引脚凸出。
- 连接所有电动举升门模块接头并确保它们正确落座。
- 操作系统并验证故障是否依然存在。
- 故障是否依然存在？

是，安装一个新的电动举升门模块。清除故障码。重复自检。

否，此时系统操作正确。故障可能由松动或腐蚀的接头引起。测试系统是否正常工作。

9. 定点测试 I：遥控无钥匙进入发射器发射范围不佳之前应断开这些系统。

检修步骤如下：

I1 检查 RKE 发射器是否正确

- 检查用于车辆的 RKE 发射器是否正确。
- 确保可能安装在车上的 RKE 发射器是由 OEM 系统提供，而不是来自于配件系统，或者是经销商安装的系统。
- 所有正确的 RKE 发射器都在现场吗？

是，转到 I2。

否，无正确的 RKE 发射器时，不能测试系统。告知用户，进行系统诊断时，所有正确的 RKE 发射器都必须在场。

I2 检查是否所有 RKE 发射器发射范围不佳

- 注意：3m（10ft）测量范围不是标准范围，但是一个指导范围，其清楚地指示出车辆发射范围不佳。检查所有 RKE 发射器是否发射范围不佳（小于 3m）。
- 所有 RKE 发射器是否都发射范围不佳？

是，转到 I3。

否，更换不起作用的 RKE 发射器并给所有 RKE 发射器编程，告知用户任何不在场的 RKE 发射器都需要被编程。测试系统是否正常操作。

I3 检查车辆的位置和车辆的接近角

- 确保不佳的射程实际上是固定的，且不来自一个接近角。
- RKE 发射器射程在某一位置可能减弱。例如：如果车辆在高功率装置或无线电/TV 发射塔 0.8km（0.5 英里）之内，RKE 发射器的操作距离可能减小。
- 车辆周围不佳的发射范围是否固定？

是，转到 I4。

否，此时系统操作正确。测试系统是否正常操作。

I4 检查车辆安全模块操作是否正确

- 断开所有车辆安全模块接头。
- 检查是否有腐蚀、引脚凸出。
- 连接所有车辆安全模块接头并确保它们正确落座。
- 操作系统并验证故障是否依然存在。
- 故障依然存在吗？

是，安装一个新的车辆安全模块。告知用户任何不在场的 RKE 发射器都需要被编程。

重复自检。

否，此时系统操作正确。故障可能由松动或腐蚀的接头引起。测试系统是否正常工作。

10. 定点测试 J：举升门车窗玻璃释放不起作用

检修步骤如下：

J1 检查举升门车窗玻璃释放开关

- 点火钥匙在 OFF 位置。
- 断开：举升门车窗玻璃释放开关 C4039。
- 测量举升门车窗玻璃释放开关 C4039-1，电路 57（黑），部件侧与举升门车窗玻璃释放开关 C4039-2，电路 1760（白/紫），部件侧之间的电阻，同时按下并释放上翻式车窗玻璃释放开关按钮，如图 9-32 所示。
- 按下按钮时电阻是否低于 5Ω 而释放按钮时电阻高于 10,000Ω?

是，转到 J2。

否，安装一个新举升门车窗玻璃释放开关。清除故障码。重复自检。

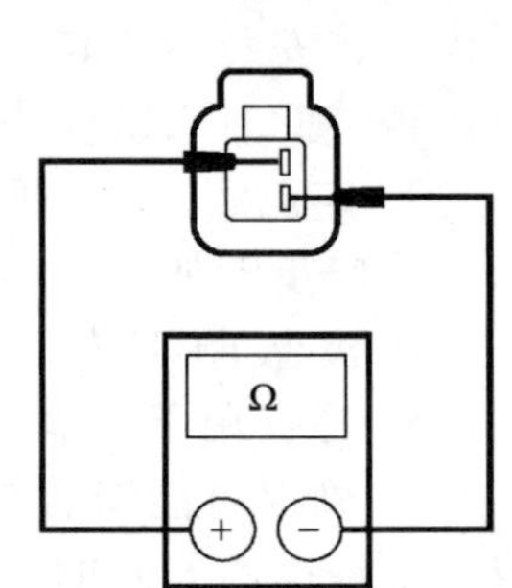

图 9-32　测量 C4039-1 和 C4039-2 的电阻

J2 检查举升门车窗玻璃释放开关接地

- 测量举升门车窗玻璃释放开关 C4039-1，电路 57（黑），线束侧与接地之间的电阻。
- 电阻是否低于 5Ω?

是，转到 J3。

否，修理电路。清除故障码。重复自检。

J3 检查电路 1523（深绿）是否有电压

- 断开：车辆安全模块 C2113b。
- 测量车辆安全模块 C2113b-1，电路 1523（深绿），线束侧与接地之间的电压。

电压是否高于 10V?

是，转到 J4。

否，修理电路。清除故障码。重复自检。

J4 检查电路 1760（白/紫）是否断路或对接地短路

- 断开：车辆安全模块 C2113c。
- 测量举升门车窗玻璃释放开关 C4039-2，电路 1760（白/紫），线束侧与车辆安全模块 C2113c-11，电路 1760（白/紫），线束侧之间；以及举升门车窗玻璃释放开关 C4039-2，电路 1760（白/紫），线束侧与接地之间的电阻。
- 举升门车窗玻璃与车辆安全模块之间电阻是否低于 5Ω，而举升门车窗玻璃释放开关与接地之间电阻高于 10,000Ω?

是，转到 J5。

否，修理电路。清除故障码。重复自检。

J5 检查电路 57（黑）是否断路

- 断开：举升门车窗玻璃释放执行器 C4040。
- 测量举升门车窗玻璃释放执行器 C4040-3 电路 57（黑），线束侧与接地之间的电阻。
- 电阻是否低于 5Ω?

是，转到 J6。

否，修理电路。清除故障码。重复自检。

J6 检查电路 1350（白/粉红）是否断路或对接地短路

- 测量举升门车窗玻璃执行器 C4040-4，电路 1350（白/粉红），线束侧与车辆安全模块 C2113c-7，电路 1350（白/粉红），线束侧之间；以及举升门车窗玻璃执行器 C4040-4，电路 1350（白/粉红），线束侧与接地之间的电阻。

- 举升门车窗玻璃执行器与车辆安全模块电阻是否低于 5Ω，而举升门车窗玻璃执行器与接地之间电阻高于 10,000Ω?

是，转到 J7。

否，修理电路。清除故障码。重复自检。

J7 检查举升门车窗玻璃释放操作

- 连接：举升门车窗玻璃释放执行器 C4040。
- 在车辆安全模块 C2113c-7，电路 1350（白/粉红），线束侧与蓄电池正极端子之间连接一根熔断式（5A）跨接线，如图 9-33 所示。

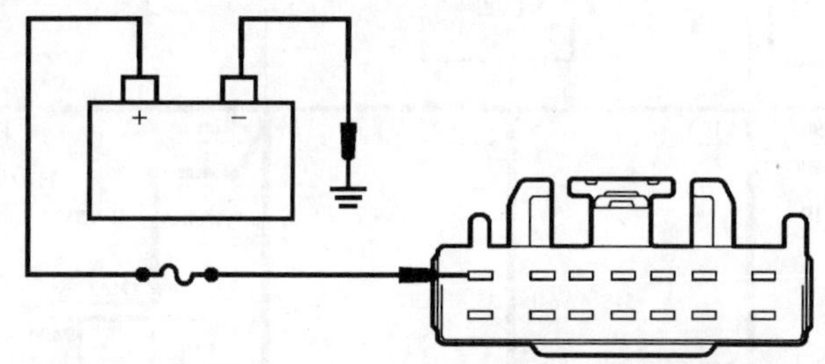

图 9-33 在 C2113c-7 和蓄电池正极之间跨接熔断丝

- 举升门车窗玻璃是否释放?

是，转到 J8。

否，安装一个新的电动举升门遥控器。清除故障码。重复自检。

J8 检查车辆安全模块操作是否正确

- 断开所有车辆安全模块接头。
- 检查是否有腐蚀、引脚凸出。
- 连接所有车辆安全模块接头并确保它们正确入位。
- 操作系统并验证故障是否依然存在。
- 故障是否依然存在?

是，安装一个新的车辆安全模块。清除故障码。重复自检。

否，此时系统操作正确。故障可能由松动或腐蚀的接头引起。

清除故障码。重复自检。

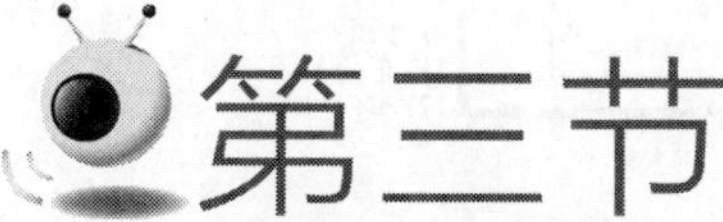

第三节 福特福克斯车系中控门锁电控系统故障检修

一、中控门锁电控系统电路

如图 9-34 所示。

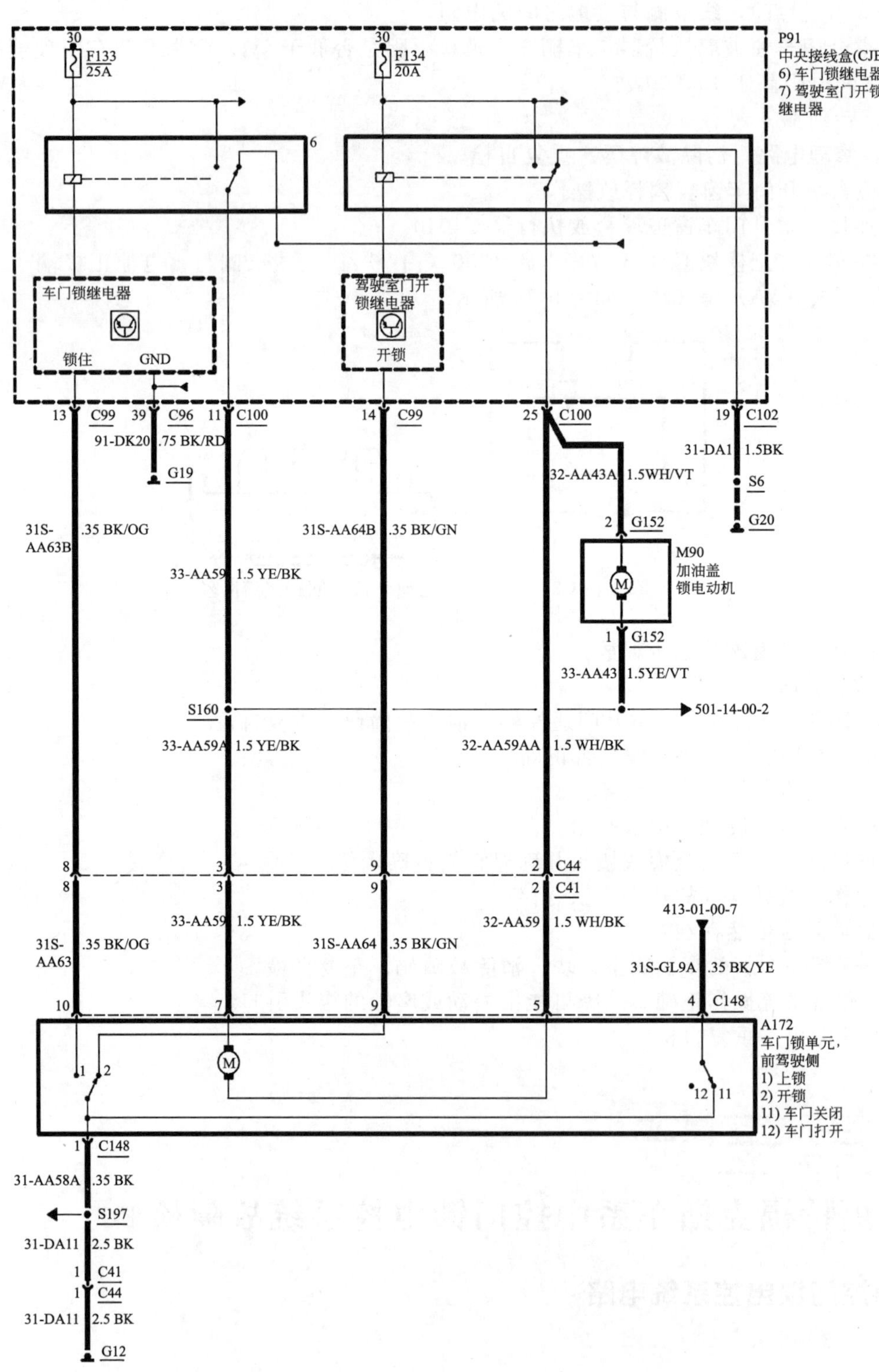

(a) 把手、锁、门锁和进入系统带中控锁和前电动窗(1/20)

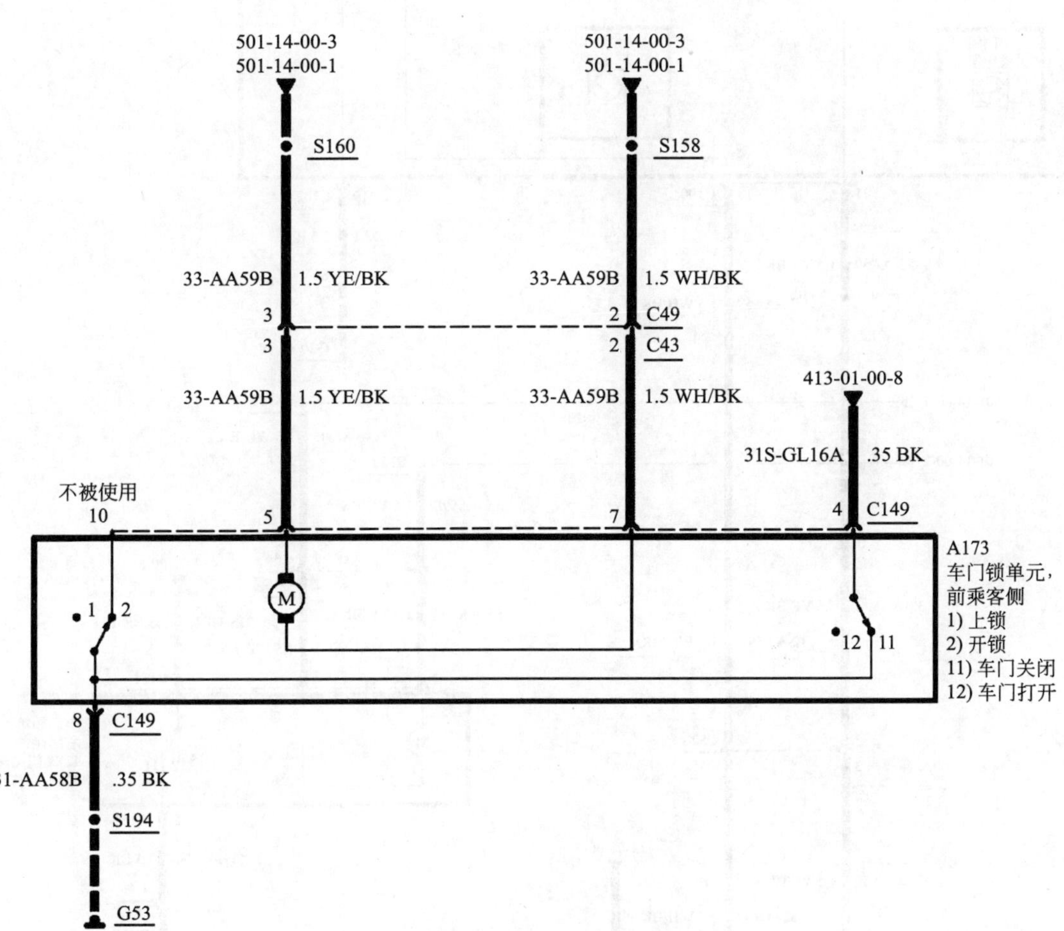

(b) 把手、锁、门锁和进入系统含中控锁和前电动窗(2/20)

图 9-34

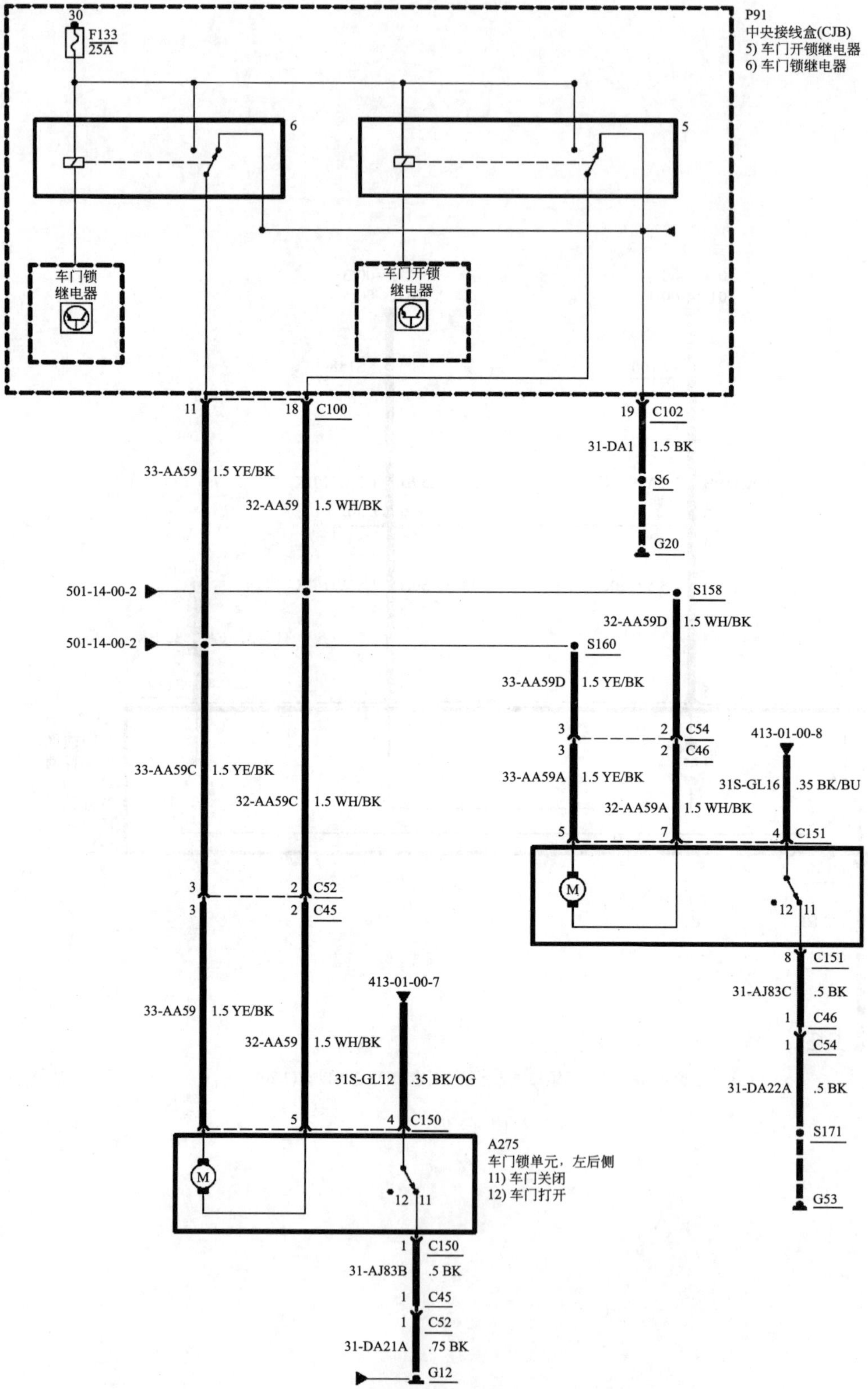

(c) 把手、锁、门锁和进入系统含中控锁和前电动窗(3/20)

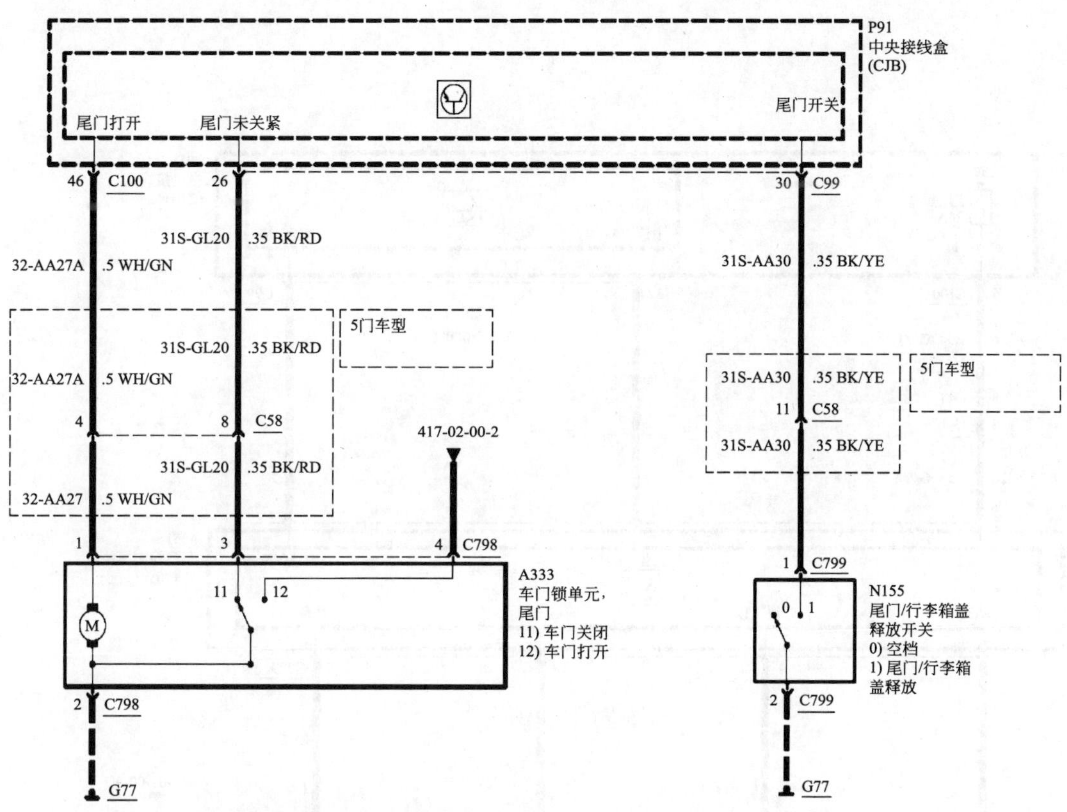

(d) 把手、锁、门锁和进入系统含中控锁和前电动窗(4/20)

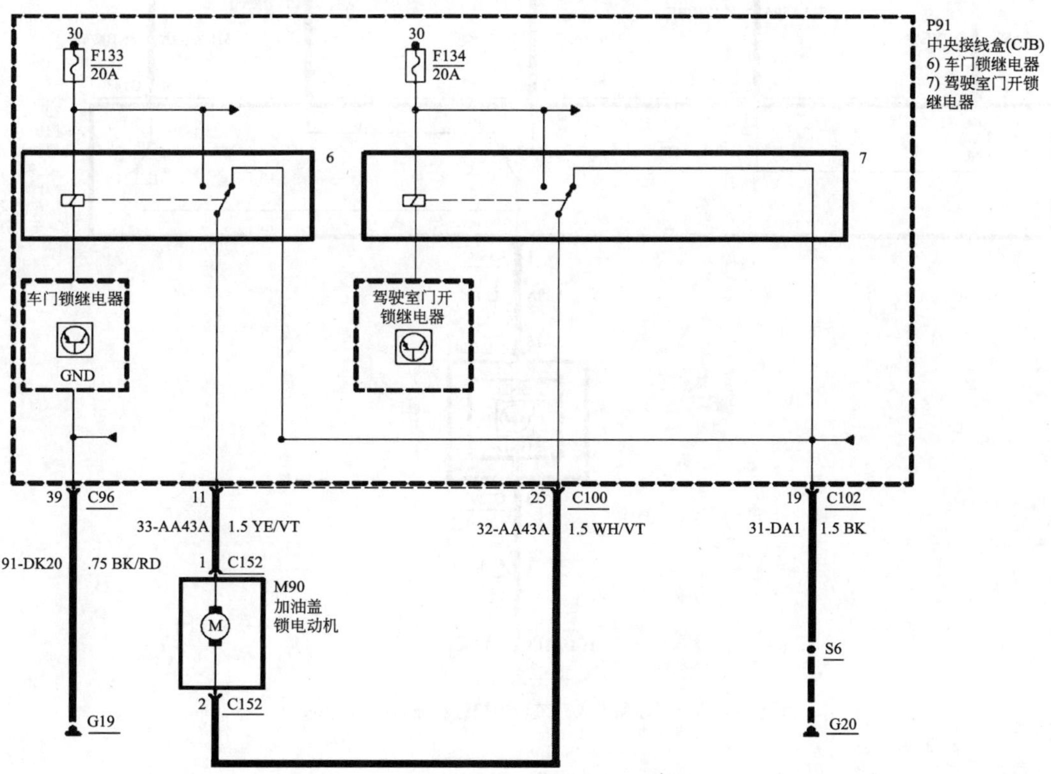

(e) 把手、锁、门锁和进入系统含中控锁和前后电动窗(5/20)

图 9-34

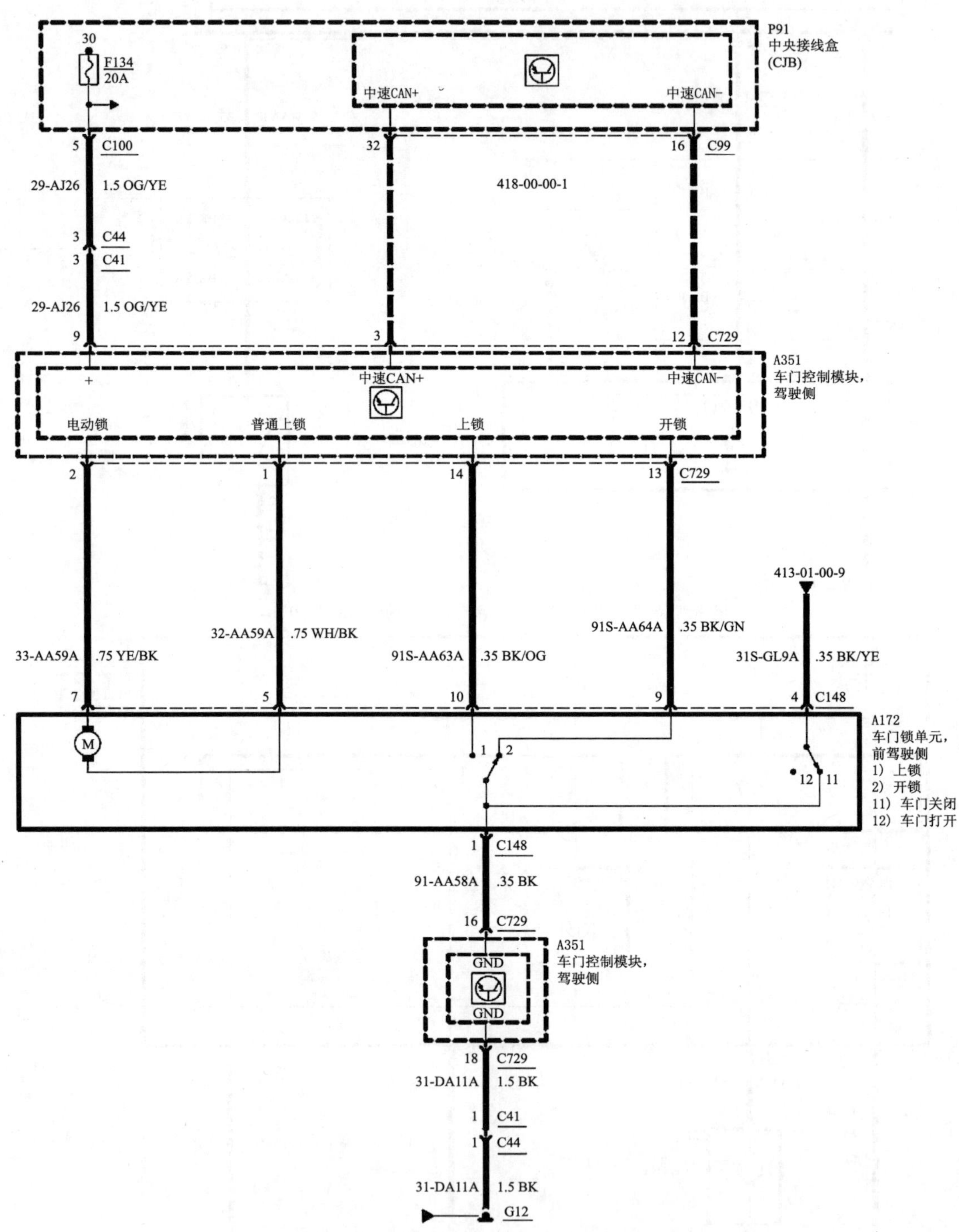

(f) 把手、锁、门锁和进入系统含中控锁和前后电动窗(6/20)

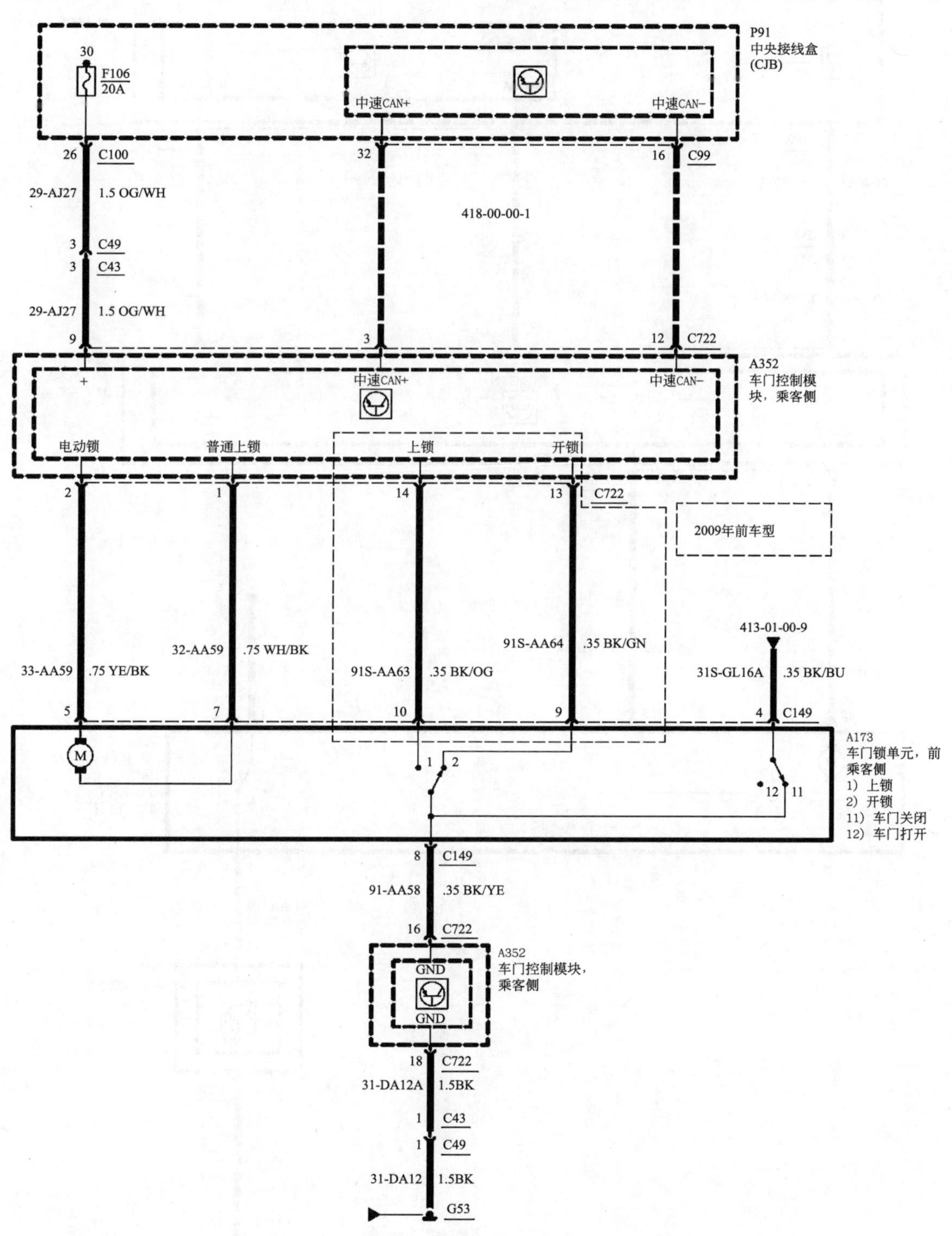

(g) 把手、锁、门锁和进入系统含中控锁和前后电动窗(7/20)

图 9-34

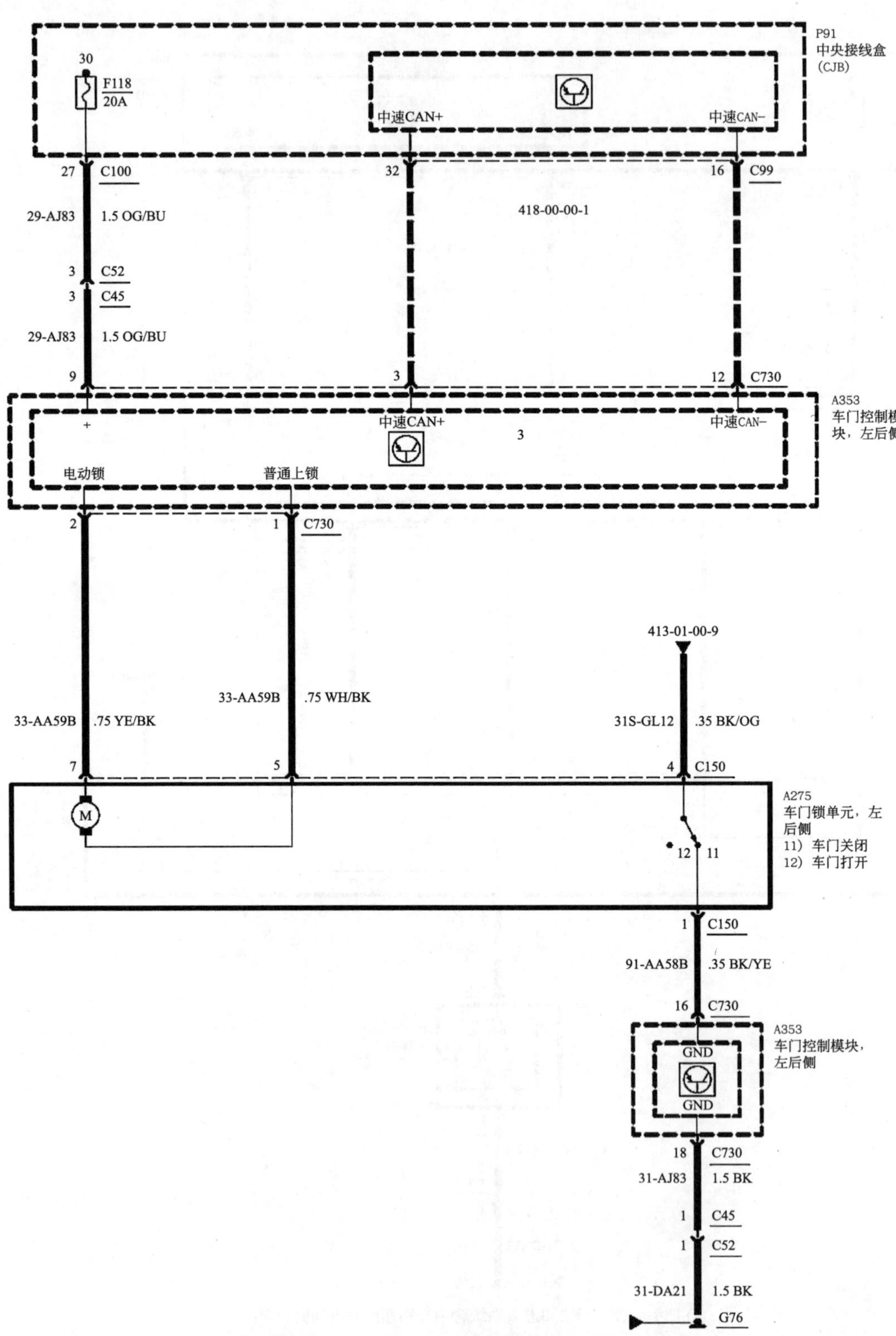

(h) 把手、锁、门锁和进入系统含中控锁和前后电动窗(8/20)

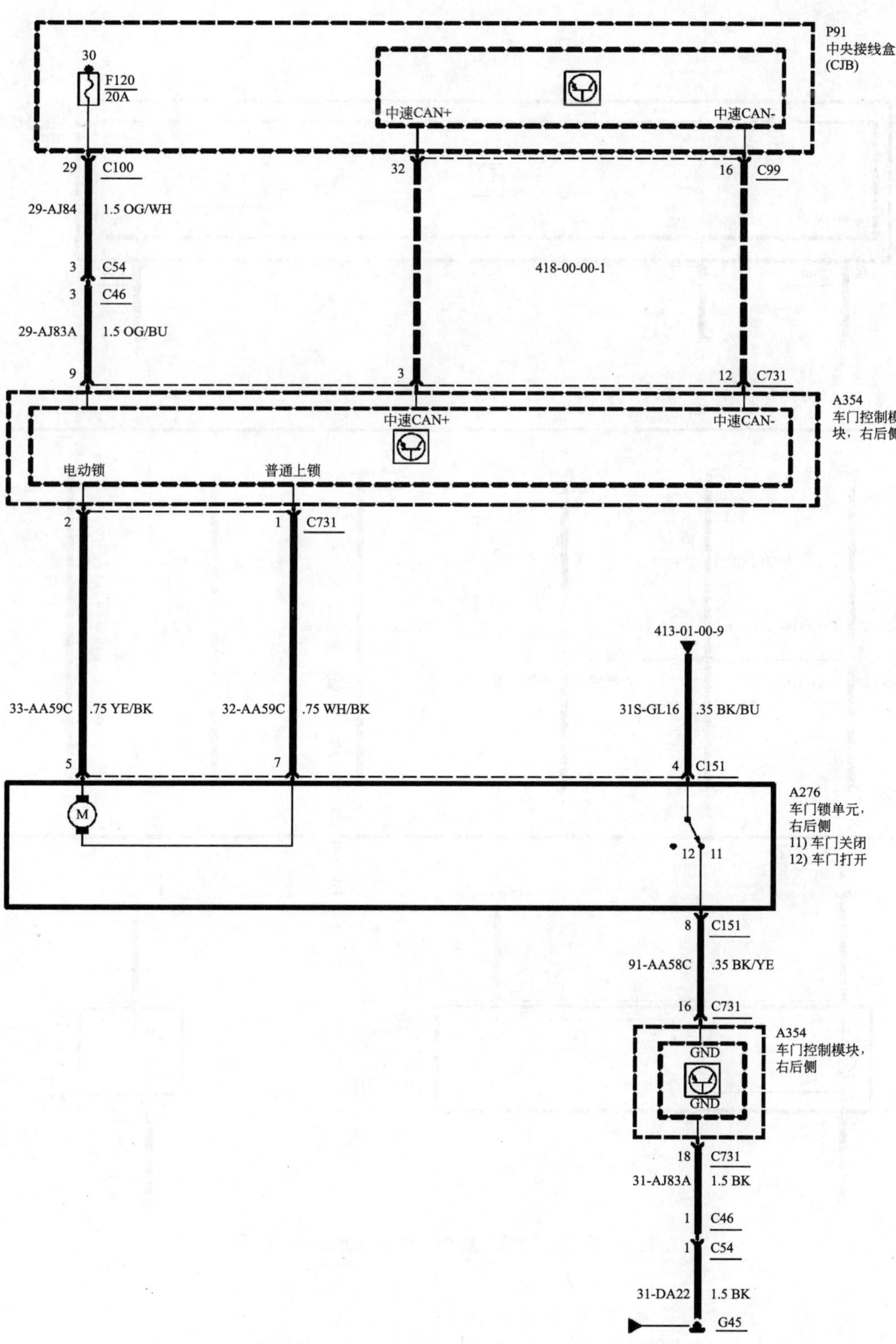

(i) 把手、锁、门锁和进入系统含中控锁和前后电动窗(9/20)

图 9-34

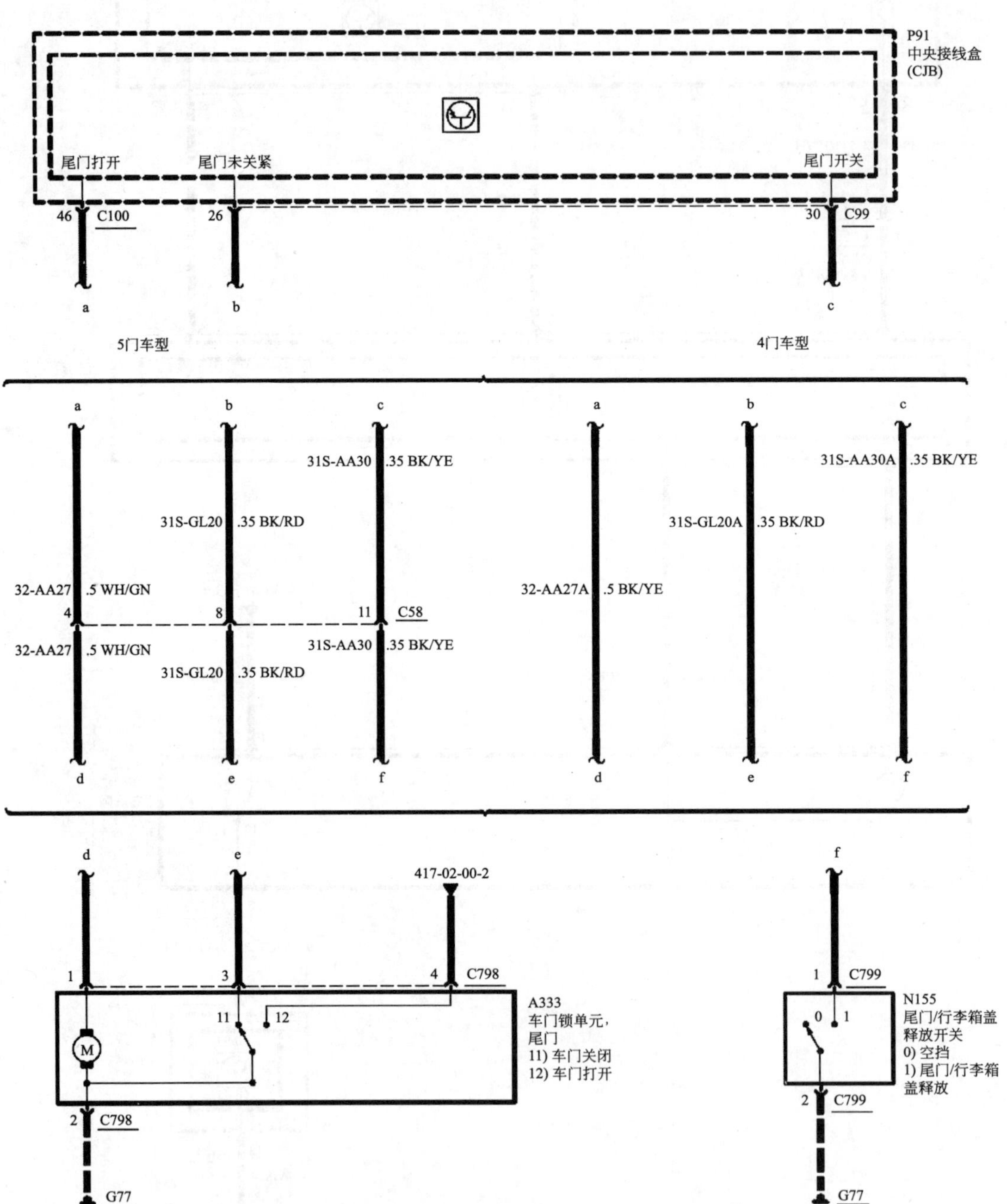

(j) 把手、锁、门锁和进入系统含中控锁和前后电动窗(10/20)

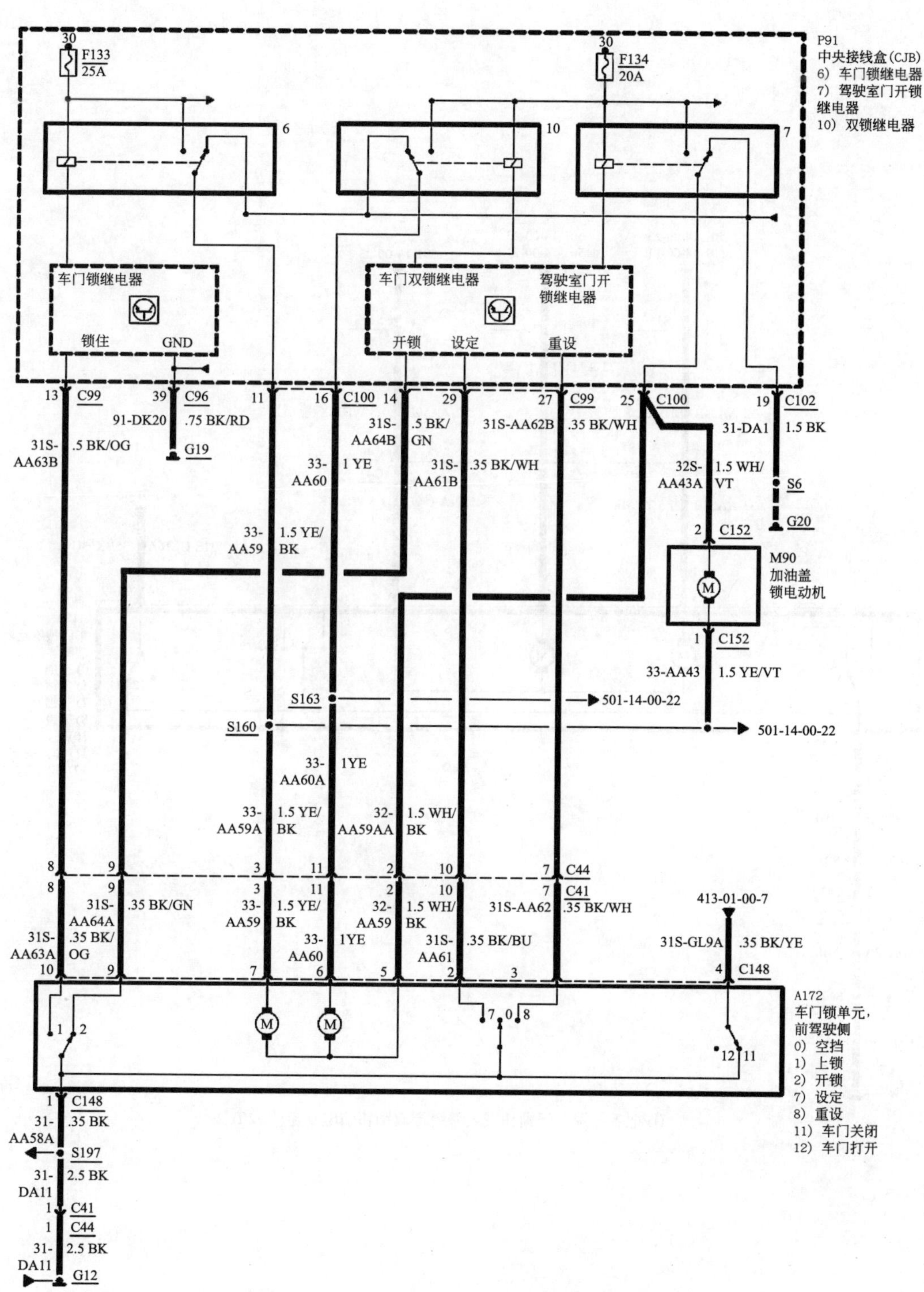

(k) 把手、锁、门锁和进入系统含双锁和前电动窗(11/20)

图 9-34

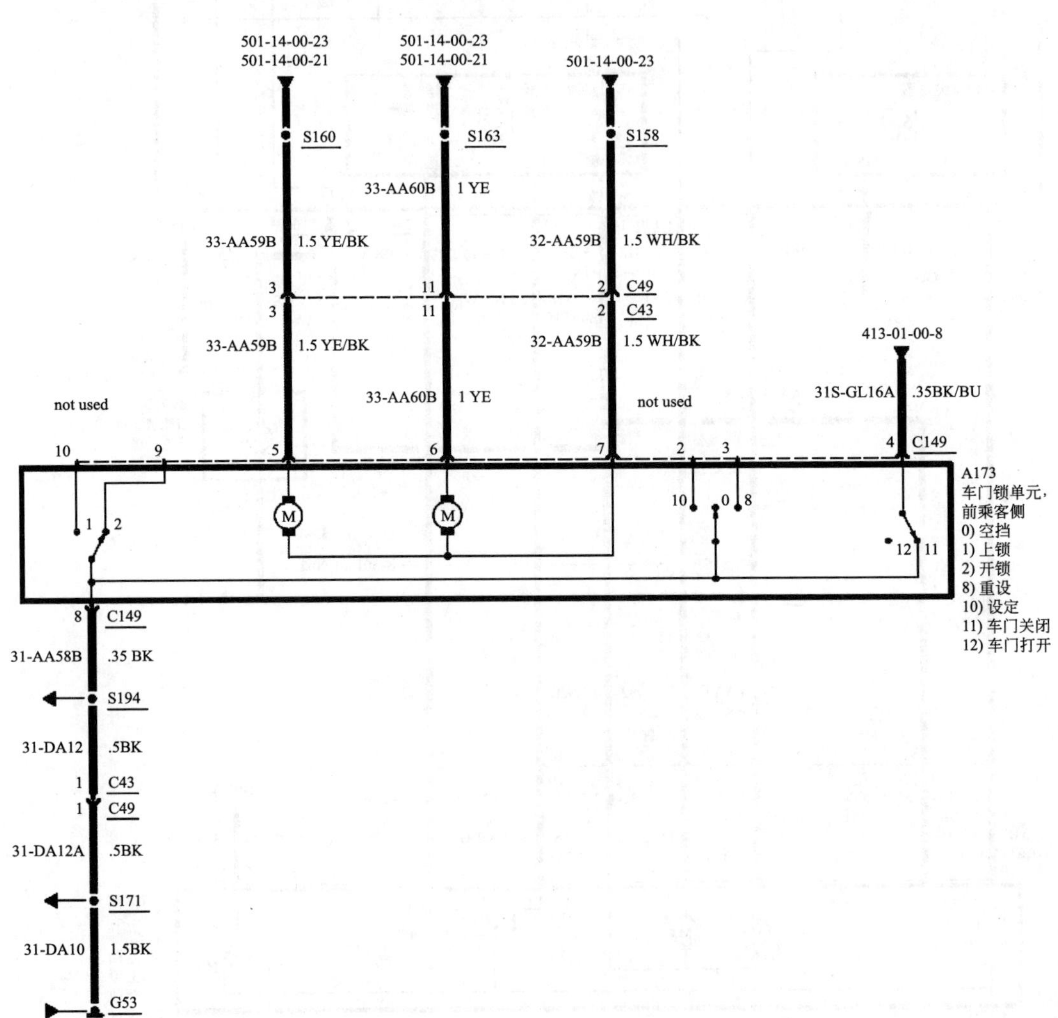

(l) 把手、锁、门锁和进入系统含双锁和前电动窗(12/20)

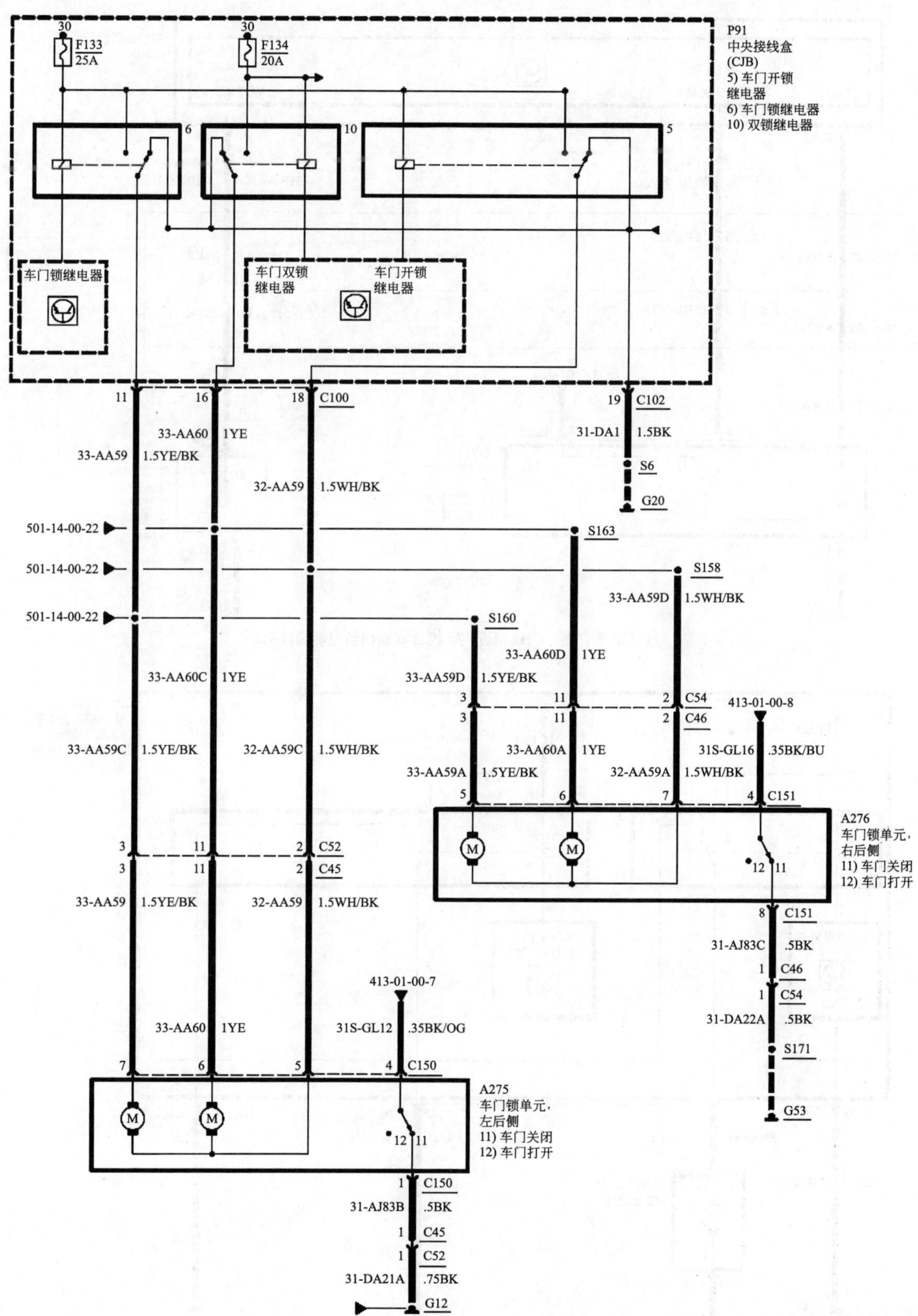

(m) 把手、锁、门锁和进入系统含双锁和前电动窗(13/20)

图 9-34

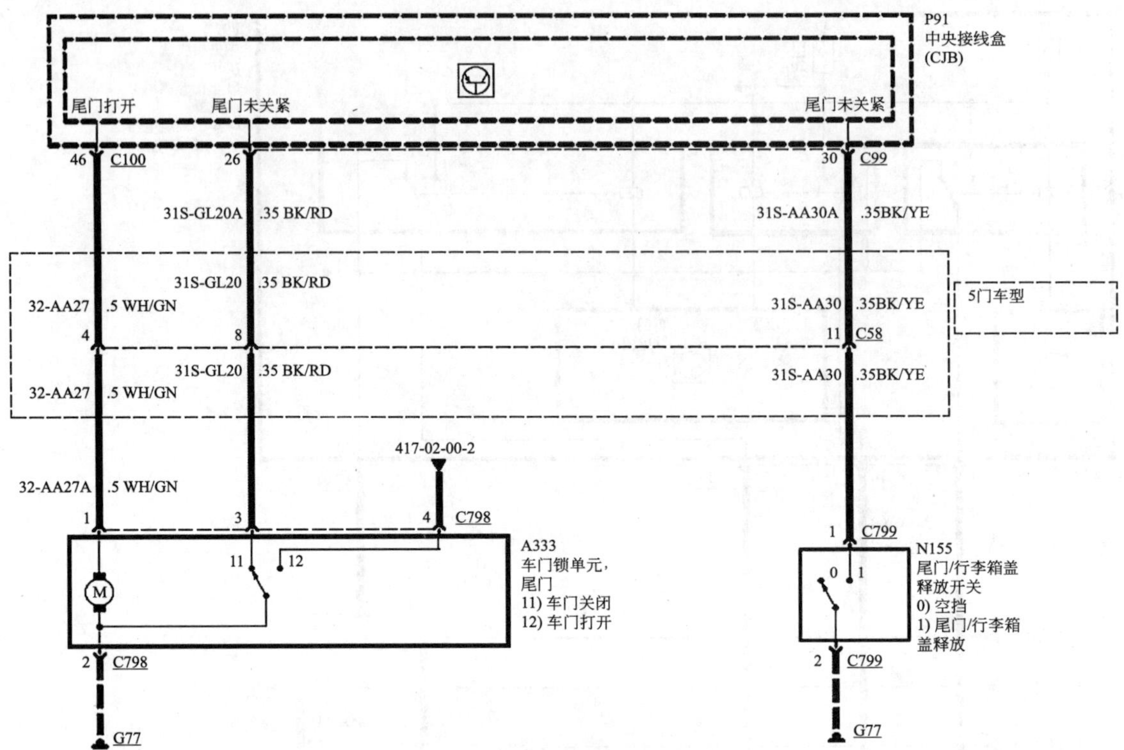

(n) 把手、锁、门锁和进入系统含双锁和前电动窗(14/20)

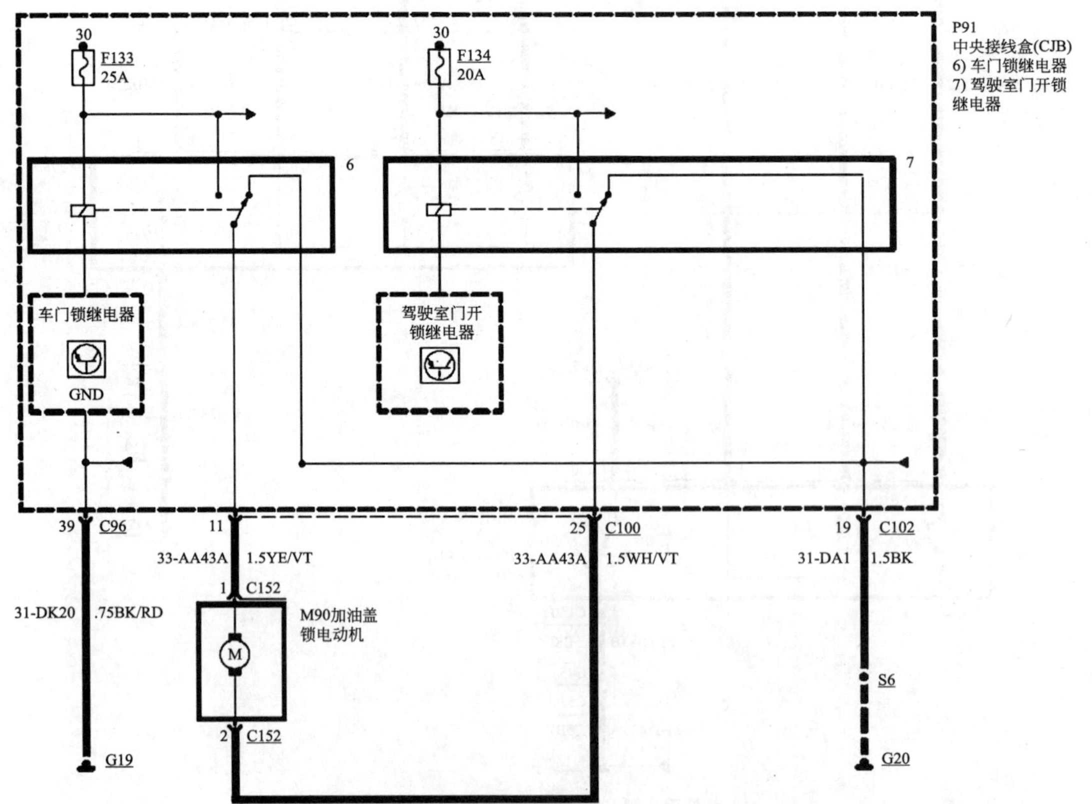

(o) 把手、锁、门锁和进入系统含双锁和前后电动窗(15/20)

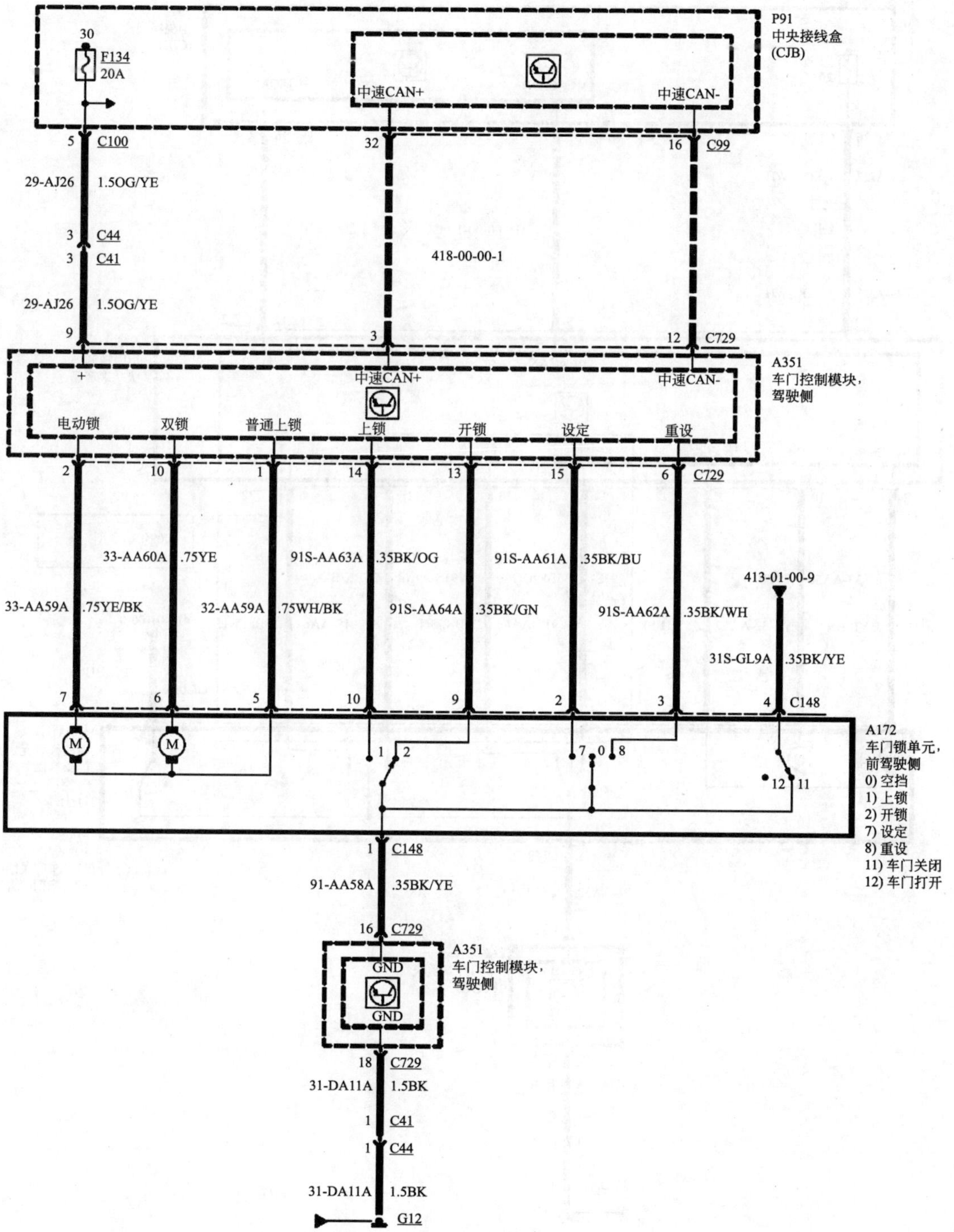

30
F134
20A
P91
中央接线盒
(CJB)
中速CAN+
中速CAN-
5 C100
32
16 C99
29-AJ26 1.5OG/YE
3 C44
3 C41
418-00-00-1
29-AJ26 1.5OG/YE
9
3
12 C729
A351
车门控制模块，
驾驶侧
+
中速CAN+
中速CAN-
电动锁
双锁
普通上锁
上锁
开锁
设定
重设
2
10
1
14
13
15
6 C729
33-AA60A .75YE
91S-AA63A .35BK/OG
91S-AA61A .35BK/BU
413-01-00-9
33-AA59A .75YE/BK
32-AA59A .75WH/BK
91S-AA64A .35BK/GN
91S-AA62A .35BK/WH
31S-GL9A .35BK/YE
7
6
5
10
9
2
3
4 C148
A172
车门锁单元，
前驾驶侧
M
M
1 2
7 0 8
12 11
0) 空挡
1) 上锁
2) 开锁
7) 设定
8) 重设
11) 车门关闭
12) 车门打开
1 C148
91-AA58A .35BK/YE
16 C729
A351
车门控制模块，
驾驶侧
GND
GND
18 C729
31-DA11A 1.5BK
1 C41
1 C44
31-DA11A 1.5BK
G12

(p) 把手、锁、门锁和进入系统含双锁和前后电动窗(16/20)

图 9-34

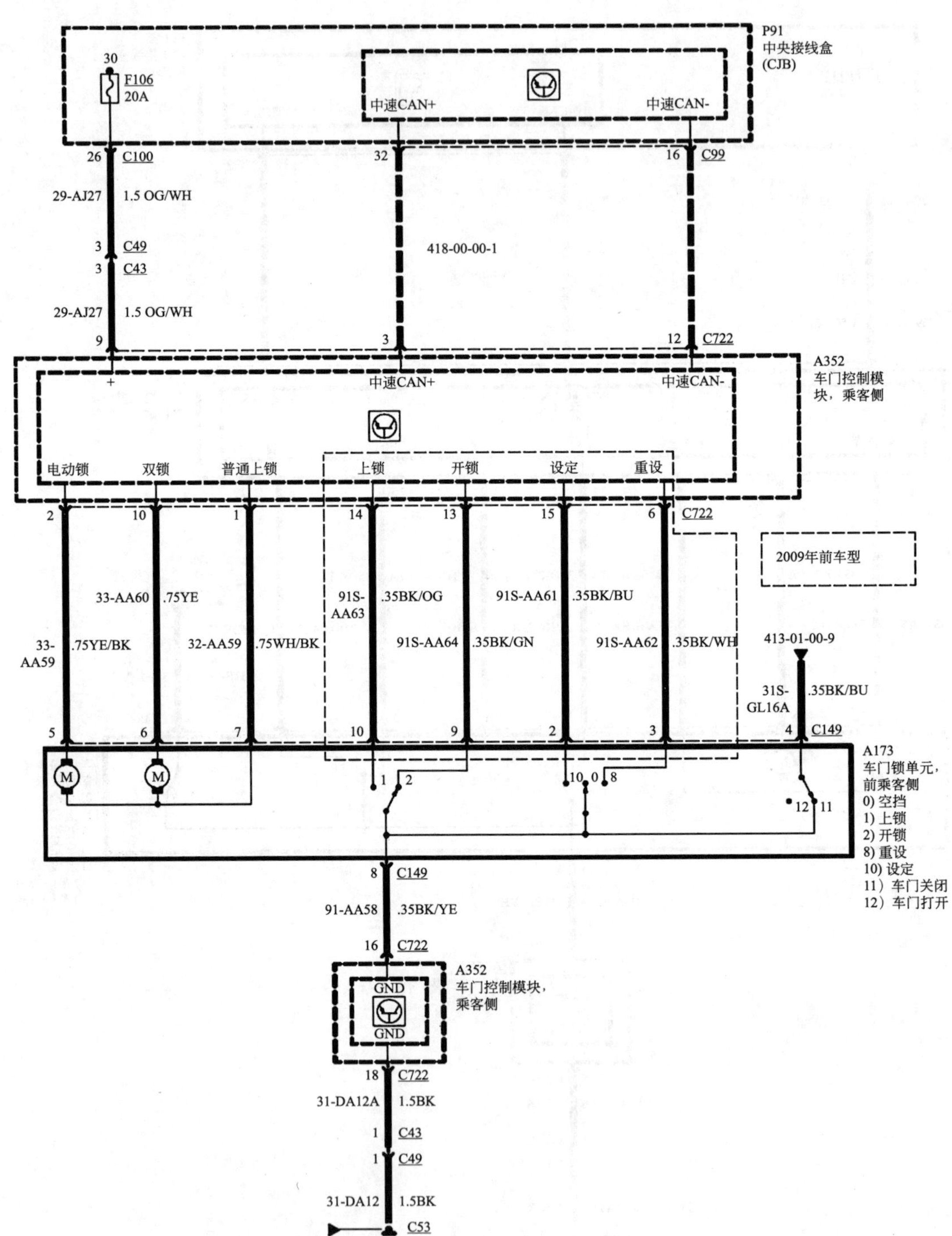

(q) 把手、锁、门锁和进入系统含双锁和前后电动窗(17/20)

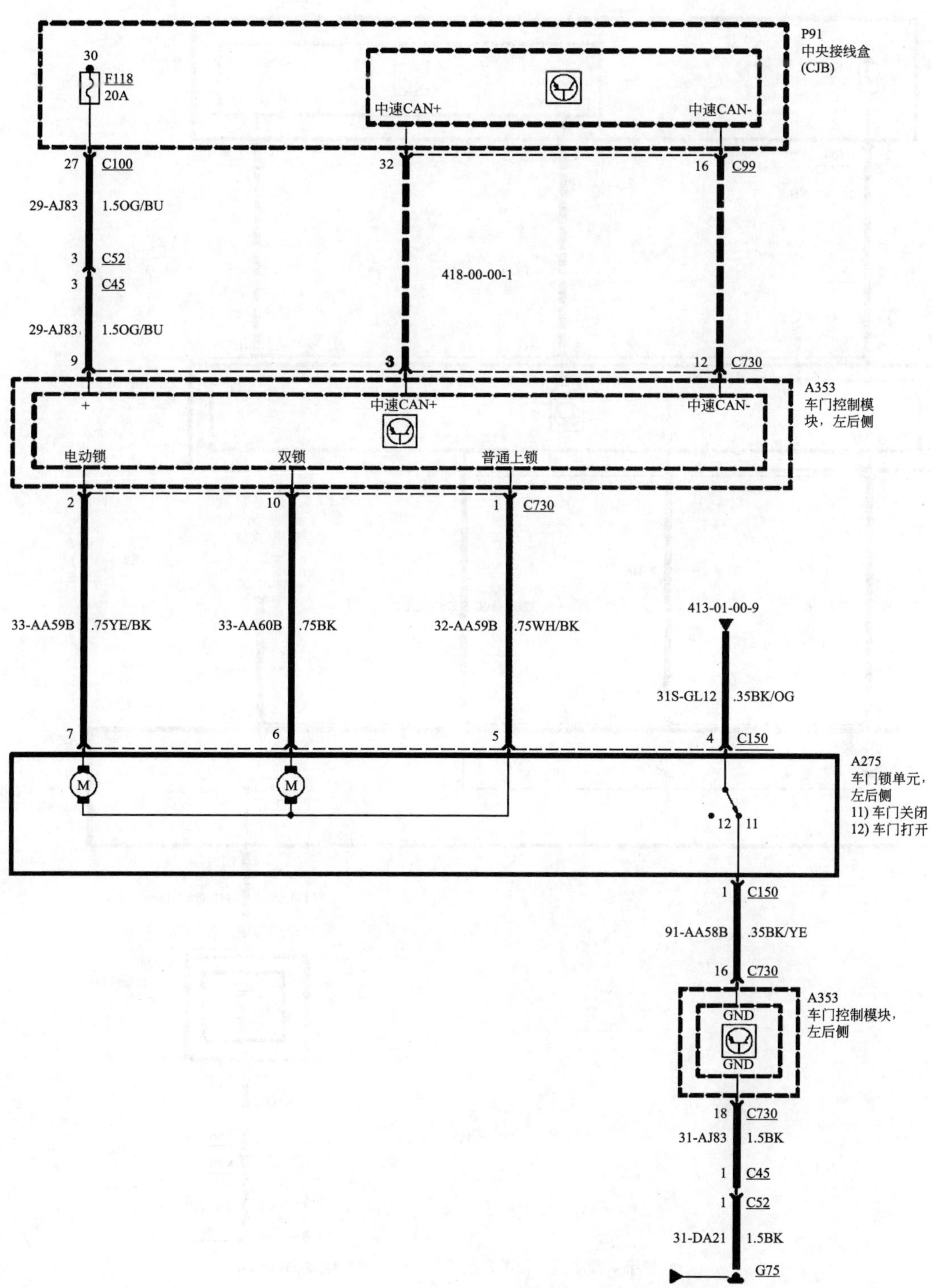

(r) 把手、锁、门锁和进入系统含双锁和前后电动窗(18/20)

图 9-34

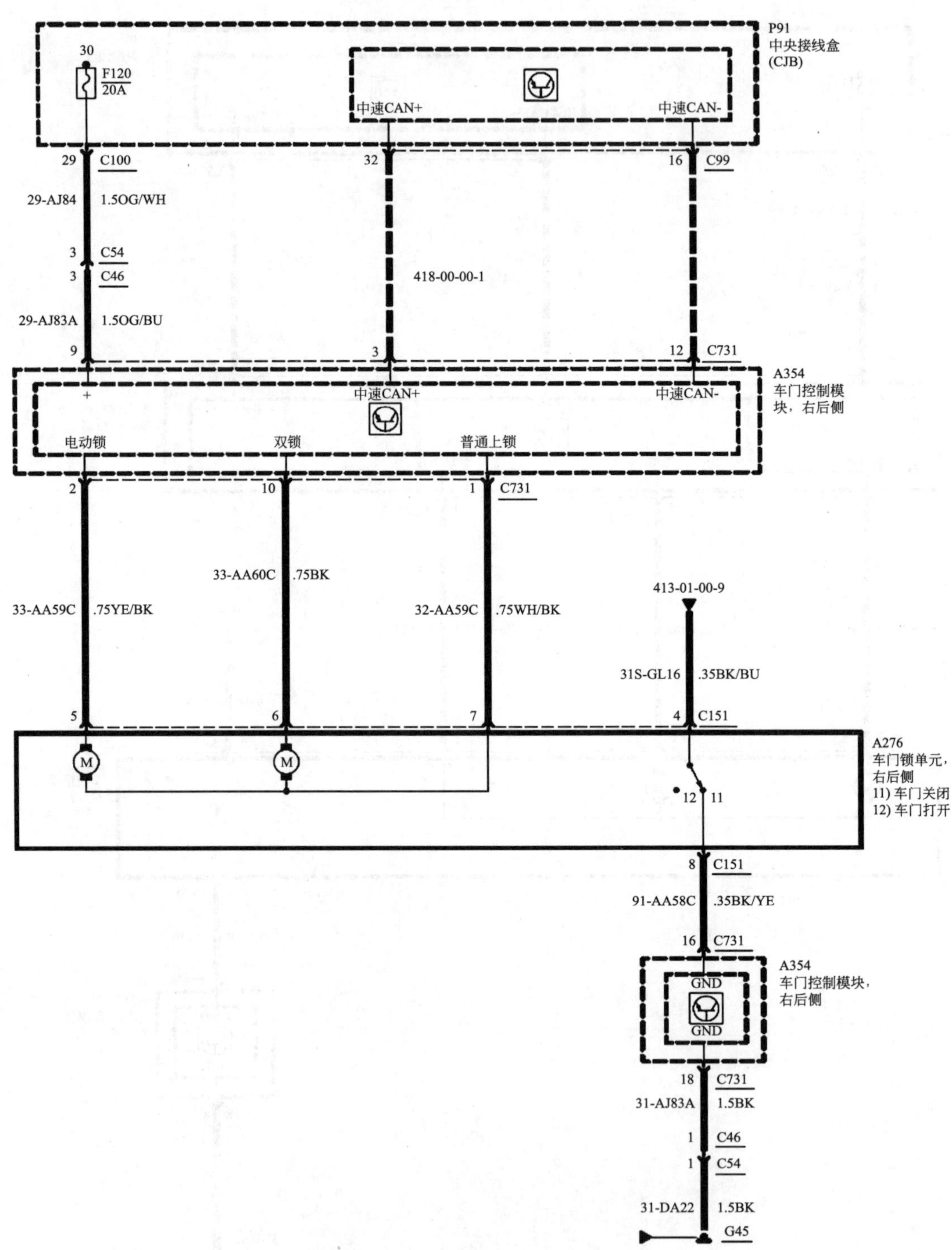

(s) 把手、锁、门锁和进入系统含双锁和前后电动窗(19/20)

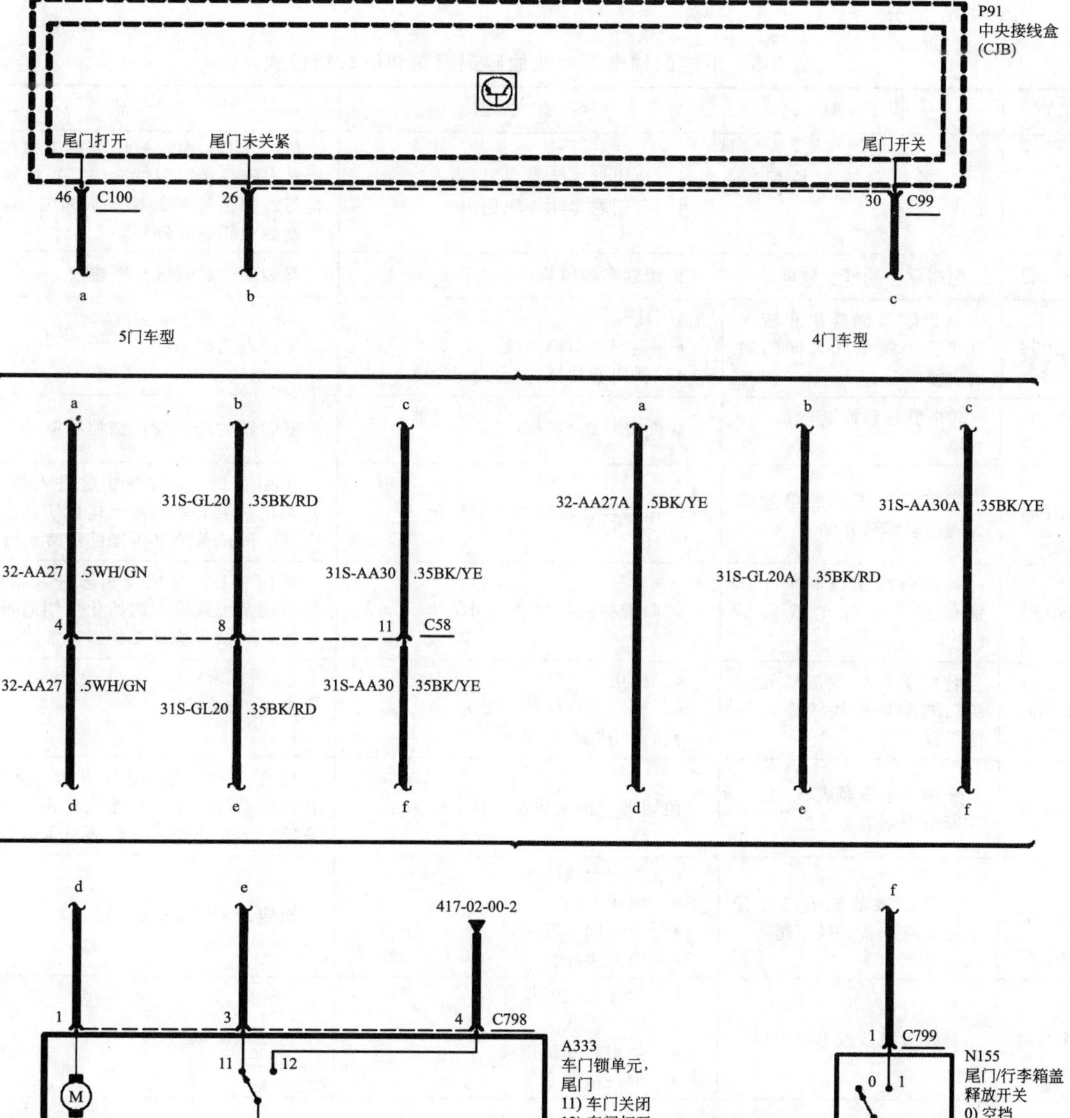

(t) 把手、锁、门锁和进入系统含双锁和前后电动窗(20/20)

图 9-34 中控门锁电控系统电路

二、中控门锁电控系统诊断和测试

（一）诊断故障码（DTC）（免钥匙车辆模块）

如表 9-5 所示。

表 9-5　中控门锁电控系统故障码（免钥匙车辆模块）

DTC	说　明	可能原因	措　施
B2477	免钥匙车辆模块配置故障	• 免钥匙车辆模块编程 • 免钥匙车辆模块免钥	使用 WDS，编程模块菜单。编程免钥匙车辆模块。测试系统是否能正常运行。如果诊断故障代码重复，则安装新的免钥匙车辆模块
B1342	免钥匙车辆模块故障	免钥匙车辆模块	安装新的免钥匙车辆模块
B1096	免钥匙车辆模块和转向管柱锁控制单元之间的通信故障	• 线束 • 免钥匙车辆模块 • 转向管柱锁控制单元	至定点测试 A
B1095	转向管柱锁控制单元故障	转向管柱锁控制单元	安装新的转向管柱锁控制单元
B1094	转向管柱锁控制单元的识别信息未被存储	转向管柱锁控制单元初始化	使用 WDS，遥控免钥匙进入系统，初始化系统菜单。初始化免钥匙进入系统。测试系统是否能够正常运行
B1093	转向管柱锁控制单元识别信息与存储的数据不匹配	转向管柱锁控制单元初始化	使用 WDS，遥控免钥匙进入系统，初始化系统菜单。初始化免钥匙进入系统。测试系统是否能够正常运行
B1092	转向管柱锁控制单元到免钥匙车辆模块线束与电池正极短路	• 线束 • 转向管柱锁控制单元 • 免钥匙车辆模块	至定点测试 B
B1069	免钥匙车辆模块安全识别信息丢失	免钥匙车辆模块初始化	使用 WDS，遥控免钥匙进入系统，初始化系统菜单。初始化免钥匙进入系统。测试系统是否能够正常运行
B2090	射频天线数据电路与蓄电池短路或者搭铁短路	• 射频天线线束 • 射频天线 • 免钥匙车辆模块 • 中央接线盒	至定点测试 C
B2091	射频天线数据电路断路	• 射频天线线束 • 射频天线 • 免钥匙车辆模块 • 中央接线盒	至定点测试 D
B1087	乘客侧后车门闩锁开关在车门把手开锁拉线开关不起作用的时候起作用	• 乘客侧后车门闩锁线束 • 乘客侧后车门闩锁 • 乘客侧后车门开锁开关	左侧驾驶车辆，至定点测试 E
B1088	驾驶员侧后车门闩锁开关在车门把手开锁拉线开关不起作用的时候起作用	• 驾驶员侧后车门闩锁线束 • 驾驶员侧后车门闩锁 • 驾驶员侧后车门开锁开关	至定点测试 F
B1089	乘客侧前车门闩锁开关在车门把手开锁拉线开关不起作用的时候就起作用	• 乘客侧前车门闩锁线束 • 乘客侧前车门闩锁 • 乘客侧前车门开锁开关	至定点测试 G
B1090	驾驶员侧前车门闩锁开关在车门把手开锁拉线开关不起作用的时候就起作用	• 驾驶员侧前车门闩锁线束 • 驾驶员侧前车门闩锁 • 驾驶员侧前车门开锁开关	至定点测试 H

续表

DTC	说　明	可能原因	措　施
B1078	驾驶员侧车门外部免钥匙天线电路与电源正极短路	• 驾驶员侧车门外部免钥匙车辆天线线束 • 驾驶员侧车门外部免钥匙车辆天线 • 免钥匙模块	至定点测试 I
B1079	乘客侧车门外免钥匙车辆天线电路与蓄电池正极短路	• 乘客侧车门外免钥匙车辆天线线束 • 乘客侧车门外免钥匙车辆天线 • 免钥匙车辆模块	至定点测试 J
B1080	提升式门/行李舱盖外免钥匙车辆天线电路与蓄电池正极短路	• 提升式门/行李舱盖外免钥匙车辆天线线束 • 提升式门/行李舱盖外免钥匙车辆天线 • 免钥匙车辆模块	至定点测试 K
B1081	内部乘客区域免钥匙车辆天线电路与蓄电池正极短路	• 内部免钥匙车辆天线线束 • 内部免钥匙车辆天线 • 免钥匙车辆模块	• 使用本节中的被动钥匙检测试验鉴别不起作用的免钥匙车辆内部天线 • 如果前内部免钥匙车辆天线不起作用，至定点测试 L • 如果中央内部免钥匙车辆天线不起作用，至定点测试 M
B1082	内部载货区域免钥匙车辆天线电路与蓄电池正极短路	• 内部载货区域免钥匙车辆天线线束 • 内部载货免钥匙车辆天线 • 免钥匙车辆模块	至定点测试 N
B1077	驾驶员侧车门外部免钥匙车辆天线电路与搭铁短路	• 驾驶员侧车门外免钥匙车辆天线线束 • 驾驶员侧车门外免钥匙车辆天线 • 免钥匙车辆模块	至定点测试 O
B1083	乘客侧车门外免钥匙车辆天线电路与搭铁短路	• 乘客侧车门外免钥匙车辆天线线束 • 乘客侧车门外免钥匙车辆天线 • 免钥匙车辆模块	至定点测试 P
B1086	提升式门/行李舱盖外免钥匙车辆天线电路与搭铁短路	• 提升式门/行李舱盖外免钥匙车辆天线线束 • 提升式门/行李舱外免钥匙车辆天线 • 免钥匙车辆模块	至定点测试 Q
B1070	内部乘客区域免钥匙车辆天线电路与搭铁短路	• 内部免钥匙车辆天线线束 • 内部免钥匙车辆天线 • 免钥匙车辆模块	• 使用被动钥匙检测试验，鉴别不起作用的免钥匙车辆内部天线 • 如果前内部免钥匙车辆天线不起作用，至定点测试 R • 如果中央内部免钥匙车辆天线不起作用，至定点测试 S
B1071	内部载货免钥匙车辆天线电路与搭铁短路	• 内部载货免钥匙车辆天线线束 • 内部载货免钥匙车辆天线 • 免钥匙车辆模块	至定点测试 T

续表

DTC	说　明	可能原因	措　施
B1072	驾驶员侧车门外部免钥匙车辆天线电路断路	• 驾驶员侧车门外免钥匙车辆天线线束 • 驾驶员侧车门外免钥匙车辆天线 • 免钥匙车辆模块	至定点测试 U
B1073	乘客侧车门外部免钥匙车辆天线电路断路	• 乘客侧车门外部免钥匙车辆天线线束 • 乘客侧车门外部免钥匙车辆天线 • 免钥匙车辆模块	至定点测试 V
B1074	提升式门/行李舱盖外部免钥匙车辆天线电路断路	• 提升式门/行李舱盖外部免钥匙车辆天线线束 • 提升式门/行李舱盖外部免钥匙车辆天线 • 免钥匙车辆模块	至定点测试 W
B1075	内部乘客区域免钥匙车辆天线电路断路	• 内部免钥匙车辆天线线束 • 内部免钥匙车辆天线 • 免钥匙车辆模块	• 使用被动钥匙检测试验鉴别不起作用的免钥匙车辆内部天线 • 如果前内部免钥匙车辆天线不起作用，至定点测试 X • 如果中央内部免钥匙车辆天线不起作用，至定点测试 Y
B1076	内部载货免钥匙车辆天线电路断路	• 内部载货免钥匙车辆天线线束 • 内部载货免钥匙车辆天线 • 免钥匙车辆模块	至定点测试 Z
B1091	被动式车辆钥匙编程出错	免钥匙车辆模块辨认的被动式车辆钥匙数量低于最小值	使用 WDS，远程控制免钥匙进入系统，清除钥匙菜单，清除所有编程后的被动钥匙。使用添加钥匙菜单，对所要求最低数量的免钥匙车辆模块被动钥匙进行编程。测试系统是否能够正常运行

（二）故障诊断码（CJB）

如表 9-6 所示。

表 9-6　中控门锁电控系统故障码（CJB）

DTC	说　明	可能的原因	措　施
B1311-仅配备免钥匙车辆系统的车辆	开锁开关电路断路	• 开锁开关线束 • 开锁开关	至定点测试 AE
B1320-所有车辆	驾驶员侧前车门微启开关电路断路	• 驾驶员侧前车门闩锁线束 • 驾驶员侧前车门闩锁	至定点测试 AF
B1331-所有车辆	提升式门/行李舱盖闩锁微启开关电路与搭铁短路	• 提升式门/行李舱盖闩锁微启开关线束 • 提升式门/行李舱盖闩锁微启开关	至定点测试 AG
B2090-未配备免钥匙车辆系统的车辆	• 射频接收器数据电路短路 • 射频接收器数据电路与蓄电池正极短路	• 射频接收器线束 • 射频接收器 • CJB	至定点测试 AA

续表

DTC	说　明	可能的原因	措　施
B2091-未配备免钥匙车辆系统的车辆	• 射频接收器数据电路断路 • 射频接收器和 CJB 之间无通信	• 射频接收器线束 • 射频接收器 • CJB	至定点测试 AB
B2094-未配备免钥匙车辆系统的车辆	RKE 发射器蓄电池电量不足	RKE 发射蓄电池	安装新的 RKE 发射蓄电池。测试系统是否能正常运行
B2425-未配备免钥匙车辆系统的车辆	RKE 发射器不同步	RKE 发射器	检查所有已知的 RKE 钥匙功能是否正确。清除诊断故障代码。测试系统是否能正常运行。
B2894-所有车辆	• 提升式门/行李舱盖释放输出电路与搭铁短路 • 提升式门/行李舱盖释放输出电路断路	• 提升式门/行李舱盖闩锁线束 • 提升式门/行李舱盖锁电动机 • CJB	至定点测试 AC
B2970-所有的车辆	提升式门/行李舱盖外部释放开关电路与搭铁短路	• 提升式门/行李舱盖外部释放开关线束 • 提升式门/行李舱盖外部释放开关 • CJB	至定点测试 AD
U1900	CAN 总线通信出现错误	• 组合仪表 • CJB • 免钥匙车辆模块 • CAN 总线电路	如果密码与无钥匙车辆系统有关，将不运行 RKE 功能和中控门锁功能

三、免钥匙车辆性能试验程序

如进行被动钥匙检测测试或者免钥匙车辆启动器测试，必须首先执行免钥匙车辆模块诊断进入程序。

1. 免钥匙车辆模块被动钥匙诊断进入

注意：测试模式的入口有可能仅位于驾驶员门上（如果驾驶员车门锁按钮存在故障，则无入口）。

（1）将应急机械钥匙插入点火锁芯。

（2）将应急钥匙旋转到位置 II。

（3）拉动驾驶员侧前端外车门把手并保持住。

（4）把驾驶员侧前端外车门把手上锁按钮按下 10 次。

（5）将应急机械钥匙旋转到位置 0。

（6）将应急机械钥匙从点火锁芯上取下。

此刻免钥匙车辆模块处于被动钥匙诊断模式。该模块将仍然保持在诊断模式达 30s，直至将点火锁芯旋转到位置 II。

2. 被动钥匙检测试验

在激活无钥匙车辆系统的各个功能之后，将重新开始 30s 的暂停。

（1）按下驾驶员侧前外车门把手上锁按钮。

(2) 将被动式车辆钥匙定位在驾驶员侧前端外车门把手免钥匙车辆天线的规定接收区。当每次成功地探测到被动式车辆钥匙时，车辆指示灯将闪烁一次。

(3) 按下乘客侧前端外车门把手上锁按钮。

(4) 将被动式车辆钥匙定位在乘客侧前端外车门把手免钥匙车辆天线的规定接收区内。当每次成功地探测到被动式车辆钥匙时，车辆指示灯将闪烁一次。

(5) 按下提升式门或者行李舱盖上锁按钮。

(6) 将被动式车辆钥匙定位在后保险杠免钥匙车辆天线的规定接收区内。当每次成功地探测到被动式车辆钥匙时，车辆指示灯将闪烁一次。

(7) 推入点火开关控制旋钮。

(8) 将被动式车辆钥匙定位在乘客舱的前端。每当前端的内部免钥匙车辆天线成功地探测到被动式车辆钥匙时，车辆指示灯将闪烁一次。

(9) 将被动式车辆钥匙定位在乘客舱的中后部。每当中央内部免钥匙车辆天线成功地探测到被动式车辆钥匙时，车辆指示灯将闪烁一次。

(10) 将被动式车辆钥匙定位在车辆的行李舱区域。每当行李舱的内部免钥匙车辆天线成功地探测到被动式车辆钥匙时，车辆指示灯将闪烁一次。

在装备了离合器踏板的情况下，可将离合器踏板踏下一次，来激活内部免钥匙车辆天线以进行测试。

如果车辆指示灯没有闪烁，则表明天线或者天线电路出现故障。

3. 免钥匙车辆模块启动器测试诊断进入

注意：如进行免钥匙车辆启动器测试，必须首先执行免钥匙车辆模块诊断进入程序。

(1) 将应急机械钥匙插入点火锁芯。

(2) 将应急钥匙旋转到位置 II 并返回到位置 I。

(3) 拉动驾驶员侧前端外车门把手并保持住。

(4) 把驾驶员侧前端外车门把手上锁按钮按下 10 次。

(5) 将应急机械钥匙旋转到位置 0。

(6) 将应急机械钥匙从点火锁芯上取下。

此刻免钥匙车辆模块处于启动器测试诊断模式下。

该模块将在诊断模式下保持 30s。

4. 免钥匙车辆启动器测试

在激活无钥匙车辆系统的各个功能之后，将重新开始 30s 的暂停。

(1) 按下驾驶员侧前外车门把手上锁按钮。车辆指示灯将闪烁一次。

(2) 按下乘客侧前端外车门把手上锁按钮。车辆指示灯将闪烁一次。

(3) 拉动驾驶员侧前端外车门把手。车辆指示灯将闪烁一次。

(4) 拉动乘客侧前端外车门把手。车辆指示灯将闪烁一次。

(5) 拉动乘客侧后部外车门把手。车辆指示灯将闪烁一次。

(6) 拉动驾驶员侧后部外车门把手。车辆指示灯将闪烁一次。

(7) 按下提升式门或者行李舱盖外部释放开关。车辆指示灯将闪烁一次。

(8) 按下提升式门或者行李舱盖上锁开关。车辆指示灯将闪烁一次。

(9) 踏下离合器踏板（如配备）。车辆指示灯将闪烁一次。

(10) 踏下制动踏板。车辆指示灯将闪烁一次。

(11) 推动点火开关控制旋钮。车辆指示灯将闪烁一次。

(12) 拔出点火开关控制旋钮。车辆指示灯将闪烁一次。

(13) 将应急钥匙插入点火锁芯。车辆指示灯将闪烁一次。

（14）按下内部开锁开关。车辆指示灯将闪烁一次。

如果车辆指示灯没有闪烁，则表明部件或操作部件电路出现故障。

四、定点测试（配备免钥匙车辆系统的车辆）

1. 定点测试 A：DTC：B1096

A1：检查回路 8-AB33（白色/黑色）是否断路

（1）拆开转向管柱锁控制单元 C233。

（2）拆开免钥匙车辆模块 C216。

（3）测量转向管柱锁控制单元 C233 引脚 5，回路 8-AB33（白色/黑色），线束侧和免钥匙车辆模块 C216 引脚 14，回路 8-AB33（白色/黑色）和线束侧之间的电阻。

- 电阻是否低于 5Ω?

若是，至 A2。

否则，维修回路 8-AB33（白色/黑色）。测试系统是否能正常运行。

A2：检查回路 91-AB33（黑色/红色）是否断路

测量转向管柱锁控制单元 C233 引脚 2，回路 91-AB33（黑色/红色），线束侧和搭铁之间的电阻。

- 电阻是否低于 5Ω?

若是，至 A3。

否则，维修回路 91-AB33（黑色/红色）。测试系统是否能正常运行。

A3：检查回路 30-AB33（红色）的电压

（1）将车辆应急机械钥匙插入点火开关控制旋钮。

（2）将点火开关置于位置 II。

（3）测量转向管柱锁控制单元 C233 引脚 6，回路 30-AB33（红色），线束侧和搭铁之间的电压。

- 电压是否高于 10V?

若是，安装新的转向管柱锁控制单元。测试系统是否能正常运行。如果问题仍然明显，则安装新的免钥匙车辆模块。

测试系统是否能正常运行。

否则，维修回路 30-AB33（红色）。测试系统是否能正常运行。

2. 定点测试 B：DTC：B1092

B1：检查回路 8-AB33（白色/黑色）是否与蓄电池电压短路

（1）拆开免钥匙车辆模块 C216。

（2）将车辆应急机械钥匙插入点火开关控制旋钮。

（3）将点火开关置于位置 II。

（4）测量免钥匙车辆模块 C216 接脚 14，回路 8-AB33（白色/黑色），线束侧和搭铁之间的电压。

- 电压是否高于 10V?

若是，使用 WDS，清除 DTC。测试系统是否能正常运行。如果 DTC 仍然存在，则安装新的免钥匙车辆模块。

测试系统是否能正常运行。

否则，至 B2。

B2：检查转向管柱锁控制单元是否与蓄电池电压短路

（1）将点火开关置于位置 0。

(2) 将拆开转向管柱锁控制单元 C233。

(3) 将点火开关置于位置 II。

(4) 测量免钥匙车辆模块 C216 引脚 14，回路 8-AB33（白色/黑色）和转向管柱锁控制单元 C233 引脚 5 之间的电阻。

- 电阻是否低于 5Ω?

若是，安装新的转向管柱锁控制单元。测试系统是否能正常运行。

否则，维修回路 8-AB33（白色/黑色）。测试系统是否能正常运行。

3. 定点测试 C：DTC：B2090

C1：确定中央接线盒（CJB）的设备等级。

松开 CJB 并将其向下折叠。

- 接头 C100 是否处于 CJB 的顶部?

若是，至 C7。

否则，至 C8。

C2：检查回路 8-AB22（白色/绿色）是否与搭铁短路

(1) 拆开免钥匙车辆模块 C216。

(2) 将车辆应急机械钥匙插入点火开关控制旋钮。

(3) 将点火开关置于位置 II。

(4) 测量免钥匙车辆模块 C216 引脚 15，回路 8-AB22（白色/绿色），线束侧和搭铁之间的电压。

- 电压是否高于 10V?

若是，使用 WDS，清除 DTC。测试系统是否能正常运行。如果 DTC 仍然存在，则安装新的免钥匙车辆模块。

测试系统是否能正常运行。

否则，至 C3。

C3：检查回路 8-AB22（白色/绿色）是否与搭铁短路

(1) 拆开 CJBC99。

(2) 测量免钥匙车辆模块 C216 引脚 15，回路 8-AB22（白色/绿色），线束侧和 CJB C99 引脚 25，回路 8-AB22（白色/绿色），线束侧之间的电阻。

- 电阻是否低于 5Ω?

若是，至 C4。

否则，维修回路 8-AB22（白色/绿色）。测试系统是否能正常运行。

C4：检查与免钥匙车辆模块连接的射频接收器数据线

(1) 拆开射频接收器 C390。

(2) 测量射频接收器 C390 引脚 1，回路 8-AA57（白色）和免钥匙车辆模块 C216 引脚 15，回路 8-AB22（白色/绿色）之间的电阻。

- 电阻是否低于 5Ω?

若是，至 C5。

否则，至 C6。

C5：检查回路 8-AA57（白色）是否有电源供应

(1) 断开射频接收器 C390。

(2) 测量射频接收器 C390 引脚 3，回路 29-AA57（橙色/黄色），线束侧和搭铁之间的电压。

- 电压是否高于 10V?

若是，安装新的射频接收器。测试系统是否能正常运行。

否则，至 C8。

C6：检查回路 8-AA57 的电阻

(1) 拆开 CJBC98。

(2) 测量 CJB C98 引脚 6，回路 8-AA57（白色）和射频接收器 C390 引脚 1，回路 8-AA57（白色）之间的电阻。

- 电阻是否低于 5Ω?

若是，安装新的 CJB。

测试系统是否能正常运行。

否则，维修回路 8-AA57（白色）。测试系统是否能正常运行。

C7：检查 CJB 的保险丝 F102（10A）

检查位于 CJB 上的保险丝 F102（10A）。

- 保险丝是否完好?

若是，安装新的 CJB。

测试系统是否能正常运行。

否则，安装新的保险丝。测试系统是否能正常运行。

C8：检查 CJB 上的保险丝 F43

检查 CJB 上的保险丝 F43（10A）。

- 保险丝是否完好?

若是，安装新的 CJB。

测试系统是否能正常运行。

否则，安装新的保险丝。测试系统是否能正常运行。

4. 定点测试 D:DTC:B2091

D1：检查回路 8-AB22（白色/绿色）是否断路

(1) 拆开免钥匙车辆模块 C216。

(2) 将点火开关置于位置 II。

(3) 测量免钥匙车辆模块 C216 引脚 15，回路 8-AB22（白色/绿色），线束侧和搭铁之间的电压。

- 电压是否高于 10V?

若是，使用 WDS，清除 DTC。测试系统是否能正常运行。如果 DTC 仍然存在。

测试系统是否能正常运行。

否则，至 D2。

D2：检查回路 8-AB22（白色/绿色）是否与搭铁短路

(1) 拆开 CJBC99。

(2) 测量免钥匙车辆模块 C216 引脚 15，回路 8-AB22（白色/绿色），线束侧和 CJB C99 引脚 25 之间的电阻。

- 电阻是否低于 5Ω?

若是，至 D3。

否则，维修回路 8-AB22（白色/绿色）。测试系统是否能正常运行。

D3：检查回路 8-AA57（白色）是否断路

(1) 拆开射频接收器 C390。

(2) 测量射频接收器 C390 引脚 1，回路 8-AA57（白色）和免钥匙车辆模块 C216 引脚 15，回路 8-AB22（白色/绿色）之间的电阻。

- 电阻是否低于5Ω?

若是，至D4。

否则，至D5。

D4：检查射频接收器的电源8-AA57

测量射频接收器C390引脚3，回路29-AA57（橙色/黄色），线束侧和搭铁之间的电压。

- 电压是否高于10V?

若是，安装新的射频接收器。测试系统是否能正常运行。

否则，至D6。

D5：检查电路8-AA57的电阻

（1）拆开CJBC98。

（2）测量CJB C98引脚6，回路8-AA57（白色）和射频接收器C390引脚1，回路8-AA57（白色）之间的电阻。

- 电阻是否低于5Ω?

若是，安装新的CJB。

测试系统是否能正常运行。

否则，维修回路8-AA57（白色）。测试系统是否能正常运行。

D6：检查CJB的保险丝F43

检查CJB上的保险丝F43（10A）

- 保险丝是否完好?

若是，安装新的CJB。

测试系统是否能正常运行。

否则，安装新的保险丝。测试系统是否能正常运行。

5. 定点测试E:DTC:B1087

测试状况 详细步骤/结果/措施

E1：检查子系统的功能

（1）拆开免钥匙车辆模块C218。

（2）在乘客后车门把手被拉动期间，测量免钥匙车辆模块C218引脚16，回路91S-AB29（黑色/绿色），线束侧和搭铁之间的电阻。

- 电阻是否低于5Ω?

若是，使用WDS，清除DTC。测试系统是否能正常运行。如果DTC仍然存在，则安装新的免钥匙车辆模块。

测试系统是否能正常运行。

否则，至E2。

E2：检查与右后开锁开关相连的线路

（1）拆开乘客车门接头C55。

（2）在乘客后车门把手被拉动期间，测量C45引脚21，回路91S-AB18（黑色/绿色），组件侧和搭铁之间的电阻。

- 电阻是否低于5Ω?

若是，维修回路91S-AB29（黑色/绿色）。测试系统是否能正常运行。

否则，至E3。

E3：检查车门与右后侧（RR）开锁拉线开关相连的线路

（1）拆开右后车门闩锁C208。

（2）在右后车门把手被拉动期间，测量右后部外车门把手开关C208引脚3，回路91S-AB18

（黑色/绿色），组件侧和搭铁之间的电阻。

- 电阻是否低于5Ω?

若是，维修回路91S-AB18（黑色/绿色）。测试系统是否能正常运行。

否则，至E4。

E4：检查车门搭铁线路

测量右后外车门把手开关C208引脚5，回路91SAB18（黑色/绿色），组件侧和搭铁之间的电阻。

- 电阻是否低于5Ω?

若是，安装新的右后外车门把手。

测试系统是否能正常运行。

否则，维修回路91-AB18（黑色/绿色）。测试系统是否能正常运行。

6. 定点测试F:DTC:B1088

F1：检查子系统的功能

（1）拆开免钥匙车辆模块C215。

（2）在乘客后门把手被拉动期间，测量免钥匙车辆模块C215引脚16，回路91S-AB18（黑色/绿色），线束侧和搭铁之间的电阻。

- 电阻是否低于5Ω?

若是，使用WDS，清除DTC。测试系统是否能正常运行。如果DTC仍然存在，则安装新的免钥匙车辆模块。

测试系统是否能正常运行。

否则，至F2。

F2：检查与右后开锁开关线路

（1）拆开左侧驾驶车辆车门接头C53或右侧驾驶车辆

接头C55。

（2）在乘客后车门把手被拉动期间，测量C45引脚21，回路91S-AB18（黑色/绿色），组件侧和搭铁之间的电阻。

- 电阻是否低于5Ω?

若是，维修回路91S-AB18（黑色/绿色）。测试系统是否能正常运行。

否则，至F3。

F3：检查车门上与右后（RR）开锁拉线开关相连的线路

（1）拆开左后车门闩锁C208。

（2）在右侧车门把手被拉动时，测量左侧后部外车门把手开关C208引脚3，回路91S-AB18（黑色/绿色），组件侧和搭铁之间的电阻。

- 电阻是否低于5Ω?

若是，维修回路91S-AB18（黑色/绿色）。测试系统是否能正常运行。

否则，至F4。

F4：检查车门与搭铁线路

（1）拆开左侧后部外车门把手开关C208。

（2）测量左后外车门把手开关C208引脚5，回路91-AB18（黑色/绿色），组件侧和搭铁之间的电阻。

- 电阻是否低于5Ω?

若是，安装新的左后外车门把手。

测试系统是否能正常运行。

否则，维修回路 91-AB18（黑色/绿色）。测试系统是否能正常运行。

7. 定点测试 G:DTC:B1089

G1：检查子系统的功能

（1）拆开免钥匙车辆模块 C218。

（2）在乘客前车门把手被拉动期间，测量免钥匙车辆模块 C218 引脚 8，回路 91S-AB24（黑色/绿色），线束侧和搭铁之间的电阻。

- 电阻是否低于 5Ω?

若是，使用 WDS，清除 DTC。测试系统是否能正常运行。如果 DTC 仍然存在，则安装新的免钥匙车辆模块。

测试系统是否能正常运行。

否则，至 G2。

G2：检查与右后开锁开关相连线路

（1）拆开左侧驾驶车辆的车门接头 C51 或右侧驾驶车辆的车门接头 C47。

（2）在乘客前车门把手被拉动期间，测量 C43 引脚 21，回路 91S-AB24（黑色/绿色），组件侧和搭铁之间的电阻。

- 电阻是否低于 5Ω?

若是，维修回路 91S-AB24（黑色/绿色）。测试系统是否能正常运行。

否则，至 G3。

G3：检查车门至右后（RR）开锁拉线开关的线路

（1）拆开右前门闩锁 C204。

（2）在右前车门把手被拉动期间，测量右前外部车门把手开关 C204 引脚 3，回路 91S-AB24（黑色/绿色），组件侧和搭铁之间的电阻。

- 电阻是否低于 5Ω?

若是，维修回路 91S-AB24（黑色/绿色）。测试系统是否能正常运行。

否则，至 G4。

G4：检查车门搭铁线路

（1）拆开右前车门闩锁 C204。

（2）测量右前外部车门把手开关 C204 引脚 5，回路 91-AB24（黑色/绿色），组件侧和搭铁之间的电阻。

- 电阻是否低于 5Ω?

若是，安装新的右前外部车门把手。测试系统是否能正常运行。

否则，维修回路 91-AB24（黑色/绿色）。测试系统是否能正常运行。

8. 定点测试 H:DTC:B1090

H1：检查回路 91S-AB14（黑色/红色）是否与搭铁短路

（1）拆开免钥匙车辆模块 C215。

（2）在驾驶员侧前车门把手被拉动期间，测量免钥匙车辆模块 C215 引脚 14，回路 91S-AB13（黑色/绿色），线束侧和搭铁之间的电阻。

- 电阻是否低于 5Ω?

若是，安装新的右侧前外部车门把手。

测试系统是否能正常运行。

否则，至 H2。

H2：检查至右后开锁开关线路

（1）拆开车左侧驾驶车辆的车门接头 C47 或右侧驾驶车辆的车门接头 C51。

（2）在驾驶员侧前车门把手被拉动期间，测量 C41 引脚 21，回路 91S-AB13（黑色/绿色），组件侧和搭铁之间的电阻。

- 电阻是否低于 5Ω?

若是，使用 WDS，清除 DTC。测试系统是否能正常运行。如果 DTC 仍然存在，则安装新的免钥匙车辆模块。

测试系统是否能正常运行。

否则，维修回路 91S-AB13（黑色/绿色）。测试系统是否能正常运行。并至 H3。

H3：检查车门至右后（RR）开锁拉线开关的线路

（1）拆开左侧前车门闩锁 C212。

（2）在左侧前车门把手被拉动期间，测量左侧前外部车门把手开关 C212 引脚 3，回路 91S-AB13（黑色/绿色），组件侧和搭铁之间的电阻。

- 电阻是否低于 5Ω?

若是，维修回路 91S-AB13（黑色/绿色）。测试系统是否能正常运行。

否则，至 H4。

H4：检查车门接地线路

（1）拆开左侧前外部车门把手开关 C212。

（2）测量左侧前外部车门把手开关 C212 引脚 5，回路 91-AB13（黑色/绿色），组件侧和搭铁之间的电阻。

- 电阻是否低于 5Ω?

若是，安装新的左侧前外部车门把手。

测试系统是否能正常运行。

否则，维修回路 91-AB13（黑色/绿色）。测试系统是否能正常运行。

9. 定点测试 I:DTC:B1078

I1：检查回路 1/2-AB16（白色/红色）是否与地线短路

（1）拆开免钥匙车辆模块 C218。

（2）测量免钥匙车辆模块 C218 引脚 20，回路 1-AB16（白色/红色），线束侧和搭铁之间的电阻。

- 电阻是否低于 5Ω?

若是，维修回路 1-AB16（黑色/红色）或者 2-AB16（灰色/红色）。测试系统是否能正常运行。

否则，至 I2。

I2：检查回路 2-AB16（灰色/红色）是否与蓄电池正极短路测量免钥匙车辆模块 C218 引脚 20，回路 1-AB16（白色/红色），线束侧和蓄电池正极之间的电阻。

- 电阻是否低于 5Ω?

若是，维修回路 1-AB16（黑色/红色）或者 2-AB16（灰色/红色）。测试系统是否能正常运行。

否则，使用 WDS，清除 DTC。测试系统是否能正常运行。如果 DTC 仍然存在，则安装新的免钥匙车辆模块。

测试系统是否能正常运行。

10. 定点测试 J：DTC：B1079

J1：检查回路 1/2-AB16（白色/红色）是否与搭铁短路

（1）拆开免钥匙车辆模块 C218。

（2）测量免钥匙车辆模块 C218 引脚 22，回路 1-AB27（白色/红色），线束侧和搭铁之间的电阻。

- 电阻是否低于5Ω?

若是，维修回路1-AB27（黑色/红色）或者2-AB27（灰色/红色）。测试系统是否能正常运行。

否则，至J2。

J2：检查回路2-AB27（灰色/红色）是否与蓄电池正极短路

测量免钥匙车辆模块C218引脚22，回路1-AB16（白色/红色），线束侧和蓄电池正极之间的电阻。

- 电阻是否低于5Ω?

若是，维修回路1-AB27（黑色/红色）或者2-AB27（灰色/红色）。测试系统是否能正常运行。

否则，使用WDS，清除DTC。测试系统是否能正常运行。如果DTC仍然存在，则安装新的免钥匙车辆模块。

测试系统是否能正常运行。

11. 定点测试K：DTC：B1080

K1：检查回路1/2-AB10（白色）是否与搭铁短路

（1）拆开免钥匙车辆模块C219。

（2）测量免钥匙车辆模块C219引脚14，回路1-AB10（白色），线束侧和搭铁之间的电阻。

- 电阻是否低于5Ω?

若是，维修回路1-AB10（白色）或者2-AB10（灰色）。

测试系统是否能正常运行。

否则，至K2。

K2：检查回路1/2-AB16（灰色/红色）是否与蓄电池正极短路

测量免钥匙车辆模块C219引脚14，回路1-AB10（白色），线束侧和蓄电池正极之间的电阻。

- 电阻是否低于5Ω?

若是，维修回路1-AB10（白色）或者2-AB10（灰色）。测试系统是否能正常运行。

否则，使用WDS，清除DTC。测试系统是否能正常运行。如果DTC仍然存在，则安装新的免钥匙车辆模块。

测试系统是否能正常运行。

12. 定点测试L：DTC：B1081

L1：检查回路1/2-AB35（白色/蓝色）是否与搭铁短路

（1）拆开免钥匙车辆模块C219。

（2）测量免钥匙车辆模块C219引脚18，电路1-AB35（白色/蓝色），线束侧和搭铁之间的电阻。

- 电阻是否低于5Ω?

若是，维修回路1-AB35（白色/蓝色）或者2-AB35（灰色/紫色）。测试系统是否能正常运行。

否则，至L2。

L2：检查回路1/2-AB35（灰色/红色）是否与蓄电池正极短路

测量免钥匙车辆模块C219引脚18，回路1-AB35（白色/蓝色），线束侧和蓄电池正极之间的电阻。

● 电阻是否低于5Ω?

若是，维修回路1-AB35（白色/蓝色）或者2-AB35（灰色/紫色）。测试系统是否能正常运行。

否则，至L3。

L3：检查回路1/2-AB35（白色/蓝色）是否与搭铁短路

测量免钥匙车辆模块C219引脚2，回路1-AB35A（白色/蓝色），线束侧和搭铁之间的电阻。

● 电阻是否低于5Ω?

若是，维修回路1-AB35A（白色/蓝色）或者2-AB35A（灰色/紫色）。测试系统是否能正常运行。

否则，至L4。

L4：检查回路1/2-AB35（灰色/红色）是否与蓄电池正极短路

测量免钥匙车辆模块C219引脚2，回路1-AB35A（白色/蓝色），线束侧和蓄电池正极之间的电阻。

● 电阻是否低于5Ω?

若是，维修回路1-AB35A（白色/蓝色）或者2-AB35A（灰色/紫色）。测试系统是否能正常运行。

否则，至L5。

L5：检查回路1/2-AB36B（灰色/橙色）是否与搭铁短路

测量免钥匙车辆模块C219引脚22，回路1-AB36A（灰色/橙色），线束侧和搭铁之间的电阻。

● 电阻是否低于5Ω?

若是，维修回路1-AB36A（灰色/橙色）或者2-AB36A（白色/绿色）。测试系统是否能正常运行。

否则，至L6。

L6：检查回路1/2-AB35（灰色/红色）是否与蓄电池正极短路

测量免钥匙车辆模块C219引脚22，回路1-AB36A（白色/绿色），线束侧和蓄电池正极之间的电阻。

● 电阻是否低于5Ω?

若是，维修回路1-AB36A（灰色/橙色）或者2-AB36A（白色/绿色）。测试系统是否能正常运行。

否则，使用WDS，清除DTC。测试系统是否能正常运行。如果DTC仍然存在，则安装新的免钥匙车辆模块。

测试系统是否能正常运行。

13. 定点测试M：DTC：1081

M1：检查回路1-AB36B（白色/绿色）是否与蓄电池正极短路

(1) 拆开免钥匙车辆模块C219。

(2) 将点火开关置于位置II。

(3) 测量免钥匙车辆模块C219引脚22，回路1-AB36B（白色/绿色），线束侧和搭铁之间的电压。

● 电压是否高于10V?

若是，至M2。

否则，使用WDS，清除DTC。测试系统是否能正常运行。如果DTC仍然存在，则安装新的免钥匙车辆模块。

测试系统是否能正常运行。

M2：检查回路 2-AB36B（灰色/橙色）是否与蓄电池正极短路

（1）将点火开关置于位置 0。

（2）拆开乘客舱中央免钥匙车辆天线 C226。

（3）将点火开关置于位置 II。

（4）测量免钥匙车辆模块 C219 引脚 4，回路 2-AB36B（灰色/橙色），线束侧和搭铁之间的电压。

- 电压是否高于 10V？

若是，维修回路 2-AB36B（灰色/橙色）。测试系统是否能正常运行。

否则，至 M3。

M3：检查回路 1-AB36B（白色/蓝色）是否与蓄电池正极短路测量免钥匙车辆模块 C219 引脚 22，回路 1-AB36B（白色/蓝色），线束侧和搭铁之间的电压。

- 电压是否高于 0V？

若是，维修回路 1-AB36B（白色/蓝色）。测试系统是否能正常运行。

否则，安装新的乘客舱中央免钥匙车辆天线。测试系统是否能正常运行。

14. 定点测试 N：DTC：B1082

N1：检查回路 1/2-AB34（白色/红色）是否与搭铁短路

（1）拆开免钥匙车辆模块 C219。

（2）测量免钥匙车辆模块 C219 引脚 2，回路 1-AB34（白色/红色），线束侧和搭铁之间的电阻。

- 电阻是否低于 5Ω？

若是，维修回路 1-AB34（白色/红色）或者 2-AB34（灰色/红色）。测试系统是否能正常运行。

否则，至 N2。

N2：检查回路 2-AB34（灰色/红色）是否与蓄电池正极短路

测量免钥匙车辆模块 C219 引脚 2，回路 1-AB34（白色/红色），线束侧和蓄电池正极之间的电阻。

- 电阻是否低于 5Ω？

若是，维修回路 1-AB34（白色/红色）或者 2-AB34（灰色/红色）。测试系统是否能正常运行。

否则，使用 WDS，清除 DTC。测试系统是否能正常运行。如果 DTC 仍然存在，则安装新的免钥匙车辆模块。

测试系统是否能正常运行。

15. 定点测试 O：诊断故障代码：B1077

O1：检查回路 1/2-AB16（白色/红色）是否与搭铁短路

（1）拆开免钥匙车辆模块 C218。

（2）测量免钥匙车辆模块 C218 引脚 20，回路 1-AB16（白色/红色），线束侧和搭铁之间的电阻。

- 电阻是否低于 5Ω？

若是，维修回路 1-AB16（白色/红色）或者 2-AB16（灰色/红色）。测试系统是否能正常运行。

否则，至 O2。

O2：检查回路 1/2-AB16（白色/红色）是否与蓄电池正极短路

测量免钥匙车辆模块 C218 引脚 20，回路 1-AB16（白色/红色），线束侧和蓄电池正极之间的电阻。

- 电阻是否低于 5Ω?

若是，维修电路 1-AB16（白色/红色）或者 2-AB16（灰色/红色）。测试系统，观察系统是否能正常运行。

否则，使用 WDS，清除 DTC。测试系统，观察系统是否能正常运行。如果 DTC 仍然存在，则安装一个新的免钥匙车辆模块。

测试系统是否能正常运行。

16. 定点测试 P：DTC：B1083

P1：检查回路 1-AB27（白色/红色）是否与搭铁短路

(1) 拆开免钥匙车辆模块 C218。

(2) 测量免钥匙车辆模块 C218 引脚 22，回路 1-AB27（白色/红色），线束侧和搭铁之间的电阻。

- 电阻是否低于 5Ω?

若是，维修回路 1-AB27（白色/红色）或者 2-AB27（灰色/红色）。测试系统是否能正常运行。

否则，至 P2。

P2：检查回路 2-AB27（灰色/红色）是否与搭铁短路

(1) 拆开乘客侧外部前车门把手 C203。

(2) 测量免钥匙车辆模块 C218 引脚 22，回路 1-AB27（白色/红色），线束侧和蓄电池正极之间的电阻。

- 电阻是否大于 10,000Ω?

若是，维修回路 1-AB27（白色/红色）或者 2-AB27（灰色/红色）。测试系统是否能正常运行。

否则，使用 WDS，清除 DTC。测试系统是否能正常运行。如果 DTC 仍然存在，则安装新的免钥匙车辆模块。

测试系统是否能正常运行。

17. 定点测试 Q：DTC：B1086

Q1：检查回路 1/2-AB10（白色）是否与搭铁短路

(1) 拆开免钥匙车辆模块 C219。

(2) 测量免钥匙车辆模块 C219 引脚 14，电路 1-AB10（白色），线束侧和搭铁之间的电阻。

- 电阻是否低于 5Ω?

若是，维修回路 1-AB10（白色）或者 2-AB10（灰色）。测试系统是否能正常运行。

否则，至 Q2。

Q2：检查回路 1/2-AB16（灰色/红色）是否与蓄电池正极短路

测量免钥匙车辆模块 C219 引脚 14，回路 1-AB10（白色），线束侧和蓄电池正极之间的电阻。

- 电阻是否低于 5Ω?

若是，维修回路 1-AB10（白色）或者 2-AB10（灰色）。测试系统是否能正常运行。

否则，使用 WDS，清除 DTC。测试系统是否能正常运行。如果 DTC 仍然存在，则安装新的免钥匙车辆模块。

测试系统是否能正常运行。

18. 定点测试 R：DTC：B1070

R1：检查回路 1/2-AB35（白色/蓝色）是否与搭铁短路

(1) 拆开免钥匙车辆模块 C219。

(2) 测量免钥匙车辆模块 C219 引脚 18，回路 1-AB35（白色/蓝色），线束侧和搭铁之间的电阻。

● 电阻是否低于 5Ω?

若是，维修回路 1-AB35（白色/蓝色）或者 2-AB35（灰色/紫色）。测试系统是否能正常运行。

否则，至 R2。

R2：检查回路 1/2-AB35（灰色/红色）是否与蓄电池正极短路

测量免钥匙车辆模块 C219 引脚 18，回路 1-AB35（白色/蓝色），线束侧和蓄电池正极之间的电阻。

● 电阻是否低于 5Ω?

若是，维修回路 1-AB35（白色/蓝色）或者 2-AB35（灰色/紫色）。测试系统是否能正常运行。

否则，至 R3。

R3：检查回路 1/2-AB35（白色/蓝色）是否与搭铁短路

测量免钥匙车辆模块 C219 引脚 2，电路 1-AB35A（白色/蓝色），线束侧和搭铁之间的电阻。

● 电阻是否低于 5Ω?

若是，维修回路 1-AB35A（白色/蓝色）或者 2-AB35A（灰色/紫色）。测试系统是否能正常运行。

否则，至 R4。

R4：检查回路 1/2-AB35（灰色/红色）是否与蓄电池正极短路

测量免钥匙车辆模块 C219 引脚 2，电路 1-AB35A（白色/蓝色），线束侧和蓄电池正极之间的电阻。

● 电阻是否低于 5Ω?

若是，维修回路 1-AB35A（白色/蓝色）或者 2-AB35A（灰色/紫色）。测试系统是否能正常运行。

否则，至 R5。

R5：检查回路 1/2-AB36B（灰色/橙色）是否与搭铁短路

测量免钥匙车辆模块 C219 引脚 22，回路 1-AB36A（灰色/橙色），线束侧和搭铁之间的电阻。

● 电阻是否低于 5Ω?

若是，维修回路 1-AB36A（灰色/橙色）或者 2-AB36A（白色/绿色）。测试系统是否能正常运行。

否则，至 R6。

R6：检查回路 1/2-AB35（灰色/红色）是否与蓄电池正极短路

测量免钥匙车辆模块 C219 引脚 22，回路 1-AB36A（白色/绿色），线束侧和蓄电池正极之间的电阻。

● 电阻是否低于 5Ω?

若是，维修回路 1-AB36A（灰色/橙色）或者 2-AB36A（白色/绿色）。测试系统是否能正常运行。

否则，使用 WDS，清除 DTC。测试系统是否能正常运行。如果 DTC 仍然存在，则安装新的免钥匙车辆模块。

测试系统是否能正常运行。

19. 定点测试 S：DTC：B1070

S1：检查回路 1-AB36B（白色/绿色）是否与搭铁短路

(1) 拆开免钥匙车辆模块 C219。

(2) 测量免钥匙车辆模块 C219 引脚 22，回路 1-AB36B（白色/绿色），线束侧和搭铁之间的电阻。

- 电阻是否大于 10,000Ω?

若是，使用 WDS，清除 DTC。测试系统是否能正常运行。如果 DTC 仍然存在，则安装新的免钥匙车辆模块。

测试系统是否能正常运行。

否则，至 S2。

S2：检查回路 2-AB36B（灰色/橙色）是否与搭铁短路

(1) 拆开乘客舱中央免钥匙车辆天线 C226。

(2) 测量免钥匙车辆模块 C219 引脚 4，回路 2-AB36B（灰色/橙色），线束侧和搭铁之间的电阻。

- 电阻是否大于 10,000Ω?

若是，至 S3。

否则，维修回路 2-AB36B（灰色/橙色）。测试系统是否能正常运行。

S3：检查回路 1-AB36B（白色/绿色）是否与搭铁短路

测量免钥匙车辆模块 C219 引脚 22，回路 1-AB36B（白色/绿色），线束侧和搭铁之间的电阻。

- 电阻是否大于 10,000Ω?

若是，安装新的乘客舱中央免钥匙车辆天线。测试系统是否能正常运行。

否则，维修回路 1-AB36B（白色/绿色）。测试系统是否能正常运行。

20. 定点测试 T：DTC：B1071

T1：检查回路 1-AB34（白色/红色）是否与搭铁短路

(1) 拆开免钥匙车辆模块 C219。

(2) 测量免钥匙车辆模块 C219 引脚 2，回路 1-AB34（白色/红色），线束侧和搭铁之间的电阻。

- 电阻是否低于 5Ω?

若是，维修回路 1-AB34（白色/红色）或者 2-AB34（灰色/红色）。测试系统是否能正常运行。

否则，至 T2。

T2：检查回路 1/2-AB34（白色/红色）是否与蓄电池正极短路

测量免钥匙车辆模块 C219 引脚 2，回路 1-AB34（白色/红色），线束侧和蓄电池正极之间的电阻。

- 电阻是否低于 5Ω?

若是，维修回路 1-AB34（白色/红色）或者 2-AB34（灰色/红色）。测试系统是否能正常运行。

否则，使用 WDS，清除 DTC。测试系统是否能正常运行。如果 DTC 仍然存在，则安装新的免钥匙车辆模块。

测试系统是否能正常运行。

21. 定点测试 U：DTC：B1072

U1：检查回路 1-AB16 是否存断路

(1) 拆开免钥匙车辆模块 C218。

(2) 拆开驾驶员侧外部前车门把手免钥匙车辆天线 C211。

(3) 测量免钥匙车辆模块 C218 引脚 20，回路 1-AB16（白色/红色），线束侧和驾驶员侧外部前车门把手免钥匙车辆天线 C211 引脚 1，回路 1-AB16（白色/红色），线束侧之间的电阻。

- 电阻是否低于 5Ω?

若是，至 U2。

否则，维修回路 1-AB16（白色/红色）。测试系统是否能正常运行。

U2：检查回路 2-AB16（灰色/红色）是否断路

测量免钥匙车辆模块 C218 引脚 2，回路 2-AB16（灰色/红色），线束侧和驾驶员侧外部前车门把手免钥匙车辆天线 C211 引脚 2，回路 2-AB16（灰色/红色），线束侧之间的电阻。

- 电阻是否低于 5Ω?

若是，使用 WDS，清除 DTC。测试系统是否能正常运行。如果 DTC 仍然存在，则安装新的驾驶员侧外部前车门把手。

否则，维修回路 2-AB16（灰色/红色）。测试系统是否能正常运行。

22. 定点测试 V：DTC：B1073

V1：检查回路 1-AB27（白色/红色）是否断路

(1) 拆开免钥匙车辆模块 C218。

(2) 拆开乘客侧外部前车门把手免钥匙车辆天线 C203。

(3) 测量免钥匙车辆模块 C218 引脚 22，回路 1-AB27（白色/红色），线束侧和乘客侧外部前车门把手免钥匙车辆天线 C203 引脚 1，回路 1-AB27（白色/红色），线束侧之间的电阻。

- 电阻是否低于 5Ω?

若是，至 V2。

否则，维修回路 1-AB27（白色/红色）。测试系统是否能正常运行。

V2：检查回路 2-AB27（灰色/红色）是否断路

测量免钥匙车辆模块 C218 引脚 4，回路 2-AB27（灰色/红色），线束侧和乘客侧外部前车门把手免钥匙车辆天线 C203 引脚 2，回路 2-AB27（灰色/红色），线束侧之间的电阻。

- 电阻是否低于 5Ω?

若是，使用 WDS，清除 DTC。测试系统是否能正常运行。如果 DTC 仍然存在，则安装新的乘客侧外部前车门把手。

否则，维修回路 2-AB27（灰色/红色）。测试系统是否能正常运行。

23. 定点测试 W：DTC：B1074

W1：检查回路 1-AB10（白色）是否断路

(1) 拆开免钥匙车辆模块 C219。

(2) 拆开后保险杠免钥匙车辆天线 C227。

(3) 测量免钥匙车辆模块 C219 引脚 14，回路 1-AB10（白色），线束侧和后保险杠免钥匙车辆天线 C227 引脚 1，回路 1-AB10（白色），线束侧之间的电阻。

- 电阻是否低于 5Ω?

若是，至 W2。

否则，维修回路 1-AB10（白色）。测试系统是否能正常运行。

W2：检查回路 2-AB10（灰色）是否断路

测量免钥匙车辆模块 C219 引脚 15，回路 2-AB10（灰色），线束侧和后保险杠免钥匙车辆天线 C227 引脚 2，回路 2-AB10（灰色），线束侧之间的电阻。

- 电阻是否低于 5Ω?

若是，使用 WDS，清除 DTC。测试系统是否能正常运行。如果 DTC 仍然存在，则安装新的后保险杠免钥匙车辆天线。测试系统是否能正常运行。

否则，维修回路 2-AB10（灰色）。测试系统是否能正常运行。

24. 定点测试 X：DTC：B1075

X1：检查回路 1-AB35（白色/蓝色）是否断路

（1）拆开免钥匙车辆模块 C219。

（2）拆开乘客舱前免钥匙车辆天线 C226。

（3）测量免钥匙车辆模块 C219 引脚 20，回路 1-AB35（白色/蓝色），线束侧和乘客舱前免钥匙车辆天线 C226 引脚 2，回路 1-AB35（白色/蓝色），线束侧之间的电阻。

- 电阻是否低于 5Ω?

若是，至 X2。

否则，维修回路 1-AB35（白色/蓝色）。测试系统是否能正常运行。

X2：检查回路 2-AB35（灰色/紫色）是否断路

测量免钥匙车辆模块 C219 引脚 2，回路 2-AB35（灰色/紫色），线束侧和乘客舱前免钥匙车辆天线 C226 引脚 1，回路 2-AB35（灰色/紫色），线束侧之间的电阻。

- 电阻是否低于 5Ω?

若是，使用 WDS，清除 DTC。测试系统是否能正常运行。如果 DTC 仍然存在，则安装一个新的乘客舱前免钥匙车辆天线。测试系统是否能正常运行。

否则，维修回路 2-AB35（灰色/紫色）。测试系统是否能正常运行。

25. 定点测试 Y：DTC：B1075

Y1：检查回路 1-AB36B（白色/绿色）是否断路

（1）拆开免钥匙车辆模块 C219。

（2）拆开乘客舱中央免钥匙车辆天线 C221。

（3）测量免钥匙车辆模块 C219 引脚 22，回路 1-AB36B（白色/绿色），线束侧和乘客舱中央免钥匙车辆天线 C221 引脚 2，回路 1-AB36B（白色/绿色），线束侧的电阻。

- 电阻是否低于 5Ω?

若是，至 Y2。

否则，维修回路 1-AB36B（白色/绿色）。测试系统是否能正常运行。

Y2：检查回路 2-AB36B（灰色/橙色）是否断路

测量免钥匙车辆模块 C219 引脚 4，回路 2-AB36B（灰色/橙色），线束侧和乘客舱中央免钥匙车辆天线 C221 引脚 1，回路 2-AB36B（灰色/橙色），线束侧之间的电阻。

- 电阻是否低于 5Ω?

若是，使用 WDS，清除 DTC。测试系统是否能正常运行。如果 DTC 仍然存在，则安装一个新的乘客舱中央免钥匙车辆天线。测试系统是否能正常运行。

否则，维修回路 2-AB36B（灰色/橙色）。测试系统是否能正常运行。

26. 定点测试 Z：DTC：B1076

Z1：检查回路 1-AB34（白色-红色）是否断路

(1) 拆开免钥匙车辆模块 C219。

(2) 拆开行李舱免钥匙车辆天线 C224。

(3) 测量免钥匙车辆模块 C219 引脚 18，回路 1-AB34（白色/红色），线束侧和行李舱免钥匙车辆天线 C224 引脚 1，回路 1-AB34（白色/红色），线束侧之间的电阻。

- 电阻是否低于 5Ω？

若是，至 Z2。

否则，维修回路 1-AB34（白色/红色）。测试系统是否能正常运行。

Z2：检查回路 2-AB34（灰色/红色）是否断路

测量免钥匙车辆模块 C219 引脚 1，回路 2-AB34（灰色/红色），线束侧和行李舱免钥匙车辆天线 C224 引脚 2，回路 2-AB34（灰色/红色），线束侧之间的电阻。

- 电阻是否低于 5Ω？

若是，使用 WDS，清除 DTC。测试系统是否能正常运行。如果 DTC 仍然存在，则安装一个新的行李舱免钥匙车辆天线。测试系统，观察系统是否能正常运行。

否则，维修回路 2-AB34（灰色/红色）。测试系统是否能正常运行。

27. 定点测试 AA：DTC：B2090

测 AA1：检查回路 8-AA57（白色）是否与搭铁短路

(1) 拆开 CJB C98。

(2) 测量 CJB C98 引脚 6，回路 8-AA57（白色），线束侧和搭铁之间的电阻。

- 电阻是否大于 10,000Ω？

若是，至 AA2。

否则，至 AA3。

AA2：检查回路 8-AA57（白色）是否与蓄电池正极短路

(1) 将点火开关置于位置 II。

(2) 测量 CJBC98 引脚 6，回路 8-AA57（白色），线束侧和搭铁之间的电压。

- 电压是否是 0V？

若是，使用 WDS，清除 DTC。测试系统是否能正常运行。如果 DTC 仍然存在，则安装一个新的 CJB。

测试系统是否能正常运行。

否则，至 AA4。

AA3：检查射频接收器是否与搭铁短路

(1) 拆开射频接收器 C390。

(2) 测量 CJB C98 引脚 6，回路 8-AA57（白色），线束侧和搭铁之间的电阻。

- 电阻是否大于 10,000Ω 吗？

若是，安装一个新的射频接收器。测试系统是否能正常运行。

否则，维修回路 8-AA57（白色）。测试系统是否能正常运行。

AA4：检查射频接收器是否与蓄电池正极短路

(1) 将点火开关置于位置 0。

(2) 拆开射频接收器 C390。

(3) 将点火开关置于位置 II。

(4) 测量 CJB C98 引脚 6，回路 8-AA57（白色），线束侧和搭铁之间的电压。

- 电压是否是 0V？

若是，安装一个新的射频接收器。测试系统是否能正常运行。

否则，维修回路 8-AA57（白色）。测试系统是否能正常运行。

28. 定点测试 AB：DTC：B2091

AB1：检查回路 8-AA57（白色）是否断路

（1）拆开 CJB C98。

（2）拆开射频接收器 C390。

（3）测量 CJB C98 引脚 6，回路 8-AA57（白色），线束侧和射频接收器 C390 引脚 1，回路 8-AA57（白色），线束侧之间的电阻。

• 电阻是否低于 5Ω?

若是，使用 WDS，清除 DTC。测试系统，观察系统是否能正常运行。如果 DTC 仍然存在，则安装一个新的射频接收器。测试系统是否能正常运行。如果 DTC 重复出现，则安装一个新的 CJB。

测试系统是否能正常运行。

否则，维修回路 8-AA57（白色）。测试系统是否能正常运行。

29. 定点测试 AC：DTC：B2894

AC1：检查回路 32-AA27（白色/绿色）是否断路

（1）拆开 CJB C100。

（2）拆开提升式门/行李舱盖闩锁 C798。

（3）测量 CJB C100 引脚 46，回路 32-AA27（白色/绿色），线束侧和提升式门/行李舱闩锁 C798 引脚 1，回路 32-AA27（黑色），线束侧之间的电阻。

• 电阻是否低于 5Ω?

若是，至 AC2。

否则，维修回路 32-AA27（白色/绿色）或者回路 32-AA27（黑色）。测试系统是否能正常运行。

AC2：检查回路 31-GL20（黑色）是否断路

测量提升式门/行李舱盖闩锁 C798 引脚 2，回路 31-GL20（黑色），线束侧和搭铁之间的电阻。

• 电阻是否低于 5Ω?

若是，至 AC3。

否则，维修回路 31-GL20（黑色）。测试系统是否能正常运行。

AC3：检查回路 32-AA27（白色/绿色）是否与搭铁短路

测量 CJBC100 引脚 46，回路 32-AA27（白色/绿色），线束侧和搭铁之间的电阻。

• 电阻是否大于 10,000Ω?

若是，使用 WDS，清除 DTC。测试系统是否能正常运行。如果 DTC 仍然存在，则安装一个新的提升式门/行李舱盖闩锁。

测试系统是否能正常运行。

否则，维修回路 32-AA27（白色/绿色）或者回路 32-AA27（黑色）。测试系统是否能正常运行。

30. 定点测试 AD：DTC：B2970

AD1：检查回路 31S-AA30（黑色/黄色）是否与搭铁短路

（1）拆开 CJB C99。

（2）测量 CJBC99 引脚 30，回路 31S-AA30（黑色/黄色），线束侧和搭铁之间的电阻。

• 在提升式门或者行李舱盖关闭的情况下，电阻是否大于 10,000Ω?

若是，使用 WDS，清除 DTC。测试系统是否能正常运行。如果 DTC 仍然存在，则安装一个新的 CJB。

测试系统是否能正常运行。

否则，至 AD2。

AD2：检查提升式门/行李舱盖外部释放开关是否通路

(1) 拆开提升式门/行李舱盖外部释放开关 C799。

(2) 测量 CJB C99 引脚 30，回路 31S-AA30（黑色/黄色），线束侧和搭铁之间的电阻。

- 电阻是否大于 10,000Ω?

若是，安装一个新的提升式门/行李舱盖外部释放开关。测试系统是否能正常运行。

否则，维修回路 31S-AA30（黑色/黄色）。测试系统是否能正常运行。

31. 定点测试 AE：DTC：B1311

AE1：检查回路 91S-AA64（黑色/绿色）是否断路

(1) 拆开右侧前车门控制模块 C722。

(2) 测量右侧前车门控制模块 C722 引脚 13，回 91SAA64（黑色/绿色），线束侧和右侧前车门控制模块 C722 引脚 16，回路 91-AA58（黑色/黄色），线束侧之间的电阻。

- 电阻是否低于 5Ω?

若是，至 AE2。

否则，至 AE3。

AE2：检查回路 91S-AA64A（黑色/绿色）是否断路

(1) 拆开左侧前车门控制模块 C729。

(2) 测量左侧前车门控制模块 C729 引脚 13，回路 91S-AA64A（黑色/绿色），线束侧和左侧前车门控制模块 C729 引脚 16，回路 91-AA58A（黑色/黄色），线束侧之间的电阻。

- 电阻是否低于 5Ω?

若是，使用 WDS，清除 DTC。测试系统是否能正常运行。如果 DTC 仍然存在，则安装一个新的左侧前车门控制模块。清除 DTC。测试系统是否能正常运行。如果 DTC 仍然存在，则安装一个新的右侧前车门控制模块。清除 DTC。测试系统是否能正常运行。

否则，至 AE4。

AE3：检查右侧前车门闩锁开锁开关是否断路

(1) 拆开右侧前车门闩锁 C149。

(2) 测量右侧前车门控制模块 C722 引脚 13，回路 91S-AA64（黑色/绿色），线束侧和右侧前车门闩锁 C149 引脚 9，回路 91S-AA64（黑色/绿色），线束侧之间的电阻。

- 电阻是否低于 5Ω?

若是，安装一个新的右侧前车门闩锁。

测试系统是否能正常运行。

否则，维修回路 91S-AA64（黑色/绿色）。测试系统是否能正常运行。

AE4：检查左侧前车门闩锁开锁开关是否断路

测量左侧前车门控制模块 C729 引脚 13，回路 91S-AA64A（黑色/绿色），线束侧和左侧前车门闩锁 C148 引脚 9，回路 91S-AA64A（黑色/绿色），线束侧之间的电阻。

- 电阻是否低于 5Ω?

若是，安装一个新的左侧前车门闩锁。

测试系统是否能正常运行。

否则，维修回路 91S-AA64A（黑色/绿色）。测试系统是否能正常运行。

32. 定点测试 AF：DTC：B1320

AF1：检查回路 31S-GL9A（黑色/黄色）是否断路

(1) 拆开 CJB C99。

(2) 测量 CJB C99 引脚 12，回路 31S-GL9A（黑色/黄色），线束侧和搭铁之间的电阻。

- 电阻是否大于 10,000Ω?

若是，使用 WDS，清除 DTC。测试系统是否能正常运行。如果 DTC 仍然存在，则安装一个新的 CJB。

测试系统是否能正常运行。

否则，至 AF2。

AF2：检查回路 31S-GL9A（黑色/黄色）是否与搭铁短路

(1) 拆开驾驶员侧前车门闩锁 C148。

(2) 测量 CJB C99 引脚 12，回路 31S-GL9A（黑色/黄色），线束侧和搭铁之间的电阻。

- 电阻是否大于 10,000Ω?

若是，安装一个新的驾驶员侧前车门闩锁。

测试系统是否能正常运行。

否则，维修回路 31S-GL9A（黑色/黄色）。测试系统是否能正常运行。

33. 定点测试 AG：DTC：B1331

AG1：检查回路 31S-GL20（黑色/红色）是否断路

(1) 拆开 CJB C99。

(2) 测量 CJB C99 引脚 26，回路 31S-GL20（黑色/红色），线束侧和搭铁之间的电阻。

- 电阻是否大于 10,000Ω?

若是，使用 WDS，清除 DTC。测试系统是否能正常运行。如果 DTC 仍然存在，则安装一个新的 CJB。

测试系统，观察系统是否能正常运行。

否则，至 AG2。

AG2：检查回路 31S-GL20（黑色/红色）是否与搭铁短路

(1) 拆开提升式门/行李舱盖 C58。

(2) 测量 CJB C99 引脚 26，回路 31S-GL20（黑色/红色），线束侧和搭铁之间的电阻。

- 电阻是否大于 10,000Ω?

若是，安装一个新的提升式门/行李舱盖闩锁。

测试系统是否能正常运行。

否则，维修回路 31S-GL20（黑色/红色）。测试系统是否能正常运行。